LES
ŒUVRES
COMPLETES
DE
VOLTAIRE

65A

VOLTAIRE FOUNDATION
OXFORD
2011

ISBN 978 0 7294 0998 8

Voltaire Foundation Ltd
University of Oxford
99 Banbury Road
Oxford OX2 6JX

A catalogue record for this book
is available from the British Library

www.voltaire.ox.ac.uk

The Forest Stewardship Council is an international network to
promote responsible management of the world's forests.

Printed on FSC-certified and chlorine-free paper at
T J International Ltd in Padstow, Cornwall, England.

Œuvres de 1767-1768

Ce volume a été réalisé grâce au soutien généreux de la Fondation Philippe Wiener – Maurice Anspach. La Fondation a pour objet social la promotion des relations entre l'Université Libre de Bruxelles et les Universités d'Oxford et de Cambridge.

TABLE DES MATIÈRES

TABLE DES MATIÈRES

ILLUSTRATIONS

ABRÉVIATIONS

Arsenal — Bibliothèque de l'Arsenal, Paris

Bengesco — Georges Bengesco, *Voltaire: bibliographie de ses œuvres*, 4 vol. (Paris, 1882-1890)

BnC — *Catalogue général des livres imprimés de la Bibliothèque nationale: auteurs, tome 214, Voltaire*, éd. H. Frémont et autres, 2 vol. (Paris, 1978)

BnF — Bibliothèque nationale de France, Paris

Bodley — Bodleian Library, Oxford

BV — M. P. Alekseev et T. N. Kopreeva, *Bibliothèque de Voltaire: catalogue des livres* (Moscou, 1961)

Caussy — Fernand Caussy, *Inventaire des manuscrits de la bibliothèque de Voltaire conservée à la Bibliothèque impériale publique de Saint-Pétersbourg* (Paris, 1913; réimpression Genève, 1970)

CN — *Corpus des notes marginales de Voltaire* (Berlin et Oxford, 1979-)

D — Voltaire, *Correspondence and related documents*, éd. Th. Besterman, in *Œuvres complètes de Voltaire*, vol.85-135 (Oxford, 1968-1977)

DP — Voltaire, *Dictionnaire philosophique*

EM — Voltaire, *Essai sur les mœurs*, éd. R. Pomeau, 2 vol. (Paris, 1990)

Encyclopédie — *Encyclopédie, ou dictionnaire raisonné des sciences, des arts et des métiers, par une société de gens de lettres*, éd. J. Le Rond D'Alembert et D. Diderot, 35 vol. (Paris, 1751-1780)

Ferney catalogue	George R. Havens et N. L. Torrey, *Voltaire's catalogue of his library at Ferney*, *SVEC* 9 (1959)
GpbV	Bibliothèque de Voltaire, conservée à la Bibliothèque nationale de Russie, Saint-Pétersbourg
ImV	Institut et musée Voltaire, Genève
Kehl	*Œuvres complètes de Voltaire*, éd. J. A. N. de Caritat, marquis de Condorcet, J. J. M. Decroix et Nicolas Ruault, 70 vol. (Kehl, 1784-1789)
LP	Voltaire, *Lettres philosophiques*, éd. G Lanson, rév. A. M. Rousseau, 2 vol. (Paris, 1964)
M	*Œuvres complètes de Voltaire*, éd. Louis Moland, 52 vol. (Paris, 1877-1885)
ms.fr.	manuscrits français (BnF)
n.a.fr.	nouvelles acquisitions françaises (BnF)
OCV	*Œuvres complètes de Voltaire* (Oxford, 1968-) [la présente édition]
OH	Voltaire, *Œuvres historiques*, éd. R. Pomeau (Paris, 1957)
SVEC	*Studies on Voltaire and the eighteenth century*
Taylor	Taylor Institution, Oxford
Trapnell	William H. Trapnell, 'Survey and analysis of Voltaire's collective editions', *SVEC* 77 (1970), p.103-99
VF	Voltaire Foundation, Oxford
VST	René Pomeau, René Vaillot, Christiane Mervaud et autres, *Voltaire en son temps*, 2e éd., 2 vol. (Oxford, 1995)

L'APPARAT CRITIQUE

L'apparat critique placé au bas des pages fournit les diverses leçons ou variantes offertes par les états manuscrits ou imprimés du texte.

Chaque note critique est composée du tout ou partie des indications suivantes:
— Les numéros des lignes auxquelles elle se rapporte.
— Les sigles désignant les états du texte, ou les sources, repris dans la variante. Des chiffres arabes, isolés ou accompagnés de lettres, désignent en général des éditions séparées de l'œuvre dont il est question; les lettres suivies de chiffres sont réservées aux recueils, w pour les éditions complètes, et т pour les œuvres dramatiques; après le sigle, l'astérisque signale un exemplaire particulier, qui d'ordinaire contient des corrections manuscrites.
— Les deux points (:) marquant le début de la variante proprement dite, dont le texte, s'il en est besoin, est encadré par un ou plusieurs mots du texte de base. A l'intérieur de la variante, toute remarque de l'éditeur est placée entre crochets.

Les signes typographiques conventionnels suivants sont employés:
— Les mots supprimés sont placés entre crochets obliques (< >).
— La lettre grecque bêta (β) désigne le texte de base.
— Le signe de paragraphe (¶) marque l'alinéa.
— Deux traits obliques (//) indiquent la fin d'un chapitre ou d'une partie du texte.
— La flèche horizontale (→) signifie 'adopté par'.
— Les mots ajoutés à la main par Voltaire ou Wagnière sont précédés, dans l'interligne supérieur, de la lettre ^{V} ou ^{W}.
— La flèche verticale dirigée vers le haut (↑) ou vers le bas (↓) indique que l'addition est inscrite au-dessus ou au-dessous de la ligne.
— Le signe + marque la fin de l'addition, s'il y a lieu.

LES DESCRIPTIONS BIBLIOGRAPHIQUES

Dans les descriptions bibliographiques les signes conventionnels suivants sont employés:

– Pi (π) désigne des cahiers non signés supplémentaires à l'enchaînement régulier des pages préliminaires.
– Chi (χ) désigne des cahiers non signés supplémentaires à l'enchaînement régulier du texte.
– Le signe du dollar ($) signifie 'un cahier typique'.
– Le signe plus ou moins ($\pm$) indique l'existence d'un carton.

REMERCIEMENTS

La préparation des *Œuvres complètes de Voltaire* dépend de la compétence et de la patience du personnel de nombreuses bibliothèques de recherche partout dans le monde. Nous les remercions vivement de leur aide généreuse et dévouée. Parmi eux, certains ont assumé une tâche plus lourde que d'autres, dont en particulier le personnel de la Bibliothèque nationale de France et de la Bibliothèque de l'Arsenal à Paris; de l'Institut et musée Voltaire à Genève; de la Taylor Institution Library à Oxford; et de la Bibliothèque nationale de Russie à Saint-Pétersbourg. Nous sommes particulièrement reconnaissants à Vladimir Somov pour son aide et à Michel Delon pour sa relecture.

Nous remercions également l'Académie française pour l'attribution du Prix Hervé Deluen 2010 et la British Academy.

AVANT-PROPOS

Nous sommes heureux de publier ici les dernières recherches de Roland Mortier qui fête cette année son quatre-vingt-onzième anniversaire. A cette occasion, la Voltaire Foundation a le très grand plaisir de lui offrir ce volume en hommage.

    Ce volume fait le pont entre les années 1767 et 1768. Le lecteur trouvera en tête du tome 63A une préface concernant les activités de Voltaire au cours de 1767; celles de l'année 1768 seront traitées dans la préface du tome 65B.

Nicholas Cronk

A Monseigneur le Duc de Choiseul

Mémoire pour le pays de Gex

*Mémoire sur Genève et
sur le pays de Gex*

Mémoire sur le pays de Gex

Au Roi, en son conseil

Critical editions

by

James Hanrahan

CONTENTS

INTRODUCTION

Voltaire liked to consider himself a *laboureur* and *fermier*,[1] but such an image was one that he playfully projected while earnestly holding a slightly different view of his role as *seigneur* and patriarch of Ferney, one which was first sketched in the *Epître à Madame Denis, sur l'agriculture* (1761):

> La Nature t'appelle, apprends à l'observer;
> La France a des déserts, ose les cultiver;
> Elle a des malheureux: un travail nécessaire,
> Ce partage de l'homme, et son consolateur,
> En chassant l'indigence amène le bonheur:
> Change en épis dorés, change en gras pâturages
> Ces ronces, ces roseaux, ces affreux marécages.
> Tes vassaux languissants, qui pleuraient d'être nés,
> Qui redoutaient surtout de former leurs semblables,
> Et de donner le jour à des infortunés,
> Vont se lier gaîment par des nœuds désirables[2]

As we can see in the later article 'Fertilisation' from the *Questions sur l'Encyclopédie*, which was informed by a decade of country life, Voltaire believed that a full commitment on the part of large property owners was necessary in order for their lands to produce good yields. Simple farmers could not clear uncultivated land, nor drain marshland, nor afford the new agricultural technologies that would improve yields, such as the *charrue semoir* or the *van cribleur*. Most important of all was that the property owner be present to direct all of these activities which would be carried out by actual agricultural workers: 'Mais pour

---

[1] In D8806, he refers to himself as 'Le planteur de choux, et le semeur de grains', while in D13280, he states, 'Je suis un pauvre diable de laboureur et de jardinier'.

[2] *M*, vol.10, p.379. In D9717 (Voltaire to the marquise de Florian, 1 April 1761), he explains all he has done to improve his lands and concludes, 'en un mot j'ai mis en pratique toute la théorie de mon épître'.

employer utilement ces bras, il faut que les seigneurs soient sur les lieux'.[3] Not even the *seigneur* was rich enough, however, to carry out larger improvement works in the countryside: 'le gouvernement seul est assez puissant pour faire de telles entreprises'. And why should the government carry out such work? The answer was simple: 'il y a plus à gagner que dans une guerre'.[4] In these views, Voltaire was expressing an idea which had become common currency since the middle of the eighteenth century. Colbertism, which had dominated the economic policy of Louis XIV's reign and made France a rich exporting nation at the expense of improvements in agriculture, was out of fashion in enlightened economic circles where the newer ideas of the physiocrats, based on the pre-eminence of agriculture as the source of all wealth, had gained ground.[5]

From the time of his purchase of Les Délices in Geneva, throughout his period as *seigneur* of Ferney, Voltaire played the role of farmer by trial and error and, in the end, with mixed success. At Les Délices he planted a herb garden, but the lavender, thyme and marjoram failed to take.[6] At Ferney, in spite of the precautions he had taken, half of the three hundred saplings he had planted died.[7] To a certain extent, the success of the poet's experiments in farming was not a priority; more important was the stimulus that such activity provided for a wider public, namely the country poor. This altruistic approach to enterprise was one that, according to Voltaire, was also a responsibility of the state:

[3] *Questions sur l'Encyclopédie*, article 'Fertilisation', *OCV*, vol.41, p.367.

[4] 'Fertilisation', p.366.

[5] While his *Diatribe à l'auteur des Ephémérides* (1775) seems to pay homage to the doctrine of the *économistes*, Voltaire was not convinced by all physiocratic ideas, and was particularly critical of their *esprit de système* in *L'Homme aux quarante écus* (1768).

[6] This was not, of course, the result of Voltaire's lack of experience as a gardener, as he told Robert Tronchin: 'Je crois que les cendres de Servet volèrent dans le potager et le rendirent stérile' (D8294, 10 May 1759).

[7] Fernand Caussy, *Voltaire, seigneur de village* (Paris, 1912), p.135.

Que la dépense de l'exploitation d'une mine d'argent, de cuivre, de plomb ou d'étain, et même de charbon de terre excède le produit, l'exploitation est toujours très utile: car l'argent dépensé fait vivre les ouvriers, circule dans le royaume, et le métal ou minéral qu'on en a tiré, est une richesse nouvelle et permanente. Quoi qu'on fasse il faudra toujours revenir à la fable du bon vieillard, qui fit accroire à ses enfants qu'il y avait un trésor dans leur champ; ils remuèrent tout leur héritage pour le chercher, et ils s'aperçurent que *le travail est un trésor*. [8]

Voltaire's ideas, as outlined above in the articles 'Agriculture' and 'Fertilisation', correspond to his approach in the texts on agriculture and commerce from the period of 1767-1768. He was always very willing to take the initiative in improving agriculture and trade in his local area, but was equally aware that his best efforts were limited by the often restrictive laws of the kingdom, and that the royal authorities had it within their powers to improve the lives of *Gessiens* and make them more productive by changing the laws that impacted on their work practices. The last third of the eighteenth century saw many reforms and attempts at reform in this area, one being the experimental liberalisation of the grain trade under *contrôleur général* L'Averdy in July 1764. Voltaire would later support Turgot's removal of grain-trade barriers – in the *Petit écrit sur l'arrêt du conseil* (1775) – but we should not assume that he was fully supportive of a liberalisation of all trade barriers, as his position was always dictated by what would help his lands in particular and the pays de Gex in general.

A particularity of all the texts below is Voltaire's opportunistic use of the political situation that prevailed at the time between France and the Republic of Geneva. While during 1763-1764 Voltaire had acted in concert with Geneva's Petit Conseil to argue against the rights of the clergy of the pays de Gex to impose tithes on lands that had been joined to the crown by the Treaty of Lyons in 1601, as soon as Geneva's civil strife of 1766 caused relations with the French crown to sour, the pragmatic *philosophe*-farmer did

---

[8] *Questions sur l'Encyclopédie*, article 'Agriculture', *OCV*, vol.38, p.142.

not hesitate to use the situation to his advantage, blaming Geneva for the troubles of the pays de Gex, with a view to gaining the favour of the royal authorities.[9] Conflict over the rights accorded to the different groups that made up Genevan society was a feature of the internal politics of the Calvinist Republic throughout the eighteenth century.[10] They were made all the more acute in the 1760s following the publication of Jean-Jacques Rousseau's *Du contrat social*, 'œuvre éminemment genevoise [...] écrite, avant tout, pour Genève'.[11] This work, and Rousseau's *Lettres écrites de la montagne*, made clear that the Genevan Republic was an oligarchy in practice. The Petit Conseil, or Magnifique Conseil, had, in the eyes of many *citoyens* and *bourgeois* (who became known as the *représentants*) too much control over the city's affairs at the expense of their rights.[12] The magistrates of the Petit Conseil and their supporters (the *négatifs*) obviously disagreed, seeking to protect their dominant position in the city's politics. In November 1765, Voltaire took the initiative to intervene in this affair, inviting representatives of both groups to dine at Ferney. His motivation was partly based on a wish to be seen as a positive influence in Geneva, unlike Rousseau, who, as many considered, had been at the root of the internal dissent in the city.[13] In January 1766,

---

[9] See Jane Ceitac, *L'Affaire des natifs et Voltaire: un aspect de la carrière humanitaire du patriarche de Ferney* (Geneva, 1956), and John Renwick, 'Voltaire et les antécédents de la *Guerre civile de Genève*', *SVEC* 185 (1980), p.57-86. Renwick notes a decisive change in Voltaire's relations with Geneva during the summer and autumn of 1765 (p.78).

[10] Genevan society was divided into four classes: there were *citoyens*, whose parents had been *citoyens* or *bourgeois*; the latter were non-citizens who had been naturalised and attained *la bourgeoisie*. Both of these groups had full political and economic rights, which were not granted to the *habitants*, 'étrangers agrégés à la République', or their descendants, the *natifs* (Ceitac, *L'Affaire des natifs et Voltaire*, p.15).

[11] Ceitac, *L'Affaire des natifs et Voltaire*, p.21.

[12] According to the 'Règlement de 1738', no issue could be discussed by the Conseil général (where citoyens and bourgeois had a deliberative voice) unless it was first approved by the Petit Conseil (Ceitac, *L'Affaire des natifs et Voltaire*, p.18).

[13] 'Mon devoir et mon goût sont ce me semble de jouer un rôle directement

external mediators in the form of France, Zurich and Bern were requested to intervene. Voltaire's efforts had not led to a rapprochement between the opposing parties and he lost interest in an affair in which the French authorities discouraged his involvement.[14] However, he was recalled to the fray in May 1766, when the leader of the *natifs* (those who were born in the city but had no political rights) requested his support for their cause, which both *représentants* and *négatifs* opposed.[15] He justifies this intervention in a letter to Théodore Tronchin: 'Lorsqu'une vingtaine de natifs vinrent me prier de vouloir bien rédiger un compliment et un mémoire qu'ils voulaient présenter aux ambassadeurs, j'eus cette condescendance; ils demandaient la chose du monde la plus équitable, c'était de ne payer leurs maîtrises que quand ils seraient passés maîtres. Les bourgeois qui s'y opposaient me paraissaient avoir tort, et les natifs avoir très grande raison.'[16] Meanwhile, France, under the auspices of the duc de Choiseul, was not as fully committed to the success of the mediation as Bern or Zurich, as we see in a letter from Choiseul to the chevalier de Beauteville, the French ambassador to the Swiss cantons, on 24 May 1766: '[J]e dois vous prévenir, Monsieur, que le roi n'attache point du tout sa gloire à accorder les Genevois entre eux, que, par conséquent vous ne devez pas mettre à cette affaire le même degré d'importance, d'intérêt et de ménagement que les Suisses'.[17] When the final agreement proposed by the mediators, the 'Règlement de pacification', was rejected on 15 December 1766 by Geneva's Conseil général, France began an economic war with the Republic, forbidding all *représentants* entry into and commerce

---

contraire à celui de Jean Jacques. J. J. voulait tout brouiller, et moi, comme bon voisin, je voudrais, s'il était possible, tout concilier' (D12988, Voltaire to the marquis de Florian, *c.*16 November 1765).

[14] Renwick, 'Voltaire et les antécédents de la *Guerre civile de Genève*', p.72-76.

[15] D13240, Georges Auzière to Voltaire, *c.*5 April 1766.

[16] D13533, Voltaire to Théodore Tronchin, 3 September 1766.

[17] Jean-Pierre Ferrier, 'L'interdiction de commerce et l'expulsion de France des Genevois en 1766', *Etrennes genevoises pour 1926* (Geneva, 1926), p.5.

with France.[18] By early January 1767, a cordon of eight hundred troops lined the border preventing all human and commercial traffic between Voltaire's already isolated pays de Gex and the city of Geneva on which it relied in many respects.

Geneva, an important manufacturing and trade hub, was a market for agricultural produce from the pays de Gex. It also provided employment for *Gessiens*, as much of the less delicate work in the early stages of the production of watches – the making of watch glass and the *mouvements bruts* – was carried out there.[19] However, these opportunities also hindered the agricultural development of the pays de Gex, as the work involved in watch-making was a luxury in comparison to the toil of agricultural labour on poor soil and therefore attracted workers who, with no other options, would have worked the land. Moreover, much of the available land which belonged to rich *citoyens* of Geneva was not cultivated because to do so would have incurred payment of the *taille* on these lands.[20] In reality the geographical isolation of the pays de Gex was also a contributing factor in the area's stunted economic and agricultural development, not to mention the harsh winters, which made agricultural production and communication with the rest of France impossible from mid-October to the spring thaw. The Jura mountains, which separated the pays de Gex from the rest of France, provided a natural obstacle to trade with the rest of France, with the result that the *Gessiens* had to rely on imports from Geneva when products could not be found locally and had to

[18] Ferrier, 'L'interdiction de commerce', p.11.

[19] See Antony Babel, *Les Métiers dans l'ancienne Genève. Histoire corporative de l'horlogerie, de l'orfèvrerie et des industries annexes* (Geneva, 1916). With increased specialisation within the watchmaking industry in the second half of the seventeenth century, apprentice watchmakers in Geneva were only trained to prepare the watch mechanisms, which, while breaking with corporate tradition, saved the master craftsmen time and money. It also resulted in the separation of the manufacture of watch cases from watchmaking and goldsmithery (p.91).

[20] Voltaire, in concert with the *subdélégué de l'Intendant*, Fabry, had petitioned the authorities to exempt Geneva's French property owners from the tax, but the *contrôleur général* refused. See Caussy, *Voltaire, seigneur de village*, p.192-93.

pay duties on these products. French produce coming to the pays de Gex from the Midi also had to be imported, as the area relied on a trading route that joined Lyons and Geneva, [21] the cost of import and export duties making essential products, such as salt, very expensive for the *Gessiens* who relied on it to preserve meat and produce cheese. The salt question was to become more important in the mid-1770s, but in 1767 it was just one item in a list of grievances that Voltaire communicated to the authorities on behalf of the pays de Gex. One of the solutions proposed to counteract this latter problem was the creation of a port on French territory that would function as a trading rival to the city of Geneva. The *route de Lyon* would be extended through the pays de Gex to a new trading town on the French side of Lake Geneva, Versoix. The idea found support from France's effective first minister, Choiseul, who was all the more enthusiastic about it due to the economic war with Geneva. [22] Our first text draws precisely on this context to petition the ministry regarding the economic situation in the pays de Gex.

A Monseigneur le Duc de Choiseul (1767) has not appeared in any previous collection of Voltaire's complete works, amongst which it clearly belongs. One of the unintended consequences of the economic war waged by the French against the *représentants* of Geneva was that the pays de Gex was more severely discommoded than ever in its trade and communication links, and certainly more so than Geneva, which was still able to import goods by the lake and from Savoy. [23] While communication with France remained difficult, particularly in winter, trade with Geneva became impossible because of the presence of French troops along the

[21] Jean-François Bergier, 'Genève et la Suisse dans la vie économique de Lyon aux quinzième-seizième siècles', *Cahiers d'histoire* 5, 1 (1960), p.33-44. Lyons and Geneva were along the trade route that joined the nascent industrial towns of southern Germany with the western Mediterranean, the Midi, Catalonia and Spain.

[22] Ferrier, 'L'interdiction de commerce', p.23-24. See also his *Le Duc de Choiseul, Voltaire et la création de Versoix-la-ville, 1766-1777* (Geneva, 1922).

[23] Ferrier, 'L'interdiction de commerce', p.17.

border. Choiseul's attitude hardly favoured the situation of the *Gessiens*, as he felt it only right 'que les environs de la ville se ressentissent un peu de l'interdiction'.[24] Voltaire's text, which is also signed by the *syndic de la noblesse* and an officer of the *dragons*, is notable in the way he joins the actions of the minister to the plight of the local area, while, in reality, the latter's actions were exacerbating the situation in the pays de Gex.[25] This apparent contradiction can be understood when we see that Voltaire's text requests a series of further steps to be taken, steps that will be to the disadvantage of the Republic, and, more importantly, to the benefit of the *Gessiens* and Voltaire.

Among these issues was the question of firewood, which was particularly close to Voltaire's heart. With the presence of eight hundred troops in the area, in mid-winter, the demand on this essential resource was great. As he told Richelieu, 'A l'égard du petit corps de troupes qui est dans mes terres j'ai bien peur d'être obligé, si je reste dans le pays, de faire plus d'une harangue inutile pour l'empêcher de couper mes bois'.[26] Another issue which is raised in this text and those that follow is the fact that Geneva's watchmaking industry is drawing workers from the land. The major point made by the text relates to the disadvantageous situation in which the pays de Gex found itself when it came to trade, with all goods coming from both France and the Swiss cantons passing first through Geneva. This situation makes the signatories call for a new road through the pays de Gex to Versoix, 'pour communiquer en droiture de Suisse au païs de Gex, à la suisse et à l'allemagne sans passer et sans payer à Genêve' (lines 31-

[24] Cited in Caussy, *Voltaire, seigneur de village*, p.212.

[25] In May 1767, the syndics of the Estates of Gex petitioned Choiseul on behalf of the pays: 'Déjà épuisé par une mortalité de bestiaux, par des recherches trop rigoureuses du fermier des domaines, par des droits perçus injustement au mépris des privilèges du pays, nos habitants succomberont infailliblement sous le poids des maux qui les accablent, si vous n'avez la charité de venir à leur secours en leur permettant l'exportation de leurs denrées à Genève' (Genève, Archives d'Etat, 75(242)). Cited in Ferrier, 'L'interdiction de commerce', p.21.

[26] D13825, Voltaire to Richelieu, 9 January 1767.

32). This measure is considered to be 'la seule maniére de rétablir et de repeupler la province' (line 38-39). Voltaire had prepared this text by the end of January 1767[27] and sent it to Choiseul on 20 February 1767 (D13975). While Voltaire is always cited as an important figure in the plan to create a thriving port at Versoix, it should be noted that he was originally against the idea of the road through the pays de Gex, as we can see from D14159 (to d'Argental, 4 May 1767):

J'ai envoyé à M. le duc de Choiseul, conjointement avec le syndic de la noblesse, un mémoire très circonstancié. J'ai proposé que M. le duc de Choiseul renvoyât ce mémoire à M. le chevalier de Jaucourt qui commande dans notre petite province. Il a oublié mon mémoire, ou s'en est moqué; et il a tort car c'est le seul moyen de rendre la vie à un pays désolé qui ne sera plus en état de payer les impôts. On a voulu faire *malgré mon avis*[28] un chemin qui conduisît de Lyon en Suisse en droiture; ce chemin s'est trouvé impraticable.

Indeed, there is no mention of this new road, or the town of Versoix, in Voltaire's next text, which was probably composed in June 1767.

In the *Mémoire pour le pays de Gex* we see a list of grievances similar to those outlined in *A Monseigneur le Duc de Choiseul*, such as the compulsory passage of all goods from France through Geneva, the abandonment of the land by the *Gessiens* who work in watchmaking, the theft of firewood and the blight of contraband between Geneva and the pays de Gex. Voltaire, however, has shown what can be achieved in a depressed area and cites the example of Ferney's development since his arrival. One major problem remains: the *Gessiens* must purchase everything at an inflated price from Geneva. With the protection of the ministry, this can be avoided: 'il est suplié de diminuer, ou même de suprimer s'il est convenable, les impôts ètablis sur le fer et autres marchandises sortant de la franche Comté pour entrer dans le

---

[27] D13893, Voltaire and Mme Denis to Hennin, 29 January 1767.
[28] My emphasis.

Gessois' (lines 54-56) Despite the opinion of Choiseul's *premier commis*, Bournonville, who noted at the top of the original manuscript, 'ce projet ne vaut rien', the text was sent to the *intendant des finances*, Trudaine de Montigny, and the *intendant* of Burgundy, Amelot, the latter approving Voltaire's main proposal regarding the duties payable on iron from Franche-Comté, even if he felt that the price of wood was a problem only for the more wealthy *Gessiens*, and that, without the money the poor made from its sale, 'les Gessois seraient dans une impuissance absolue de payer les impôts'. The *intendant* also had very practical reasons for not preventing people from working in the watchmaking industry: 'Dans le pays de Gex, couvert de neige quatre à cinq mois de l'année, l'habitant mourrait de faim s'il n'avait que sa pelle et sa pioche pour subsister. Il est dans ce pays bon nombre d'horlogers qui font des montres en hiver et cultivent la terre en été'.[29]

While the *Mémoire sur Genève et sur le pays de Gex*, Voltaire's third text relating to the same issues, does mention the idea of establishing a port at Versoix, his response to the idea is not entirely supportive: 'Ce serait une entreprise aussi belle et aussi utile que dispendieuse' (lines 113-14). His main concern in this text is to enumerate the practical measures that can be taken to improve the lot of the pays de Gex, and to show how Geneva has taken advantage of France in economic matters. These measures are summed up in six points: prevent contraband by strategically placing *dragons* along the border; forbid the exportation of firewood to Geneva; forbid villagers from working in the watchmaking and jewellery industries; forbid the *Gessiens* from working as servants in Geneva; prevent the *Genevois* from providing asylum to deserters from the pays de Gex; maintain the new markets at Meyrin and Saconnex. This text suggests that Voltaire's liberalism in economic matters extends to what benefits his own plans for Ferney.

---

[29] Caussy, *Voltaire, seigneur de village*, p.218. According to Amelot, 'ce moyen détournerait les sujets du roi de porter leur argent à Genève ou d'y laisser le prix des denrées qu'ils y vendent pour acheter les ustensiles nécessaires à la culture de leurs terres'.

In the *Mémoire sur le pays de Gex*, from December 1767, Voltaire returns to the question of firewood and proposes that it be treated in the same way as wheat, in other words that it cannot be exported when it is too expensive.

In our final text, *Au Roi, en son conseil* (1768), Voltaire, in concert with the syndics of the second and third Estates of Gex, reiterates his request for the *Gessiens* to be forbidden from working in the watchmaking industry because of the negative impact that this has had on agriculture in the area. This text was sent to the *intendant* of Burgundy, Amelot, with an accompanying letter on 10 April [1768] (D11820).

Some of Voltaire's ideas on agriculture and commerce which drew on his experiences during his time at Ferney up until the writing of these texts were to be expressed in print, in articles of the *Questions sur l'Encyclopédie*, such as 'Abeilles', 'Agriculture' and 'Fertilisation', which he worked on principally in the period 1769-1771. What we notice about the texts we have grouped together here is that their purpose is very specific, responding as they do to the economic war between France and Geneva and attempting to achieve favourable results for Voltaire's lands at Ferney. The demands made by Voltaire in these five texts – and his notion that the inhabitants of the area (a traditional hinterland for Geneva's watchmaking industry, notorious for its poor land) should be prevented from working in watchmaking or earning extra money through the sale of firewood in the Calvinist Republic – were undeniably unrealistic. They can, however, be understood in the context of the severe economic impact on Ferney of the standoff between Geneva and France, combined with the debilitating isolation experienced by the pays de Gex owing to its proximity to and dependence on a foreign city-state. These broader issues would subsequently be addressed in the 1770s, when Voltaire, in concert with the Estates of Gex, would attempt to change the area's trade status in relation to the rest of France by petitioning for its removal from the *cinq grosses fermes*.

Manuscripts

A Monseigneur le Duc de Choiseul

A Monseigneur / Le Duc de Choiseul. / [*in another hand*] Possesseurs des terres du Pays de Gex / [*double rule*]

Original manuscript in Wagnière's hand; 4 pag.; 23 x 33 cm.

Signed by Sauvage de Verny, Voltaire ('possesseur des terres les plus voisines de Geneve') and Dupuits.

This *mémoire* was published for the first time in Caussy, *Voltaire, seigneur de village*, p.214-16.

Paris, Archives nationales: H // 174(56).

Mémoire pour le pays de Gex

Mémoire. / Pour le Païs / de Gex. / [*double rule*]

Original manuscript in Wagnière's hand; 4 pag.; 23 x 36 cm.

The text is endorsed: 'M de Bournonville / ce projet ne vaut rien' and, in another hand, 'Juin 1767'.

This *mémoire* was published for the first time in Caussy, *Voltaire, seigneur de village*, p.216-18, where it was dated to June 1767.

Paris, Archives nationales: H // 174(14).

Mémoire sur Genève et sur le pays de Gex

Mémoire / sur / Genêve et sur le païs de Gex. / [*double rule*]

Original manuscript in Wagnière's hand; 4 pag.; 23 x 36 cm.

This *mémoire* was published for the first time in Caussy, *Voltaire, seigneur de village*, p.220-23.

Paris, Archives nationales: H // 174(20).

Mémoire sur le pays de Gex

Mémoire / sur le païs / De Gex / [*double rule*]

Original manuscript in Wagnière's hand; 4 pag.; 18 x 23 cm.

This *mémoire* was published for the first time in Caussy, *Voltaire, seigneur de village*, p.209. Caussy states that it was sent in December 1767.

Paris, Archives nationales: H // 174(4).

Au Roi, en son conseil

Au Roy, / en son Conseil.

Original manuscript in Wagnière's hand; 2 pag.

Signed by Sauvage de Verny, 'sindic de la noblesse', and Fabry, 'premier Sindic general du tiers etat'.

This *mémoire* accompanied a letter to the *intendant* of Burgundy, Antoine Jean Amelot de Chaillou (D11820, 10 April 1764 [1768]). This letter was incorrectly dated 1764 by Augustin Vayssière (*Voltaire et le pays de Gex*, Bourg, 1870, p.51) and the date was followed by Besterman, although the letter is clearly dated 1768. It is endorsed: 'Gex. Lettre de M. de Voltaire et Requete des etats du pays de Gex pour faire défenses aux habitants du pays de quitter la culture des terres', a clear indication that *Au Roi, en son conseil* (rather than the text in our Appendix, as suggested by Vayssière) was sent with the letter.

Bourg-en-Bresse, Archives de l'Ain: C 1015.

Principles of this edition

As this is the first time these texts have been published in an edition of Voltaire's complete works, they are here transcribed directly from the original manuscripts with no changes made to spelling or punctuation. We have only added an indent at the beginning of each paragraph.

A MONSEIGNEUR LE DUC DE CHOISEUL.

Possesseurs des terres du Pays de Gex

Les possesseurs des terres du païs de Gex renouvellent leurs très humbles remerciements à Monseigneur Le Duc De Choiseul, d'avoir daigné délivrer le païs des contrebandiers de Genêve qui faisaient passer en france à main armée pour deux millions de contrebande par an, par le canton de Peney[1] marqué sur cette Carte, et d'avoir empèché par le cordon de troupes établi que les forets du Roi, des seigneurs et des Communes, ne fussent dévastées par les païsans qui abandonnaient l'agriculture pour aller vendre les bois de chaufage, coupés en délit, aux genevois.[2]

Nous le suplions de daigner continuer cette justice, et de protèger les sujets du Roy contre des étrangers qui font un commerce illicite, qui se font servir par les Gessois, et leur font abandonner la culture de la terre pour travailler à leur manufacture d'horlogerie.

Le plus intolérable des abus est encor le droit que les genevois se sont arrogés de faire passer chez eux en entrepôt, toutes les marchandises qui viennent de Lyon et de Bourgogne au païs de Gex, de sorte qui ces marchandises paient double droit.[3]

---

[1] The *mandement* of Peney, while in the pays de Gex, was part of Genevan territory.

[2] Choiseul had not taken any particular action in this regard; Voltaire is implying that by placing the cordon of troops along the border with Geneva, contraband and the export of firewood are being prevented. However, as the three *Mémoires* which were to follow show, these issues were the very reasons for writing the texts.

[3] Geneva was at the centre of a major European trade route, 'la principale voie Nord-Sud de l'Europe occidentale' (Jean-François Bergier, 'Genève et la Suisse dans la vie économique de Lyon aux quinzième-seizième siècles', *Cahiers d'histoire* 5, 1, 1960, p.33-44, at p.36), and the pays de Gex sourced all its goods from the Midi and the Swiss cantons from its clearing house (*entrepôt*). As part of the economic war with Geneva, Choiseul established a new *entrepôt* at the General Farms' bureau at

Il daignera observer surtout, que souvent les officiers genevois servant dans les régiments Suisses, enrolent les sujets de Sa Majesté, aulieu de recrutter dans leur ville, et que les genevois enlêvent les filles du païs à leurs parents pour les faire servir dans leurs maisons. 20

Pour parvenir à soulager la petite province de Gex, que les genevois ont dépeuplée et apauvrie en s'emparant de tout le commerce 25

Pour déraciner l'abus intolérable de faire passer toutes les marchandises de Lyon et de Suisse à Genêve, d'y paier des droits d'entrepôt, et de paier encore des droits d'entrée lorsque ces marchandises repassent de Genêve dans la province, 30

Pour communiquer en droiture de Suisse au païs de Gex par le lac, et de Lyon au païs de Gex, à la suisse et à l'allemagne sans passer et sans paier à Genêve, il nous a paru convenable de suplier le ministère de nous accorder un chemin qui mêne en droiture au port de Versoy, ce port étant très praticable et très aisé à réparer. 35 cette route étant la meilleure et la moins dispendieuse de toutes;[4] Le transport des marchandises étant quarante fois moins difficile et moins couteux par eau que par terre,

Et enfin, cette entreprise étant la seule maniére de rétablir et de repeupler la province. 40

En conséquence, nous suplions Monseigneur Le Duc De Choiseul de vouloir bien éxaminer nôtre proposition, et le plan que nous avons l'honneur de lui presenter.

Et afin qu'aucun intérêt particulier ne se mêle à l'intérêt public dans une affaire si importante pour le païs, nous suplions très 45

Pontarlier for goods coming from Lyons and destined for the Swiss cantons. This was of no benefit, however, to the pays de Gex. See Jean-Pierre Ferrier, 'L'interdiction de commerce et l'expulsion de France des Genevois en 1766', *Etrennes genevoises pour 1926* (Geneva, 1926), p.19.

[4] As has been noted in the Introduction, this was clearly the position of the other signatories rather than Voltaire. In the *Mémoire sur Genève et sur le pays de Gex* he tempers his praise for the enterprise by stating that it is 'aussi belle et aussi utile que dispendieuse' (see below, p.28, line 114).

18

humblement Monseigneur Le Duc De Choiseul de vouloir bien se faire rendre un compte éxact de ce plan par M^r. Le chevalier de Jaucourt commandant de la province [5]

Sauvage de verny

sindic de la noblesse   50

Voltaire possesseur des terres les plus voisines de Geneve.

Dupuits off. de dragons reformé aussi possesseur de terres dans le païs de gex.

---

[5] According to Du Chastel, secret correspondent of the governement of Berne, the chevalier de Jaucourt had heard that there was once a project to establish a port at Versoix and that in the context of the economic war this seemed like a good idea. He prepared a *mémoire* and consulted Voltaire. A *mémoire* for the creation of a road from Meyrin to Versoix was presented and this was approved; then the idea of the town was suggested and Choiseul was enthusiastic about it. See J.-P. Ferrier, *Le Duc de Choiseul, Voltaire et la création de Versoix-la-ville, 1766-1777* (Geneva, 1922), p.14-15.

MÉMOIRE.

Pour le païs de Gex.

Le Ministère a jetté les yeux jusques sur le petit païs de Gex; contrée remarquable par sa belle situation dont on découvre le Chablais, le faucigni, la Suisse, le païs de vaud et Genêve; mais contrée stérile par la nature du sol qui ne produit que trois pour un en froment, [1] et dont la culture est très souvent à charge; contrée entourée de tous   5 cotés de montagnes, dont les unes sont couvertes de neiges éternelles, et les autres le sont sept mois de l'année. [2]

Ce malheureux païs n'avait pu jusqu'à present avoir aucun commerce qu'avec Genêve. Les voitures de Lyon et de Suisse dèposaient à la halle de Genêve tout ce qui venait pour les   10 Seigneurs des terres de Gex. de sorte que ces éffets paiaient des droits à Genêve, et paiaient encor de nouveaux droits en rentrant en france. Les Colons gessois abandonnant la charue travaillaient et travaillent encor aux manufactures des montres de Genêve prohibées en france.   15

Ces mêmes Colons coupaient et coupent encor en délit les arbres des forêts du Roi, des Seigneurs et des communes. ils trompent la vigilance des gardes, ils portent le bois à Genêve. ils ont entiérement dégarni les forets. le bois est plus cher dans cette petite province qu'à Paris. [3]   20

---

[1] The same figure is found in the *Mémoire sur l'état de l'agriculture du pays de Gex* (see below, Appendix, p.34, line 9), a text written by an individual with a good knowledge of the agricultural practices of the pays de Gex.

[2] Voltaire likes to use the expressions 'neiges éternelles' or 'glaces éternelles' to present his reader with a vivid image of the difficult weather conditions that exist in his area. Here he exaggerates: according to the *intendant* of the province, the pays de Gex is 'couvert de neige quatre à cinq mois de l'année' (cited in Fernand Caussy, *Voltaire, seigneur de village*, Paris, 1912, p.218).

[3] Voltaire makes the same claim in a letter to Florian, on 14 January 1767: 'Nous mangeons de la vache, le pain vaut cinq sous la livre, le bois est plus cher qu'à Paris' (D13844).

Cette disette et cette cherté dans un païs où le pain vaut toujors quatre sous la livre, achêvent la ruine de ce canton. et cette ruine est au point que depuis trente ans on y compte quatre vingt charues demoins qu'auparavant. [4]

La contrebande qui se fait par un terrein genevois qui touche au païs de Gex, et qui confine au Rhône, est un objet de plus de quinze cent mille Livres par année. [5] cette contrebande qui fait tant de tort aux fermes du Roi a été longtemps favorisée par quelques colons gessois, et n'a pas peu contribué à faire abandonner la culture des terres.

Il est clair cependant qu'on peut tirer ce païs de la misère où il est plongé, puisqu'en six années de temps on a trouvé le moien de changer le hamau de ferney qui ne contenait que cinquante habitans, en un village considérable devenu opulent, et qui possède à present deux cent personnes; qu'on y a défriché des terres, sèché des marais, bâti des maisons propres et commodes, augmenté le nombre des charues, planté des arbres fruitiers et des vignes, qu'on y a enfin ètabli un marchand et un chirurgien habile. [6]

[4] It is difficult to measure the accuracy of Voltaire's figures regarding the pays de Gex as they can vary. With regard to the number of ploughs, we can say that Voltaire is correct to point to a dramatic decline, as the figures in the *Mémoire sur l'état de l'agriculture du pays de Gex* suggest the same (p.35-36). Caussy omitted the following part of this sentence: 'toujors quatre sous la livre, achêvent la ruine de ce canton' (*Voltaire, seigneur de village*, p.217).

[5] He is referring to the *mandement* of Peney. In D13937 (to the chevalier de Beauteville, 10 February 1767), in *A Monseigneur le Duc de Choiseul* (above, p.17) and in the *Mémoire sur Genève et sur le pays de Gex* (below, p.24), Voltaire gives a figure of two million.

[6] We generally rely on Voltaire's figures regarding the development of Ferney, but the *intendant* of Burgundy did note at this time: 'Par la vérification faite de l'état ancien de cette terre et de son état actuel il résulte que l'on y a bâti neuf maisons depuis 1759, temps auquel M. de Voltaire en a fait l'acquisition, qu'elle a augmenté de douze feux, de trois charrues et d'environ cinquante habitants, mais le reste du pays ne se ressent point de cette amélioration qui est entièrement due à la grande opulence de M. de Voltaire' (Bourg-en-Bresse, Archives de l'Ain, C 362, cited in Caussy, *Voltaire, seigneur de village*, p.219). The following testimony is also given by the syndics of Gex and the local clergy: 'Nous soussignés certifions que M. De Voltaire, Gentilhomme ordinaire de la Chambre du Roi, seigneur de Ferney et Tourney au

On peut à proportion amèliorer et faire fleurir les autres terreins avec la protection du ministère. 40

Un des plus grands abus et des plus grands malheurs du païs est que les Colons vont tout acheter chèrement à Genêve, et y versent tout l'argent qu'ils ont pu gagner. Les agriculteurs en tirent jusqu'à present tous les instruments de labourage, et tous les ustenciles nécessaires. 45

Le 30ᵉ. May dernier, malgré les déffenses, et malgré le cordon de troupes établi sur la frontiére, plusieurs Gessois allérent par des sentiers détournés à Geneve avec des chariots, vendirent du bois, du fourage et des denrées, et achetèrent dans cette ville étrangère tout ce qu'ils auraient pu prendre chez les marchands nouvellement 50 établis au païs.

Si le ministère daigne continuer à protèger la province, favoriser nôtre commerce naissant, et empêcher qu'on ne se pourvoie chez l'ètranger, il est suplié de diminuer, ou même de suprimer s'il est convenable, les impots ètablis sur le fer et autres marchandises 55 sortant de la franche Comté pour entrer dans le Gessois.

En ce cas, les marchands nouvellement ètablis vendant à meilleur marché qu'à Genêve, formeront plusieurs branches utiles de commerce.

Pour peu qu'il y ait toujours trois cent hommes de troupes entre 60 le païs de Gex et Genêve, les païsans pourront se défaire de leurs denrées et de leurs fourages; et surtout la grande contrebande si préjudiciable, et qui se faisait à main armée cessera entièrement.

---

pays de Gex près de Genève, a non seulement rempli les devoirs de la religion catholique dans la paroisse de Ferney où il réside, mais qu'il a fait rebâtir et orner l'église à ses dépens, qu'il a entretenu un maître d'école, qu'il a défriché à ses frais les terres incultes de plusieurs habitants, a mis ceux qui n'avaient point de charrue en état d'en avoir; leur a bâti des maisons; leur a concédé des terrains; et que Ferney est aujourd'hui plus peuplé du triple qu'il ne l'était avant qu'il en prît possession; qu'il n'a refusé ses secours à aucun des habitants du voisinage. Nous donnons ce témoignage comme la plus exacte vérité' (D14985, Voltaire to François Moréna [c.30 April 1768]).

Nos Seigneurs Les ministres sont supliés de prendre ce court mémoire en considération, et de le communiquer s'ils le jugent à propos aux Intendants de Bourgogne et de franche Comté. [7] La protection qu'on implore opèrerait aisément le soulagement de la province.

65

[7] Antoine Jean Amelot de Chaillou (1764-1774) and Charles André de Lacoré (1761-1784), respectively.

23

MÉMOIRE SUR GENÈVE ET
SUR LE PAÏS DE GEX.

La ville de Genève est faitte pour nourir tout au plus, sept ou huit mille habitants, en lui suposant un commerce légitime. l'étendue de son territoire tant du côté de la france que du côté de la Savoye, peut nourir tout au plus cinq cent familles, et le surplus ne peut subsister que par le bénéfice d'un commerce toujours préjudiciable   5
à celui de Lyon.[1]

Cependant, cette petite ville est peuplée de vingt mille ames, et il y en a quatre mille dans son territoire.[2] Les genevois ont actuellement quatre millions cinq cent mille Livres de rentes sur la france, et ils font pour deux millions de contrebande par année,   10
soit en horlogerie, soit en orphêvrerie, en monture de petites pierreries appellées marcacites, en mousseline etc[a].

Ils revendent encor en france Seize livres le minot de sel que Sa Majesté a la bonté de leur donner pour six Livres.[3]

Ils vendent aussi beaucoup de Tabac; et quelques éfforts que les   15
fermiers généraux aient pu faire, ils n'ont jamais détruit cette contrebande perpétuelle.

L'origine de l'opulence de genève est l'époque du fatal sistème de 1719 et 1720. Les genevois qui sont ingénieux et calculateurs, allèrent en foule à Paris; ils s'enrichirent aux dépends de la france,   20

---

[1] For centuries, there had been competition between Geneva and Lyons over the trade that passed through both cities and Voltaire is possibly attempting to take advantage of the negative sentiment towards Geneva by evoking Lyons. See Jean-François Bergier, 'Genève et la Suisse dans la vie économique de Lyon aux quinzième-seizième siècles', *Cahiers d'histoire* 5, 1 (1960), p.33-44.

[2] According to the census of 1781, the population of Geneva was 24,812, up from 19,000 in 1728-1729. See Anne-Marie Piuz, *A Genève et autour de Genève aux dix-septième et dix-huitième siècles: études d'histoire économiques* (Lausanne, 1985), p.118.

[3] Salt in Geneva cost 13 *livres* the *minot* (39 litres) and was bought from France for 6 *livres* 7 *sols* the *minot*. See Jean-François Cochaud, *La Ferme Générale des droits du roi et le pays de Gex (1753-1775)*, doctoral thesis (Université de Lyon, 1970), p.307.

24

et leur industrie depuis ce temps là a toujours augmenté leurs richesses. [4]

Prèsque toutes ces nouvelles fortunes apartenaient à des français réfugiés qui entrérent alors dans la magistrature. ils firent bâtir des maisons superbes à la ville et à la campagne; et il n'y a point aujourd'hui de ville en Europe dont les citoiens aient plus de maisons de plaisance, à proportion du territoire.

Il n'y avait pas avant l'époque de 1720 deux péres de famille dans genêve qui eussent des laquais, pas un seul qui eut de la vaisselle d'argent, ni qui se chauffât ailleurs que dans sa cuisine. aujourd'hui, malgré les loix somptuaires, le luxe de la table, des ameublements et des équipages, égale aumoins celui de Lyon.

Les familles qui n'ont pu s'élever à cette opulence, se soutiennent par l'horlogerie, la bijouterie, la contrebande, et composent le corps des representants oposés à la magistrature.

La petite province de Gex est un païs d'environ cinq lieues et demi de long sur deux de large, qui contient près de sept mille habitants dans trente sept villages prèsque tous ruinés. il n'y avait pas dans ce païs il y a douze ans, un seul seigneur de paroisse qui possédat dix mille livres de rente en fonds de terre. Le revenu net de deux seuls possesseurs de grands fonds, ne va pas aujourd'hui à six mille livres.

Depuis l'époque de 1720 Trois cent charues sont tombées dans le païs. ces trois cent charues cultivaient environ quinze mille arpents qui sont restés abandonnés et qui sont devenus pour la pluspart des marais croupissants qui infectent le païs, et nuisent à la population. [5]

[4] Voltaire points to a dark economic period in living memory, connecting it to Geneva. While certain *Genevois* may have made money from John Law's ill-fated system, which attempted to introduce paper money to the kingdom, it was certainly not the principle source of the city's wealth.

[5] From line 18 to line 47, Voltaire makes arbitrary links between the crisis that followed the failure of Law's system, the decline in the number of ploughs and the presence of marshes in the area.

La raison de cet abandon général est que les païsans de cette petite contrée ont mieux aimé travailler pour les manufactures de Genêve que de labourer des terres ingrates qui raportent trois ou quatre pour un tout au plus. 50

Dès qu'un cultivateur a eu le moien de faire travailler son fils au métier d'horloger ou de lapidaire, il lui fait abandonner la culture de la terre. [6] Ces métiers sédentaires et nuisibles à la santé, ènervent les corps, enlêvent des agriculteurs à la province, ôtent des soldats 55 au Roi, Soutiennent la contrebande de Genêve entretiennent son opulence, et dépeuplent le païs.

Les païsans qui ne sont pas assez riches pour élever leurs enfans dans le métier d'horloger ou de lapidaire, vont couper tous les bois du mont jura, et vont vendre ce bois à Genêve. les forets sont 60 entiérement dégarnies. enfin, la charette de bois dans le païs de gex coute aujourd'hui vingt francs, et le pain vaut quatre sous la livre.

Lorsque le S[r] De Voltaire qui a quelque petit bien dans les provinces voisines, acheta la terre de ferney sur le chemin de Gex à Genêve, il ne trouva que cinquante six habitans dans son village, 65 dont la moitié périssait des écrouelles. il y avait douze ans qu'on n'avait fait de mariage. les maisons étaient des mazures ouvertes, et l'église paroissiale une petite grange; les environs étaient des marais qui portaient l'infection à la ronde. [7] il obtint du conseil le déssechement des marais, il défricha une grande portion de terrein 70 inculte au profit des proprietaires sur la route de genêve. il planta des arbres des deux cotés du grand chemin l'espace d'une demi lieue; il fit venir des suisses et des Savoyards pour cultiver la terre; il fit bâtir onze maisons dans le village, et une église de pierre

---

[6] For many of these workers, the choice was not between agricultural work and the watchmaking industry. Both were undertaken depending on the time of year. See above, p.12, on the importance of watchmaking to those who are unable to farm in winter.

[7] The scare regarding the danger of the marshes in the area was created by Voltaire. See Christophe Paillard's article in *Un jeu de lettres*, ed. N. Cronk, O. Ferret and others (forthcoming).

de taille; il a quadruplé le nombre des habitans et celui des 75
charues. [8]

Cet éxemple prouve qu'on peut faire fleurir le païs le plus
malheureux, mais bientôt il retombe dans sa premiére misère si le
ministère ne daigne pas le protèger.

Il est très humblement suplié. 80

1° D'empècher la contrebande de Genêve, en plaçant seulement
quelques dragons aux postes indiqués sur la carte ci-jointe. (*a*) [9] les
contrebandiers armés ont insulté souvent ces postes au nombre de
50 ou 60 et les respecteront. [10] NB. ces dragons pouront faire pour
cent écus de contrebande par an, et en empècheront pour deux 85
millions.

2° D'interdire le transport du bois de chauffage du païs de Gex à
Genêve, comme l'est déja le commerce du bois de charpente par les
ordonnances. Ce bois de chaufage est toujours coupé en délit dans
les forets du Roi, dans les communes, et dans les bois des 90
Seigneurs. ce commerce illicite qui détourne les païsans de la
culture de la terre, ne doit être assurément ni favorisé, ni réclamé
par personne. Genêve d'ailleurs peut tirer son bois de Savoye et
de Suisse.

3° D'interdire absolument le travail en horlogerie, en jouaillerie 95
aux habitans des villages. ce n'est que dans des villes que ces arts de
luxe doivent être éxercés. cet abus ruine la manufacture de montres

(*a*) on a eu l'honneur d'envoier la carte à Mg[r]. le Duc De Choiseul.

---

[8] A comparison of these figures to those in the *Mémoire pour le pays de Gex* and the
notes on that text shows that Voltaire's figures are always rough estimates.

[9] We have not been able to locate this map.

[10] In early 1765, a large group of 'voleurs' and 'contrebandiers' had passed
through the pays de Gex with the intention of sacking the chateau of a *seigneur* in the
area, a situation which was obviously of great concern to Voltaire (D12402, to
François Rougeot, 15 February 1765). In this letter, Voltaire only mentions forty
smugglers, but witnesses had seen more, up to eighty (D12359, Voltaire to Fabry,
29 [January 1765]).

établie à Bourg en Bresse, et soutient à nos dépends celle de Genêve qui ne vaut rien. et qui inonde la france où elle est prohibée. [11]

4° D'empêcher les païsans et païsanes de la province de Gex de servir à Genêve, ce qui est très aisé en les fesant réclamer par le Résident du Roi, sur la réquisition des Seigneurs.

5° D'éxiger que les genevois ne donnent point d'azile aux déserteurs. et les escouades de Dragons peuvent aisèment y tenir la main.

6° De Laisser subsister les marchés nouvellement établis aux postes de Meyrin et de Saconey, etc., sur la frontiére, et de ne pas souffrir que le peu de denrées dont le païs peut faire commerce, soit vendu de préférence à l'étranger, le surplus pouvant être vendu à Genève quand les marchés français auront été fournis.

NB. On a proposé peut être à Monseigneur le Duc De Choiseuil d'établir un port à Versoy, village qu'il peut voir sur la Carte; De communiquer par Versoy de Lyon en Suisse, de faire tout le commerce de Lyon que faisait Genêve; De pratiquer une route commode du païs de Gex à la franche Comté. ce Serait une entreprise aussi belle et aussi utile que dispendieuse.

---

[11] This was certainly not a principled stance, as Voltaire would later invite the exiled *natifs* to the village of Ferney and lend them money to set up a watchmaking workshop there.

MÉMOIRE SUR LE PAÏS DE GEX

Le ministère daigne protèger le païs de Gex si longtemps abandonné. On prend la liberté de l'informer, aussi bien que Messieurs les Intendants et Monsieur le grand maître des eaux et forets, que les païsans ne cessent de dégrader les forets du Roi, et les bois de tous les particuliers pour aller vendre à Genêve ces bois coupés en délit.[1]

Qu'ils refusent de le vendre sur la route aux habitans, dans la crainte d'avoir des témoins contre eux.

Que par cette malversation continuelle plusieurs habitans n'ont ni de quoi se chauffer, ni de quoi préparer leurs aliments dans la rigueur de l'hiver.

Que cette disette se fait sentir cruellement de jour en jour, et qu'un enfant vient de mourir de froid.

Qu'il est impossible d'arrêter la dévastation des bois, lorsque les montagnes et les champs couverts de quatre à cinq pieds de neige ne permettent à aucun préposé d'arrêter cette licence.

Qu'une contravention si préjudiciable continuera tant que le transport de nos bois à genêve sera toléré.

Que la voie de bois de chauffage coute actuellement vingt sept livres dans la petite ville de gex.[2]

Que si ce nègoce de bois à Genêve est favorisé par ceux qui ont des bois à vendre, il sera bientôt impossible de subsister dans le païs, et à plus forte raison d'y faire le moindre ètablissement.[3]

Que le bois est icy, après le bled, la denrée la plus nècessaire.

Que s'il est deffendu par la loi de porter le bled en païs étranger

---

[1] According to Fernand Caussy, 'Le roi ne possédait dans le pays qu'une forêt à Divonne, sur la frontière de Berne' (*Voltaire, seigneur de village*, Paris, 1912, p.210).

[2] According to Caussy, the price of wood at Gex was half that suggested by Voltaire (*Voltaire, seigneur de village*, p.210).

[3] Caussy omitted this sentence when he reproduced the text in *Voltaire, seigneur de village*, p.209.

quand il est trop cher,[4] on se flatte que le ministère daignera prohiber demême l'exportation du bois quand il est d'une cherté exorbitante.

Que l'interêt du Roi se trouve joint à la conservation des habitans.

On se flatte que ce mémoire fait avec fidélité sera reçu avec une bonté compatissante.

---

[4] According to the edict of 1764 on the free movement of grain. See above, Introduction, p.5).

AU ROY, EN SON CONSEIL.

Les Etats du païs de Gex, representent très humblement à Sa Majesté que l'agriculture étant diminuée dans ce païs de quatre-vingt charues depuis vingt ans,[1] la dépopulation étant extrême,[2] nul ouvrier de Campagne ne se trouvant dans le païs; les terres n'étant cultivées que par des Savoiards et des Suisses, qui se font   5 païer trente sous par jour, pendant que les manœuvres des autres provinces se contentent de dix, les fraix passant de beaucoup le produit, cette province est menacée d'une ruine totale.[3]

Que parmi les causes de ce dépérissement, une des plus fortes est l'emprèssement qu'ont tous les païsans de faire travailler leurs   10 enfans dans le mêtier de Lapidaire et d'horloger pour les manu-factures de Genêve.

Que ces mêtiers ruinent leur santé sans les enrichir, que l'agriculture est négligée au profit de l'étranger.

Que ce fleau peut cesser au moien d'un ordre émané du Conseil   15 de Sa Majesté, qui enlevera les Cultivateurs à des mêtiers pernicieux, et les rendra à la Culture des terres abandonnées.

Les états du païs attendent de Sa Majesté cette grace, necessaire au service de Sa Majesté.

---

[1] In the *Mémoire pour le pays de Gex* (p.21, lines 23-24), the figure of eighty fewer ploughs refers to a period of thirty years, rather than twenty.

[2] The syndics of the pays de Gex regularly referred to the issue of depopulation in their *doléances*, a phenomenon that went back to the time of the revocation of the Edict of Nantes. As a result, Louis XIV had granted the pays 6000 *livres* every three years towards the payment of the *taille* (which would have increased per capita if the population decreased). See Jean-François Cochaud, *La Ferme Générale des droits du roi et le pays de Gex (1753-1775)*, doctoral thesis (Université de Lyon, 1970), p.108.

[3] Agriculture in the pays de Gex was quite specialised, focusing on livestock and cheesemaking. While the area did suffer shortages of wheat, in general, 'le paysan Gessien vit assez aisément en autarcie' (Cochaud, *La Ferme Générale*, p.116).

Sauvage de verny 20
sindic de la noblesse
Fabry
premier Sindic general du tiers etat

APPENDIX

This text was first published as a text by Voltaire by A. Vayssière, *Voltaire et le pays de Gex* (Bourg, 1876) and was included in Moland's *Œuvres complètes* (*M*, vol.32, second edition, p.612-14). Bengesco did not believe that the piece was by Voltaire (Bengesco 1848), though he does not explain why. It is true that the style does not suggest that Voltaire contributed to it.

It has not been possible to locate the original manuscript in order to verify who wrote the text. The archives of the *subdélégation de Gex* on which Vayssière relied were not classed in their current form until after Vayssière had completed his research. The inventory of the Archives de l'Ain in Bourg-en-Bresse suggests that letters and documents written by Voltaire and Wagnière can be found in C 362, C 1014 and C 1024. Unfortunately, no document in C 362 is signed by Voltaire. A manuscript copy is available at the Voltaire Foundation, Oxford (MS 40 (71-77)), and this text is bound with a series of letters, many of them written by président de Brosses, relating to the attempts to release the pays de Gex from the control of the *fermiers généraux* in respect of the importation of salt. One of these letters (2 June 1759), from de Brosses to an unknown correspondent, refers to three *mémoires* which are being sent with the letter. One of these appears to correspond to the subject of the *Mémoire sur l'état de l'agriculture du pays de Gex*: 'Le 3e mémoire contenant un fâcheux état du dépérissement de l'agriculture et de la diminution des charrues m'a été remis cet hiver par le Lieutenant general du Baillage'. However, it is impossible to be certain about the identity of the author of the *mémoire*.

Vayssière published the text as one by Voltaire because of a reference to a *mémoire* in a letter written by Voltaire to the *intendant* of Burgundy (D11820, 10 April [1768]), the date of which he incorrectly transcribed as 1764. However, the subject of the *mémoire* as it appears in Voltaire's letter does not correspond to the contents of the *Mémoire sur l'état de l'agriculture du pays de Gex*. The latter deals in detail with the price of wheat and the reduction in the number of ploughs, while the letter states: 'Il n'est que trop vrai que l'abus dont on se plaint est très préjudiciable, et que nos cultivateurs seront bientôt des horlogers employés par Genève.

Nous avons plus de besoin de charrues que de montres, et c'est ici le cas
où le nécessaire doit l'emporter sur le superflu'. Voltaire wants 'un arrêt
qui défende aux paysans de quitter la culture des terres pour servir les
horlogers de Genève'. In fact, this summary corresponds exactly to the
subject of another text, first published by Caussy (*Voltaire seigneur de
village*, Paris, 1912, p.137), the original of which, in Wagnière's hand, can
be found in the Archives de l'Ain. This is *Au Roi, en son conseil* above.

Below, we reproduce the text as it appeared in Moland.

Mémoire sur l'état de l'agriculture
du pays de Gex

Le pays de Gex est très peu fertile, et coûte beaucoup à cultiver. On n'y
sème communément les terres que de deux années l'une, et on est obligé
de leur donner trois forts labeurs, outre celui de la semaille: c'est la règle
prescrite dans les grangeages.

Pour faire le premier labeur on emploie quatre bœufs forts ou quatre   5
chevaux, et dans le milieu de ce pays, où les terres sont plus fortes, on est
obligé d'en employer six pour faire une bonne besogne.

Après tous ces labeurs dispendieux, les terres du pays de Gex ne
rendent communément que trois pour un, dont un retourne en terre pour
semailles. Ainsi une coupe, qui est une mesure d'environ 110 livres, poids   10
de 18 onces, produit deux coupes, outre celle qu'on emploie pour la
semaille.

La coupe sème environ les deux tiers d'une pose, et la pose, soit
journal, étant dans ce pays de 500 toises de huit pieds, ce qu'on appelle
une coupe de semature est une étendue de 333 toises et 2/3 de toise.   15

La culture d'une coupe de semature coûte pour les trois labeurs et la semaille	11 liv.	10 s.
On paye le semeur, on le nourrit à la semaille, de même que les bêtes de charrue et les laboureurs, le tout évalué.	1 liv.	—
Pour le nettoyage des blés au printemps	—	10 s.

                                                                          20

34

La moisson coûte	2 liv.	10 s.
Le battage	2 liv.	10 s.
La voiture du blé, soit en paille, soit en grain	—	10 s.
Pour voiture des engrais, les frais de clôture, l'entretien des granges, les impositions royales et le cens	1 liv.	—
Total de la dépense que supporte une coupe de semaille.	19 liv.	10 s.

La coupe de blé se vend actuellement au marché de Collonges 8 livres, monnaie de France, et au marché de Gex, 9 livres. Ainsi lorsque les cultivateurs portent au marché le produit d'une coupe de semature, qui se réduit à deux coupes lorsqu'on a levé la semaille, ils retirent pour les deux coupes: à Collonges 16 livres, et à Gex 18 livres; au premier cas ils perdent par coupe de semature trois livres, et au second cas une livre.

Ils perdent même davantage cette année, car il est notoire qu'au pays de Gex les laboureurs n'ont pas recueilli plus d'une coupe et demie par coupe, au delà de la semaille.

Il résulte de ce détail qu'il n'est pas possible que la culture puisse se soutenir dans le pays de Gex, tandis que les laboureurs sont contraints de porter leurs blés aux marchés de Collonges ou de Gex, et tandis qu'il leur sera défendu de se prévaloir du bénéfice du marché de Genève, où le blé vaut actuellement 12 livres.

On observe aussi que depuis vingt-cinq ans que les défenses de sortir les grains du pays de Gex ont été de plus en plus rigoureuses, une grande partie des laboureurs ont été contraints de laisser leurs terres incultes et d'abandonner leurs charrues pour se réduire à la simple condition de journaliers, destinant leurs enfants, s'ils en ont encore les moyens, aux professions d'horlogers ou de lapidaires.

On comptait avant les défenses 23 charrues dans la paroisse de Ferney; il n'y en a plus que 12.

On en comptait 23 dans la paroisse de Saint-Jean; il n'y en a plus que 16.

Dans le village de Greny, paroisse de Peron, on comptait, il y a quinze ans, 8 bonnes charrues; aujourd'hui il n'y en a plus que 5.

Dans la même paroisse, au village de Feigère, il y avait avant les défenses 15 charrues, et aujourd'hui il n'y en a que 5.

A Logras, même paroisse, il y avait 35 charrues, et à présent elles sont réduites à 17.

On comptait à Chalex 25 charrues, et de ce nombre il en manque 10. 60

Il y avait dans la paroisse de Chevry 46 charrues avant les défenses, et aujourd'hui il n'y en a plus que 25, et encore les 25 se réduisent à 19, parce que de ce nombre il y en a 12 dont 6 se joignent à 6 de leurs voisins pour faire entre les douze 6 charrues complètes.

Au village de Cegny, on compte dix charrues de moins que ci-devant. 65

Au village de Cessy il y avait 24 charrues, et à présent il n'y en a que 10, etc., etc.

On voit dans tout le pays, parmi les laboureurs et dans tous les villages, la même diminution, et tandis que les terres incultes augmentent et surchargent d'impôts celles qui sont cultivées, le nombre des habitants 70 diminue dans la même proportion, parce qu'ils sont contraints d'aller chercher ailleurs les moyens de subsister, et ce mal va toujours et doit nécessairement aller en augmentant, parce que toutes les charges des terres incultes et des habitants qui manquent retombent sur les terres cultivées et sur le peu d'habitants qui restent. 75

Le but des défenses est de procurer l'abondance du blé dans le royaume, en gênant l'exportation, et de prévenir la disette; mais le passé justifie que par ce moyen on est allé à fin contraire.

Premièrement, les défenses n'ont pas empêché qu'il ne sortît la même quantité de blé du royaume. L'unique effet des défenses a été de faire 80 hausser le prix du blé dans Genève, et l'augmentation du prix y a attiré du blé de France: la même quantité qu'on y versait avant les défenses.

Toute la différence est qu'au lieu d'y arriver par le chemin le plus court, qui est le pays de Gex, il y est arrivé par la Suisse, et plus souvent par la Savoie. 85

Ainsi l'augmentation du prix du blé dans Genève a tourné au profit de l'étranger, qui s'y porte sans risques, et n'a servi qu'à précipiter la ruine du cultivateur français, parce que, s'il a voulu profiter lui-même de cette augmentation, il s'est exposé aux peines portées par les défenses, et, une fois surpris, il s'est trouvé ruiné tout d'un coup. Si au contraire il a été plus 90 timide, obligé de passer par les mains de ceux qui font métier de cette contrebande, il a trouvé sa ruine également, mais par une voie plus insensible et plus lente.

Il y a plus: dans les temps d'abondance, les défenses portent préjudice

aux cultivateurs, et ne sont d'aucune utilité aux autres habitants du pays   95
de Gex; mais dans les temps de disette, elles nuisent également aux uns et
aux autres, parce qu'alors tous manquent également de blé, et ils sont
souvent privés du secours de celui qui leur viendrait naturellement de la
Franche-Comté ou de la Bresse, en venant à Genève, et qu'ils pourraient
acheter sur la route, au lieu que ces blés, prenant une route détournée par   100
la Savoie ou par la Suisse pour arriver à Genève, les marchés de Gex et de
Collonges se trouvent si peu fournis que les habitants du pays de Gex sont
forcés de venir acheter le blé dont ils ont besoin à Genève, et de payer
l'augmentation du prix occasionnée par les défenses. C'est ce qui arriva
dans les mois de mai et de juin 1747, 1748 et 1749, temps auxquels les blés   105
manquaient dans les marchés de Gex et de Collonges, tandis que celui de
Genève en était assez suffisamment garni pour permettre aux habitants du
pays de Gex de s'y venir pourvoir.

Discours, sur le sujet proposé par la Société économique

A tellure omnia

———————————

Editions critiques

par

Vladimir A. Somov

TABLE DES MATIÈRES

INTRODUCTION

1. *Le concours sur la propriété paysanne*

Le concours sur la question de la propriété paysanne lancé par la Société libre d'économie en novembre 1766 fut un événement majeur de la vie politique en Russie, et en même temps un des épisodes les plus significatifs de l'histoire des échanges culturels avec l'Occident à l'époque des Lumières. Pour la première fois en Russie s'était ouvert un débat public sur l'opportunité d'abolir le servage des paysans: cette discussion, qui ne devait rien changer à leur situation, constitua en fin de compte l'une des actions les plus réussies de la brillante politique de propagande menée par Catherine II, afin d'offrir une image avantageuse de son empire à l'Europe des Lumières. Le concours eut en effet un retentissement considérable à l'étranger, en grande partie grâce à l'intérêt que manifestèrent des hommes d'Etat, des juristes, des économistes et des philosophes: parmi eux Voltaire, qui y participa personnellement. [1]

'La Société libre d'économie pour l'encouragement de l'agri-

---

[1] Pour plus d'informations sur le concours, les autres participants et leurs réponses, voir mes articles: 'Вольтер на конкурсе Вольного экономического общества (Две рукописи, присланные из Швейцарии в 1767 г.)', Русско-французские культурные связи в эпоху Просвещения ['Voltaire et le concours de la Société libre d'économie: deux manuscrits envoyés de Suisse en 1767', *Les Relations culturelles franco-russes à l'époque des Lumières*], éd. S. Karp (Moscou, 2001), p.37-99; 'Два ответа Вольтера на петербургском конкурсе о крестьянской собственности', Европейское Просвещение и цивилизация России ['Deux réponses de Voltaire et le concours consacré à la propriété paysanne', *Les Lumières européennes et la civilisation de la Russie*], éd. S. Karp et S. Mezine (Moscou, 2004), p.150-66; et 'Voltaire et le concours de la Société libre d'économie de Pétersbourg: deux dissertations sur le servage (1767)', *Les Archives de l'Est et la France des Lumières. Guide des archives et inédits*, 2 vol. (Ferney-Voltaire, 2007), t.2, p.494-517. Je tiens à remercier Madame Alice Breathe et Monsieur Georges Dulac pour leurs conseils.

culture et de l'économie rustique en Russie' avait été créée à Saint-Pétersbourg en 1765. C'est à l'instigation de l'impératrice que la Société a ouvert un concours sur la question de la propriété paysanne. Les candidats devaient répondre à la question suivante: 'Pour le bien public, de quoi doit être constituée la propriété du paysan, d'immobilier ou de mobilier, ou des deux, et quels sont ses droits à l'un et à l'autre?'[2] Au début de décembre 1766, une information sur le concours était publiée dans *Les Nouvelles de Saint-Pétersbourg*.[3] Dès le 5 janvier 1767, la *Gazette de France* publiait l'information suivante:

De Petersbourg, le 5 décembre 1766. Le 12 du mois dernier, la Société économique reçut une cassette cachetée, accompagnée d'une lettre anonyme par laquelle on lui marquait que la cassette renfermait mille ducats dont la Société pouvait disposer à son gré pour un objet utile au bien public. Ce présent fut accepté, et la Société en a témoigné sa reconnaissance par la voie des gazettes. L'impératrice, ayant été informée de cette action généreuse, a déclaré qu'elle ferait remettre deux mille ducats en présent à l'anonyme, s'il jugeait à propos de se faire connaître.[4] La Société, pour se conformer aux vues du fondateur, a proposé un prix pour celui qui lui adressera le meilleur ouvrage sur la question suivante: *Est-il plus avantageux et plus utile au bien public que le paysan possède des*

[2] Saint-Pétersbourg, Archives historiques russes d'Etat, fonds 91, *opis* 1, n° 3, f.45. Voir Михаил Тимофеевич Белявский, 'Новые документы об обсуждении крестьянского вопроса в 1766-1768 гг.', Археографический ежегодник [Mikhaïl Timofeevitch Beliavski, 'Nouveaux documents sur la discussion de la question paysanne en 1766-1768', *Annuaire archéographique*] 1958 (Moscou, 1960), p.387-430 (p.388).

[3] La question y est présentée un peu différemment: 'Qu'est-il plus utile à la société, que le paysan possède la terre ou seulement des biens mobiliers, et quelle doit être l'étendue de ses droits sur l'une ou l'autre propriété?' (Санкт-петербургские ведомости [*Les Nouvelles de Saint-Pétersbourg*], 1766, annexe aux n° 97-99).

[4] C'est Catherine II elle-même qui avait fait don à la Société de cette importante somme d'argent. Voir В. И. Семевский, Крестьянский вопрос в России в *XVIII* и первой половине *XIX* века [V. I. Semevski, *La Question paysanne en Russie au dix-huitième siècle et dans la première moitié du dix-neuvième siècle*], 2 vol. (Saint-Pétersbourg, 1888), t.1, p.45.

terres en propre, ou seulement des biens mobiliers? et jusqu'où doit s'étendre le droit du paysan sur cette propriété afin qu'il en résulte le plus grand avantage pour le bien public?[5]

Les réponses qui commencèrent à affluer étaient anonymes, conformément aux règles du concours: chacune portait en exergue une devise et était accompagnée d'une note cachetée où était indiqué le nom de l'auteur. C'est la dissertation n° 154, arrivée parmi les dernières, qui remporta le concours. Elle fut rédigée par Béardé de L'Abbaye, docteur en droit civil et canonique d'Aix-la-Chapelle. Cependant les jeux étaient fait d'avance: la correspondance de Johann Albrecht Euler, corroborée par les archives de la Société, révèle que la réponse de Béardé de L'Abbaye était une pièce de commande, écrite à la demande de certains membres de la Société, pour éviter qu'une réponse trop audacieuse ne remporte le prix.[6] Quatre réponses reçurent un accessit et six autres eurent droit aux félicitations de la Société: parmi elles, nous le savons maintenant, celles de Voltaire (n° 9) et de Marmontel (n° 109).[7]

Comme beaucoup, Marmontel avait appris l'existence du concours par les journaux.[8] Il exprima son approbation à Voltaire dans une lettre du 7 août 1767 (D14343):

Que ne fait pas cette étonnante femme que vous admirez comme moi, que ne fait-elle pas pour tirer la Russie de l'esclavage et de la barbarie! Tandis que dans le plus beau climat de son empire, elle vient d'établir trente mille familles dont elle a fait un peuple libre, elle fait proposer par son académie d'agriculture un problème qui n'en est pas un pour elle, savoir *s'il est avantageux que le paysan soit admis à la propriété du terrain.* C'est travailler

---

[5] *Gazette de France*, 5 janvier 1767, n° 2, p.5.

[6] G. Dulac, 'La vie académique à Saint-Pétersbourg vers 1770 d'après la correspondance entre J. A. Euler et Formey', *Académies et sociétés savantes en Europe (1650-1800)*, éd. Daniel-Odon Hurel et Gérard Laudin (Paris, 2000), p.221-63 (p.245-46).

[7] A la même époque, Catherine II entreprenait la traduction du *Bélisaire* de Marmontel, condamné par les théologiens de la Sorbonne.

[8] Jean-François Marmontel, *Mémoires*, éd. Maurice Tourneux, 3 vol. (Paris, 1891), t.2, p.295.

à introduire dans les esprits les idées de liberté, de propriété, d'égalité d'une façon bien sage et bien adroite. Si j'avais ici quelques livres dont j'aurais besoin, je traiterais ce grand sujet.

Les idées réformatrices de l'impératrice concordaient on ne peut mieux avec les aspirations de Marmontel et la plus grande partie de sa dissertation de concours, qui reçut par la suite le titre de 'Discours en faveur des paysans du Nord', était consacrée à des réflexions générales sur les bienfaits de la liberté et du droit de propriété.

Voltaire avait bien des raisons de ne pas rester à l'écart du concours: son intérêt pour la Russie était ancien, puisqu'il remontait au moins à son *Histoire de Charles XII*, et depuis l'avènement de Catherine II, il lui arrivait de participer à certaines actions de propagande de la cour de Saint-Pétersbourg. On sait en outre comment il devait intervenir en faveur des serfs du Mont-Jura dans les années 1770-1776.[9] Le philosophe, qui entretenait une correspondance régulière avec l'impératrice, ne voulut pas laisser passer l'occasion d'exposer son point de vue sur la situation des paysans russes: il fut parmi les premiers à envoyer une – ou plutôt deux dissertations, enregistrées le 7/18 mars 1767 dans le registre de la Société libre d'économie, respectivement sous les n° 8 et 9.[10]

2. *Les deux réponses de Voltaire*

Dans la correspondance que Voltaire a eue au cours de l'année 1767 avec des correspondants russes, et notamment avec Catherine II, il est souvent question de 'deux paquets', 'deux mémoires' expédiés de Suisse à Saint-Pétersbourg, à l'adresse de la Société libre d'économie, par des 'amis' de Voltaire. Dans une lettre, datée de Moscou, le 26 mars / 6 avril 1767, l'impératrice écrivait à Voltaire (D14091):

[9] Jean Daniel Candaux, article 'Serfs du Mont-Jura', *Dictionnaire général de Voltaire*, éd. Raymond Trousson et Jeroom Vercruysse (Paris, 2003), p.1111-13.
[10] Archives historiques russes d'Etat, fonds 91, *opis* 1, n° 4, f.11.

Le Comte Schouvallow m'a montré une lettre par laquelle vous lui demandez Monsieur des nouvelles de deux écrits envoyés à la Société économique de Petersbourg. Je sais que parmi une douzaine de mémoires qui lui ont été envoyés pour résoudre sa question, il y en a un en français qui est adressé par Schaffouse. Si vous pouvez m'indiquer les devises de ceux pour lesquels vous vous intéressez je ferai demander à la Société si elle les a reçus.

Voltaire ne cessait de s'inquiéter du sort des 'deux paquets'. Dans une lettre au directeur de la poste (11 avril 1767), il demandait si les envois adressés à l'impératrice avaient été reçus à Riga. [11] Dès le 28 avril 1767, il avait posé la même question à Alexandre Romanovitch Vorontsov, alors ministre plénipotentiaire de Russie à La Haye. En lui envoyant un exemplaire de sa *Lettre sur les panégyriques*, dont il prétendait ignorer l'auteur, il poursuivait en ces termes (D14150):

celui qui m'envoie cet ouvrage me prie de m'informer si le directeur de la poste de Riga n'a point reçu deux paquets affranchis jusqu'à Nuremberg pour votre Société économique. Je pense qu'il faut qu'ils parviennent francs de port à Saint-Pétersbourg. J'ai écris pour cela au directeur de la poste de Riga, et je lui ai mandé qu'il lui plût tirer sur moi une lettre de change à Genève. S'il était besoin des bons offices de Votre Excellence pour faire parvenir ces deux paquets à leur destination, je présume que vous me pardonneriez cette liberté.

Apparemment Voltaire, comme certains autres participants au concours, avait rencontré quelques difficultés lors de ces envois. Dans la mesure où les frais de port n'avaient été réglés que jusqu'à Nuremberg, il craignait fort qu'ils ne soient pas parvenus jusqu'à Riga, c'est-à-dire jusqu'à la frontière de l'empire russe. Dans sa réponse datée du 3 juin 1767, A. R. Vorontsov lui avait promis d'écrire au 'directeur général de la poste de l'empire' (D14210). Il tint probablement parole car le directeur de la poste de Saint-Pétersbourg, Friedrich Mathias (Matveï Matveevitch) von Eck,

---

[11] La lettre n'a pas été retrouvée (voir D14104).

auquel on avait fait suivre les demandes de Voltaire depuis Riga (le directeur des postes de cette ville ne sachant pas lire le français), répondait le 16/27 juin 1767 (D14247):

Quant aux deux paquets pour la Société libre d'économie de Petersbourg, dont vous faites mention, Monsieur, qu'ils étaient expédiés de Nürnberg, j'ai pris les informations nécessaires sur ce sujet; mais comme le secrétaire de cette société, M. le conseiller d'Etat de Staehlin m'a dit, que ces deux paquets n'étaient pas parvenus à leur destination, je viens d'expédier aujourd'hui un avertissement au bureau des postes de Nürnberg, pour réclamer les deux paquets en question.

Un mois plus tard, le 31 juillet 1767, Voltaire répondait à von Eck:

Vous avez la bonté de me mander que les deux paquets que mes amis avaient envoyés à Nuremberg pour la Société économique de Petersbourg n'étaient point parvenus à leur destination, mais que vous avez la bonté d'expédier un ordre pour les faire venir. J'en instruis mes amis et M. le directeur des postes de Suisse par qui ces paquets furent adressés à Petersbourg par Nuremberg.

Je n'ai que des grâces à vous rendre. Il me paraît que vous avez plus de crédit que l'intendant des postes de Suisse, et cela doit être; car il m'a mandé qu'il n'aurait pu affranchir les deux paquets de mes amis par delà Nuremberg et je vois que vous affranchissez les vôtres partout. Il faut avouez que le cachet de sa majesté doit être respecté dans toute l'Europe. [12]

Voltaire tardait donc à obtenir confirmation de l'arrivée des paquets auxquels il s'intéressait, sans doute parce qu'il avait omis d'indiquer les devises qui permettaient de désigner précisément les dissertations en question. Il précisa ce point le 16/27 juin 1767, en répondant à la lettre de Catherine II du 26 mars / 6 avril 1767, citée plus haut:

[12] D14322. En rapprochant la lettre de von Eck du 16/27 juin de la réponse de Voltaire du 31 juillet, on trouve confirmation que cette lettre lui était adressée et non à A. R. Vorontsov.

Je remercie votre majesté de la bonté qu'elle a de daigner s'intéresser pour deux paquets envoyés de Suisse à l'académie économique. Ils sont de deux Français qui demeurent entre la Franche-Comté et l'état de Berne.

Je reçois en ce moment une lettre de l'un d'eux. Elle m'apprend que la devise de l'un est *ex tellura omnia*, et celle de l'autre *si populus dives, rex dives*.[13]

L'impératrice avait sans aucun doute compris les allusions de son correspondant, mais ne s'était pas montrée pressée d'en tirer des conclusions. Elle avait écrit à Voltaire de Moscou aux alentours du 22 décembre 1767 / 2 janvier 1768 pour le rassurer et l'informer en même temps que la décision était ajournée jusqu'à son retour à Saint-Pétersbourg: 'Monsieur les deux dissertations adressées à la Societé économique de Pétersbourg pour lesquelles vous vous intéressez sont arrivées à leur destination, mais la lecture n'en sera faite qu'après mon retour, vu que la plupart des membres sont absents' (D14611). Ainsi Voltaire n'avait appris qu'au début de 1768 que ses paquets, arrivés dès mars 1767, étaient parvenus à Saint-Pétersbourg.

3. *L'identification des réponses de Voltaire*

A la fin des années 1870 l'historien Vassili Ivanovitch Semevski a découvert un *Discours, sur le sujet proposé par la Société économique* dans les archives de la Société libre d'économie et l'a identifié comme étant l'œuvre de Voltaire.[14] Il a en effet remarqué qu'une version abrégée de ce texte anonyme constitue l'article 'Propriété'

---

[13] D14199. Ces deux paragraphes ont été omis dans l'édition de Kehl. D'après la minute de cette lettre, Voltaire avait d'abord écrit: 'ils [c'est-à-dire les deux Français] ne m'ont point instruit de leurs devises, je sais seulement qu'elles sont latines', phrase qu'il a ensuite biffée.

[14] В. И. Семевский, 'Крестьянский вопрос при Екатерине II', Отечественные Записки [V. I. Semevski, 'La question paysanne sous Catherine II', *Les*

(1771) des *Questions sur l'Encyclopédie*. [15] Le texte initial a été revu et considérablement raccourci, de moitié environ. Semevski avait signalé une des suppressions les plus curieuses: la remarque sur le droit des propriétaires de n'affranchir les paysans que de leur plein gré ne figure pas dans la publication (voir ci-dessous, p.60, lignes 96-104). On peut supposer que cette note prudente était spécialement destinée aux lecteurs de Saint-Pétersbourg. Parmi les autres coupures significatives, signalons le portrait développé d'un monarque éclairé et plein de sagesse, régnant sur un vaste empire:

Mémoires de la patrie] (1879), n° 10, partie 1, p.349-400; n° 11, partie 1, p.201-60; n° 12, partie 1, p.401-70. Le texte de cet article a été repris et quelque peu modifié dans [*La Question paysanne en Russie au dix-huitième siècle et dans la première moitié du dix-neuvième siècle*], t.1, p.45-72. Pendant plus d'une centaine d'années, aucun chercheur n'a pu retrouver ce manuscrit. La raison en est simple: on a cherché le manuscrit de Voltaire là où il aurait normalement dû être conservé, dans le fonds de la Société libre d'économie, aux Archives historiques russes d'Etat, à Saint-Pétersbourg (fonds 91), un fonds où avaient été réunis les documents concernant le déroulement du concours, et parmi eux, quelques-unes des dissertations qui y avaient été présentées. L'échec des recherches avait fait supposer que de nombreuses réponses adressées à la Société avaient péri. Or, il n'en est pas tout à fait ainsi. En réalité, certaines d'entre elles étaient conservées au Département des manuscrits de la Bibliothèque nationale de Russie, à Saint-Pétersbourg, l'ancienne Bibliothèque publique d'Etat, dans un fonds de petite taille consacré lui aussi à la Société libre d'économie (fonds 156). Ces manuscrits parvinrent au Département en 1930, en provenance de la bibliothèque de la Société libre d'économie: en effet, après la révolution d'octobre, la Société avait été dissoute et sa collection de livres transférée à la Bibliothèque publique. Il est difficile de dire pourquoi ces manuscrits à l'époque étaient conservés séparément des autres documents de la Société libre d'économie, dans sa bibliothèque et non parmi ses archives. On peut supposer qu'ils avaient été mis de côté par Semevski, car ce sont précisément ces textes qui ont été analysés dans ses travaux.

[15] Semevski se réfère en fait au *Dictionnaire philosophique*, mais dans la version composite créée par les éditeurs de Kehl, suivis par Moland, qui subsume les *Questions sur l'Encyclopédie*. Voir Andrew Brown, J. Patrick Lee, Nicholas Cronk et Ulla Kölving, *Livre dangereux. Voltaire's Dictionnaire philosophique. A Bibliography of the original editions and catalogue of an exhibition held in Worcester college library to celebrate the tercentenary of Voltaire's birth* (Oxford, 1994), p.58, et Christiane Mervaud, 'Réemploi et réécriture dans les *Questions sur l'Encyclopédie*: l'exemple de l'article "Propriété" ', *SVEC* 2003:1, p.3-26.

'une tête couronnée' qui met 'sa gloire à policer son peuple, et à faire le bonheur des petits comme des grands; [qui] devance le jour pour travailler elle-même au bien de l'état', etc (voir ci-dessous, p.63, lignes 196-208). C'était là bien évidemment une allusion à l'impératrice de Russie. Bien que la dissertation ait été officielle-ment envoyée au concours de la Société libre d'économie, elle était sans aucun doute destinée en premier lieu à Catherine en personne.

Semevski ne connaissait pas le texte intégral de la lettre mentionnant les devises et pensait que le philosophe 's'intéressait au sort des deux mémoires en français'.[16] Or la deuxième dissertation, dont la devise est 'A tellure omnia', est en latin. La ressemblance entre cette pièce en latin et la réponse de Voltaire en français est frappante, pour ce qui est du contenu aussi bien que de la forme. La principale particularité de la réponse en latin par rapport à celle en français est la fréquente référence à l'expérience de la Rome antique. Il est probable que le choix de la langue a conditionné le choix des illustrations tirées de l'histoire romaine. Notons aussi la supériorité évidente d'un texte latin bien construit sur un écrit français visiblement inachevé.[17]

Dans les années 1780, l'existence d'une réponse en latin avait été signalée par Timoléon Alphonse Gallien de Salmorenc, qui avait rempli, pendant une courte période d'environ un an, les fonctions de copiste pour Voltaire. Il se trouvait à Ferney précisément en 1766-1767,[18] au moment de la rédaction du mémoire de concours. Le 5 octobre 1782, Salmorenc expédia de Chklov une lettre au prince Grigori Potemkine dans laquelle il signalait qu''ayant passé plusieurs années près du lit de M. de Voltaire', il avait eu l'occasion de '[se] procurer une très grande quantité de manuscrits fort curieux', d'ailleurs 'presque entièrement écrits de la main de M. de Voltaire, ou dictés par lui'. Se référant à l'annonce de l'acquisition de la bibliothèque du philosophe par Catherine II, il

---

[16] V. I. Semevski, [*La Question paysanne en Russie au dix-huitième siècle et dans la première moitié du dix-neuvième siècle*], t.1, p.61.

[17] Notons la fréquente utilisation du terme 'feudum' (fief), absent du texte français.

[18] *Dictionnaire des journalistes*, éd. J. Sgard, 2 vol. (Oxford, 1999), t.1, p.428-29.

proposait ces manuscrits à Potemkine. Pour nous, il est très important qu'en annexe à la lettre, une 'liste raisonnée' de manuscrits de Voltaire porte mention de 'deux discours écrits de sa propre main, l'un en français, l'autre en latin, pour prouver qu'il est plus utile et plus avantageux pour l'empire de Russie de donner la liberté aux paysans que de les tenir dans l'esclavage'. [19] Quatre ans plus tard, en 1786, Salmorenc fit paraître une annonce dans la revue de langue française, le *Mercure de Russie*, qu'il publiait à Saint-Pétersbourg: il y proposait de nouveau des manuscrits de Voltaire. [20] Cependant il ne mentionnait maintenant que la version en latin du 'discours sur la libération des paysans russes'. Puisque les textes français et latin envoyés à Saint-Pétersbourg sont des manuscrits de copistes, [21] on peut parfaitement admettre que Salmorenc possédait les autographes. D'autre part, le seul fait qu'il ait mentionné le 'discours sur la libération des paysans russes' en latin comme étant de la plume de Voltaire nous conduit à admettre que celui-ci a bien été écrite par le philosophe. L'anonymat qui était une condition du concours lui offrait la possibilité de présenter deux réponses pour augmenter ses chances de succès.

La destinée de ces deux manuscrits si semblables par leur contenu, expédiés de Suisse et arrivés à Saint-Pétersbourg en même temps, fut différente, en principe parce qu'ils étaient rédigés dans des langues différentes. Les deux réponses de Voltaire furent examinées chacune dans sa commission, par des personnes différentes. Le 13 février 1768, 'la pièce n° 8' fut déclarée 'indigne d'être lue à l'assemblée générale', alors que la pièce en français fut incluse dans l'ensemble des travaux déclarés recevables au con-

---

[19] Moscou, Archives de la politique extérieure de l'Empire russe, fonds 2/8a, 1782, n° 26, f.1-4; Д. Ф. Кобеко, 'Еще заметка о Российском Меркурии', Библиограф [D. F. Kobeko, 'Encore une note sur le *Mercure de Russie*', *Le Bibliographe*] (1885), n° 5, p.89-93 (p.91-92).

[20] *Mercure de Russie*, n° 8, août 1786, p.123-24.

[21] Le texte français est de la main de Wagnière, le texte latin peut-être de celle de Gallien de Salmorenc.

cours. [22] Il est noté dans le registre de la Société: 'la suivante n° 9 en français, sous la devise: si populus dives, rex dives: a été lue par son excellence le comte Ivan Grigorievitch Tchernychev, bien que de l'avis de certains membres, elle n'était pas à la hauteur de la pièce n° 3, elle a été reconnue apte à concourir, à l'unanimité de l'assemblée'. [23] Le comité spécial créé le 19 mars 1768 pour l'examen final des dissertations sélectionnées plaça le travail de Voltaire au nombre des six dissertations qui avaient recueilli 'des éloges particuliers de la Société'.

Pendant l'attribution des récompenses, les membres les plus influents de la Société savaient déjà que Voltaire avait participé au concours. Avant même l'attribution des prix, J. A. Euler avait signalé le 4 mars 1768 que la dissertation de Voltaire 'était divinement bien écrite, mais ne valait rien quant au fond'. [24]

Après la proclamation des résultats en avril, la correspondance de Voltaire ne mentionne plus qu'une seule fois le concours: 'Je voudrais bien savoir quel est notre concitoyen qui a remporté le prix à Pétersbourg' (D15124). Même après la publication de l'article 'Propriété' dans les *Questions sur l'Encyclopédie*, l'auteur n'a pas mentionné son origine. En cela son attitude fut bien différente de celle de nombreux autres participants. Marmontel, par exemple, qui avait bénéficié du même 'éloge particulier' que Voltaire, était fier de sa participation: il devait l'évoquer dans ses *Mémoires* et avait publié sa réponse. Le silence de Voltaire témoignait de la déception que lui avaient causée les résultats de ce concours. Quant à l'impératrice, qui avait organisé le débat sur le problème de la propriété paysanne, elle pouvait être satisfaite des résultats, dans la mesure où l'un de ses objectifs, si ce n'est le principal – attirer l'attention des célébrités européennes – avait été brillamment atteint.

---

[22] Archives historiques russes d'Etat, fonds 91, *opis* 1, n° 5, f.5.

[23] [*Journal de la Société libre d'économie*], 8 février 1768, Archives historiques russes d'Etat, fonds 91, *opis* 1, n° 5, f.5.

[24] G. Dulac, 'La vie académique', p.245.

4. Manuscrits

Sur l'existence de manuscrits autographes non retrouvés, voir ci-dessus, p.49-50.

Discours, sur le sujet proposé par la Société économique

Di[s]cours, / sur le sujet proposé par la societé / œconomique. / devise / Si populus dives, Rex dives.

Papier blanc; 230 x 185 mm; 10 feuillets brochés; f.1 et 10 détachés; f.10 vierge.

Filigranes: f.1, 10; 2, 9; 5, 6, marque: écusson au cornet, GR; f.3, 8; 4, 7, contremarque: HR.[25]

Le manuscrit est à l'encre noire. L'écriture est celle de Jean-Louis Wagnière. Le manuscrit comporte quelques corrections faites de la même main, mais les variantes antérieures sont généralement illisibles. En tête du folio 1 figurent deux notes portées au moment du concours: 'N°. 9. /' (à l'encre noire, correspondant à l'enregistrement parmi les pièces présentées au concours), 'lüe ce 26 du Mars / K.' (à l'encre noire, d'une écriture fine). Le folio 10v porte la marque d'enregistrement du document lors de son entrée au Département des manuscrits: 'Акт [Acte] N P. 183 / 14' (à l'encre noire). Des annotations au crayon figurent dans les marges, par exemple 'NB', et certains mots du texte sont soulignés au crayon: ces annotations ont été vraisemblablement portées au dix-neuvième siècle, peut-être par Semevski.

Saint-Pétersbourg, Bibliothèque nationale de Russie, Départe-ment des manuscrits: fonds 156, n° 11.

---

[25] E. Heawood, *Watermarks mainly of the seventeenth and eighteenth centuries* (Hilversum, 1950), 2752, contremarque 2747, 2748; Ulla Kölving, 'Les copistes de la *Correspondance littéraire*: une première présentation', *Editer Diderot*, éd. G. Dulac, *SVEC* 254 (1998), p.179.

Discours,
Sur le sujet proposé par la société
Œconomique.

devise.
Si populus dives, Rex dives.

On demande s'il est plus avantageux à un
état, que le peuple ait en propriété des terres,
ou qu'il ne jouisse que d'un simple mobilier etc:
Si cette question est décidée par l'aveu des nations
elle l'est en faveur du peuple qui compose la plus
grande partie d'un état ; elle l'est par la nature
mère commune des hommes qui semble avoir
presenté à chaque famille ce qu'elle peut cultiver
de terrein ; elle l'est par l'exemple, puisque
de la suisse à la chine les paisans possèdent
des terres, et que le droit seul de conquête a
pu dans quelques païs dépouiller les hommes d'un
droit si naturel.

Mais les desirs unanimes des hommes et les

1. *Discours, sur le sujet proposé par la Société économique*
(Saint-Pétersbourg, Bibliothèque nationale de Russie,
Département des manuscrits: fonds 156, n° 11, f.1r).

A tellure omnia

Prodest-ne Reipublicae ruris incolas fundos possidere? respondet natura: hoc meum jus est. ipsa tellus desiderare videtur ut, qui eam colunt, ipsam possideant. innumera nationum exempla, hanc naturae vocem, hoc, ut ita dicam, telluris desiderium confirmant.

Cavendum tamen est ne hominum consensus, et ipsum naturae dictamen, judicium nostrum decipiant. omnes fere homines libertatem immodicam appetunt. natura nos docet; commoda nostra aliorum commodis antéferre; si consulendus foret primus iste naturae impetus, honestum utili saepius post-poneretur. itaque explorandum est non quid ab omnibus inconsultè desideretur, sed quid desiderandum sit; non quid velit natura, quae saepè prava appetit, sed quid humano generi congruat; quid honestum, quid decens, quid commodum.

2. *A tellure omnia* (Saint-Pétersbourg, Bibliothèque nationale de Russie, Département des manuscrits: fonds 156, n° 10, f.1r).

A tellure omnia

a tellure omnia [*la préposition et le premier mot sont accolés, attellure, puis le premier 't' a été biffé*]

Papier blanc; 230 x 185 mm; 8 feuillets, paginés de 1 à 13; f.7*v*-8*v* vierges; cahier broché avec un ruban framboise.

Filigranes: f.3-4, 7-8, marque: écusson au cornet, D & C Blauw; f.1-2, 5-6, contremarque: D & C Blauw.[26]

Le manuscrit est à l'encre noire. L'écriture est peut-être celle de Gallien de Salmorenc. Le manuscrit comporte quelques corrections, ratures, et additions interlinéaires, qui sont parfois d'une autre écriture. Le folio 1 porte en tête une annotation à l'encre noire correspondant à l'enregistrement parmi les pièces présentées au concours: 'N°. 8. /'. Le folio 8*v* porte la marque d'enregistrement du document lors de son entrée au Département des manuscrits: 'Акт [Acte] N P. 183 / 23' (à l'encre noire).

Saint-Pétersbourg, Bibliothèque nationale de Russie, Département des manuscrits: fonds 156, n° 10.

Traitement du texte

Nous avons conservé l'orthographe des manuscrits, en rétablissant seulement les majuscules en début de phrase dans le texte français.

---

[26] W. A. Churchill, *Watermarks in paper in Holland, England, France etc in the seventeenth and eighteenth centuries and their interconnection* (Amsterdam, 1935), n° 329.

DI[S]COURS, SUR LE SUJET PROPOSÉ PAR LA SOCIETÉ ŒCONOMIQUE.

devise Si populus dives, Rex dives. [1]

On demande s'il est plus avantageux à un état, que le peuple ait en proprieté des terres, ou qu'il ne jouïsse que d'un simple mobilier etc[a]. [2]

Si cette question est décidée par l'aveu des nations elle l'est en faveur du peuple qui compose la plus grande partie d'un état; elle 5
l'est par la nature mére commune des hommes qui semble avoir presenté à chaque famille ce qu'elle peut cultiver de terrein; elle l'est par l'éxemple, puisque de la Suisse à la Chine les païsans possèdent des terres, et que le droit seul de conquête a pu dans quelques païs dépouiller les hommes d'un droit si naturel. 10

Mais les desirs unanimes des hommes et les éxemples mêmes ne prouvent peut être pas que ces[3] desirs soient raisonnables, et que ces[4] éxemples soient à suivre. Tous les hommes aiment l'indépendance, et il faut pourtant qu'ils dépendent les uns des autres; tous voudraient s'abandonner à leurs passions; mais il faut que 15
leurs passions soient enchainées au bien public. Voions donc si ce bien public résultera de la possession des terres accordées aux cultivateurs, et voions aussi quelles doivent être les bornes de ces concessions, puis que le bien public éxige que tout ait des bornes.

L'avantage général d'une nation est celui du Souverain, des 20
nobles, du magistrat et du peuple, pendant la paix et pendant la guerre. Il faut donc éxaminer si cette possession des terres accordée aux païsans, est également utile au trône et aux sujets.

[1] 'Si le peuple est riche, le souverain l'est également.'
[2] Pour l'annotation du texte repris dans l'article 'Propriété' des *Questions sur l'Encyclopédie*, voir *OCV*, t.43.
[3] 'ces' remplace 'les'.
[4] 'ces' remplace 'les'.

Pour qu'elle le soit au trône il faut qu'elle puisse produire un revenu plus considérable et plus de soldats. Il est donc nécessaire de considérer si le commerce et la population augmenteront. Il parait certain que le possesseur d'un terrain cultivera beaucoup mieux son héritage que celui d'autrui, c'est une loi de la nature. L'esprit de proprieté double la force de l'homme, on travaille pour soi et pour sa famille, avec plus de vigueur et de plaisir que pour un maître. L'esclave dont le corps est dans la puissance d'un autre a peu d'inclination pour le mariage, il craint souvent même de faire des esclaves comme lui. Son industrie est étouffée, son ame abrutie, et ses forces ne s'éxercent jamais dans toute leur élasticité. Le possesseur, au contraire, desire une femme qui partage son bonheur, et des enfans qui l'aident dans son travail; son épouse et ses fils font ses richesses. Le terrain de ce cultivateur peut devenir dix fois plus fertile qu'auparavant sous les mains d'une famille laborieuse. Le commerce general sera augmenté, le trésor du prince en profitera; la campagne fournira plus de soldats. C'est donc évidemment l'avantage du prince.

Ce n'est pas moins celui des seigneurs. Qu'un Seigneur possède cent mille arpents de terre cultivés par des [5] serfs, ces cent mille arpents ne lui procureront qu'un revenu très faible, souvent absorbé par les réparations et réduit à rien par l'intempérie des saisons. Que sera ce si la terre est d'une plus vaste étendue, et si le terrain est ingrât? il ne sera que le maître d'une vaste solitude. Une famille peut aisément cultiver avec avantage cent journaux. [6] Le terrain de ce seigneur partagé entre deux mille familles peut produire cent fois plus qu'il ne rendait quand il n'était cultivé que par des esclaves. Chaque famille paiera au seigneur un revenu certain; il ne sera réellement riche qu'autant que ses vassaux le seront. Son bonheur dépendra du leur. Si ce bonheur s'étend jusqu'à rendre sa terre trop peuplée, si le terrain manque à tant de

---

[5] 'des' remplace 'les'.

[6] Journal: ancienne mesure agraire, de valeur variable selon les provinces, et correspondant en principe à ce qu'on peut labourer en une journée.

mains laborieuses (au lieu qu'auparavant les mains manquaient au   55
terrein) alors l'éxcédent des cultivateurs nécessaires se répand dans
les villes, dans les ports de mer, dans les ateliers des artistes, dans
les armées. La population aura produit ce grand bien; et la
possession des terres accordées aux cultivateurs, sous la redevance
qui enrichit les seigneurs aura produit cette population.   60

Il y a une autre espèce de proprieté non moins utile; c'est celle
qui est affranchie de toute redevance, et qui ne paie que les tributs [7]
généraux imposés par le souverain pour le bien et le maintien de
l'état. C'est cette proprieté qui a contribué surtout à la richesse de
l'angleterre, de la france et des villes libres d'allemagne. Les   65
souverains qui affranchirent les terreins [8] dont étaient [9] composés
leurs domaines, en recueillirent d'abord un grand avantage,
puisqu'on acheta chèrement ces franchises, et ils en retirent
aujourd'hui un bien plus grand, surtout en angleterre et en
france par les progrès de l'industrie et du commerce.   70

L'angleterre donna un grand éxemple au 16e. siécle lorsqu'on
affranchit les terres dépendantes de l'Eglise et des moines. C'était
une chose bien odieuse, bien préjudiciable à un état, de voir des
hommes voués par leur institut à l'humilité et à la pauvreté,
devenus les maîtres des plus belles terres du roiaume, traitter les   75
hommes leurs fréres comme des animaux de service faits pour
porter leurs fardeaux. La grandeur de ce petit nombre de prêtres
avilissait la nature humaine. Leurs richesses particuliéres apauv-
rissaient le reste du roiaume. L'abus a été détruit et l'angleterre est
devenue riche.   80

Dans tout le reste de l'Europe, le commerce n'a fleuri, les arts
n'ont été en honneur, les villes ne se sont acrues et embellies, que
quand les serfs de la Couronne et de l'Eglise ont eu des terres en
proprieté. Et ce qu'on doit soigneusement remarquer, c'est que si
l'Eglise y a perdu des droits qui ne lui apartenaient pas, la couronne   85

---

[7] 'tributs' corrigé; la version antérieure est illisible.
[8] 'terreins' remplace 'terres'.
[9] 'étaient' corrigé; la version antérieure est illisible.

y a gagné l'extention [10] de ses droits légitimes. Car l'église qui ne doit qu'imiter son législateur humble et pauvre, n'est point faitte pour s'engraisser du fruit des travaux des hommes; et le souverain qui represente l'état doit économiser le fruit de ces mêmes travaux pour le bien de l'état même, et pour la splendeur du trône. [11]   90
Partout où le peuple travaille pour l'église l'état est pauvre; partout où le peuple travaille pour le souverain et pour lui, l'état est riche.

La justice demande que le souverain n'affranchisse que les serfs de l'église et les siens: ceux de l'Eglise, parce qu'elle ne doit pas en avoir; les siens, parce qu'il y gagne en se formant des sujets   95
industrieux, et qu'il s'enrichit en faisant du bien. Mais pour les seigneurs à qui un long usage a donné des serfs pour patrimoine, il semble qu'on ne peut sans injustice les forcer à dénaturer leur héritage. Ils doivent avoir la liberté d'affranchir leurs serfs à leurs gré. C'est à eux de suivre l'éxemple du prince et à s'enrichir du   100
bonheur de ceux qui leur sont soumis; ils doivent y être invités et non obligés. Ils doivent sentir que si la grandeur d'un roi consiste à commander à des hommes puissants, la grandeur des seigneurs est d'avoir d'opulents vassaux.

Ce n'est pas assez que cette proprieté des cultivateurs soit utile   105
au souverain et aux nôbles; il faut qu'elle le soit encore à tous les autres ordres de l'état, à la magistrature, et même au Sacerdoce. Elle l'est évidemment à la magistrature; car comment un homme de loi, continuellement occupé de l'étude du droit public, poura t-il gouverner une terre éloignée de sa résidence, une terre où il n'aura   110
que des serfs, qui loin de ses yeux laisseront tout périr, pourvu qu'ils aient une hute délabrée dans laquelle ils goûtent quelques heures de Sommeil, et une nourriture grossiére qui les arrache aux horreurs de la faim. Il ne peut porter l'œil [12] sur ses domaines. Les serfs auxquels il aura confié une portion de terre à travailler   115
moiennant un faible paiement par tête, ne seront pas même en

[10] 'extention' corrige la version antérieure 'extension'.
[11] 'trône' corrige la version antérieure 'thrône'.
[12] 'œil' corrigé; la version antérieure est illisible.

état de faire ce paiement. Il poura punir un serf indolent, mais il ne poura jamais le faire paier.

Il en serait de même du Prêtre qui aurait des terres; et quelle horreur pour ce magistrat et pour ce prêtre, de faire gémir des hommes sous les coups, ou dans les cachots, parce que ces hommes sont incapables de le[13] servir! C'est faire tuer ses bestiaux parce qu'on n'a pu les engraisser.

Quelle difference lorsque les cultivateurs s'étant enrichis, sont devenus capables de prendre à ferme les terres les plus considérables d'un roiaume, et que les maîtres surs de leur fortune ne sont plus occupés dans la capitale que du soin de servir leur souverain. Alors la ville et la campagne fleurissent, l'état devient un corps robuste, dont aucun membre ne se grossit de la substance des autres qui se déssechent. C'est alors que le commerce étend partout ses branches. La marine marchande devient l'école de la marine militaire. De grandes compagnies de commerce se forment. Le souverain trouve dans les temps difficiles des ressources auparavant inconnues. Ainsi dans les états autrichiens, en angleterre, en france, vous voiez le prince emprunter facilement de ses sujets, cent fois plus qu'il n'en pouvait arracher par la force quand les peuples croupissaient dans la servitude.

Si c'est un avantage pour le souverain, quelle félicité n'est ce pas pour le peuple? la classe des cultivateurs est partout la plus nombreuse, c'est donc celle qui méritait le plus d'attention, et c'est celle qui dans plus d'un païs a été la plus négligée. N'est-ce pas un spectacle ravissant pour un prince amoureux de la véritable gloire, de voir dans des campagnes fertiles des hommes laborieux et fortunés, qui croupissaient autrefois dans les deserts au sein de l'oisiveté et de l'indigence, de leur voir accumuler dans leurs vastes granges les trésors d'une terre qui ne fournissait que des ronces; de voir leurs jeux grossiers, leurs danses naïves au son des instruments champêtres, succèder au morne silence de la pauvreté, et de les entendre bénir dans les jours de fêtes le souverain qui a fait ces

---

[13] 'de le' corrigé; la version antérieure est illisible.

métamorphoses. Ce spectacle est si touchant, les avantages de cette   150
proprieté heureuse sont si sensibles que le contraire n'a pu être
établi que par la barbarie ennemie de la nature. Cette barbarie est
ignorante, elle ne scait pas le mal qu'elle se fait à elle même; elle
n'écoute ni la voix de la nature qui lui dit, *prends pitié des hommes*, [14]
ni la voix de la raison qui dit, *rends les autres heureux, et tu le seras*. [15]   155

Tous les païsans [16] ne seront pas riches, et il ne faut pas qu'ils le
soient. On a besoin d'hommes qui n'aient que leurs bras et de la
bonne volonté. Mais ces hommes mêmes qui semblent le rebut [17] de
la fortune participeront au bonheur [18] des autres. Ils seront libres de
vendre leur travail à qui voudra le mieux paier. Cette liberté leur   160
tiendra lieu de proprieté. L'esperance certaine d'un juste salaire les
soutiendra. Ils éleveront avec gaieté leur famille dans leurs métiers
laborieux et utiles. C'est surtout cette classe d'hommes si méprisables
aux yeux des puissants, qui fait la pépiniére des soldats.
Ainsi, depuis le sceptre jusqu'à la faulx et à la houlette, tout   165
s'anime, tout prospère, tout prend une nouvelle force par ce seul
ressort, L'agriculture encouragée. [19]

On peut opposer à ces raisons la crainte que le peuple devenu
trop riche ne devienne indocile [20] et insolent. On peut craindre
encore que des cultivateurs enlevés à des campagnes fertiles, à des   170
habitations commodes, à des familles qui vivaient dans l'aisance, ne
soient de mauvais soldats. Ces deux objections importantes
doivent être discutées.

Je ne vois d'abord les mouvements séditieux, les grands troubles
éxcités dans les états, que par un petit nombre d'ambitieux qui   175
avaient tout à esperer, suivis d'une populace qui n'avait rien à

---

[14] Souligné sur le manuscrit.
[15] Souligné sur le manuscrit.
[16] 'païsans' corrigé; la version antérieure est illisible.
[17] 'rebut' corrige la version antérieure 'rebus'.
[18] 'bonheur' corrigé; la version antérieure est illisible.
[19] 'L'agriculture encouragée' est écrit en lettres plus grosses dans le manuscrit; un blanc suit ces mots mis en évidence.
[20] 'indocile' corrigé; la version antérieure est illisible.

perdre. Telle a été la nature des guerres civiles de Rome, de celles des Guelfes et des Gibelins sous les Empereurs chretiens d'occident. Tels ont été les troubles de france, d'angleterre, de hongrie. Je ne connais aucune guerre civile éxcitée par les cultivateurs; ils n'en ont pas même l'idée. Ils ne savent pas quelles jalousies, quelles discordes agitent les grandes villes et les palais des rois. Si quelquefois ils ont pris les armes, s'ils y ont été forcés par leurs seigneurs trop puissants, ou par des boutefeux qui sous le nom de réformateurs de la réligion les ont éxcités à la révolte; ou enfin le joug insuportable sous lequel leurs[21] seigneurs les oprimaient, les a forcés de prodiguer une vie qui leur devenait odieuse. Il y a des temps où l'esprit de fureur qui agite les grands est contagieux pour le plus bas peuple; telles ont été les guerres de religion qui désolérent l'allemagne et la france. Mais ce sont des temps d'orages. Ces orages ne viennent jamais des campagnes: ils se forment dans les chaires des théologiens, et dans les cabinets des grands; c'est de là qu'ils partent pour ravager le monde. Jamais la campagne n'a pensé à se soulever quand les villes ont été tranquiles.

Qu'il se trouve une tête couronnée qui mette sa gloire à policer son peuple, et à faire le bonheur des petits comme des grands; que cette personne auguste devance le jour pour travailler elle même au bien de l'état; qu'elle écrive de sa main les plus importantes dépeches; qu'elle soit l'ame de ses conseils; qu'elle fasse mouvoir d'une main toujours en action tous les ressorts de l'Empire; qu'elle encourage tous les arts utiles et agréables; que chez elle l'éclat du trône n'ôte rien à sa solidité, que ses yeux soient incessamment ouverts sur les terres et sur les mers de ses vastes états; qu'elle anime tout du feu de son génie, alors il est impossible que tous les cœurs ne soient soumis. Le dernier païsan de l'Empire n'entend prononcer son nom qu'avec amour et respect; il admire, il chérit de loin ce qui de près n'étonne peut être pas assez quelques courtisans.

[21] 'leurs' corrigé; la version antérieure est illisible.

C'est dans les intrigues des cours qu'on trouve quelquefois des cœurs indociles, et non pas dans l'innocence des campagnes. [22]   210

L'article des soldats est plus important. Des esclaves disciplinés peuvent se battre avec courage, sans doute; il y en a bien des éxemples. Mais, en auront-ils moins quand ils seront citoiens? Marcheront-ils à l'ennemi avec moins de valeur quand il faudra deffendre leurs femmes, leurs enfans, leurs héritages, que lorsqu'ils   215
ne prodigueront leur vie que par obéïssance? Qu'on songe en un mot, que ce sont des citoiens romains qui ont subjugué l'asie mineure et l'Egypte, dont les rois n'avaient que des esclaves armés à leur opposer.

Après avoir vu s'il est avantageux à un état que les cultivateurs   220
soient proprietaires, il reste à voir jusqu'où cette concession peut s'étendre. Il est arrivé dans plus d'un roiaume que le serf affranchi étant devenu riche par son industrie, s'est mis à la place de ses anciens maîtres appauvris par leur luxe; il a acheté leurs terres, il a pris leurs noms; l'ancienne noblesse a été avilie, et la nouvelle n'a   225
été qu'enviée et méprisée; tout a été confondu. les peuples qui ont souffert ces usurpations, ont été le jouet des nations qui se sont préservées de ce fléau. Les erreurs d'un gouvernement peuvent être une leçon pour les autres. Ils profitent du bien qu'il a fait, ils évitent le mal où il est tombé.   230

Il est si aisé d'opposer le frein des loix à la cupidité et à l'orgueil des nouveaux parvenus, de fixer l'étendue des terreins roturiers qu'ils peuvent acheter; de leur interdire l'acquisition des terres nôbles et seigneuriales, que jamais un gouvernement ferme et sage ne poura se repentir d'avoir affranchi la servitude, et d'avoir   235
enrichi l'indigence. Un bien ne produit jamais un mal que lorsque ce bien est poussé à un éxcez vicieux, et alors il cesse d'être bien. Les éxemples des autres nations avertissent, et c'est ce qui fait que les peuples qui sont policés les derniers, surpassent souvent les maîtres dont ils ont pris les leçons.   240

---

[22] Un espace plus large suit ce paragraphe.

A TELLURE OMNIA [1]

Prodest-ne Reipublicae ruris incolas fundos possidere? [2] respondet natura: hoc meum jus est. ipsa tellus desiderare videtur ut, qui eam colunt, ipsam possideant. innumera nationum exempla, hanc naturae vocem, hoc, ut ita dicam, telluris desiderium confirmant.

Cavendum tamen est ne hominum consensus, et ipsum naturae dictamen, judicium nostrum decipiant. omnes ferè homines libertatem immodicam appetunt. natura nos docet, commoda nostra aliorum commodis antèferre; si consulendus foret primus iste naturae impetus, honestum utili saepiùs post-poneretur. itaque explorandum est non quid ab omnibus inconsultè desideretur, sed quid desiderandum sit; non quid velit natura, quae saepè prava appetit, sed quid humano generi congruat; quid honestum, quid decens, quid commodum.

Investigandum ergo est an principis, nobilium, judicum, mercatorum, agricultorum, et omnium Reipublicae ordinum, intersit in pace et in bello, ut agri agricolarum proprii sint.

Si Principem spectemus; crescet ne Regium aerarium? augebitur ne subditorum [3] militumque numerus? quicumque suum fundum colit, majori diligentiâ et alacritate colit, quàm qui domino laborat. hâc ipsâ alacritate robur corporis augetur. Vir liber matrimonio propensior est, magis ad suscipiendos liberos provocatur, quàm qui aliis semper, et sibi nunquàm inservit. hinc solum meliùs aratum, et faecundiùs; hinc numerosae familiae; hinc plures viri fortes, militiae apti; hinc commercii propagatio, quae publicum aerarium adauget. crescit potentia Regis, ut populus crescit.

Non minùs commodum videtur primariis nobilibus, quam Regi,

---

[1] Dans la lettre de Voltaire à Catherine II, la devise de la réponse en latin ('Tout provient de la terre') est légèrement différente 'Ex tellura [*sic*] omnia' (D14199).

[2] Pour une traduction moderne de ce texte, voir l'Appendice, p.71-76.

[3] Le manuscrit portait 'subditorum et', puis ce dernier mot a été biffé.

ut eorum feuda ab hominibus liberis colantur, qui utilitati eorum et suae laborent. Saepè saepiùs exploratum est mille jugera magis profuisse decem familiis, quàm centum mille unico possessori, qui dominia sua ignavis mancipiorum manibus tradit excolenda. vis ditari? divide divitias, divide terram: si omnia tibi vindicas pauper eris. qui tuos agros[4] conducet, sibi et tibi laborabit. qui, ut servus colit, nec tibi benè laborabit, nec sibi.

Quâ ratione nobiles, judices, mercatores, possunt suis muneribus Intenti,[5] agrorum suorum curam suscipere? precarias manus eorum arva deposcunt; et, si cultores utilitate propriâ non stimulentur, arva depereunt.

Locare potes ipsis tuis servis tua dominia; potes eos ad meliorem conditionem adducere: manu-mitte eos, concede agros, ut certum tibi censum in aeternum reddant. clientelae tuae addicti erunt, non servitute oppressi. sic in Germaniâ, Galliâ, Italiâ et Hispaniâ actum est, et praesertim in Angliâ, ubi publica res crevit in immensum.

Inter eos[6] Europae Proceres qui Regali jure non utuntur, nulli sunt, qui anglos optimates superent, autoritate, dignitate, divitiis. eorum dominia liberis manibus arantur. agricola qui parvum fundum possidet, latos eorum agros pecuniâ conducit. cuncti ditantur, sed decenter: agricola, ut sua conditio humilis et honesta postulat; nobilis, prout sua dignitas requirit[.]

Interim crescunt Agricolarum[7] familiae; Superabundat aratorum numerus; ad militiam, ad Navem ad artes, ad officinas pueri properant; laenae, setae, telae, omnibus femininis artibus puellae teneras manus adhibent; portus omnis generis vectigalibus implentur, et ab occasu solis ad ortum, naves onerariae abundantiam pariunt; classes terrorem.

His legibus, hâc agendi ratione, Romanum floruit Imperium, donec barbarae gentes, magnum hoc fortitudinis et solertiae

---

[4] Après 'agros' un mot effacé et ensuite biffé 'conduc...'
[5] 'Intenti' corrige la version antérieure 'fungi'.
[6] 'eos' ajouté au-dessus de la ligne.
[7] 'Agricolarum' corrige la version antérieure, probablement 'familiae agricolarum'.

monumentum destruxerunt. devicti populi victoribus domi servie-
bant. nullus servus Romanus, nullus Italus; nullum Romani
Senatoris aut proceris dominium absolutum in agricolas, qui   60
intrà fines praediorum suorum habitabant. omnes eisdem Imperii
aut Reipublicae legibus adstricti erant; nec in villâ sua dicebat
Cneïus Scipio:[8] hic meus homo est. servos habebat hispanos et
carthaginienses, non Romanos.

Dum barbari imperium dilaceraverunt, dixerunt devictis popu-   65
lis: haec arva omnia nostra sunt; servi nostri estote; nobis arate;
nobis sudate. sed quid evenit? depopulatae sunt urbes, devastati
agri. potentes erant victores, sed omnium vitae commoditatum, ut
scientiarum egeni. his barbaris incubuit Ecclesia, quae eorum
depraedationibus favit, ut spolia partiretur. Ecclesia servos   70
habuit glebae, ad Regium et optimatum exemplar. Monachi
feuda invaserunt, et adhuc possident. Monachi, in aliquibus
Germaniae et Antiquae Burgundiae partibus[9] dicunt, quod non
audebat Cneïus Scipio dicere: hic meus homo est.

Sed vergente decimo tertio saeculo, cum fermè omnes christiani   75
principes et optimates, insanis ad Hierosolymam bellis, ad eges-
tatem reducti fuissent; tandem, ut rem reficerent, libertatem
agrorum incolis vendiderunt; et evenit ut, qui pauperes erant,
dum omnia possidere videbantur, veras divitias adipiscerentur cum
minùs terrae possederunt.   80

Sed quâ ratione ditiores, potentiores reverà Reges et optimates
evaserunt, dum liberis imperitaverunt hominibus, quàm cum
abjecta Mancipia proculcavere? quia tellus uberior fuit, populus
numerosior, mercatio auctior, omnes omnis generis artes diligen-
tiùs excultae. si hanc locupletissimam et jucundam vivendi   85
rationem horrida bella saepiùs non confringerent, divinis, ut ita
dicam, incolis posset humanum genus aequiparari. quid enim
divinius excogitari potest, quàm immensus populus, labore suo
felix, artibus instructus, ingenio imbutus, fructibus terrae refertus,

---

[8] Probablement Cneius Cornelius Scipion, consul en 122 avant J.-C.
[9] 'partibus' corrige la version antérieure 'finibus'.

commercio pollens, fortitudine clarus? dum laborat, dum fruitur,   90
dum ingenio indulget, interim suprema dominatrix Majestas
assidet gubernaculo; leges ad communem utilitatem a se conditas,
fortiter et mansuetè tutatur, omnes imperii ordines ita fovet, ita
temperat, ut nullus alium possit opprimere, nullus alio sit inutilis.
dives pauperis servitium et industriam emit; sic pauper locupleti   95
non invidet. illam hanc majestatem aequali animo venerantur
optimates et agricolae; viatores, mercatores ejus gloriam ad
extremas mundi partes propagant: colunt subditi, mirantur finitimi;
si redirent, qui antè infeliciori tempore Regnaverunt, non suis
crederent oculis, cum viderent paludes in civitates conversas,   100
mapalia in Regias domos, deserta in agros messibus florentes,
hisce rerum miraculis stupefacti, sese in alium orbem delatos
existimarent.

Interest ergo, procul dubio interest et Regiae, et aulicorum et
civitatum, et Militiae, et publicorum Emporiorum, et artium et   105
denique publicae felicitatis, ut agricultura, quae omnium bonorum
fons est et origo, ita exerceatur ut haec omnia vitae adjumenta in
publicum proferat; nec tantum opus perfici potest, si ruris incolae,
sunt abjecta ruris mancipia. Speciosae fortassis fulgebunt civitates,
florebunt artes a longè petitae, et magnis impensis quaesitae, sed   110
non haec certis fundamentis fulciuntur. ingenio regiae mentis
procreata portenta, sub Principe minùs generoso ad ruinam
adducentur. transitoria haec regni ornamenta quondam exteri
comparabunt cum ludis et theatris ad breve tempus institutis,
quorum nihil superest nisi confusa quaedam, et remordens   115
memoria[.]
Magnum dat exemplum imperatoria potestas cum mancipia sua a
servitute liberat; divinam tunc metamorphosin operatur, et[10] longè
praestantiorem fabulosis illis mutationibus apud antiquos decan-
tatis. fingebant antiqui homines a diis in animantia conversos.   120
bonus[11] reverà imperator jumenta in homines convertit cum

[10] 't' ajouté à 'et'.
[11] 'bonus' corrigé; la version antérieure est illisible.

liberos jubet patriae inservire, qui servitute depressi erant; de Republicâ in Eternum benè meretur, cum Ecclesiae mancipia ad libertatem revocat, et aerario publico sacerdotes alit qui anteà sudoribus servorum impinguabantur. Ecclesiae consulit dum sacram hanc populi partem, altaribus deditam à profanis negotiis avertit. non enim instituti sunt sacerdotes ut agros arandos et serendos curent, rusticis praesint laboribus, granaria condant, vendant frumenta, opes augeant, sed ut laudes altissimi decantent, et exempla caritatis hominibus praebeant. Cogere eos sacris unicè attendere pietas est.

Non ita agendum opinor cum nobilibus et optimatibus. non illi cogendi sunt ut servos manumittant. sunt enim sacerdotes extrà Rempublicam positi; nobiles praecipuam Reipublicae partem constituunt. Ecclesia nihil habet commune cum regno. in nobilibus[12] regni robur et dignitas Recumbunt.[13] sacerdotes orant; bellant nobiles, aulam exornant, Imperatoriam dignitatem fulciunt, omnibus muneribus funguntur. non spoliandi sunt itaque antiquo in servos jure, per longam majorum seriem[14] ad se translato; sed exemplo regio adducendi sunt ut antiquum minusque commodum abnegent, novam, et multò majorem utilitatem sibi comparent[.]

Fruantur ergò agricolae tellure, humani generis altrici; sua possideant arva, suas villas construant; sint inter agricolas viri locupletes; sint qui mediocri fortunâ utantur; sint qui nihil possideant, et qui, aere conducti, spe melioris fortunae allecti, aliorum operibus inserviant; metant, acervos[15] messium in horrea congerant; mercenariae eorum manus ad cuncta servilia opera praestò sint; annonam assiduo labore mereantur.

Populi pars honestior, quae arva possidet, intrà legitimos fines contineatur. non ei liceat immensa jugera comparare; nunquam possit plebeius nobilium feuda emere, nisi fortassis praeclarum et

---

[12] 'nobilibus' corrige la version antérieure 'nobiles'.

[13] 'Recumbunt' corrige la version antérieure 'incumbunt'.

[14] 'seriem' corrigé, 'em' ajouté au-dessus de la ligne; la version antérieure est illisible.

[15] 'acervos' corrige la version antérieure 'at...'

inauditum facinus utile regi et regno privilegium hoc singulare meruerit[.]

Saepius in quibusdam regionibus exit e pago suo rusticus, ad Metropolim pergit, hero se locat locupleti, crescit paulatim, enatat, faeneratur, annumeratur inter publicanos, tandem Domini sui aedes emit, et reedificat, feuda comparat; non adhuc nobilis est, sed ejus filius inter primarios nobiles adscribitur; irridetur, sed fruitur; et ejus soboles, nomen, castella insignia generosae et antiquae domûs audacter assumit: quod natura negabat, insolentia fortunae concessit. 155 160

Sic in Galliâ, in Italiâ, Marchionis, Comitis nomen usurpatur. sed in Germaniâ, in Angliâ in Septentrionalibus Regnis, ridicula haec insolentia nundum grassata est. expedit aliquando ut Rex nobilitate virtutem eximiam exornet; sed turpe est ut rusticus, è tugurio emergens, nobilitatis depraedator per urbem gloriosus obambulet. hoc honorum latrocinium bonae leges compescent. convenit denique rusticos protegere et refraenare, agros eis concedere, ab aulâ arcere, et cunctos regni ordines regimine certo gubernare; quem admodum in aedibus[16] lapides, tigna, plumbum, ferrum, tegulae in suo Loco disponuntur, et pretiosa[17] ornamenta[18] in cubiculis Domini relucent. 165 170

---

[16] 'e' a été corrigé en 'ae'.
[17] 's' a été corrigé en 'p'.
[18] La lettre 'o' est une correction, on ne peut déchiffrer sur quelle autre lettre.

APPENDICE

Tout provient de la terre[1]

L'Etat tire-t-il quelque avantage de ce que les paysans soient propriétaires de leurs terres? La nature répond: 'Ceci est mon droit'. Il semblerait
que la terre elle-même souhaite être possédée par ceux qui la cultivent.
Les exemples d'une multitude de peuples confirment ce cri de la nature, et
en quelque sorte ce vœu de la terre.   5

Il faut cependant veiller à ce que le consensus des hommes et l'appel de
la nature ne troublent notre jugement. Presque tous les hommes aspirent
à une liberté démesurée. La nature nous enseigne à préférer notre propre
avantage à celui d'autrui. S'il fallait approuver cette tendance primaire de
la nature, très souvent, ce qui est conforme à la morale se trouverait   10
sacrifié à ce qui est profitable. Ainsi, il faut demander non pas ce que tous
désirent, sans réfléchir, mais ce qu'il faut désirer; non pas ce que veut la
nature qui pousse souvent vers le mal, mais ce qui convient à l'espèce
humaine, ce qui est conforme à la morale, convenable, avantageux.

C'est pourquoi il faut étudier s'il est de l'intérêt du prince, des nobles,   15
des magistrats, des marchands, des paysans et de toutes les classes de
l'état, en temps de paix et en temps de guerre, que les terres appartiennent
aux paysans.

Considérons le prince: le trésor royal va-t-il s'accroître, le nombre de
sujets et de soldats va-t-il augmenter? Tout homme qui cultive son   20
propre lopin le fait avec plus d'application et d'ardeur que celui qui
travaille pour un maître. Grâce à cette ardeur, la force corporelle se
développe. Un homme libre pense davantage à se marier, est plus disposé
à avoir des enfants que celui qui est toujours au service des autres et
jamais au sien. D'où une terre mieux labourée et plus fertile, de grandes   25
familles, un grand nombre d'hommes solides, aptes à servir dans l'armée,
le développement du commerce qui contribue à l'enrichissement du
trésor public. Le roi voit sa puissance croître en même temps que la
population.

Il n'est pas moins avantageux pour la grande noblesse que pour le roi,   30

---

[1] Traduction par Pierre-André Sigal.

71

que leurs fiefs soient cultivés par des hommes libres, qui travaillent pour leur propre compte en même temps que pour eux. On a souvent vérifié que mille arpents rapportaient plus de profit à dix familles que cent mille à un seul propriétaire qui donne ses terres à travailler à des esclaves paresseux. Tu veux t'enrichir? Partage tes richesses, distribue les terres. 35 Si tu gardes tout pour toi, tu vas t'appauvrir. Celui qui prendra à bail tes champs va se donner de la peine pour lui-même et pour toi. Celui qui les cultive comme esclave, ne fera d'effort ni pour toi ni pour lui.

Comment les nobles, les magistrats, les marchands qui se consacrent sérieusement à leurs obligations peuvent-ils en plus s'occuper de leurs 40 champs? Leurs champs réclament une main d'œuvre à la demande et si ceux qui les cultivent ne sont pas stimulés par leur propre intérêt, les cultures dépérissent.

Tu peux donner tes propriétés à bail à tes serfs. Tu peux leur procurer de meilleures conditions de vie. Affranchis-les, cède-leur des champs, 45 afin qu'ils te versent à perpétuité une redevance fixe. Ils seront sous ta protection sans être écrasés par l'esclavage. C'est ce qui a déjà été fait en Allemagne, en France, en Italie et en Espagne et plus particulièrement en Angleterre, où la richesse publique a énormément augmenté.

En Europe, il n'y a personne parmi les grands qui ne jouissent pas d'un 50 statut royal, qui puisse dépasser les aristocrates anglais par leur rôle social, leur prestige et leur richesse. Leurs propriétés sont labourées par des bras libres. Le paysan, qui possède un petit lopin, loue leurs vastes champs, à titre onéreux. Tous s'enrichissent, mais de façon convenable: le paysan, comme le requiert sa situation modeste, mais honorable; le 55 noble, comme il sied à sa dignité.

Pendant ce temps, les familles des paysans s'accroissent; il y a profusion de cultivateurs; les jeunes gens se hâtent de s'engager dans l'armée, la marine, les métiers d'artisans, les ateliers; les jeunes filles prêtent leurs doigts fins à tous les travaux féminins, ceux de la laine, de la 60 soie, de la toile. Les ports accumulent toutes sortes de taxes et du couchant au levant, les navires de commerce apportent la prospérité et les flottes de guerre la terreur.

C'est grâce à de telles lois et à cette façon d'agir que l'empire romain a été florissant, jusqu'à ce que les hordes barbares anéantissent cet immense 65 temple de la bravoure et du savoir-faire. Les peuples vaincus ont été esclaves dans les demeures des vainqueurs. Aucun esclave n'était ni romain, ni italique. Le sénateur ou l'aristocrate romain n'avait aucun

pouvoir absolu sur les paysans qui vivaient dans les limites de leurs
propriétés. Tous étaient assujettis aux mêmes lois de l'empire ou de la 70
république. Et dans sa villa, Cneius Scipion ne disait pas: 'Cet homme
m'appartient'. Il avait des esclaves espagnols, carthaginois, et non pas
romains.

Lorsque les barbares eurent démembré l'empire, ils ont dit aux peuples
vaincus: 'Tous ces champs sont à nous, maintenant c'est vous qui serez 75
nos esclaves, vous allez labourer et transpirer pour notre compte'. Mais
qu'advint-il? Les villes se vidèrent, les champs furent désertés. Les
vainqueurs étaient puissants, mais ils étaient privés de toutes les
commodités de la vie, comme de connaissances. L'Eglise s'appuyait
sur ces barbares et favorisait leurs pillages pour avoir part au butin. Elle 80
eut aussi des serfs pour cultiver la terre, à l'exemple des rois et des nobles.
Les moines s'étaient appropriés des fiefs et en possèdent jusqu'à
maintenant. Dans certaines régions d'Allemagne et de l'ancienne
Bourgogne, les moines disent ce que n'a jamais osé dire Cneius Scipion:
'Cet homme m'appartient'. 85

Mais à la fin du treizième siècle, lorsqu'à l'issue des guerres insensées
sous Jérusalem, presque tous les souverains et nobles chrétiens furent
ruinés, alors seulement, pour restaurer leurs affaires, ils vendirent la
liberté aux villageois. Et finalement, ceux qui étaient pauvres quand ils
possédaient tout, devinrent riches quand ils eurent moins de terres. 90

Mais comment les rois et les nobles étaient-ils devenus plus riches, plus
puissants, en ayant sous leurs ordres des hommes libres, que lorsqu'ils
maltraitaient des esclaves méprisables? C'est que la terre était plus fertile,
les hommes plus nombreux, le commerce plus prospère, tous les arts plus
considérés. Si des guerres sauvages n'avaient pas assez souvent anéanti ce 95
mode de vie placé sous le signe de la richesse et de la douceur de vivre, on
aurait pu pour ainsi dire mettre le genre humain au rang des créatures
divines. Car que peut-on imaginer de plus divin qu'une population
innombrable, satisfaite de son travail, connaissant les arts, pleine de
talent, disposant en abondance des produits de la terre, enrichie par le 100
commerce et réputée pour sa bravoure? Et pendant que le peuple
travaille, jouit et cultive ses talents, l'autorité souveraine suprême tient
le gouvernail. Avec fermeté et en douceur, elle veille sur les lois qu'elle a
édictées pour le bien de tous, elle entoure de ses soins toutes les classes de
l'empire, les gouverne de telle sorte qu'aucune d'elles ne puisse en écraser 105
une autre ni lui être inutile. Le riche rémunère le pauvre pour son service

et ses travaux, et ainsi le pauvre n'envie pas le riche. Les nobles et les paysans vénèrent la puissance souveraine d'un même sentiment; les voyageurs et les marchands répandent sa glorieuse renommée jusqu'au bout du monde. Ses sujets la vénèrent, ses voisins l'admirent. Si ceux qui ont régné auparavant, à des époques moins fastes, revenaient sur terre, ils n'en croiraient pas leurs yeux, en voyant les marais transformés en villes, les masures en palais impériaux, les friches devenues des champs fertiles; ébahis par toutes ces merveilles, ils penseraient être transportés dans un autre monde.

Par conséquent, il est important et même essentiel pour la puissance royale, les courtisans, les villes, l'armée, le commerce, les arts et enfin pour le bien-être général que l'agriculture, qui est la source et l'origine de tous les biens, soit pratiquée de telle manière qu'elle fournisse à la société toutes les ressources utiles à la vie. Et il est impossible de mener à bien une entreprise d'une telle envergure si les habitants de la campagne ne sont que de vils serfs ruraux. Il est possible que des villes superbes brillent de mille feux, que les arts auxquels on a si longtemps aspiré et que l'on n'a obtenus qu'au prix de grandes dépenses, soient florissants, mais tout cela ne repose pas sur des bases solides. Les merveilles engendrées par le génie du souverain sont conduites à la ruine sous un prince moins doué. Les étrangers compareront un jour ces décors éphémères du royaume à des jeux et des théâtres installés provisoirement, dont il ne reste rien sinon un souvenir flou et poignant.

Le pouvoir impérial donne un grand exemple lorsqu'il libère ses serfs de l'esclavage. Il opère alors une métamorphose divine, plus remarquable que les fameuses transformations légendaires qu'on chantait dans l'antiquité. Les anciens imaginaient des créatures humaines que les dieux transformaient en animaux. Le bon empereur rend à des bêtes de somme leur condition d'hommes, quand il ordonne que ce soient des individus libres qui servent la patrie, alors qu'ils étaient écrasés par la servitude. Il rend service à l'Etat, pour l'éternité, quand il rend la liberté aux esclaves appartenant à l'Eglise et entretient sur les fonds publics les prêtres qui auparavant s'engraissaient de la sueur des esclaves. Il fait le bien de l'Eglise quand il détourne des affaires de ce monde cette partie sacrée de la population vouée aux autels. Car les prêtres ne sont pas institués pour s'occuper des champs qu'il faut labourer et ensemencer, ni pour diriger les travaux agricoles, construire des granges, vendre le grain, faire des bénéfices, mais pour chanter des louanges du Très-Haut

110

115

120

125

130

135

140

et donner des exemples de charité à leurs ouailles. La piété consiste à les 145
obliger à s'occuper exclusivement de ce qui a trait à la religion.

En revanche, il faut, à mon avis, adopter une autre attitude envers les
nobles et les aristocrates. Il ne faut pas les contraindre à libérer leurs serfs.
Car si les prêtres sont en dehors de l'Etat, les nobles, eux, représentent
une partie considérable de l'Etat. L'Eglise n'a rien à voir avec la royauté; 150
la puissance et la dignité de la royauté reposent sur la noblesse. Les
prêtres prient, la noblesse combat, embellit la cour, soutient la dignité
impériale et remplit toutes les fonctions. Aussi ne faut-il pas la priver,
concernant les esclaves, d'un droit ancien qui lui a été transmis par une
longue lignée d'ancêtres. Mais l'exemple du roi doit inciter la noblesse à 155
renoncer à un privilège ancien et moins profitable, pour bénéficier d'un
nouvel avantage plus important.

En conséquence, que les paysans jouissent de la terre, nourrice du
genre humain, qu'ils possèdent des champs, qu'ils construisent leurs
fermes. Qu'il y ait des paysans riches, des paysans au revenu moyen et 160
d'autres qui ne possèdent rien et qui pour de l'argent et stimulés par
l'espoir d'une destinée meilleure, se mettent au service des entreprises
d'autrui. Qu'ils moissonnent, qu'ils engrangent la récolte. Que leurs bras
de journaliers soient prêts pour tous les travaux serviles. Qu'ils gagnent
leur subsistance par un travail incessant. 165

Que la partie plus respectable de la population qui possède les terres
soit maintenue dans des limites définies par la loi. Qu'elle ne soit pas
autorisée à acquérir un nombre illimité d'arpents. Que jamais un homme
du peuple ne puisse acheter des fiefs à la noblesse, sauf peut-être s'il a
mérité cet avantage exceptionnel par une action éclatante et extraordi- 170
naire, utile au roi et au royaume.

Assez souvent, dans certaines régions, le paysan quitte son village
pour aller à la ville: il loue ses services à un maître, s'enrichit peu à peu, se
tire de sa condition, place son argent, et se range parmi les fermiers
généraux: il finit par acheter la maison de son maître, la reconstruit, et 175
acquiert des fiefs. S'il ne bénéficie encore d'aucune reconnaissance
sociale, son fils fera partie de la noblesse de haut rang; on se moque de
lui, mais il n'en a cure et sa progéniture s'approprie avec insolence le
nom, les châteaux, les armoiries d'une antique maison. Ce que la nature
lui avait refusé, l'outrecuidance de la fortune l'a permis. 180

C'est ainsi qu'on s'arroge le titre de marquis ou de comte en France et
en Italie. Mais en Allemagne et en Angleterre, dans les royaumes du

Nord, cette insolence ridicule n'a pas encore cours. Parfois, il est utile que le roi anoblisse un de ses sujets pour récompenser un acte particulière-ment valeureux. Mais il est honteux qu'un campagnard, tout juste sorti de   185
sa cabane, se pavane en ville avec morgue, après s'être approprié un titre de noblesse. De bonnes lois doivent empêcher ce pillage des honneurs. En un mot, il faut tout à la fois protéger les paysans et les brider: leur céder les champs, mais les tenir à l'écart de la cour, et diriger toutes les classes du royaume avec fermeté, de même qu'on dispose à leur place,   190
dans une maison, les pierres, les poutres, le plomb, le fer, les tuiles, tandis que les décors précieux brillent avec éclat dans le palais du maître.

Lettre de Monsieur de Voltaire

Mémoire présenté au ministère,
et qui doit être mis à la tête de
la nouvelle édition qu'on prépare
du Siècle de Louis XIV

Editions critiques

par

Claude Lauriol

TABLE DES MATIÈRES

INTRODUCTION

La *Lettre de Monsieur de Voltaire*, datée du 24 avril 1767, et le *Mémoire pour être mis à la tête de la nouvelle édition qu'on prépare du Siècle de Louis XIV* (dont le titre deviendra *Mémoire présenté au ministère, et qui doit être mis à la tête de la nouvelle édition qu'on prépare du Siècle de Louis XIV*), qui la suit de quelques semaines, s'inscrivent dans le prolongement des *Honnêtetés littéraires* parues au mois de mars.[1] Ces deux textes reprennent certaines accusations lancées par Voltaire contre La Beaumelle dans les *Honnêtetés* ou dans le *Supplément au Siècle de Louis XIV*,[2] et se font écho l'un à l'autre. Aussi les présentons-nous ensemble.

1. *Une querelle sans cesse renouvelée*

Il est malaisé de préciser ce qui a pu provoquer en cette année 1767 ce regain de polémique contre La Beaumelle. Si La Beaumelle n'est sans doute pas la principale cible de Voltaire dans *Les Honnêtetés littéraires*, il n'y en a pas moins son paquet. Voltaire ne le perd jamais de vue: sa correspondance le montre, et aussi les ouvrages qu'il publie, comme *La Pucelle*, sa lettre ouverte à Rousseau (D6451), ses notes de l'édition de 1756 du *Siècle de Louis XIV*, où il s'en prend aux *Mémoires pour servir à l'histoire de Madame de Maintenon*, sa lettre ouverte à Capacelli du 23 décembre 1760 (D9492), l'*Histoire de l'empire de Russie sous Pierre le Grand* et les *Contes de Guillaume Vadé*. Dès que paraît un ouvrage qui lui

---

[1] On se reportera avec profit à l'édition par O. Ferret des *Honnêtetés littéraires* (*OCV*, t.63B, p.1-174), dont les seizième et dix-septième honnêtetés et la 'Lettre à l'auteur des *Honnêtetés littéraires* sur les *Mémoires de Madame de Maintenon*, publiés par La Beaumelle' recoupent nos deux textes.

[2] Nous renvoyons le lecteur à l'introduction de notre édition du *Supplément au Siècle de Louis XIV* (*OCV*, t.32C) pour une appréciation d'ensemble de la pertinence comparée des affirmations historiques des deux antagonistes.

déplaît, son premier mouvement le conduit à y voir la main de La Beaumelle. Il a raison de lui attribuer une part dans la *Lettre du czar Pierre à Monsieur de Voltaire* (1761), mais il le soupçonne un temps à tort d'être l'éditeur des *Lettres de Monsieur de Voltaire à ses amis du Parnasse* ou des *Lettres secrètes de Monsieur de Voltaire* (D13695). Le défenseur des Calas ressent comme une insulte personnelle le mariage de La Beaumelle en mars 1764 avec la fille aînée de David Lavaysse, dont il eut connaissance tardivement (D13901, D14183). Il n'a découvert que fin juin (D14248) la nouvelle édition remaniée de la *Réponse au Supplément au Siècle de Louis XIV*, que La Beaumelle avait abandonnée en 1758 sur les conseils de Maupertuis, mais qu'un libraire avait repris en 1763 sous le titre: *Lettres de Monsieur de La Beaumelle, à Monsieur de Voltaire*. L'intention du libraire Philibert et de La Beaumelle, attestée par leur correspondance en date du 2 septembre, 10 octobre, 26 octobre 1763 et 30 janvier 1764, [3] de donner une nouvelle édition des *Mémoires et lettres de Madame de Maintenon* revue et corrigée par La Beaumelle, a sans doute transpiré à Genève. Dans sa lettre à La Beaumelle du 6 septembre 1767 La Condamine laisse entrevoir un autre facteur sur lequel on ne dispose d'aucune information: 'J'ai donc bien conjecturé que la nouvelle édition de lettres imprimées chez Gaude avait renouvelé les accès, vous y ajoutez une nouvelle cause que j'ignorais, la réimpression du *Siècle* avec les remarques. Vous devriez vous reprocher cet ouvrage qui n'a fait en France aucun tort qu'à son éditeur'. Voltaire aurait-il ressenti comme une provocation la mention marginale du nom de La Beaumelle derrière laquelle Nonnotte s'abrite au chapitre 49 de ses *Erreurs de Monsieur de Voltaire*?

---

[3] A paraître dans la *Correspondance générale de La Beaumelle*, éd. Hubert Bost, Claude Lauriol et Hubert Angliviel de La Beaumelle (Oxford, 2005-). C'est le cas de toute correspondance et de certains documents relatifs à La Beaumelle ultérieurs à janvier 1754 que nous citerons sans autre référence ci-après.

2. *Composition et diffusion*

Cette recherche d'une cause précise semble vaine, et elle ne peut être éclairée ni par l'histoire de la composition de ces deux textes ni par celle de leur diffusion. Ils viennent à la suite des *Honnêtetés* qui se terminent par une prétendue 'Lettre à l'auteur des *Honnêtetés littéraires* sur les *Mémoires de Madame de Maintenon* publiés par La Beaumelle'. En avril 1767 Voltaire, selon sa pratique habituelle, recueille des informations sur sa cible. Le 27 avril il demande au marquis de Villevielle l'adresse de La Beaumelle en Languedoc (D14148), et à quelques jours près il prie Henri Rieu de s'informer sur ses activités à l'Académie de Genève (D14144). L'acheminement de la *Lettre de Monsieur de Voltaire* datée du 24 avril a dû subir un retard analogue à celui constaté pour les *Honnêtetés*: La Beaumelle ne la reçoit à son domicile que le 12 juin, une bonne semaine avant deux autres exemplaires qui parviennent aux notables de Mazères le 21 juin.

Le 8 juillet Voltaire envoie le *Mémoire pour être mis à la tête de la nouvelle édition qu'on prépare du Siècle de Louis XIV et pour être distribué à ceux qui ont les anciennes* à Louis Phélypeaux, comte de Saint-Florentin, lui indique le domicile de La Beaumelle et souligne les passages incriminés (D14262), le ministre en accusant réception le 10 (D14267).

Parallèlement il adresse le *Mémoire* aux détenteurs de l'autorité, en Languedoc notamment, et aux descendants des familles qu'il invite à se plaindre de la façon dont La Beaumelle a évoqué leurs parents dans les notes au *Siècle de Louis XIV*, dans *Mes pensées* ou dans les *Mémoires pour servir à l'histoire de Madame de Maintenon*. Sont associés à cette intense campagne de dénonciation le duc de Richelieu (D14263), Damilaville (D14268, D14289, D14324, D14334), d'Argental (D14277), le comte de Noailles (D14286), le chancelier d'Aguessau (D14277, D14287 et D14289), le duc d'Estrées (D14291), l'académicien Bordes (D14261 et D14266), la duchesse de Saxe-Gotha (D14290, D14336, D14366), le prince de

Condé (D14294), le marquis de Florian (D14304), Marmontel (D14314), Gaillard (D14335, voir D14369), le chevalier de Taulès (D14353), le comte de La Touraille (D14379), Chennevières (D14380), Moultou (D14390), Jacob Vernes (D14399) et la liste n'est probablement pas close. Deux exemplaires parviennent au curé et au maire de Mazères par la poste le 19 juillet.

Dans les premiers jours d'août le libraire parisien Jacques Lacombe réimprime le mémoire sous un nouveau titre, *Mémoire présenté au ministère, et qui doit être mis à la tête de la nouvelle édition qu'on prépare du Siècle de Louis XIV*, et à la demande de Voltaire l'annonce dans son *Avant-coureur* (D14334, D14341, D14371). C'est probablement un paquet de cette nouvelle édition du *Mémoire* qui parvient le 11 août au Carla, dans le pays de Foix, dont La Beaumelle est seigneur. Dans ses deux livraisons de ce même mois d'août le *Journal encyclopédique* le reproduit, après en avoir 'retranché les traits les plus odieux', selon une expression de La Beaumelle consignée sur une carte à jouer. Une troisième édition sera imprimée à Genève.

Dans le onzième *Fragment sur l'histoire générale* (1773) Voltaire insérera un 'Extrait d'un Mémoire sur les calomnies contre Louis XIV et contre Sa Majesté régnante, et contre toute la famille royale et contre les principaux personnages de la France',[4] qui est en grande partie une réimpression du *Mémoire*.

3. *Réception du 'Mémoire'*

Parmi les réponses qu'il reçoit, une seule est favorable, et Voltaire en fait état à chaque occasion, celle du Bernois Erlach de Riggisberg, qui espère une addition élogieuse pour sa famille dans la nouvelle édition du *Siècle* (D14302). Malgré les affirmations contraires et réitérées de Voltaire, toutes les autres, celle du maréchal de Richelieu (D14327), du comte de Noailles (D14286), du prince de Condé (D14328), respirent la gêne,

---

[4] *M*, t.29, p.258-66.

l'agacement ou le scepticisme. Le duc d'Estrées esquisse même une défense de La Beaumelle à propos de la mort de Louvois (D14291). D'Alembert, avec sa sévérité ordinaire à l'égard de La Beaumelle, cherche à dissuader Voltaire de poursuivre cette entreprise (D14333 et D14376), que Wagnière condamne sans ambiguïté dans une lettre à Damilaville (D14337). Dans la *Correspondance littéraire* Grimm se dit consterné par la lecture du *Mémoire*.[5] La duchesse de Saxe-Gotha dissimule sous des protestations d'estime et d'amitié son agacement d'être sans cesse relancée par Voltaire, et lui marque, comme elle le fait aussi à La Beaumelle (D14305), qu'elle ne veut pas être mêlée à cette affaire (D14306, D14350). Quoiqu'il en dise, Voltaire ne peut justifier son action que par la lettre de Saint-Florentin du 10 juillet qui reprend mot pour mot ses termes accusatoires, et l'informe des ordres transmis au marquis de Gudanes, commandant du pays de Foix. Aussi s'empresse-t-il d'en répandre la nouvelle, parfois agrémentée d'un commentaire, à d'Argental (D14298), à Richelieu (D14300), à Damilaville (D14299), au marquis de Florian (D14304), à Marmontel (D14314), à Tabareau (D14316), à la duchesse de Saxe-Gotha (D14332), au marquis de Villevielle (D14382), à Moultou (D14390), à Vernes (D14399), à Chennevières (D14411). Cette dernière lettre datée du 7 septembre clôt cette campagne, qui s'interrompt aussi brutalement qu'elle a commencé.

Cette affaire ne sera pas sans conséquences. David Lavaysse et son fils Gaubert, mis en demeure par Voltaire, au titre de la reconnaissance que leur famille doit au défenseur des Calas et de leur co-accusé, de se désolidariser de La Beaumelle, après avoir exploré la voie de l'apaisement, prendront le parti de celui qui est devenu leur gendre ou leur beau-frère.[6] La Beaumelle sera repris par ce projet d'édition annotée des œuvres de Voltaire, qui l'obsède

[5] *Correspondance littéraire*, éd. Maurice Tourneux, 16 vol. (Paris, 1877-1882) 1er août 1767, t.7, p.385-86.
[6] On trouvera le récit de cet épisode dans notre article: 'Une "Honnêteté voltairienne" (1767): les Lavaysse, La Beaumelle et le défenseur des Calas', dans *Voltaire, la tolérance et la justice*, éd. John Renwick (Louvain, 2011), p.141-55.

au moins depuis la publication du *Supplément au Siècle de Louis XIV*. Mis en garde contre les risques de cette entreprise par sa femme et son ami La Condamine, traversé par les autorités sollicitées par Voltaire, affaibli par la maladie, La Beaumelle ne réalisera que l'édition de *La Henriade*, imprimée à Toulouse et saisie en 1769, puis reprise en 1774, après son décès, par Fréron sous le titre de *Commentaire sur La Henriade*.

4. *La Beaumelle prétendu auteur de lettres anonymes*

La manière dont s'est installée pour longtemps contre toute vraisemblance la vision d'un La Beaumelle auteur prolifique de lettres anonymes est curieuse. Depuis son édition annotée du *Siècle de Louis XIV*, il avait accoutumé ses contemporains à affronter Voltaire à visage découvert. Voltaire fournit à son ami Damilaville une justification confuse de sa conduite (D14254):

Vous n'ignorez pas que j'ai reçu un nombre prodigieux de lettres anonymes dans ma retraite. J'en ai reçu 94 de la même écriture, et je les ai toutes brûlées. Enfin j'en ai reçu une quatre-vingt-quinzième qui ne peut être écrite que par La Beaumelle ou par son frère, ou par quelqu'un à qui il l'aura dictée, puisque dans cette lettre il n'est question que de La Beaumelle même. J'ai pris le parti de l'envoyer au ministère.

La lettre de Saint-Florentin à Voltaire du 10 juillet (D14267) existe dans un premier état qui n'a pas été repris dans l'édition Besterman:

J'ai, Monsieur, gardé la dernière lettre anonyme qui vous a été écrite à la suite d'un très grand nombre d'autres, et dont l'auteur se découvre par celle-ci. J'attends, incessamment, Monsieur, l'intendant de Lion, je le chargerai de lui parler de manière à l'obliger de se tenir en repos et de vous y laisser. Je suis toujours fort aise d'avoir des occasions de vous marquer les sentiments avec lesquels je vous suis, Monsieur, plus parfaitement dévoué que personne du monde. etc. [7]

---

[7] Paris, Archives nationales, ˣO¹ 409, f.462-63.

Le 14 juillet Saint-Florentin transmet en ces termes ses ordres au marquis de Gudanes (D14292):

Le sieur de La Beaumelle qui habite présentement, Monsieur, à Mazères, au pays de Foix, a écrit une infinité de lettres anonymes à M. de Voltaire, lesquelles, quoique sans signature, et particulièrement la dernière, ne laissent aucun doute qu'elles ne soient de lui; vous voudrez bien l'avertir de se tenir tranquille et de laisser en repos M. de Voltaire. Tous ces écrits anonymes ne pourraient que lui attirer des désagréments s'il les continuait.

Les critiques du dix-neuvième et du vingtième siècle prolongent cette ambiguïté. C. Nisard, évoquant la célèbre fable de La Fontaine, dénonce 'la logique du loup' à l'œuvre dans la lettre à Damilaville (D14254), et trouve des mots sévères pour condamner la conduite de Voltaire à l'égard de La Beaumelle. Il n'en conclut pas moins: 'On n'a jamais su s'il était véritablement l'auteur des lettres anonymes; pour moi, je le croirais assez, comme aussi qu'il les faisait probablement transcrire par un tiers, afin que sa propre écriture ne le trahît pas. Aujourd'hui, on le reconnaîtrait peut-être au style de ces lettres, si Voltaire ne les eût toutes brûlées'.[8] G. Desnoiresterres reprend le récit de Voltaire en évitant de prendre parti: 'Disons que M. de Saint-Florentin ne douta point de la culpabilité de La Beaumelle et répondit au patriarche de Ferney qu'il aviserait à faire cesser la persécution'.[9] S. Lenel s'interroge sur la façon dont la culpabilité de La Beaumelle s'est imposée à Voltaire: 'Peu à peu, la haine le poussant, il en est arrivé à penser que La Beaumelle, parmi ses ennemis, était seul capable de lui adresser ou faire adresser 95 lettres, qui étaient toutes de la même main'.[10] L'article très documenté d'A. Feugère au titre explicite[11]

[8] *Les Ennemis de Voltaire* (Paris, 1853), p.398.
[9] *Voltaire et la société française au dix-huitième siècle*, 8 vol. (Paris, 1867-1876), t.7, p.490.
[10] 'Un ennemi de Voltaire: La Beaumelle', *Revue d'histoire littéraire de la France*, 1916, p.163-210, ici p.195.
[11] 'Un compte fantastique de Voltaire: 95 lettres anonymes attribuées à La Beaumelle', *Mélanges de littérature, d'histoire et de philologie offerts à Paul Laumonier* (Paris, 1935), p.435-49.

démonte les contradictions de Voltaire dans sa dénonciation de La Beaumelle. Sans se référer à A. Feugère, alors que Voltaire réclame contre La Beaumelle le châtiment que mérite un crime de lèse-majesté, T. Besterman avance: 'this is clearly a continuation of the same joke' (D14123, note). R. Pomeau reprend la formule d'un 'compte certainement "fantastique"'.[12] Le problème s'est déplacé de l'invraisemblance de l'imputation à La Beaumelle vers la psychologie de Voltaire, dont la violence dans la dénonciation crée un malaise chez les critiques comme elle a dérangé les contemporains.

5. *Manuscrits et éditions*

On ne connaît aucun manuscrit de la *Lettre*. Mme de La Beaumelle copie le *Mémoire* dans sa lettre à son père D. Lavaysse du 20 juillet 1767.

Lettre

L67

Lettre de Monsieur de Voltaire.

8°. pag. 4.

[Genève, 1767].

Bengesco 1738; BV3653.

Archives La Beaumelle: ALB 2607; Paris, BnF: Rés Z Beuchot 402; Saint-Pétersbourg, GpbV: 9-53, 11-178.

L71

Tableau philosophique de l'esprit de Monsieur de Voltaire, pour servir de suite à ses ouvrages et de mémoires à l'histoire de sa vie (Genève [Paris], 1771).

98-113 (édition en 380 pages): Lettre de M. de Voltaire.

---

[12] *VST*, t.2, p.219.

Il existe plusieurs éditions du *Tableau philosophique*, dans lequel Sabatier de Castres donne une version largement commentée de la *Lettre*.

Bengesco, t.3, p.593, 2228; BnC 474-80.

Mémoire

M67A

Mémoire pour être mis à la tête de la nouvelle édition qu'on prépare du Siècle de Louis XIV et pour être distribué à ceux qui ont les anciennes.

8°. pag. 15.

Bengesco 1742; BV3682.

Saint-Pétersbourg, GpbV: 11-133. [13]

M67B

Mémoire présenté au ministère, et qui doit être mis à la tête de la nouvelle édition qu'on prépare du Siècle de Louis XIV.

Pag. 18.

Réédition sous un nouveau titre par Lacombe dans les premiers jours d'août 1767.

BV3683.

Genève, ImV: D Mémoire 13/1767/1 (photocopie); Saint-Pétersbourg, GpbV: 11-178. [14]

M67C

Mémoire présenté au ministère, et qui doit être mis à la tête de la nouvelle édition qu'on prépare du Siècle de Louis XIV.

Pag. 20.

Edition genevoise.

BV3684.

Paris, Arsenal: 8 BL 38018; Saint-Pétersbourg, GpbV: 11-172.

---

[13] De la collection d'Henri Rieu.
[14] Avec traces de lecture.

JE

Journal encyclopédique, Bouillon, 1ᵉʳ et 15 août 1767.

109-17, 124-29: Mémoire présenté au ministère, et qui doit être mis à la tête de la nouvelle édition qu'on prépare du *Siècle de Louis XIV*.

Version abrégée du *Mémoire*.

Bengesco 1742; BnC 3399.

Paris, BnF: Z 51552-53.

6. *Principes de cette édition*

Le texte de base de la *Lettre de Monsieur de Voltaire* est L67. Pour ce qui est du *Mémoire* nous publions le texte de M67B et nous indiquons les variantes de M67A. M67C ne diffère de M67B que par la ponctuation et l'usage des majuscules. Nous signalons les coupures effectuées par les auteurs du JE.

Traitement du texte

L'orthographe a été modernisée, sauf pour les noms propres. Nous avons mis la majuscule à La Beaumelle (parfois écrit 'la Beaumelle'). Nous avons abrégé Madame en Mme, Monsieur et Mr en M., et Mrs en MM. le cas échéant.

LETTRE DE MONSIEUR DE VOLTAIRE

Parmi un grand nombre de lettres anonymes, j'en ai reçu une de Lyon datée du 17 avril, commençant par ces mots: *J'ose risquer une 95ᵉ lettre anonyme*.[1] Je l'ai envoyée au ministère, qui sait réprimer ces délits, et qui est persuadé que tout écrivain de lettres anonymes est un lâche et un coquin, un lâche parce qu'il se cache, et un coquin parce qu'il trouble la société.[2]

Cet homme entre autres sottises me reproche d'avoir dit qu'*un nommé La Baumelle est huguenot*. Je ne me souviens point de l'avoir dit,[3] et je ne sais si on s'est servi de mon nom pour le dire. Il m'importe fort peu que l'on soit huguenot. Il est assez public que je n'ai jamais regardé ce titre comme une injure, et il n'est pas moins public que j'ai rendu des services assez importants à des personnes de cette communion. Mais ceux qui ont dit ou écrit que La Baumelle était protestant et prédicant[4] ne se sont certainement pas trompés, et l'auteur de la lettre anonyme a menti quand il a écrit le contraire.

On trouve dans les registres de la Compagnie des Ministres de Genève que Laurent Anglevieux dit La Baumelle, natif du Languedoc, fut reçu proposant en théologie le 12 octobre 1745 sous le rectorat de M. Ami de La Rive.[5] Il prêcha à l'Hôpital et dans

[1] Dans la vingtième des *Honnêtetés littéraires* Voltaire ne parle encore que de la quatre-vingt-quatorzième (*OCV*, t.63B, p.113).

[2] Louis Phélypeaux, comte de Saint-Florentin, accuse réception de cet envoi le 10 juillet 1767 (D14267). Sa réponse ne contient rien de ce commentaire.

[3] Voltaire utilise l'expression 'un calviniste du Languedoc' dans sa lettre à Capacelli publiée dans le *Journal encyclopédique* du 15 février 1761 (D9492).

[4] Ce terme désigne un pasteur qui dessert clandestinement les Eglises du Désert et que les autorités pourchassent. C'est comme prédicant que François Rochette a été condamné à mort et exécuté à Toulouse le 18 février 1762, quelques jours avant Jean Calas.

[5] Voir la *Correspondance générale de La Beaumelle*, éd. Hubert Bost, Claude Lauriol et Hubert Angliviel de La Beaumelle (Oxford, 2005-), t.1, p.312 et n.4, et

plusieurs églises pendant deux ans. [6] Il fut précepteur du fils de M. Budé de Boisi. [7] Il alla ensuite solliciter à Copenhague une place de professeur, et fut ensuite chassé de Copenhague. [8]

Si cet homme s'était contenté de faire de mauvais sermons, je me dispenserais de répondre à la lettre anonyme, quoiqu'elle soit la quatre-vingt-quinzième que j'aie reçue: mais La Baumelle est le même homme qui ayant falsifié [9] l'*Histoire de Louis XIV* la fit imprimer avec des notes à Francfort chez Eslinger en 1752. [10] Il dit dans ces notes en parlant de Louis XIV, et de Louis XV *qu'un roi qui veut le bien est un être de raison*. [11] Il ose soupçonner Louis XIV d'avoir empoisonné le marquis de Louvois; [12] il insulte la mémoire

25

30

---

p.563-64. Voltaire avait demandé à Henri Rieu de lui procurer ces renseignements (D14144).

[6] La Beaumelle donna trois propositions au temple de l'Hôpital les 30 avril (ou 1er mai), 16 mai et 14 août 1746. La prédication faisait partie de la formation des futurs pasteurs. Voir la *Correspondance générale de La Beaumelle*, t.1, p.379 et n.7, p.390 et p.415.

[7] La Beaumelle séjourna chez Isaac de Budé de Boisy à l'automne 1746 (voir la *Correspondance générale de La Beaumelle*, t.1, p.443-52). Le 18 juillet 1767, à la demande de La Beaumelle, il lui enverra un certificat attestant la fausseté de cette affirmation (à paraître dans la *Correspondance générale de La Beaumelle*).

[8] Raccourci tendancieux. Les quatre années et demi du séjour de La Beaumelle au Danemark remplissent les tomes 2, 3 et partiellement 4 de sa *Correspondance générale*.

[9] Cette édition reproduit exactement le texte de l'édition marquée La Haye, 1752, comme il est indiqué dans l'avertissement.

[10] L'édition fut menée à bien par Johann Georg Eslinger à l'automne 1752 après le départ de La Beaumelle de Francfort (voir *Correspondance générale de La Beaumelle*, t.5, p.173).

[11] 'Louis XIV, forcé de rester quelque temps en paix, continua comme il avait commencé, à régler, à fortifier et embellir son royaume. Il fit voir qu'un roi absolu, qui veut le bien (*b*), vient à bout de tout sans peine. *(b) Un roi absolu qui veut le bien est un être de raison, et Louis XIV ne réalisa jamais cette chimère*' (*Siècle de Louis XIV* [...] *édition augmentée d'un très grand nombre de remarques*, 3 vol., Francfort, 1753, t.1, p.184). Dans sa *Réponse au Supplément au Siècle de Louis XIV*, La Beaumelle avait consacré l'article 34 (longuement remanié dans la seconde édition) à discuter le terme 'absolu' qu'il convenait selon lui de prendre au sens de tyrannique ou d'arbitraire, et qui ne pouvait donc s'appliquer ni à Louis XIV ni à Louis XV.

[12] 'Du même fond de caractère dont elle était incapable de rendre service, elle l'était aussi de nuire. L'abbé de Choisi rapporte que le ministre Louvois s'était jeté aux pieds de Louis XIV pour l'empêcher d'épouser la veuve Scarron. Si l'abbé de

du maréchal de Villars,[13] de M. le marquis de La Vrillière,[14] de
M. le marquis de Torci,[15] de M. de Chamillart.[16] Il pousse la

Choisi savait ce fait, Mme de Maintenon en était instruite; et non seulement elle
pardonna à ce ministre (*i*), mais elle apaisa le roi dans les mouvements de colère que
l'humeur brusque du marquis de Louvois inspirait quelquefois à son maître. *(i) Elle
ne lui pardonna jamais; mais comme elle aimait l'Etat, elle souffrit patiemment un
homme qui lui était odieux parce qu'en même temps c'était un homme utile. Du reste sa
disgrâce était méditée; et Louvois mourut fort à propos*' (*Siècle de Louis XIV* [...] *édition
augmentée*, t.3, p.337-38).

[13] '[Villars] a été maréchal de France, duc et pair, gouverneur de Provence. Mais
aussi il a sauvé l'Etat: et d'autres, qui l'ont perdu ou qui n'ont été que courtisans, ont
eu à peu près les mêmes récompenses. On lui a reproché jusqu'à ses richesses,
acquises par des contributions dans le pays ennemi, prix légitime et médiocre de sa
valeur et de sa conduite; pendant que ceux qui ont élevé des fortunes dix fois plus
considérables par des voies honteuses les ont possédées avec l'approbation
universelle (*h*). Il n'a guère commencé à jouir de sa renommée que vers l'âge de
quatre-vingt ans. Il fallait qu'il survécût à toute la cour pour goûter pleinement sa
gloire. Il n'est pas inutile qu'on sache quelle a été la raison de cette injustice dans les
hommes: c'est que le maréchal de Villars n'avait point d'art. Il n'avait ni celui de se
faire des amis avec de la probité et de l'esprit, ni celui de se faire valoir en parlant de
lui-même comme il méritait que les autres en parlassent (*i*). *(h) On ne reproche point à
un maltôtier ses richesses; on peut les reprocher à un héros. (i) Le maréchal de Villars était
le plus vain des hommes, il parlait sans cesse de lui-même; c'est ce qui fit que les autres en
parlèrent peu. Il apprit à Alais la perte de la bataille d'Hochstet, il s'écria en grande
compagnie: Villars, où étais-tu? on sait le conte du jambart*' (*Siècle de Louis XIV* [...]
édition augmentée, t.2, p.108-109).

[14] Le nom de Louis Phélypeaux, marquis de La Vrillière, père du comte de Saint-
Florentin, n'est pas cité par La Beaumelle, qui mentionne seulement celui de sa
femme (voir ci-dessous le *Mémoire*, p.100, n.23).

[15] Le nom de Jean-Baptiste Colbert, marquis de Torcy, est mentionné deux fois.
'Tout ce qu'on a débité dans tant de volumes d'argent répandu par le maréchal
d'Harcourt, et des ministres espagnols gagnés pour parvenir à ce testament, est au
rang des mensonges politiques et des erreurs populaires. Le marquis de Torci, qui
gouvernait alors les affaires étrangères en France, a rendu un témoignage
authentique à cette vérité par un écrit que j'ai de sa main (*t*). *(t) On serait curieux
de voir les propres paroles du marquis de Torci. L'auteur qui les a eues pourrait les avoir
mal comprises. On lit mal quand on lit avec ses préjugés*' (*Siècle de Louis XIV* [...] *édition
augmentée*, t.2, p.73); 'Louis XIV, qui avait déjà fait quelques avances pour la paix, se
détermina, dans ces circonstances funestes, à envoyer à La Haie son principal
ministre (*u*) le marquis de Torci-Colbert, assisté du président Rouillé. *(u) C'est le
titre des premiers ministres, et Torcy ne l'était point*' (t.2, p.174).

[16] 'Chamillard, élevé au ministère des finances et de la guerre, se démit en 1708 des

démence jusqu'à faire entendre que le duc d'Orléans régent empoisonna la famille royale.[17] Son infâme ouvrage écrit du style d'un laquais insolent se débita grâce à l'excès même de cette insolence. C'est le sort passager de tous les libelles écrits contre les gouvernements et contre les citoyens; ils inondent et ils inonderont toujours l'Europe, tant qu'il y aura des fous sans éducation, sans fortune et sans honneur, qui sachant barbouiller quelques phrases, feront pour avoir du pain ce métier aussi facile qu'infâme.

35

40

---

finances qu'il laissa dans un désordre que rien ne put réparer sous ce règne: et en 1709 il quitta le ministère de la guerre, devenu non moins difficile que l'autre. On lui reprochait beaucoup de fautes. Le public, d'autant plus sévère qu'il souffrait, ne songeait pas qu'il y a des temps malheureux où les fautes sont inévitables (*t*). (*t*) *Un auteur impartial aurait sévi contre Chamillard au lieu de l'excuser par des généralités et des propos vagues; c'est traiter le public en enfant' (Siècle de Louis XIV [...] édition augmentée,* t.2, p.173).

[17] Voltaire écarte ainsi les soupçons qui pesaient sur le régent: 'Un prince avait un laboratoire et étudiait la chimie ainsi que beaucoup d'autres arts: c'était une preuve sans réplique. Le cri public était affreux. Il faut en avoir été témoin pour le croire. Plusieurs écrits et quelques malheureuses histoires de Louis XIV éterniseraient les soupçons, si des hommes instruits ne prenaient soin de les détruire. J'ose dire que frappé de tout temps de l'injustice des hommes, j'ai fait bien des recherches pour savoir la vérité. Voici ce que m'a répété plusieurs fois le marquis de Canillac (*e*), l'un des plus honnêtes hommes du royaume, intimement attaché à ce prince soupçonné dont il eut depuis beaucoup à se plaindre. Le marquis de Canillac, au milieu de cette clameur publique, va le voir dans son palais. Il le trouve étendu à terre, versant des larmes, aliéné par le désespoir. Son chimiste, Homberg, court se rendre à la Bastille, pour se constituer prisonnier; mais on n'avait point d'ordre de le recevoir: on le refuse. Le prince (qui le croirait) demande lui-même, dans l'excès de sa douleur, à être mis en prison; il veut que des formes juridiques éclaircissent son innocence; sa mère demande avec lui cette justification cruelle. La lettre de cachet s'expédie; mais elle n'est point signée; et le marquis de Canillac, dans cette émotion d'esprit, conserva seul assez de sang-froid pour sentir les conséquences d'une démarche si désespérée. Il fit que le père du prince s'opposa à cette lettre de cachet ignominieuse. Le monarque qui l'accordait, et son neveu qui la demandait, étaient également malheureux. *(e) Ce récit du marquis de Canillac ne prouve ni de près ni de loin l'innocence du duc d'Orléans' (Siècle de Louis XIV [...] édition augmentée,* t.2, p.348). Cette remarque qui mettait en cause la méthode historique de Voltaire exposa La Beaumelle à tous les dangers.

Le prédicant La Baumelle qui osa retourner en France ne fut
puni que par quelques mois de Bissêtre; [18] mais son châtiment étant
peu connu et son crime étant public, mon devoir est de prévenir   45
dans toutes les occasions les suites de ce crime, et de faire connaître
aux Français et aux étrangers quel est l'homme qui a falsifié ainsi
l'*Histoire du siècle de Louis XIV*, et qui a tourné en un indigne
libelle un monument si justement élevé à l'honneur de ma patrie.

Comme il a fait contre moi plusieurs autres libelles calom-   50
nieux, [19] je dois demander quelle foi on doit ajouter à un homme qui
dans un autre libelle intitulé *Mes pensées* a insulté les plus illustres
magistrats du conseil de Berne en les nommant par leur nom, [20] et
Monseigneur le duc de Saxe-Gotha [21] à qui je suis très attaché
depuis longtemps. J'atteste ce prince et Mme la duchesse de Saxe-   55
Gotha qu'il s'enfuit de leur ville capitale avec une servante après un
vol fait à la maîtresse de cette servante. [22] Je ne relèverais pas cette

[18] A la prison de Bicêtre, qui dépend de l'Hôpital général, sont enfermés les
indigents, les malades mentaux, les criminels et les forçats. La Beaumelle a été
incarcéré à la Bastille du 24 avril au 13 octobre 1753 à la suite d'une dénonciation
effectuée par Mme Denis auprès du comte d'Argenson (voir D5228 et *Correspondance
générale de La Beaumelle*, t.5, p.316-17).

[19] Principalement sa *Réponse au Supplément au Siècle de Louis XIV* (1754) et les
Lettres de Monsieur de La Beaumelle, à Monsieur de Voltaire (1763). Voir aussi
l'Introduction, p.80.

[20] 'Berne est aujourd'hui presque oligarchique. Il est de l'intérêt de la France d'y
rétablir la démocratie, de l'intérêt des autres cantons, de l'intérêt des bourgeois, de
l'intérêt du peuple conquis. Le paysan seul est heureux. Il ne faut qu'une génération
qui ait un peu plus de courage et des circonstances favorables; et le sceptre échappera
des mains des Sinner, des Steiger, des Graffenried, des Orlachs, des Vatteville, des
Diespach qui se sont partagés l'autorité' (*Mes pensées*, 1752, n° 440, éd. C. Lauriol,
Genève, 1997, p.182). Voir La Beaumelle à D. Lavaysse, 9 juillet 1767.

[21] 'Je voudrais bien savoir de quel droit les petits princes, un duc de Gotha par
exemple, vendent aux grands le sang de leurs sujets pour des querelles où ils n'ont
rien à voir. On s'est donné à eux pour être défendu et non pour être acheté' (*Mes
pensées*, n° 104, p.77).

[22] 'L'indisposition de Son Altesse Sérénissime Mme la duchesse l'empêchant de
répondre elle-même à votre lettre du 18 juin, dans laquelle vous vous plaignez,
Monsieur, d'un outrage qu'on a fait à votre réputation en recourant à son témoignage
et à celui de Monseigneur le duc, elle m'a ordonné de vous déclarer qu'elle se

turpitude criminelle, si je n'y étais forcé par la lettre insolente qu'on m'écrit. Je déclare publiquement que je garantis la vérité de tout ce que j'énonce. Voilà ma réponse à tous ces libelles écrits par les plus 60 vils des hommes, méprisés à la fin de la canaille même pour laquelle seule ils ont été faits. Je suis indulgent, je suis tolérant, on le sait, et j'ai fait du bien à des coupables qui se sont repentis; mais je ne pardonne jamais aux calomniateurs.

Fait au château de Ferney 65
24 avril 1767 VOLTAIRE[23]

---

rappelait très bien d'avoir dit à M. de Voltaire que vous étiez parti d'ici avec la gouvernante des enfants d'une dame de ce pays-ci, qui après s'être rendue coupable de plusieurs vols, s'est éclipsée furtivement de la maison de sa maîtresse, ce dont tout le public est pleinement instruit ici, mais qu'elle ne lui a jamais dit, ni cru que vous eussiez eu la moindre part à ces vols ou à la mauvaise conduite de cette personne, voilà le témoignage qu'elle croit devoir rendre à la vérité' (Jacob Auguste Rousseau à La Beaumelle, 14 juillet 1767).

[23] La Beaumelle considérera qu'une signature imprimée est l'équivalent d'une lettre anonyme: 'Peut-être sera-t-il assez fou pour me renvoyer l'imprimé signé de sa main. Si son démon pouvait l'aveugler à ce point, je lui donnerais une bonne leçon' (9 juillet 1767, La Beaumelle à David Lavaysse); 'Comme je suis décidé à ne pas reprendre la plume contre lui, quoi qu'il en ait une peur qui le jette dans des convulsions, j'ai fait tout ce que j'ai pu pour avoir signé de sa main toutes ces imputations qu'il prétend vouloir soutenir devant tout l'univers, afin de le poursuivre en justice réglée: mais je n'ai pu avoir que de ces signatures imprimées, qui ne prouvent rien et qu'on peut toujours désavouer' (D14273, 13 juillet 1767, La Beaumelle à Saint-Florentin).

94

MÉMOIRE PRÉSENTÉ AU MINISTÈRE, ET QUI DOIT ÊTRE MIS À LA TÊTE DE LA NOUVELLE ÉDITION QU'ON PRÉPARE DU *SIÈCLE DE LOUIS XIV*

Seconde édition

L'auteur du *Siècle de Louis XIV* satisfit à son devoir en commençant cet ouvrage dès qu'il fut nommé historiographe de France. Il l'entreprit avec d'autant plus de zèle que la gloire de ce beau siècle dans les arts commençant à peu près à l'établissement
5 de l'Académie française, ne s'est pas démentie de nos jours, et que l'administration politique s'est perfectionnée. Ainsi en étendant son histoire jusqu'à notre temps, il essayait d'élever un monument à l'honneur du siècle passé et du nôtre.

La multiplicité des grands objets l'obligea de les séparer, de
10 traiter à part les événements de la guerre et ceux de la cour, l'administration intérieure, les affaires de l'Eglise, les progrès de l'esprit humain; et de finir par un catalogue raisonné de ceux qui se sont signalés dans les lettres. [1]

a-d M67A: MÉMOIRE POUR ÊTRE MIS À LA TÊTE DE LA NOUVELLE ÉDITION QU'ON PRÉPARE DU *SIÈCLE DE LOUIS XIV*, ET POUR ÊTRE DISTRIBUÉ À CEUX QUI ONT LES ANCIENNES

---

[1] Voltaire réfute les critiques de La Beaumelle contenues notamment dans ses 'Conseils à l'auteur du *Siècle de Louis XIV*' (lettre 3): 'Il a fallu faire un plan; il l'a fait: mais quel plan! il a divisé son ouvrage en deux parties; il a donné la première aux événements politiques et militaires, et la seconde à des particularités sur Louis XIV et à des généralités sur les arts. Cette division, il l'a rempli en faisant dans le premier volume le récit des campagnes de Louis XIV et en mettant dans le second quelques anecdotes, quelques considérations sur les progrès des arts utiles et des arts agréables, et un abrégé des disputes de religion: le tout avec un style brillant, épigrammatique, quelquefois plaisant, dans le premier tome rapide, dans le second

C'est un édifice dont la vérité dut préparer tous les matériaux; l'infidélité des histoires de Louis XIV écrites dans les pays étrangers, composées sur des journaux et des gazettes, ou plutôt sur des rumeurs odieuses, exigeait qu'un citoyen à portée d'être instruit, se chargeât de ce travail. L'auteur s'y était préparé depuis longtemps. Il avait consulté tous les mémoires manuscrits, et surtout ceux de M. le maréchal de Villars, dont le premier tome a été imprimé depuis.[2]

Il ne tira pas moins de lumières de plusieurs anciens courtisans de Louis XIV. Il mettait par écrit tout ce qu'il leur entendait dire, et confrontait leurs récits.

Eclairé par tant de secours, il osa le premier démentir tous les historiens du temps, et même tous les manifestes publiés en Europe concernant l'origine de la grande révolution qui a mis la maison de France sur les trônes d'Espagne et des Deux-Siciles. Toutes les cours restaient encore persuadées que Louis XIV avait dicté dans Versailles le testament que Charles II roi d'Espagne signa dans Madrid.[3]

L'auteur du *Siècle* n'avait alors pour garant du contraire que quelques mots de la main de M. le marquis de Torci qu'il conserve encore. *La cour de Versailles n'y a eu aucune part.* Ces mots sont en marge avec d'autres réponses à plusieurs questions.[4] Ce peu de

---

lâche et diffus. A tout cela se sont jointes mille réflexions usées, dont pas quatre ne vont au but, un tableau de l'Europe jusqu'en l'année 1750 qui n'a nulle connexion avec son objet, et une liste raisonnée, mais raisonnée en dépit du bon sens, des bons et mauvais auteurs qui ont ou terni ou illustré le siècle de Louis XIV' (*Siècle de Louis XIV* [...] *édition augmentée d'un très grand nombre de remarques*, 3 vol., Francfort, 1753, t.1, p.xx-xxiv).

[2] 'Tout ceci doit se trouver dans les *Mémoires du maréchal de Villars* manuscrits; j'y ai lu ces détails. Le premier tome imprimé de ces *Mémoires* est absolument de lui; les deux autres sont d'une main étrangère et un peu différente' (note de Voltaire, *Siècle de Louis XIV*, ch.18, *OH*, p.826). Les *Mémoires du duc de Villars, maréchal de France*, ont été publiés par l'abbé Margon en 1734, 3 volumes in-12.

[3] Le 28 septembre 1700.

[4] Voltaire répond ainsi à un souhait exprimé par La Beaumelle (voir ci-dessus la *Lettre de Monsieur de Voltaire*, p.91, n.15).

paroles d'un ministre véridique et vertueux combinées avec toutes les découvertes que l'auteur fit d'ailleurs, l'enhardirent à contredire l'Europe. On vit avec étonnement qu'en effet le dernier descendant de Charles-Quint avait légué par sa seule volonté tous ses Etats au
40 petit-fils de son ennemi. [5] Les critiques s'élevèrent de toutes parts; mais lorsque enfin les *Mémoires* du marquis de Torci furent publiés, les critiques se turent. [6]

Il en fut de même sur l'homme au masque de fer. Ce fait si peu vraisemblable et si vrai, ce fait si unique fut révoqué en doute; tous
45 les ambassadeurs s'en informèrent à une fille de M. de Torci, qui leur confirma la vérité. Il n'y a aujourd'hui qu'un seul homme qui sache quel était cet infortuné dont l'aventure nous épouvante encore; et cet homme auguste est trop au-dessus des autres pour être cité. [7]

50 Il n'est aucun événement singulier sur lequel l'auteur ne prît scrupuleusement les informations les plus amples. Il lut les ouvrages des écrivains dont il fait le catalogue; il vit les chefs-d'œuvre des peintres, des sculpteurs dont il parle; et surtout il les vit encore par les yeux des meilleurs connaisseurs, craignant d'en
55 croire trop sa propre opinion.

Enfin tous les soins qu'on peut prendre pour rendre justice à son siècle, il les a épuisés; et s'il est encore quelques méprises dans cet ouvrage, qui bien que court est d'un détail immense, elles seront corrigées dans la nouvelle édition qu'on prépare.

60 Il est d'une nécessité absolue de réitérer ici les plaintes qu'on a déjà portées au tribunal du public. [8] Un de ces mauvais Français qui croient faire quelque fortune dans les pays étrangers en décriant

---

[5] *Siècle de Louis XIV*, ch.17, *OH*, p.786-809.

[6] Jean-Baptiste Colbert, marquis de Torcy, *Mémoires de Monsieur de *** pour servir à l'histoire des négociations depuis le traité de Riswick jusqu'à la paix d'Utrecht*, 3 vol. (La Haye [Paris], 1756).

[7] Le roi Louis XV. Sur les affirmations aventurées de Voltaire qui voit dans le Masque de fer un frère adultérin de Louis XIV, voir notre édition du *Supplément au Siècle de Louis XIV* (*OCV*, t.32C).

[8] Dans le *Supplément au Siècle de Louis XIV* (1754) dont Voltaire reprend de nombreux éléments, et tout récemment dans *Les Honnêtetés littéraires*.

leur patrie, s'avisa de falsifier cet ouvrage en 1752 [9] et de le charger de notes infâmes contre la mémoire de Louis XIV, contre Sa Majesté aujourd'hui régnante, [10] contre Mgr le duc d'Orléans, [11] les 65 maréchaux de Villars [12] et de Villeroi, [13] tous les ministres et tous ceux qui ont servi la patrie.

Figurez-vous un gueux échappé des petites-maisons qui couvrirait de son ordure les statues de Louis XIV et de Louis XV, tel était ce misérable. Il se nommait L'Anglevieux dit La Beaumelle, 70 natif de Castres, [14] né huguenot, élevé dans cette religion à Genève, mais bien éloigné de ressembler aux sages protestants qui respectant les puissances et les lois sont toujours attachés à leur patrie. Il avait été inscrit à Genève parmi les proposants qui étudient en théologie, le 12 octobre 1745 sous le rectorat de 75 M. Ami de La Rive, et s'était essayé à prêcher à l'Hôpital pendant une année. [15]

Ce fut lui qui pour un peu d'argent, fit imprimer à Francfort ce tissu d'infamies qui l'emporte sur tous les libelles que les presses de Hollande ont mis au jour contre nos rois et leurs ministres. 80

68-77   JE: [absent]

[9] Cette édition donnée par le libraire Eslinger de Francfort imprime exactement le texte de l'édition procurée par J. Neaulme à La Haye en 1752, celle-ci reproduisant celle de Francheville à l'orthographe et aux errata près.

[10] Voir la Lettre de Monsieur de Voltaire, p.90, n.11.

[11] Voir la Lettre de Monsieur de Voltaire, p.92, n.17.

[12] Voir la Lettre de Monsieur de Voltaire, p.91, n.13.

[13] 'Le maréchal duc de Villeroi, fils du gouverneur du roi, élevé avec lui, avait eu toujours sa faveur: il avait été de toutes ses campagnes et de tous ses plaisirs; c'était un homme d'une figure agréable et imposante, très brave, très honnête homme, bon ami, vrai dans la société, magnifique en tout. Mais ses ennemis disaient qu'il était plus occupé, étant général d'armée, de l'honneur et du plaisir de commander que des desseins d'un grand capitaine. Ils lui reprochaient un attachement à ses opinions qui ne déferait à avis de personne (c). (c) Ce portrait de Villeroi est croqué, il y avait tant d'autres choses à dire; l'auteur a sans doute eu ses raisons pour les omettre, à certain âge on est prudent et flatteur' (Siècle de Louis XIV [...] édition augmentée, t.2, p.93).

[14] La Beaumelle est né à Valleraugue dans les Cévennes.

[15] Voir la Lettre de Monsieur de Voltaire, p.89-90, n.5 et 6.

C'est dans ce livre qu'il dit, qu'un roi qui veut le bien est un être T.1, p.184
de raison, et que Louis XIV ne réalisa jamais cette chimère. [16] –
Que les libéralités de Louis XIV sont tout ce qu'il y a de beau dans P.193
sa vie [17] – Que la politesse de la cour de Louis XIV est un être P.211
85 de raison [18] – Que Louis XIV avait peu de religion [19] – Que le P.275
roi n'employait le maréchal de Villars que par faiblesse [20] – T.2, p.159

81-89 JE: [*références absentes*]

[16] Voir la *Lettre de Monsieur de Voltaire*, p.90, n.11.

[17] Cette phrase ironique est tirée d'une note où La Beaumelle raille l'amour de Voltaire pour l'argent. Voltaire expliquait ainsi la politique de Louis XIV: 'Le roi, qui voulait gagner les cœurs de ses nouveaux sujets et éblouir ses voisins, répandait partout ses libéralités avec profusion, l'or et les pierreries étaient prodigués à quiconque avait le moindre prétexte pour lui parler (*m*). La princesse Henriette s'embarqua à Calais pour voir son frère, qui s'était avancé jusqu'à Cantorberi. Charles, séduit par l'amitié qu'il avait pour sa sœur et par l'argent de la France, signa tout ce que Louis XIV voulut, et prépara la ruine de la Hollande au milieu des plaisirs et des fêtes. (*m*) *Où étions-nous alors, Monsieur de Voltaire? Que de prétextes! et que de pierreries! Le bons temps, où un rouleau de louis était le prix d'un bon mot! Ne trouvez-vous pas, comme moi, que c'est là tout ce qu'il y a de plus beau dans la vie de Louis XIV?* (*Siècle de Louis XIV* [...] *édition augmentée*, t.2, p.193).

[18] 'Les députés ne furent point reçus des ministres de Louis XIV avec cette politesse française qui mêle la douceur de la civilité aux rigueurs même du gouvernement (*e*). (*e*) *C'est un être de raison que cette politesse*' (*Siècle de Louis XIV* [...] *édition augmentée*, t.2, p.211).

[19] 'Son bonheur et sa gloire étaient encore relevés par la faiblesse de la plupart des autres rois, et par le malheur de leurs peuples. L'empereur Léopold avait alors à craindre les Hongrois révoltés, et surtout les Turcs qui, appelés par les Hongrois, venaient inonder l'Allemagne. La politique de Louis persécutait les protestants en France (*e*) parce qu'il croyait devoir les mettre hors d'état de nuire, mais protégeait les protestants de Hongrie qui pouvaient le servir. (*e*) *Les huguenots sont là plus persécutés par antithèse que par politique. Les protestants ne furent jamais regardés sous Louis XIV comme des ennemis secrets ni comme des sujets dangereux; il ne les persécuta point par politique, mais par piété, non par raison d'Etat, mais par raison d'Eglise. Malheureusement, Louis XIV avait peu de religion et beaucoup de zèle; c'est après-coup qu'on dit que les religionnaires étaient dangereux; on se consola d'une perte immense par une petite crainte chimérique*' (*Siècle de Louis XIV* [...] *édition augmentée*, t.1, p.275-76).

[20] 'D'un autre côté, le maréchal de Villars, remis à la tête des armées uniquement parce qu'on avait besoin de lui (*h*), réparait en Allemagne le malheur de la journée de Hochstet. (*h*) *Uniquement parce qu'on avait la faiblesse de ne pouvoir se passer de lui*' (*Siècle de Louis XIV* [...] *édition augmentée*, t.2, p.159).

P.173 Qu'il faut que les écrivains sévissent contre Chamillard et les autres
P.235 ministres[21] – Que le comte de Plelo n'avait rien de mieux à faire
que de mourir parce qu'il avait un million de dettes.[22]

Je n'ose répéter ici ce qu'il dit contre la famille royale et contre le   90
duc d'Orléans, pages 346, 347 et 348. Ce sont des calomnies si
atroces et si absurdes qu'on souillerait le papier en les copiant.[23]

91   JE: pages 347

[21] Voir la *Lettre de Monsieur de Voltaire*, p.91-92, n.16.

[22] 'Le comte de Plélo, ambassadeur de France auprès du roi de Danemark, vit
avec indignation cette retraite, qui lui paraissait humiliante. C'était un jeune
homme (*h*) qui joignait à l'étude des belles-lettres et de la philosophie des sentiments
héroïques, dignes d'une meilleure fortune. (*h*) *Le comte de Plélo était un homme
téméraire, d'un savoir superficiel, se piquant d'esprit, et qui n'avait rien de mieux à faire
que de mourir au lit d'honneur parce qu'il s'ennuyait à périr à Copenhague, qu'il venait de
se brouiller par une imprudence avec le ministre, et qu'il devait à Paris un million. Il a été
fort estimé des savants danois qui sont fort ignorants et des gentilshommes qui ne sont pas
fort connaisseurs*' (*Siècle de Louis XIV* [...] *édition augmentée*, t.2, p.234-35).

[23] Voltaire évoquait ainsi la série de deuils qui frappèrent la famille royale: 'Ce
temps de désolation laissa dans les cœurs une impression si profonde que dans la
minorité de Louis XV j'ai vu plusieurs personnes qui ne parlaient de ces pertes qu'en
versant des larmes. Le plus à plaindre de tous les hommes (*a*) au milieu de tant de
morts précipitées était précisément celui qui semblait devoir hériter bientôt du
royaume. Ces mêmes soupçons qu'on avait eus à la mort de Madame et à celle de
Marie Louise reine d'Espagne se réveillèrent avec une fureur qui n'a point
d'exemple. L'excès de la douleur publique aurait presque excusé la calomnie si
elle avait été excusable. Il y avait du délire à penser qu'on eût pu faire périr par un
crime tant de personnes royales, en laissant vivre le seul qui pouvait les venger (*b*).
La maladie qui emporta le Dauphin de Bourgogne, sa femme et son fils, était une
rougeole pourprée épidémique. Ce mal fit périr à Paris en moins d'un mois plus de
cinq cents personnes. M. le duc de Bourbon petit-fils du prince de Condé, le duc de La
Trimouille, Mme de La Vrillière, Mme de Listenai en furent attaqués à la cour (*c*).
(*a*) *Pas tout à fait: j'en connais de plus misérables*. (*b*) *Celui qui pouvait les venger
n'était-il pas alors au berceau, aux portes de la mort, dont il ne fut garanti que par le
contrepoison de Venise? (c) L'auteur qui trouve des délices à se répéter a dit cela vingt fois
au public, il y a dix ans. Mais la maladie de M. de La Trimouille, de M. de Gondrin, de
Mmes de Listenai et de La Vrilliere n'avait pas les mêmes symptômes que celle-ci qui
tuait rapidement au milieu d'une soif brûlante et de douleurs d'entrailles insupportables*'
(*Siècle de Louis XIV* [...] *édition augmentée*, t.2, p.346-48).

On croira sans peine qu'un homme assez dépourvu de sens, assez
dépouillé de pudeur pour vomir tant de calomnies, n'a pas assez de
95 science pour ne pas tomber à chaque page dans les erreurs les plus
grossières; mais c'est une chose curieuse que le ton de maître dont il
les débite.

Il ne s'en est pas tenu là, il a répété les mêmes critiques et les
mêmes absurdités dans les prétendus *Mémoires* qu'il a donnés de
100 Mme de Maintenon. [24]

Ce sont surtout les mêmes outrages à Louis XIV, à tous les
princes, à toutes les dames de sa cour, et surtout à Mme la duchesse
de Richelieu. [25]

Qui a loué Louis XIV? dit-il, *les sages, les politiques, les bons*   *Mém. de*
105 *chrétiens, les bons Français? non, un tas de moines sans esprit et sans*   *Maintenon, t.6,*
âme, des évêques, des ministres qui ne connaissaient en France d'autre   *p.99*
loi que le bon plaisir du maître. [26]

Il feint d'avoir écrit ces *Mémoires* pour honorer Mme de
Maintenon, et ce n'est qu'un libelle contre elle et contre la
110 maison de Noailles; il ramasse tous les vers infâmes qu'on a faits
sur elle, et surtout ceux-ci.

[24] Voltaire joue malignement sur le titre, pourtant couramment utilisé, de
l'ouvrage pour le faire passer pour des mémoires apocryphes: *Mémoires pour servir
à l'histoire de Madame de Maintenon et à celle du siècle passé.* Voir Voltaire à Pierre
Rousseau, décembre 1756 (D7084).
[25] Le 18 janvier 1768 Voltaire dénoncera au maréchal de Richelieu les propos
injurieux tenus par La Beaumelle sur le père de sa seconde femme Marie-Elisabeth de
Guise, princesse de Lorraine (D14690).
[26] Telle est l'annotation de La Beaumelle au mot 'louanges' contenu dans un
passage des *Mémoires pour servir à l'histoire de Madame de Maintenon* (6 vol.,
Amsterdam, 1755-1756) sur un éventuel rappel des huguenots: 'De plus, par rapport
au roi, j'ai de la répugnance à un changement tel que celui qu'on propose. Quitter ainsi
une entreprise qu'il a poussée si hautement, sur laquelle il a permis qu'on lui donnât
tant de louanges, dans laquelle ses ennemis ont toujours publié qu'il succomberait, ce
serait avilir sa réputation, ce serait le rendre contraire à lui-même, ce serait démentir la
sagesse et la fermeté ordinaire de ses résolutions'. Cette note s'applique aux louanges
qu'a valu à Louis XIV la Révocation de l'Edit de Nantes.

Je naquis demoiselle, et je devins servante,
J'écurai la marmite et pansai les chevaux. [27]

T.6 depuis la
page 59 jusqu'à
la page 69 Il imprime de vieux noëls remplis des plus grossières ordures
contre le roi, la dauphine et toutes les princesses.   115
Il attribue à Mme de Maintenon une parodie impie du Déca-
logue, dans laquelle on trouve ces vers:

T.6, p.123   Ton mari cocu tu feras,
Et ton bon ami mêmement.
A table en soudard tu boiras   120
De tout vin généralement.

On n'imputerait pas de pareils vers à la veuve du cocher de
Vertamon, [28] et c'est ce qu'un petit écervelé audacieux ose mettre
sur le compte de la femme la plus polie et la plus décente, à la vertu
de laquelle il dit qu'il veut rendre justice. [29]   125
Se tromper en citant de mémoire est une fragilité pardonnable;
mais citer le tome, la page de l'histoire écrite par Mademoiselle, et
lui faire dire le contraire de ce qu'elle dit, c'est une étrange
hardiesse, c'est sa méthode, en voici un exemple.
Il suppose que la princesse de Savoye promise à Louis XIV parla   130
T.1, p.209 en ces termes à Mademoiselle: 'Mon mari me déferait de tout ce qui
aurait le malheur de me déplaire; on ne m'aimerait pas en vain; on
ne me déplairait pas impunément. Eh! mon Dieu! répondit
Mademoiselle épouvantée, que direz-vous, que ferez-vous donc

112-25   JE: [absent]
127   M67A: la page du livre écrit par

[27] Ces vers, comme ceux qui suivent, ont été fournis à La Beaumelle par les dames
de Saint-Cyr.
[28] Le 'cocher de Vertamon' est le type des auteurs de chansons populaires du
Pont-Neuf, plusieurs fois évoqué dans la correspondance de Voltaire et dans la
vingtième des *Honnêtetés littéraires*.
[29] Cette parodie a été envoyée à La Beaumelle par Mme de Louvigny, religieuse
de la Maison de Saint-Cyr: 'Je vous enverrai les commandements parodiés par
Mme de M.' (Mme de Louvigny à La Beaumelle, mai 1755, à paraître dans la
Correspondance générale de La Beaumelle).

135 quand vous régnerez?' Il cite le tome 4, page 145; mais voici les propres paroles qu'on y trouve.

'La princesse Marguerite se récria: Ce que je comprends le moins du monde est, comment on peut être malheureuse comme l'est ma sœur, quand on a un mari qui vous aime bien. Pour moi si j'étais à sa
140 place, je voudrais que mon mari me défît de tous les gens qui causeraient mon malheur, et je me ferais valoir d'une autre manière que ma sœur ne fait pas. Tout d'un coup elle se récria, Que je suis sotte de dire cela! vous avez tous deux ma vie entre vos mains. Je lui répondis, Pour moi je n'ai rien ouï. Le maréchal dit, Pour moi j'ai
145 tout entendu, cela ne fera aucun effet que de me faire connaître que vous avez bien de l'esprit et du mérite, et avoir dans mon cœur beaucoup d'estime pour vous, et ne jamais dire pourquoi.' [30]

Il est donc bien avéré que Mademoiselle ne dit rien de ce que cet homme lui fait dire. Il fait toujours parler le roi et les princesses, et il
150 les fait parler dans son style.

On ne prétend point du tout ici s'abaisser à faire la critique d'un pareil livre, mais on doit faire connaître le personnage, afin que les

---

150-51   M67A: style. Il prétend que Mlle Mancini, nièce du cardinal Mazarin, dit au roi: 'Quoi! vous obéissez à un prêtre! Je vous aime comme mes yeux; en Italie, au moins, je ne verrais pas mon amant gouverné en tout' (t.1, p.206). [31] ¶On ne relève ces petitesses assez indifférentes que pour faire voir avec quelle fidélité ce La
5 Beaumelle écrit l'histoire. ¶Ses héros et ses héroïnes agissent comme ils parlent. ¶On

---

[30] Voltaire a marqué d'un trait ce passage dans son exemplaire des *Mémoires de Mademoiselle de Montpensier, fille de M. Gaston d'Orléans, frère de Louis XIII, roi de France*, 6 vol. (Amsterdam, 1730, BV2507), t.4, p.109-10 (*CN*, t.5, p.776).

[31] 'Que n'usez-vous de votre pouvoir! Vous obéissez à un prêtre, vous qui pouvez faire trembler l'Europe! un coup d'autorité vous couvrirait de gloire. C'est l'amour qui m'a faite votre sujette, mais vous n'êtes pas digne de moi si vous aimez à servir. Je vous aime comme mes yeux: j'aime encore plus votre gloire. En Italie du moins je ne verrai pas mon amant gouverné en tout, en tout contredit' (*Mémoires pour servir à l'histoire de Madame de Maintenon*, t.3, ch.2, 'Les Mancinis'). Dans l'article 'Ana, anecdotes' des *Questions sur l'Encyclopédie*, Voltaire avance que La Beaumelle 'suppose des lettres de Mlle Mancini', ajoutant: 'Certainement l'auteur n'avait pas l'original de cette lettre' (*OCV*, t.38, p.289-90).

ministres et le public sachant qui est cet homme auteur de tant de libelles, sachent aussi que ces libelles ne peuvent nuire.

On passe sous silence tous les contes ridicules et faits pour des femmes de chambre,[32] dont ces rapsodies sont pleines. A la bonne heure qu'un homme sans éducation écrive des sottises; mais de quel front ose-t-il prétendre que le roi écrivit à M. d'Avaux au sujet de l'évasion des protestants, *Mon royaume se purge*, et que M. d'Avaux lui répondit, *Il deviendra étique etc*? Nous avons les lettres de M. d'Avaux au roi et ses réponses, il n'y a certainement pas un mot de ce que ce menteur avance.[33]

Comment peut-il être assez ignorant de tous les usages et de toutes les choses dont il parle, pour dire qu'au temps de la révocation de l'Edit de Nantes, *le roi étant à la promenade en carrosse avec Mme de Maintenon, Mlle d'Armagnac et M. Fagon son premier médecin, la conversation tomba sur les vexations faites aux huguenots, etc*?[34] Assurément ni Louis XIV ni Louis XV n'ont été en carrosse à la promenade ni avec leur médecin, ni avec leur

T.3, p.30

T.3, p.36

155

160

165

159   JE: [*référence absente*]

[32] Voltaire portait ce jugement sur les *Mémoires de Mademoiselle de Montpensier*: 'Ils paraissent écrits par une femme de chambre' (*Carnets*, *OCV*, t.82, p.442).

[33] 'Le roi me manda que la désertion de ses sujets était l'effet d'une imagination blessée, et que le remède qu'on y pourrait apporter serait peut-être encore pis que le mal; qu'ainsi il fallait attendre de la bonté divine la cessation de ce désordre, qu'elle n'avait peut-être permis que pour purger son royaume des mauvais et indociles sujets' (*Négociations de Monsieur le comte d'Avaux en Hollande, depuis 1684 jusqu'en 1688*, 6 vol., Paris, Durand, 1752-1753, t.6, p.108, BV230). En marge: 'Lettre du roi du 30 octobre 1687'. Dans le chapitre 24 du *Traité sur la tolérance* Voltaire a tiré de cet ouvrage des arguments pour dénoncer les méfaits de la Révocation de l'Edit de Nantes (*OCV*, t.56c, p.255-56).

[34] 'On assure que le roi étant à une promenade en carrosse avec Mme de Maintenon, Mlle d'Armagnac et M. Fagon, la conversation tomba sur les vexations dont on avait si inutilement fatigué les huguenots, que le médecin en conta quelques traits, que Mme de Maintenon en fut attendrie, que le roi en parut touché, et dit: "S'ils ont été maltraités dans leurs personnes ou dans leurs biens, j'espère que Dieu ne m'imputera pas des violences que je n'ai pas ordonnées". Il se trompait: Dieu punit les rois qui ne savent pas ce qui se passe chez eux' (*Mémoires pour servir à l'histoire de Madame de Maintenon*, t.3, p.36-37).

170 apothicaire. Fagon d'ailleurs ne fut premier médecin du roi qu'en 1693.[35] A l'égard de la princesse d'Armagnac dont il parle, elle était née en 1678, et n'ayant alors que sept ans, elle ne pouvait aller familièrement *en carrosse à une promenade* avec le roi et Fagon en 1685.[36]

175 C'est avec la même érudition de cour qu'il dit que le père Ferrier *se fit donner la feuille des bénéfices qu'avait auparavant le premier valet* T.3, p.48 *de chambre*.[37] Que l'archevêque de Paris dressa l'acte de célébration du mariage du roi avec Mme de Maintenon, et qu'à sa mort on trouva sous la *clef quantité de vieilles culottes dans l'une desquelles*
180 *était cet acte*.[38]

Il connaît l'histoire antique comme la moderne. Pour justifier le mariage du roi avec Mme de Maintenon, il dit *que Cléopâtre déjà* T.3, p.75 *vieille enchaîna Auguste*.[39]

Chaque page est une absurdité ou une imposture. Il réclame le
185 témoignage de Burnet évêque de Salisburi, et lui fait dire *joliment,*

[35] Nommé premier médecin de la dauphine, puis de la reine en 1680, à la mort de la souveraine en 1683 Fagon est chargé de la santé des enfants de France.

[36] Voltaire identifie cette Mlle d'Armagnac comme Charlotte de Lorraine (1678-1717), demoiselle d'Armagnac. Il peut s'agir tout aussi bien de Catherine de Neufville-Villeroi (1639-1707), épouse de Louis de Lorraine, comte d'Armagnac.

[37] Jean Ferrier, jésuite. A sa mort le père de La Chaise lui succéda.

[38] Cette anecdote a été fournie à La Beaumelle par Mme de Louvigny dans sa lettre du 1er juin 1755: 'Quant au mariage, le père [Griffet] en est bien convaincu, il dit que M. de Harlay qui en fit la célébration mit l'acte dans sa poche, qu'il était si paresseux que, quand il changeait d'habit, il renfermait celui qu'il quittait dans une armoire plutôt que de tirer les papiers de ses poches et de les mettre en sûreté, et qu'à sa mort on trouva quantité de vieilles culottes sous la clef dont l'une renfermait l'acte en question qui passa de main en main sans savoir depuis ce qu'il est devenu'.

[39] 'Ce mariage n'était ni avilissant ni ridicule. La disproportion d'âge n'était pas si grande. Elle n'était que de trois ans: le plaisir avait vieilli Louis, et la vertu avait conservé Mme de Maintenon. L'histoire nous présente cent passions plus surprenantes, si aujourd'hui quelque chose pouvait surprendre. Cléopâtre déjà vieille enchaîna Auguste; Henri second brûle pour la maîtresse de son père, et préfère les rides de la duchesse de Valentinois aux roses et aux lys de la plus aimable des reines. Si j'étais jeune, disait une coquette à un prince, je serais à vos genoux: je suis vieille, il est dans l'ordre que vous soyez aux miens' (*Mémoires pour servir à l'histoire de Madame de Maintenon*, ch.12).

que Guillaume III roi d'Angleterre n'aimait que les portes de derrière. [40] Jamais Burnet n'a dit cette infamie; il n'y a pas un seul mot dans aucun de ses ouvrages qui puisse y avoir le moindre rapport. [41]

S'il se bornait à dire au hasard des absurdités sur des choses 190 indifférentes, on aurait pu l'abandonner au mépris dont les auteurs de pareilles indignités sont couverts, mais qu'il ose dire que Mgr le duc de Bourgogne père du roi trahit le royaume dont il était T.4, p.109 héritier, *et qu'il empêcha que Lille ne fût secourue,* lorsque cette place était assiégée par le prince Eugène; c'est un crime que les bons 195 Français doivent au moins réprimer, et une calomnie ridicule qu'un historiographe de France serait coupable de ne pas réfuter.

[40] *Mémoires pour servir à l'histoire de Madame de Maintenon,* t.3, ch.4, p.242. Dans une lettre rédigée en latin à Amsterdam le 1er mars 1756 Daniel Auguste de Liege informe La Beaumelle d'un courrier reçu du pasteur Durand de Londres: 'Il répond aussi à la question dont nous avions longuement débattu ensemble au sujet d'un passage de Burnet et, dans sa réponse, il me paraît condamner radicalement le jugement sur Guillaume III jusqu'à l'affaire que tu m'as dite. Il m'a transcrit le texte anglais du passage de Burnet. Celui-ci dit dans son *Histoire de mon temps,* volume I, p.690: *had no vice but of one sort in which he was very cautious and secret;* c'est-à-dire mot à mot: *il n'avait qu'une seule sorte de vice, sur lequel il était très réservé et secret.* Il y a des gens qui interprètent ce défaut du roi comme étant l'avarice. Je persiste dans mon idée que vous avez été trompé par votre traducteur français de Burnet et que l'explication odieuse qu'on lit dans vos *Mémoires* doit être absolument rectifiée. On finira par donner de l'importance à ces détails si vous n'apportez pas à temps une correction à ce passage. Mon conseil s'arrêtera là. Vous avez pris de haut cette histoire et je n'aurais pas rouvert la plaie si vos affaires ne me tenaient pas à cœur'. La *Bibliothèque impartiale* relèvera avec indignation ce propos: 'Il n'est guère permis d'outrager ainsi la mémoire d'un des plus grands princes qu'il y ait jamais eu, et de hasarder des imputations d'une fausseté si reconnue. Encore moins devrait-on attendre une pareille extravagance d'un jeune homme qui pour l'édition de son ouvrage a dû chercher un asile chez une nation qu'il se fait un plaisir d'offenser par le bien même qu'il en a reçu. Quel motif a pu porter M. de La Beaumelle à imiter le ton de ces viles productions de la haine et de l'animosité que l'esprit de parti lâche si souvent avec autant d'inconsidération que de témérité; que l'honnête homme regarde avec dédain et avec mépris, et sur lesquelles un sage ne passe la vue que pour plaindre le cœur de celui qui les enfante' (septembre-octobre 1756, p.243).

[41] C'est Firmin Abauzit qui a procédé à cette vérification à la demande de Voltaire (D6909 et D6911).

Et sur quoi fonde-t-il cette noire imposture? voici ses paroles; 'Le roi entra chez Mme de Maintenon, et dans le premier
200 mouvement de sa joie lui dit, Vos prières sont exaucées, Madame, Vendôme tient mes ennemis. Lille sera délivrée, et vous serez reine de France. Ces paroles furent entendues et répétées: Monseigneur les sut: il trembla pour la gloire de la famille royale: et pour parer le coup qui la menaçait il écrivit à
205 monseigneur le duc de Bourgogne qui aimait son père autant qu'il craignait son aïeul, *qu'à son retour il trouverait deux maîtres.* Mme la duchesse de Bourgogne conjura son époux de ne pas contribuer à lui donner pour souveraine une femme née tout au plus pour la servir. *Le prince ébranlé par ces instances, empêcha que*
210 *Lille ne fût secourue'.* [42]

On demande où ce calomniateur du père du roi a trouvé ces paroles de Louis XIV *Vous serez reine de France?* était-il dans la chambre? quelqu'un les a-t-il jamais rapportées? ce mensonge n'est-il pas aussi méprisable que celui qu'il ajoute ensuite, *De là ces*   T.4, p.110
215 *billets que les ennemis jetaient parmi nous, Rassurez-vous, Français, elle ne sera pas votre reine, nous ne lèverons pas le siège.*

Comment une armée jette-t-elle des billets dans une ville assiégée? Peut-on joindre plus de sottises à plus d'horreurs?

Après avoir tenté de jeter cet opprobre sur le père du roi, il vient
220 à son grand-père; il veut lui donner des ridicules; il lui fait épouser   P.200
Mlle Chouin; [43] il lui donne un fils de la Raizin au lieu d'une fille: [44] et aussi instruit des affaires des citoyens que de celles de la famille

---

[42] Cette anecdote est rapportée dans les mémoires que La Beaumelle acheta à Louis Racine en novembre 1750: 'Que disaient ces billets que les ennemis jetaient parmi nous lors du siège de Lille?' (*Correspondance générale de La Beaumelle*, t.3, p.239).

[43] La Beaumelle consigne ce propos que lui tint Mme d'Havrincourt le 16 mars 1755 à son passage à Havrincourt, 'que Mgr le Dauphin avait, disait-on, épousé en secret Mlle Chouin'. Ce mariage, célébré secrètement en 1695 avec Marie Emilie Joly de Chouin, n'est plus mis en doute par les historiens (voir *Les Souvenirs de Madame de Caylus*, OCV, 71A, p.188, n.23).

[44] Anne Louise de Fleury, née en 1695, fille de Françoise Pitel de Longchamp, comédienne, épouse de l'acteur J.-B. Raisin.

royale, il avance que ce fils serait mort dans la misère si le trésorier de l'extraordinaire des guerres La Zonchère[45] ne lui avait pas donné sa sœur en mariage. Enfin pour couronner cette imperti-   225
nence il confond ce trésorier avec un autre La Zonchère sans emploi, sans talents et sans fortune, qui a donné, comme tant d'autres, un projet ridicule de finances en quatre petits volumes. [46]

Il fallait bien qu'ayant ainsi calomnié tous les princes, il portât sa fureur sur Louis XIV. Rien n'égale l'atrocité avec laquelle il parle   230
de la mort du marquis de Louvois; il ose dire que ce ministre
T.3, p.269 craignait que le roi ne *l'empoisonnât*. Ensuite, voici comme il
P.271 s'exprime: *Au sortir du conseil il rentre dans son appartement et boit un verre d'eau avec précipitation; le chagrin l'avait déjà consumé; il se jette dans un fauteuil, dit quelques mots mal articulés et expire. Le roi s'en*   235
réjouit et dit que cette année l'avait délivré de trois hommes qu'il ne pouvait plus souffrir: Seignelai, La Feuillade et Louvois. [47]

Il est inutile de remarquer que MM. de Seignelai et de Louvois ne moururent point la même année. [48] Une telle remarque serait convenable s'il s'agissait d'une ignorance; mais il est question du   240
plus grand des crimes dont un vil scélérat ose soupçonner un roi honnête homme; et ce n'est pas la seule fois qu'il a osé parler de
T.2, p.345, 346 poison dans ses abominables libelles. Il dit dans un endroit, que le
et 347 du *Siècle* grand-père de l'impératrice reine avait des empoisonneurs à
de Louis XIV
falsifié par La gages;[49] et dans un autre endroit il s'exprime sur l'oncle de son   245
Beaumelle

238   M67A: MM. de La Feuillade, de Seignelai
241   JE: dont il ose

[45] Gérard Michel de La Jonchère (1675-1750).
[46] Etienne Lécuyer de La Jonchère (1690-1740?), *Système d'un nouveau gouvernement en France*, 4 vol. (Amsterdam, Le Bon, 1720).
[47] Le duc d'Estrées, à qui Voltaire a envoyé le *Mémoire*, conforte le récit de La Beaumelle en utilisant des termes voisins des siens (D14291).
[48] Seignelay est mort le 3 novembre 1690, Louvois le 16 juillet et La Feuillade le 19 septembre 1691. Ils sont donc décédés dans l'espace d'une année.
[49] 'Le prince de Bavière mourut à Bruxelles, âgé de sept ans. La reine seule le pleura. Valincourt, ou l'auteur du mémoire déjà cité, impute sans détour cette mort subite à la cour de Vienne, de tout temps infectée des maximes de Machiavel et

propre roi d'une façon si criminelle, et en même temps si folle, que l'excès de sa démence prévalant sur celui de son crime, il n'en a été puni que par six mois de cachot.

Mais à peine sorti de prison, comment répare-t-il des crimes qui
250 sous un ministère moins indulgent l'auraient conduit au dernier supplice? Il fait publier un libelle intitulé *Lettre de Monsieur de La Beaumelle*, à Londres chez Jean Nourse 1763. C'est là surtout qu'il aggrave ses calomnies contre le prédécesseur de son roi.

Ce n'est pas assez pour ce monstre de soupçonner Louis XIV
255 d'avoir empoisonné son ministre. L'auteur du *Siècle de Louis XIV* avait dit dans un écrit à part. 'Je défie qu'on me montre une monarchie dans laquelle les lois, la justice distributive, les droits de l'humanité aient été moins foulés aux pieds, et où l'on ait fait de plus grandes choses pour le bien public, que pendant les cinquante-
260 cinq années que Louis XIV régna par lui-même.'[50]

Cette assertion était vraie, elle était d'un citoyen et non d'un flatteur. La Beaumelle, l'ennemi de l'auteur du *Siècle de Louis XIV* qui n'a jamais eu que de tels ennemis, La Beaumelle, dis-je, dans sa 23ème lettre, page 88 dit: *Je ne puis lire ce passage sans indignation,*
265 *quand je me rappelle toutes les injustices générales et particulières que commit le feu roi. Quoi! Louis XIV était juste quand il oubliait (et il oubliait sans cesse) que l'autorité n'était confiée à un seul que pour la félicité de tous.* Et après ces mots, c'est un détail affreux.[51]

---

248   M67A: cachot (tome II, p.345, 346 et 347 du *Siècle de Louis XIV* falsifié par La Beaumelle).

254   JE: pour lui de

---

soupçonnée de réparer par ses empoisonneurs les fautes de ses ministres' (*Mémoires pour servir à l'histoire de Madame de Maintenon*, t.5, p.6). Cette note sur laquelle Voltaire avait attiré l'attention des autorités provoqua la seconde incarcération de La Beaumelle à la Bastille le 1er août 1756.

[50] Dans la première partie du *Supplément au Siècle de Louis XIV* (*OCV*, t.32C).

[51] Dans la treizième des *Lettres de Monsieur de La Beaumelle, à Monsieur de Voltaire* (Londres, J. Nourse, 1763, BV1793), un prétendu baron allemand dénonçait l'injustice de la politique de Louis XIV, étrangère, intérieure et religieuse contre les protestants: 'Mais la législation arbitraire de ces cinquante malheureuses années ne

Ainsi donc Louis XIV oubliait sans cesse le bien public, lorsque
en prenant les rênes de l'Etat il commença par remettre au peuple   270
trois millions d'impôts! quand il établit le grand hôpital de Paris et
ceux de tant d'autres villes! Il oubliait le bien public en réparant
tous les grands chemins, en contenant dans le devoir ses nombreuses troupes auparavant aussi redoutables aux citoyens qu'aux
ennemis, en ouvrant au commerce cent routes nouvelles, en   275
formant la Compagnie des Indes à laquelle il fournit de l'argent
du trésor royal, en défendant toutes les côtes par une marine
formidable qui alla venger en Afrique les insultes faites à nos
négociants! Il oublia sans cesse le bien public lorsqu'il réforma
toute la jurisprudence autant qu'il le put, et qu'il étendit ses soins   280
jusque sur cette partie du genre humain qu'on achète chez les
derniers Africains pour servir dans un nouveau monde! Oublia-t-il
sans cesse le bien public en fondant dix-neuf chaires au Collège
Royal, cinq Académies; en logeant dans son palais du Louvre tant
d'artistes distingués; en répandant des bienfaits sur les gens de   285

269-310   M67A: [*absent*]

---

paraît nulle part sous un aspect plus odieux que dans les dispositions faites contre les
relaps. Henri IV et Louis XIII avaient laissé les consciences libres, et permis à leurs
sujets d'en suivre la voix, sans doute dans la persuasion que le culte le plus pur n'est
agréable à l'Etre suprême qu'autant qu'il est volontaire et vrai. Louis XIV, Louis le
Juste selon Voltaire, ravit aux Français le droit de choisir une religion: et par
gradation une erreur de l'entendement, une variation dans la volonté, un sophisme,
un changement d'opinion, devint un crime puni des plus cruels supplices' (p.94-95).
Il concluait: 'De Nerva à Marc-Aurèle inclusivement, il y a plus de soixante années,
qui sans contredit valent mieux que les cinquante-cinq de Louis XIV. Du
rétablissement des Stuarts en Angleterre à l'année présente il y a près d'un siècle.
Coupez-le en deux: lequel des deux que vous preniez, vous trouverez toujours
l'Angleterre gouvernée avec plus de justice, de bonheur et d'humanité que la France.
Léopold I régna près de cinquante ans: sous son empire le corps germanique fut plus
tranquille, plus heureux, plus florissant. De Fréderic III de Danemark qui régnait en
1648 jusqu'à Chrétien V qui mourut en 1699, il y a cinquante une années pendant
lesquelles les lois, la justice, les droits de l'humanité ont été moins foulés aux pieds
que sous Louis XIV. En un mot pendant l'espace de temps que Voltaire a pris,
presque toutes les monarchies ont été plus heureuses que la française' (p.98-99).

lettres jusqu'aux extrémités de l'Europe, et en donnant plus lui seul aux savants que tous les rois de l'Europe ensemble, comme le dit l'illustre auteur de l'*Abrégé chronologique*.[52]

Enfin était-ce oublier le bien public que d'ériger l'Hôtel des
290 Invalides pour plus de quatre mille guerriers, et Saint-Cyr pour l'éducation de trois cents filles nobles? Il vaudrait autant dire que Louis XV a négligé le bien public en fondant l'Ecole royale militaire, et en mettant aujourd'hui dans toutes ses troupes, par le génie actif d'un seul homme, cet ordre admirable que les peuples
295 bénissent, que les officiers embrassent à présent avec ardeur, et que les étrangers viennent admirer.

Il y a toujours des esprits mal faits et des cœurs pervers que toute espèce de gloire irrite, dont toute lumière blesse les yeux, et qui par un orgueil secret proportionné à leurs travers haïssent la nature
300 entière; mais qu'il se soit trouvé un homme assez aveuglé par ce misérable orgueil, assez lâche, assez bas, assez intéressé pour calomnier à prix d'argent tous les noms les plus sacrés et toutes les actions les plus nobles, qu'il aurait louées pour un écu de plus; c'est ce qu'on n'avait point vu encore.

305 L'intérêt de la société demande qu'on effraye ces criminels insensés; car il peut s'en trouver quelqu'un parmi eux qui joigne un peu d'esprit à ses fureurs. Ses écrits peuvent durer. Bayle lui-même, dans son dictionnaire, a fait revivre cent libelles de cette espèce. Les rois, les princes, les ministres pourraient dire alors, A
310 quoi nous servira de faire du bien si le prix en est la calomnie?

La Beaumelle pousse son atroce démence jusqu'à représenter par bravade ses confrères les protestants de France (qui le

311 M67A: Il pousse la démence
      JE: L. B. pousse la démence

---

[52] Le président Hénault cite la lettre de Colbert à Isaac Vossius du 21 juin 1663, 'lettre qui sert autant à la gloire du roi et de M. Colbert qu'à celle d'Isaac Vossius', en lui envoyant une lettre de change. Il y ajoute ce commentaire: 'Il y eut plusieurs gratifications pareilles accordées à différents savants de l'Europe' (*Nouvel abrégé chronologique de l'histoire de France*, Paris, Prault, 1749, année 1663, p.505).

P.110 des
Lettres de La Beaumelle à M. de V. à
Londres chez
Jean Nourse

désavouent) comme une multitude redoutable au trône. 'Il s'est formé, dit-il, un séminaire de prédicants, sous le nom de ministres du désert, qui ont leurs cures, leurs fonctions, leurs appointements, leurs consistoires, leurs synodes, leur juridiction ecclésiastique. – Il y a cinquante mille baptêmes et autant de mariages bénis illicitement en Guyenne, des assemblées de vingt mille âmes en Poitou, autant en Dauphiné, en Vivarès, en Béarn, soixante temples en Saintonge, un synode national tenu à Nîmes, composé des députés de toutes les provinces'. [53]

Ainsi, par ces exagérations extravagantes, il se rend le délateur de ses anciens confrères, et en écrivant contre le trône, il les exposerait à passer pour les ennemis du trône, il ferait regarder la France parmi les étrangers comme nourrissant dans son sein les semences d'une guerre civile prochaine, si on ne savait que toutes ces accusations contre les protestants sont d'un fou également en horreur aux protestants et aux catholiques.

[53] Dans la quatorzième des *Lettres de Monsieur de La Beaumelle, à Monsieur de Voltaire*, La Beaumelle retraçait l'action du prédicant Claude Brousson, exécuté à Montpellier en 1698: 'Après la paix de Riswick, voyant que les religionnaires n'avaient aucune espérance de rétablissement, il résolut de mettre la dernière main à son ouvrage et de perfectionner l'établissement des assemblées du désert. Il visita de nouveau toutes les provinces, leur donna le plan d'un culte secret et s'associa divers jeunes gens qu'il anima de son zèle. Il crut qu'aucune puissance humaine ne pourrait extirper le calvinisme en France s'il venait à bout d'établir sourdement une pépinière de pasteurs disposés à être martyrs et intéressés à mettre dans les mêmes dispositions leur troupeau. En effet ce qu'il avait prévu est arrivé. Et je ne fais une si longue digression sur cet homme indifférent, ce semble, à l'histoire, que pour vous rendre compte d'un fait très intéressant aujourd'hui pour le gouvernement' (p.109-10). La vitalité du protestantisme sous Louis XV exige une solution politique: 'Car des quatre moyens qu'on peut employer contre les non-conformistes, qui consistent ou à les éliminer, ou à les chasser, ou à les convertir, ou à les tolérer, le premier est rejeté avec exécration par l'humanité, le second avec mépris par la politique, le troisième est accusé d'insuffisance par soixante-dix ans d'instructions inutiles, le quatrième est le seul praticable, suivant la prédiction de M. de Bâville, il est impossible qu'ils demeurent sans culte et sans exercice de religion' (p.111-12). La Beaumelle avait fait valoir ces arguments dans le deuxième 'Mémoire d'Etat' adressé en 1759 au comte de Saint-Florentin. Il les avait développés en 1763, pendant l'affaire Calas, dans une longue 'Requête en faveur des protestants', rédigée dans l'espoir de son adoption par le synode national des Eglises réformées de France.

Acharné contre tous les princes de la maison de France, et contre
330 le gouvernement, il prétend que monseigneur le duc, père de
monseigneur le prince de Condé, fit assassiner M. Verger com-
missaire des guerres en 1720; et que sa mort a été récompensée de la   T.3, p.323
croix de Saint-Louis. [54] L'auteur du *Siècle de Louis XIV* avait   du *Siècle de*
démontré la fausseté de ce conte. Tout le monde sait aujourd'hui   *Louis XIV*
335 que Verger avait été assassiné par la troupe de Cartouche; les
assassins l'avouèrent dans leur interrogatoire; le fait est public,
n'importe, il faut que La Beaumelle non moins coupable que ces
malheureux, et non moins punissable, calomnie la maison de
Condé comme il a fait la maison d'Orléans et la famille royale.

340 De pareilles horreurs semblent incroyables; personne n'avait
joint encore tant de ridicule à tant d'exécrables atrocités.

C'est ce même misérable qui dans un petit livre intitulé *Mes
pensées*, a insulté Mgr le duc de Saxe-Gotha, MM. d'Erlach, Sinner,
Diesbach, en les nommant par leur nom sans les connaître, sans
345 leur avoir jamais parlé. C'est là que sa furieuse folie s'emporte
jusqu'à ne connaître de héros que Cromwell et Cartouche, et à
souhaiter que tout l'univers leur ressemble; voici ses propres
paroles.

'Les forfaits de Cromwell sont si beaux, que l'enfant bien né ne
350 peut les entendre sans joindre les mains d'admiration. Une
république fondée par Cartouche aurait eu de plus sages lois que
la République de Solon.' [55]

337   JE: il faut que L. B. non
342-54   M67A, JE: [*absent*]

[54] 'Vergier (Jacques) né à Paris en 1675. Il est à l'égard de La Fontaine ce que
Campistron est à Racine. Imitateur faible mais naturel. Mort assassiné à Paris par des
voleurs en 1720. On laisse entendre dans le Moréri qu'il avait fait une parodie contre
un prince puissant qui le fit tuer. Ce conte est absurde et faux (r). (r) *Il est très sûr que
Vergier a été assassiné par équivoque et que sa mort a été récompensée de la croix de Saint-
Louis*' (*Siècle de Louis XIV* [...] *édition augmentée*, t.3, p.323). Le nom de Condé n'est
mentionné ni par Voltaire ni par La Beaumelle (voir D14294).
[55] *Mes pensées*, 1752, nᵒˢ 210 et 83, éd. C. Lauriol (Genève, 1997), p.121 et p.63.

Ce qui a sauvé cet énergumène du sort de Cartouche, [56] c'est que presque personne n'a pu le lire.

Il paraît que l'on s'avilit à relever ce ramas d'inconcevables [355] turpitudes; mais on supplie les lecteurs, et particulièrement les principaux seigneurs de l'Etat, les ministres de Sa Majesté qui ignorent ces excès, de considérer que ce même La Beaumelle retiré à présent à Mazère en Guyenne, [57] outrage continuellement des particuliers qui ne peuvent se défendre. [360]

Non content d'avoir imprimé et falsifié le *Siècle de Louis XIV* et de l'avoir chargé de calomnies, il a écrit depuis dix ans à l'auteur, ou fait écrire quatre-vingt-quatorze lettres anonymes. Cela est rare et digne de toute sa conduite. On a envoyé la dernière au ministère; elle commence par ces mots, *j'ose risquer une quatre-vingt-quinzième* [365] *lettre anonyme.*

On sait bien que les écrivains de lettres anonymes prennent assez de précautions pour n'être pas découverts; on méprise ces délits; mais les autres sont plus sérieux. Les impostures de ce ridicule scélérat sont constatées ici par des citations fidèles. Il [370] continue à faire imprimer des libelles affreux sous le nom même de l'auteur du *Siècle de Louis XIV*. [58] Il était absolument indispensable de mettre un frein à ces horreurs.

On a vu des exemples si frappants d'un emportement à peu près semblable de cette canaille qui ose prétendre à la littérature, qu'on [375] ne peut trop mettre sous les yeux du ministère, des magistrats et du public, cette licence criminelle.

355   M67A: Il paraît même que
355-56   M67A: relever cet amas de turpitudes
358   JE: même L. B. retiré
374-77   JE: [*absent*]

[56] Célèbre bandit rompu vif à Paris le 23 novembre 1721.
[57] En pays de Foix. Le maréchal de Richelieu répondra à Voltaire que ce pays n'est pas de son ressort (D14327).
[58] Probablement les *Lettres de Monsieur de Voltaire à ses amis du Parnasse, Monsieur de Voltaire peint par lui-même* et les *Lettres secrètes de Monsieur de Voltaire,* dont Voltaire attribua un temps à tort la paternité à La Beaumelle.

L'Epître aux Romains

Critical edition

by

Pauline Kra

CONTENTS

INTRODUCTION

Saint Paul's *Epistle to the Romans* was an exhortation to unity under the new faith; Voltaire's *Epître* called on the Romans to revolt against the papal regime. Published in May 1768,[1] *L'Epître aux Romains* was one of several works written in 1768 and 1769 in support of the Bourbon offensive against the prerogatives of the papacy. It is closely related in purpose to *Les Droits des hommes et les usurpations des autres* (1768) and to *Le Cri des nations* (1769).

1. *Context*

The year 1768 was grave for the Holy See. The radical minister of Parma, Du Tillot, promulgated a series of laws to limit ecclesiastic privileges and jurisdiction. On 30 January 1768 Clement XIII responded to these measures with a strong brief of condemnation, nullifying the decrees of the duke of Parma and warning that their originators as well as the participants in their execution would be subject to excommunication. The courts of France, Spain and Naples saw in the monitorium an insult to the House of Bourbon and an encroachment on the sovereignty of princes. Demanding retraction of the brief, they threatened to occupy the papal possessions of Avignon, Benevento, Pontecorvo, Castro and Ronciglione if the pontiff failed to comply. Reprisals were expected to follow shortly after 16 April, when the pope issued his formal refusal. On 14 June French troops took over Avignon while those of the king of Naples entered the territories of Benevento and Pontecorvo. The Neapolitan minister Tanucci had also advocated the seizure of Castro and Ronciglione.[2] Thus

---

[1] It was reviewed in the *Correspondance littéraire* (ed. Maurice Tourneux, 16 vol., Paris, 1877-1882, vol.8, p.97-98) under the date of 1 June 1768.

[2] Ludwig Pastor, *The History of the popes*, trans. E. F. Peeler, 40 vol. (London,

Voltaire wrote *L'Epître aux Romains* in April or May 1768 in anticipation of the invasion of the Papal States. Had a popular insurrection been contemplated in Rome at that time, the circumstances would have been favourable for its success.

Voltaire's arguments in favour of the liberation of Rome fall into two categories, the first based on contemporary social, economic and political conditions in the Papal States, the second drawn from the history of the Church. Contrasting present decay with ancient opulence and splendour, Voltaire accurately identifies the weaknesses of the pontifical regime. [3] He had already presented a similar picture of the conditions of Rome in the seventeenth century in the *Essai sur les mœurs* (ch.185). His sources of information were the reports of Gilbert Burnet, bishop of Salisbury, *Burnet's travels* (*Ferney catalogue* no.499); François Maximilien Misson, *Nouveau Voyage d'Italie* (BV2471); Jean-Baptiste Labat, *Voyages en Espagne et en Italie* (BV1790); and a translation of the more specialised report of Conyers Middleton, *Lettre écrite de Rome* (BV1448). He may also have known the *Lettres d'Italie* of the président Charles de Brosses, although this work was apparently not in Voltaire's library by the time it made the trip to Russia.

Travellers were unanimous in describing the poverty of the people and the depopulation of the Roman countryside. In spite of the fertility of the soil, much of the land was left uncultivated and, as Burnet reports, not even stocked with cattle. The widespread famine of 1764 was followed by unsuccessful efforts to increase the cultivation of grain. Economists and travellers alike blamed the huge estates, the restrictions on the circulation of grain, the Roman 'Annona' or corn law, and monopolies in the distribution of other basic commodities as the causes of the low agricultural output. The high prices mentioned by Voltaire were due to speculation and

---

1938-1968), vol.37, p.264-68. See Voltaire's account in the *Précis du siècle de Louis XV*, ch.39.

[3] See Pastor, *The History of the popes*, vol.36, p.170-85, and Franco Valsecchi, *L'Italia nel Settecento, 1714-1788* (Milan, 1959), p.445-86, 829-54.

abuse in the administration of these laws. Recalling the past prosperity and greatness of Rome, Burnet wondered that 'a soil that was so rich, and lay so sweetly, that it exceeded any thing I ever saw out of Italy, had neither inhabitants in it, nor cattle upon it, to the tenth part of what it could bear'. [4] Montesquieu described the same conditions in his travel notes of 1729. [5]

The city of Rome itself was largely uninhabited, much of its area having been given over to gardens and fields. Most eighteenth-century estimates assigned to Augustus's Rome a population of several million. [6] Information about contemporary Rome was based on the census of 1709 which counted 3662 births and 138,568 inhabitants, not including eight or ten thousand Jews. [7] In chapter 185 of the *Essai sur les mœurs* Voltaire made a similar estimate of the Roman population at the end of the seventeenth century: 3600 births per annum and 120,000 inhabitants, not counting 8000 Jews. He explained, moreover, that the annual number of births multiplied by thirty-four usually gave an estimate of the population, in this case 122,400. [8]

[4] *Burnet's travels* (London, 1738), p.149.

[5] *Voyages*, in *Œuvres complètes de Montesquieu*, ed. André Masson, 3 vol. (Paris, 1950-1955), vol.2, p.1094, 1110, 1121.

[6] The figure of 14 million suggested by Isaac Vossius was generally rejected as an exaggeration. *Variorum observationum liber* (London, 1685), reviewed by Pierre Bayle, *Nouvelles de la République des Lettres*, January 1685, in *Œuvres diverses*, ed. E. Labrousse, 5 vol. (Hildesheim, 1964-1982), vol.1, p.212-14.

[7] Labat, *Voyages en Espagne et en Italie*, 8 vol. (Paris, 1730), vol.3, p.329-30.

[8] Similar numbers and calculations are put forth in the article 'Rome' of the *Encyclopédie*, vol.14, p.348. Voltaire's approximations in *L'Épître aux Romains* for the Rome of 1768 are somewhat lower, even though the Roman population had actually increased to 158,906 inhabitants (Pastor, *The History of the popes*, vol.36, p.173). Since Voltaire was less concerned than many of his contemporaries about the possible depopulation of the globe, the drastic decline from the several million of ancient Rome appeared to him all the more remarkable.

2. *The text*

In the *Epître aux Romains* Voltaire echoed the travellers in holding the papal regime responsible for the decay of Rome. They found the ecclesiastic government to be the most defective in all of Europe because it suffered from lack of dynastic continuity – the short tenure of popes produced frequent changes in administration – and from the practice of nepotism. Offices held by the pope's relatives and favourites absorbed a large part of the revenues of the state. Voltaire reflected the travellers' astonishment at the unequal distribution of wealth, the opulence of the ruling classes, the magnificence of convents, churches and palaces which jarred with the misery of the people. His reminder to the Romans that art treasures would not alleviate their plight refers to the fact that the building of museums and monuments continued under Clement XIII, as under his predecessors, in spite of the economic crisis. Contemporary observers also agreed with Voltaire's contention that the pontifical rule was the most absolute in Europe since the pope exercised personal power unchecked by counterparts of the laws and institutions which limited absolutism in monarchical states.

Voltaire's appeal to the Roman desire for freedom was justified by the intellectual climate in Rome and by the works of the Italian *illuministi*. Strict censorship in the Papal States prevented open criticism of the regime, but anticlerical ferment expressed itself in clandestine opposition.[9] Rapidly proliferating Masonic lodges were centres of republican aspirations. Within the Catholic ranks themselves there was a drive for reform, especially among the Jansenists and their sympathizers, who gathered in the Roman circle of the 'Archetto'.

The vigorous patriotic tone in which Voltaire addressed the Romans is similar to that of Italian reformers, such as Carlantonio

---

[9] Ettore Rota, *Le Origini del Risorgimento, 1700-1800*, 2 vol. (Milan, 1938), vol.2, p.855-56.

Pilati and Alberto Radicati. In his most famous work, *Di una riforma d'Italia* (BV2736), Pilati advocated the abolition of all monasteries, ecclesiastic immunities, the canon law and the cult of the saints, thus the liberation of the peninsula from the Church of Rome. A chapter in which the Romans petition the pope for social and economic reforms ends with the warning: 'Si au contraire vous êtes sourd à nos cris et à nos larmes, il est à craindre que nos neveux réduits au plus affreux désespoir, ne renversent cette même chaire de saint Pierre, qui est l'origine de tous leurs malheurs, et qu'ils ne rétablissent le sénat Romain, qui à votre défaut peut seul apporter du remède à leurs maux'. [10] Voltaire admired the audacity and the revolutionary spirit of Pilati's book: 'Ah! que la riforma dell'Italia est un bon livre! Qu'on laisse faire les Italiens, ils iront à bride abattue. Que vous êtes heureux! Vous verrez le jour de la révolution dont je n'ai vu que l'aurore, et cela sera fort plaisant'. [11]

Alberto Radicati, comte de Passeran (1698-1737), whose name Voltaire assumed for the first edition of *L'Epître aux Romains*, was a militant deist, an Italian patriot and an advocate of democratic principles. Born in Turin of an illustrious Piedmontese family, he began his anticlerical career at the court of Vittorio Amedeo II in Turin. In 1726, condemned by the Inquisition and having lost the protection of the king, he left for England to spend the rest of his life in exile. [12] Voltaire's library had Radicati's *Recueil de pièces curieuses sur les matières les plus intéressantes* (BV2659, ordered in January 1768, D14512). In this collection, the piece that was written specifically against the temporal power of the pope, and has the most in common with *L'Epître aux Romains*, is the *Discours moraux, historiques et politiques*, first published as *Twelve discourses concerning religion and government* (1734). Radicati traced the history of relations between popes and emperors to disclose the

---

[10] C. A. Pilati di Tassulo, *Projet d'une réforme à faire en Italie* (Amsterdam, 1769), p.220.

[11] Letter to Hennin of 3 October 1768, D15242; see also D15270, D15371.

[12] See Franco Venturi, *Saggi sull'Europa illuminista*, vol.1: *Alberto Radicati di Passerano* (Turin, 1954).

frauds and intrigues by which the former abrogated for themselves the right of investiture and gained absolute power in Rome. Denying any scriptural foundation for the temporal authority of the papacy, he blamed the Church for abandoning the principles of poverty, charity and forgiveness which had been practised by Jesus, the apostles and early Christians. His proposed reforms would abolish the power of the clergy, the papal monarchy and monasticism. Holding the popes responsible for the weakness and fragmentation of the peninsula, he hoped to see Italy recover its former grandeur, once it was reunited under one prince or in one republic. *L'Epître aux Romains* thus reflects the aspirations of the *illuministi* as well as the conditions in the Papal States.

For added local colour Voltaire sheds the tears of an exiled Italian patriot and quotes lines from Petrarch's patriotic poem 'Italia mia'. To recall ancient grandeur he evokes the magnificence of the triumphs described by Plutarch and in even greater detail by Charles Rollin, *Histoire romaine* (BV3010). The impoverished Romans are reminded of the opulence of Lucullus. An ironic calculation of the numbers fed by Jesus on the Mount insinuates that Christians did not even in their imagination match the magnitude of Caesar's feasts.

The largest part of Voltaire's pamphlet, however, is composed of historical and exegetical arguments which he had developed in his *Essai sur les mœurs*, *Annales de l'empire*, *La Philosophie de l'histoire* and *Dictionnaire philosophique*, and would discuss again in the *Collection d'anciens évangiles*, *Questions sur l'Encyclopédie* and *Histoire de l'établissement du christianisme*. From his vast repertory he selected materials to demonstrate that Christianity was foreign and inferior to the tradition of ancient Rome and proved detrimental to the empire, and that the authority of the pope in particular was destructive to the welfare of the Roman people and founded on fraud. Subjects already familiar from Voltaire's other works are treated with emphasis on their relation to Roman history and to the temporal power of the papacy.

Christianity is introduced from the beginning as foreign to the classical tradition by which the Romans should be inspired. Denigrating the character of Paul, Voltaire denies the apostle's claims to Roman citizenship and stresses those of his teachings which the Church cited to justify its demands for revenue. He depicts Paul as a base Jewish servant to contrast him with the great Romans, and his foreign origin with the authentic Roman lineage and patriotism of the persona adopted for this *Epître*. The popes themselves, he adds, are rarely of Roman origin. Another proof of Christianity's low origins is that it remained unknown to the upper classes of Rome during the first two centuries. Ironically, the same Romans are invoked by Voltaire as hypothetical witnesses to refute selected elements of gospel history.

To prove the corrosive influence of the new faith, Constantine's conversion is presented as treason to the empire and his removal of the capital to Constantinople as a major cause of the decadence of Rome. Comparisons between Christianity and paganism intimate that the Church persecuted the ancient religion of Rome while replacing it with nothing better than adaptations and imitations of pagan worship, ceremonies and mythology. Christians gained ascendancy over the populace by the deceptive methods that had been the stock-in-trade of the pagans: miraculous healings, initiations, threats of hell. From pagan philosophers they borrowed the end-of-the-world prophecies. The civic institutions of Rome were destroyed by the popes who abrogated to themselves temporal power contrary to the teachings of the gospel and seized the Papal States from their legitimate masters.

The fraudulent foundations of the papacy are demonstrated by a long list of Old and New Testament apocryphal writings and of spurious documents which played a key role in consolidating the power of the Church of Rome. *L'Epître aux Romains*, like the *Collection d'anciens évangiles* (1769), is one of the works in which Voltaire makes extensive use of the texts and commentaries offered by the collections of Johann Albert Fabricius, *Codex pseudepigraphus veteris testamenti* (*Ferney catalogue* no.1054) and *Codex apocryphus Novi Testamenti* (BV1294); Johann Ernest Grabe,

Spicilegium SS. Patrum (BV1509); and Jean Baptiste Cotelier, editor and translator of *SS. Patrum Barnabae, Clementis, Hermae, Ignatii, Polycarpi opera* (BV877). Among the spurious works, the *Apostolic constitutions* receive special attention as the authority for ecclesiastic hierarchy, and because, having been written by an Arian of the fourth century, they lend support to Voltaire's polemic against the divinity of Jesus. Peter's selection as the leader of the apostles (Matthew 16:18) and his alleged stay in Rome were crucial for establishing the supremacy of the Roman Church. To discredit Peter's papacy Voltaire disregards the reputable sources of the tradition in Saint Jerome and Eusebius, and takes instead for his target the incredible narrative attributed to Abdias, which was repudiated by the ecclesiastic historians. Ludicrous episodes from the Clementine *Recognitions* are cited out of context to disparage the succession of Peter. The *Donation of Constantine* and the Isidorian decretals are denounced as forgeries invented to extend papal authority. Final evidence against the sovereignty of the pontiff is drawn from the political history of the Church. Voltaire questions the ecclesiastic accounts of events considered crucial for the establishment of the temporal power of the papacy. He denies the decisive role attributed to popes in the elevation of Charles Martel and Charlemagne, and directs attention, on the contrary, to the long periods when the papacy was subject to the secular powers. He mentions the Castle of San Angelo to conjure up the struggles between the popes and the commune of Rome.

These historical arguments appeared frequently in Voltaire's other works. The originality of *L'Epître aux Romains* lies in the direct address to the Romans, the polemical description of contemporary conditions in the Papal States and the boldness of the call to revolt. In *L'A, B, C* Voltaire again expressed hopes that the Romans would soon liberate themselves from the pope, and he noted with regret: 'c'est de toutes les révolutions la plus aisée à faire, et cependant personne n'y pense' (see below, p.316).

References to *L'Epître aux Romains* appear in Voltaire's letters to Mme Denis of 24 June 1768 (D15094, in which he implies that he is not the author) and to Mme Du Deffand of 6 January 1769 (D15416, in which he offers a copy). Bernard Louis Verlac de La Bastide offered the pamphlet twice to Pierre Joseph Laurent, the marquis de Villedeuil, in November and December 1768.[13] The work was reviewed favourably by Grimm in the *Correspondance littéraire*, under the date of 1 June 1768, and in disapproving tones in Bachaumont's *Mémoires secrets*[14] in an entry dated 13 August 1768. Neither reviewer is in any doubt about the identity of the author, though only in the *Mémoires secrets* is he named; the reviewer in the *Correspondance littéraire* contents himself with noting that 'cette épître est pleine de traits qui caractérisent cette manufacture immortelle où l'on possède encore l'art de redire les mêmes choses pour la vingtième ou la centième fois, toujours d'une manière intéressante et nouvelle', and concludes: 'Ma foi, il faut pardonner aux prêtres et à leurs ayants cause d'être furieux contre M. le comte de Passeran et ses souffleurs, car si cela dure encore quelque temps, il est aisé de prévoir ce que deviendront non la vigne, mais les vignerons du Seigneur'.[15] Closer to the ecclesiastical position, the writer in the *Mémoires secrets* declares: 'Cette *Epître aux Romains* ne sera point mise au rang de celles de saint Paul, mais bien à côté de l'*Epître à Uranie*, digne sœur à laquelle elle mérite d'être accouplée'.[16] The work was placed on the Index on 1 March 1770.[17]

3. *Editions*

Further information on the collective editions may be found on p.349-52 below.

---

[13] D15288, D15386. For the reattribution of these letters to Verlac de La Bastide, see G. Artigas-Menant, 'Voltaire et les trois Bastide', *RHLF* 83 (1983), p.29-44.

[14] Louis Petit de Bachaumont, *Mémoires secrets pour servir à l'histoire de la République des Lettres en France depuis 1762 jusqu'à nos jours*, 36 vol. (London, John Adamson, 1777-1789), vol.6, p.82.

[15] *Correspondance littéraire*, vol.8, p.98.

[16] *Mémoires secrets*, vol.6, p.82.

[17] *Index librorum prohibitorum* (Modoetia, 1850), p.200.

68A

[*half-title*] L'EPITRE / AUX / ROMAINS. /

[*title*] L'EPITRE / AUX / ROMAINS, / PAR / *LE COMTE PASSERAN*: / TRADUITE / DE L'ITALIEN. / [*ornament*] / [*double rule*]

8°. sig. A-B⁸ C⁴ D² [$4 signed, roman]; pag. 42 [*4*]; quire catchwords.

[1] half-title; [2] bl; [3] title; [4] bl; [5]-42 Epître aux Romains; [*1-4*] bl.

Bengesco 1764; BnC 4172-73; BV3577.

Probably a Gabriel Grasset production. Voltaire had four copies in his library, all bound in composite volumes: *Recueil secret* [1], *Recueil secret* [2], *Pot-pourri* [de V.] *Tom. IV*, and *Pot-pourri* [*Diabolique*]. Only the copy Z Beuchot 264 contains the blank pages; Z Bengesco 323 is missing the half title. In Rés. D²5296, the *Epître* is bound with a copy of *Dieu et les hommes*.

Geneva, ImV: BE 7 (2), D Epître 130/1768/1. London, British Library: 1568/5075. Oxford, Taylor: V.8.E.5.1768, V.8.C.10.1769(1/1). Paris, BnF: Z Beuchot 264, Z Beuchot 264 bis, Z Bengesco 998, Z Bengesco 323, D².14333, Rés. D²5296. St Petersburg, GpbV: 2-74, 9-53, 9-117, 11-178.

68B

[*half-title*] L'EPITRE / AUX / ROMAINS.

[*title*] L'EPITRE / AUX / ROMAINS, / PAR / LE COMTE PASSERAN: / TRADUITE / DE L'ITALIEN. / [*ornament*] / [*double rule*]

12°. pag. 42; quire catchwords.

[1] half-title; [2] bl; [3] title; [4] bl; [5]-42 L'Epître aux Romains.

BV3579.

St Petersburg, GpbV: 11-162.

69

[*half-title*] L'EPITRE / AUX / ROMAINS.

[*title*] L'EPITRE / AUX / ROMAINS, / PAR / LE COMTE

PASSERAN: / TRADUITE / DE L'ITALIEN. / [*ornament*] / BERLIN, / [*double rule*] / 1769.

12°. pag. 42; quire catchwords.

[1] half-title; [2] bl; [3] title; [4] bl; [5]-42 L'Epître aux Romains.

BV3578.

St Petersburg, GpbV: 10-13, 11-121.

EJ69 (1769)

Volume 1, part 2: 1-34 L'Epître aux Romains.

EJ72 (1772)

Volume 1: 81-115 L'Epître aux Romains.

NM (1772)

Volume 11: 133-74 L'Epître aux Romains. Traduite de l'italien.

W75G

Volume 39: 73-104 L'Epître aux Romains. Traduite de l'italien de Mr. le comte de Corbèra.

W71L (1776)

Volume 29: 151-82 L'Epître aux Romains. Traduite de l'italien de Mr. le comte de Corbèra.

W68 (1777)

Volume 29: 1-30 L'Epître aux Romains. Traduite de l'italien de Mr. le comte de Corbera.

K84

Volume 33: 426-60 Epître aux Romains.

4. *Principles of this edition*

The base text is w75G. Variants are drawn from 68A, NM, w68 and K84. The text in EJ duplicates that of 68, and w71L that of w75G.

Treatment of the base text

The punctuation of the base text is strictly duplicated, apart from full stops at the end of titles, which have been removed. The spelling of French words has been modernised, but the spelling of names and foreign words has been preserved.

Where direct speech was italicised in the base text, it has been reproduced in roman, with single quote marks. Words in languages other than French (e.g. 'congiaria') have been italicised. Personal names (italicised in the base text) are rendered in roman; 'Jésus', 'Christ' and 'Dieu' (in full capitals in the base text) retain only an initial capital.

We have corrected the obvious error 'cette preuve parmi cent autres preuves démontrent l'absurdité des auteurs' to 'cette preuve [...] démontre' (lines 276-77), and in note *o* changed '*Hi*' to '*Hic*' and omitted the full stop after '*primum*'.

I. *Capitalisation*

Initial capitals in the base text were attributed to adjectives referring to nations or peoples (e.g. 'empereurs Grecs') and to some common nouns (e.g. 'Dieux'). Initial capitals were absent in certain terms and expressions usually capitalised in modern usage (e.g. 'ancien Testament', 'crédo', 'église' in the institutional sense, 'furies').

II. *Accents*

Accentuation has been modernised. Acute accents in the base text were occasionally present contrary to modern usage ('crédo', 'régistres'), and were sometimes used instead of the grave accent ('entiérement', 'grossiéreté', 'siécle', 'troisiéme'). The grave accent was absent in places ('déja'). The circumflex accent was sometimes used contrary to modern usage ('aîles', 'chûte', 'lâdrerie', 'toûjours'), sometimes absent ('épitre', 'faché', 'graces'), and sometimes used instead of the grave accent ('blasphême', 'diadême', 'emblêmes', 'prophêtes', 'système'). The dieresis was used instead of the grave accent in 'poëme', and was not used in 'inoui'.

III. *Orthography*

Orthography has been modified to conform to present-day usage (e.g. 'autentique', 'bracmanes', 'déjeûnés', 'goujons', 'rézeau'). The base text also contained the following features: spellings in *-i-* (e.g. 'azime', 'néophites', 'péristile'); spellings in *-y-* (e.g. 'ayent', 'envoye', 'yvres'); endings in *-x* (e.g. 'loix'); double consonants (e.g. 'appellait', 'jetta', 'secrettes'). The consonant *p* was not used in 'tems' and 'longtems'; the consonant *t* was not used in *-ens* and *-ans* endings (e.g. 'adhérens', 'couvens', 'fondemens', 'perçans', 'savans', 'vêtemens').

IV. *Various*

Hyphenation differed in places from current usage (e.g. 'aussi-tôt', 'C'est-là', 'mal-adroit', 'non-seulement', 'savoir faire'). The ampersand was used throughout, except at the beginning of sentences. 'Saint' and 'sainte' were abbreviated 'St.' and 'Ste'. Titles of works were not italicised (e.g. 'Actes des apôtres', 'Actes de Ste. Thècle'). In the notes, abbreviations varied.

V. *Points of grammar*

The numeral 'cent' was treated as invariable (e.g. 'sept cent ans'); agreement of the past participle occasionally differed from modern usage (e.g. 'se sont attirés', 'comme Jésus vous a supporté', 'l'apocalypse [...] ridiculement attribué').

L'ÉPÎTRE AUX ROMAINS

Traduite de l'italien de M. le comte de Corbèra[1]

Article premier

Illustres Romains, ce n'est pas l'apôtre Paul qui a l'honneur de vous écrire, ce n'est pas le digne Juif né à Tarsis selon les *Actes des apôtres*;[2] et à Giscala selon Jérôme[3] et d'autres pères; dispute qui a fait croire selon quelques docteurs qu'on peut être né en deux endroits à la fois, comme il y a chez vous de certains corps qui sont 5 créés tous les matins avec des mots latins, et qui se trouvent en cent mille lieux au même instant.

Ce n'est pas cette tête chauve et chaude, au long et large nez, aux sourcils noirs, épais et joints, aux grosses épaules, aux jambes torses; (*a*) lequel ayant enlevé la fille de Gamaliel son maître, et 10

(*a*) Voyez les *Actes de sainte Thècle*, écrits dès le premier siècle par un disciple de saint Paul, reconnus pour canoniques par Tertullien, par saint Cyprien, par Grégoire de Nazianze, saint Ambroise, etc. [4]

a-b 68A: L'EPÎTRE AUX ROMAINS, PAR LE COMTE PASSERAN: TRADUITE DE L'ITALIEN
NM: L'EPÎTRE AUX ROMAINS, TRADUITE DE L'ITALIEN
K84: EPÎTRE AUX ROMAINS
2 68A: pas ce digne

[1] Comte Passeran, to whom *L'Épître aux Romains* is attributed in editions 68A and EJ, can be identified as Martino Ignazio Adalberto Radicati di Passerano e di Cocconato (1698-1737), author of *Recueil de pièces curieuses sur les matières les plus intéressantes* (1736) and other books on religion and government. Voltaire owned a copy of the *Recueil* (London, 1749, BV2659).

[2] Acts 22:3.

[3] *De viris illustribus*, ch.5, in *Patrologia latina*, ed. J.-P. Migne, 221 vol. (Paris, 1844-1865), vol.23, col.646.

[4] Paul's portrait appears at the beginning of the *Acts of Paul and Thecla*, in Johann Ernest Grabe, *Spicilegium SS. Patrum*, 2 vol. (Oxford, 1700), vol.1, p.95; the

étant mécontent d'elle la première nuit de ses noces, (b) la répudia et se mit par dépit à la tête du parti naissant des disciples de Jésus, si nous en croyons les livres juifs contemporains.

Ce n'est pas ce Saul Paul, qui lorsqu'il était domestique de Gamaliel, fit massacrer à coups de pierres le bon Stephano, [5] patron des diacres et des lapidés, et qui pendant ce temps gardait les manteaux des bourreaux, digne emploi de valet de prêtre. Ce n'est pas celui qui tomba de cheval, aveuglé par une lumière céleste en plein midi, et à qui Dieu dit en l'air, comme il dit tous les jours à tant d'autres, 'pourquoi me persécutes-tu?' [6] Ce n'est pas celui qui écrivit aux demi-juifs, demi-chrétiens, des boutiques de Corinthe, 'N'avons-nous pas le droit d'être nourris à vos dépens, et d'amener avec nous une femme? (c) Qui est-ce qui va jamais à la guerre à ses dépens!' belles paroles dont le révérend père Menou [7] jésuite, apôtre de Lorraine, a si bien profité, qu'elles lui ont valu à Nancy vingt-quatre mille livres de rente, un palais et plus d'une belle femme.

(b) *Anciens actes des apôtres*, ch.xxi. [8]
(c) I. aux Corinthiens, ch.xix, v.4 et 5. [9]

19   68A, NM: comme il le dit

---

authorities are cited by Grabe in the introduction, vol.1, p.87-88. Voltaire placed bookmarks in both places of his copy, and the one at page 95 reads 'portrait de Paul' (*CN*, vol.4, p.169). Voltaire quotes the portrait in the *Questions sur l'Encyclopédie*, article 'Apocryphe' (*OCV*, vol.38, p.466), and summarises the *Actes de sainte Thècle* in the *Collection d'anciens évangiles* (*OCV*, vol.69, p.66-73).

[5] Acts 7:57.

[6] Acts 9:3-4.

[7] Joseph de Menoux (1695-1766), confessor of Stanislas Leszczynski; Voltaire maintained with him a polite correspondence and quarrelled with him in 1754 over the alleged publication of their letters. See D5690, D5749, D5770, D8630.

[8] The Ebionite Acts, as reported by Epiphanius, *Adversus Haereses*, I.2, Haeres xxx.16 (*Patrologia graeca*, ed. J.-P. Migne, 161 vol., Paris, 1857-1866, vol.41, col.434); Grabe, *Spicilegium*, vol.1, p.37-38. Voltaire quotes the passage in 'Apôtres', in *Questions sur l'Encyclopédie* (*OCV*, vol.38, p.518).

[9] The correct reference is 9:4-5, 7.

Ce n'est pas celui qui écrivit au petit troupeau de Thessalonique que 'l'univers allait être détruit', (*d*) moyennant quoi, ce n'était pas la peine, 'ce n'était pas métier', comme vous dites en Italie, de garder de l'argent chez soi; car Paul disait (*e*) 'Aussitôt que l'archange aura crié, et que la trompette de Dieu aura sonné, Jésus descendra du ciel. Les morts qui sont à Christ ressusciteront les premiers, et nous qui vivons et qui vivrons jusqu'à ce temps-là, nous serons emportés en l'air au-devant de Jésus'. 35

Et remarquez, généreux Romains, que Saul Paul n'annonçait ces belles choses aux fripiers et épiciers de Thessalonique, qu'en conséquence de la prédiction formelle de Luc, qui avait assuré publiquement, (*f*) c'est-à-dire à quinze ou seize élus de la populace, que la génération ne passerait pas sans que le fils de l'homme vint dans les nuées avec une grande puissance et une grande majesté. [10] O Romains! si Jésus ne vint pas dans les nuées avec une grande puissance, du moins les papes ont eu cette grande puissance; et c'est ainsi que les prophéties s'accomplissent.

Celui qui écrit cette épître aux Romains, n'est pas encore une fois ce Saul Paul, moitié juif, moitié chrétien, qui ayant prêché Jésus et ayant annoncé la destruction de la loi mosaïque, alla non seulement judaïser dans le temple de Hershalaïm, nommé vulgairement Jérusalem; mais encore y observer d'anciennes pratiques rigoureuses par le conseil de son ami Jacques; (*g*) et qui fit précisément ce que la sainte inquisition chrétienne punit aujourd'hui de mort.

Celui qui vous écrit n'a été ni valet de prêtre, ni meurtrier, ni

(*d*) I. aux Thessal. ch.iv, v.16, 17.
(*e*) I. Thessal. ch.iv.
(*f*) Luc, ch.xxi.
(*g*) Actes, ch.xxi.

28   w68: petit troupeau thessalonique
35   68a: emportés dans l'air

[10] Luke 21:27, 32.

gardeur de manteaux, ni apostat, ni faiseur de tentes, ni englouti au fond de la mer comme Jonas pendant vingt-quatre heures, [11] ni emporté au troisième ciel comme Elie, [12] sans savoir ce que c'est que ce troisième ciel. 55

Celui qui vous écrit est plus citoyen que ce Saul Paul, qui se vante, dit-on, de l'être, et qui certainement ne l'était pas; [13] car s'il était de Tarsis, cette ville ne fut colonie romaine que sous 60 Caracalla; s'il était né en Giscala en Galilée, ce qui est bien plus vraisemblable, puisqu'il était de la tribu de Benjamin, on sait assez que ce bourg juif n'était pas une ville romaine; on sait que ni à Tarsis, ni ailleurs on ne donnait pas la bourgeoisie romaine à des Juifs. L'auteur des *Actes des apôtres* (h) avance que ce Juif Paul et un 65 autre Juif nommé Silas furent saisis par la justice dans la ville de Philippe en Macédoine (ville fondée par le père d'Alexandre, et près de laquelle la bataille entre Cassius et Brutus d'un côté, et Antoine et Octave de l'autre, décida de votre empire); Paul et Silas furent fouettés pour avoir ému la populace; et Paul dit aux 70 huissiers, (i) 'On nous a fouettés, nous qui sommes citoyens romains'. Les commentateurs avouent bien que ce Silas n'était pas citoyen romain. Ils ne disent pas que l'auteur des *Actes* en a menti; mais ils conviennent qu'il a dit la chose qui n'est pas; et j'en suis fâché pour le Saint-Esprit qui a sans doute dicté les *Actes des* 75 *apôtres*.

Enfin celui qui écrit aux descendants des Marcellus, des

(h) Ch.xvi, v.37.
(i) Actes, ch.xvi, v.37.

61   68A, K84: né à Giscala
77-78   w68: des Scipion, des Caton, des Cicéron, des Titus,

[11] Jonah 2.
[12] 2 Kings 2; 2 Corinthians 12:2.
[13] The following discussion of Paul's birthplace is derived from Augustin Calmet's commentary on Acts 16:37 in *Commentaire littéral sur tous les livres de l'Ancien et du Nouveau testament*. Marks on the page show that Voltaire read the passage (*CN*, vol.2, p.188).

Scipions, des Catons, des Cicérons, des Titus, des Antonins, est un gentilhomme romain, d'une ancienne famille transplantée; mais qui chérit son antique patrie, qui gémit sur elle, et dont le cœur est 80
au capitole.

Romains, écoutez votre concitoyen, écoutez Rome et votre ancien courage.

L'Italico valor non è ancor morto. [14]

Article second

J'ai pleuré dans mon voyage chez vous, quand j'ai vu des 85
Zocolanti [15] occuper ce même capitole où Paul Emile mena le roi Persée, le descendant d'Alexandre, lié à son char de triomphe; [16] ce temple où les Scipions firent porter les dépouilles de Carthage, [17] où Pompée triompha de l'Asie, de l'Afrique et de l'Europe; [18] mais j'ai versé des larmes plus amères quand je me suis souvenu du festin 90
que donna César à nos ancêtres, servi à vingt-deux mille tables, [19] et quand j'ai comparé ces *congiaria*, les distributions immenses de froment avec le peu de mauvais pain que vous mangez aujourd'hui, et que la chambre apostolique vous vend fort cher. [20] Hélas! il ne

92   K84: *congiaria*, ces distributions

[14] 'Italian valour is not yet dead': apparently Voltaire's own version of Petrarch's 'Ché l'antico valore / Ne l'italici cor non è ancor morto' ('For the old valour / In Italian hearts is not yet dead', canzone 'Italia mia', *Rime sparse*, no.128, lines 95-96). Quoted by Machiavelli at the end of *The Prince*.

[15] Reformed Franciscan monks.

[16] Voltaire evokes the splendour of ceremonies described by Plutarch in his *Lives*, 'Aemilius Paulus', ch.32-34, and by Charles Rollin, *Histoire romaine*, 16 vol. (Paris, 1742-1752), vol.7, p.297-305. Voltaire owned and annotated both these works.

[17] Rollin, *Histoire romaine*, vol.6, p.475.

[18] Plutarch, *Lives*, 'Pompey', ch.14, 45; Rollin, *Histoire romaine*, vol.10, p.312-13; vol.12, p.55-61.

[19] Plutarch, *Lives*, 'Caesar', ch.55; Rollin, *Histoire romaine*, vol.14, p.278.

[20] The system of public granaries was described by J.-B. Labat, *Voyages en Espagne et en Italie*, 8 vol. (Paris, Delespine, 1730, BV1790), vol.3, p.202.

vous est pas permis d'ensemencer vos terres sans les ordres de ces   95
apôtres; mais avec quoi les ensemenceriez-vous? Il n'y a pas un
citadin parmi vous, excepté quelques habitants du quartier
Transtevère, qui possède une charrue. Votre Dieu a nourri cinq
mille hommes, sans compter les femmes et les enfants, avec cinq
pains et deux goujons, selon saint Jean,[21] et quatre mille hommes,   100
selon Matthieu. (*j*) Pour vous, Romains, on vous fait avaler le
goujon sans vous donner du pain; et les successeurs de Lucullus[22]
sont réduits à la sainte pratique du jeûne.

Votre climat n'a guère changé, quoi qu'on en dise. Qui donc a
pu changer à ce point votre terrain, vos fortunes et vos esprits?   105
D'où vient que la campagne depuis les portes de Rome à Ostie n'est
remplie que de reptiles? Pourquoi de Montefiascone à Viterbe, et
dans tout le terrain par lequel la voie Appienne vous conduit encore
à Naples, un vaste désert a-t-il succédé à ces campagnes autrefois
couvertes de palais, de jardins, de moissons et d'une multitude   110
innombrable de citoyens?[23] J'ai cherché le Forum Romanum de
Trajan, cette place pavée de marbre en forme de réseau, entourée
d'un péristyle à colonnades, chargé de cent statues; j'ai trouvé
Campo Vacino, le marché aux vaches, et malheureusement aux
vaches maigres et sans lait. J'ai dit, où sont ces deux millions de   115

(*j*) Matthieu au chapitre xiv, compte cinq mille hommes et cinq pains,
et au chapitre xv quatre mille hommes et cinq pains; apparemment ce sont
deux miracles qui font en tout neuf mille hommes et neuf mille femmes
pour le moins; et si vous y ajoutez neuf mille petits enfants, le tout se
monte à vingt-sept mille déjeuners; cela est considérable.   5

101   w68: selon saint Mattieu
102   68A: donner de pain;
104   k84: n'a jamais changé,
113   k84: colonnades, chargée de

[21] John 6:10-13.
[22] Plutarch, *Lives*, 'Lucullus', ch.39-41; Rollin, *Histoire romaine*, vol.ii, p.452-65.
[23] Picture of devastation based on Gilbert Burnet, *Burnet's travels* (London, 1738)
letter 4, p.149.

Romains dont cette capitale était peuplée? j'ai vérifié qu'année commune il n'y naît aujourd'hui que 3500 enfants; de sorte que sans les Juifs, les prêtres et les étrangers, Rome ne contiendrait pas cent mille habitants. [24] Je demandais à qui appartient ce bel édifice que je vois entouré de masures, on me répondit, à des moines; c'était autrefois la maison d'Auguste, ici logeait Cicéron, là demeurait Pompée: des couvents sont bâtis sur leurs ruines. [25]

O Romains! mes larmes ont coulé, et je vous estime assez pour croire que vous pleurez avec moi.

Article troisième

On m'a fait comprendre qu'un vieux prêtre élu pape par d'autres prêtres, ne peut avoir ni le temps, ni la volonté de soulager votre misère. Il ne peut songer qu'à vivre. Quel intérêt prendrait-il aux Romains? Rarement est-il Romain lui-même? Quel soin prendra-t-il d'un bien qui ne passera point à ses enfants? [26] Rome n'est pas son patrimoine comme il était devenu celui des Césars, c'est un bénéfice ecclésiastique: la papauté est une espèce d'abbaye commendataire, [27] que chaque abbé ruine pendant sa vie: les Césars avaient un intérêt réel à rendre Rome florissante, les patriciens en avaient un bien plus grand du temps de la république: on n'obtenait les dignités qu'en charmant le peuple par des bienfaits, en forçant ses suffrages par l'apparence des vertus, en

120

125

130

135

---

119   w68: je demandai à

[24] Voltaire approximates the results of the census of 1709. In 1768 Rome had 158,906 inhabitants. Ludwig Pastor, *The History of the popes*, 40 vol. (London, 1938-1968), vol.36, p.173.

[25] Compare with Montesquieu, *Voyages*, in *Œuvres complètes*, ed. André Masson, 3 vol. (Paris, 1950-1955), vol.2, p.1138, 1173.

[26] Explanation given by Burnet, *Burnet's travels*, letter 4, p.150; also by abbé Claude Fleury, 'Discours sur l'histoire de l'Eglise du onzième au treizième siècle', in *Histoire ecclésiastique*, book 5, ch.10, p.ix.

[27] A benefice which allowed the holder to use all profits for himself.

servant l'état par des victoires; un pape se contente d'avoir de l'argent et du pain azyme, et ne donne que des bénédictions à ce peuple qu'on appelait autrefois 'le peuple roi'.

Votre premier malheur vint de la translation de l'empire de Rome à l'extrémité de la Thrace. Constantin élu empereur par quelques cohortes barbares au fond de l'Angleterre, triompha de Maxence élu par vous. Maxence noyé dans le Tibre au fort de la mêlée, laissa l'empire à son concurrent; [28] mais le vainqueur alla se cacher au rivage de la mer Noire; il n'aurait pas fait plus s'il avait été vaincu. Souillé de débauches et de crimes, assassin de son beau-père, de son beau-frère, de son neveu, de son fils et de sa femme, en horreur aux Romains, il abandonna leur ancienne religion sous laquelle ils avaient conquis tant d'états, et se jeta dans les bras des chrétiens, qui lui avaient fourni l'argent auquel il était redevable du diadème; ainsi il trahit l'empire dès qu'il en fut possesseur; et en transplantant sur le Bosphore ce grand arbre qui avait ombragé l'Europe, l'Afrique et l'Asie mineure, il en desséca les racines.

Votre seconde calamité fut cette maxime ecclésiastique, citée dans un poème français très célèbre intitulé *Le Lutrin*; mais trop sérieusement véritable.

'Abîme tout plutôt, c'est l'esprit de l'église'. [29]

L'Eglise combattit l'ancienne religion de l'empire en déchirant elle-même ses entrailles, en se divisant avec autant de fureur que d'imprudence, sur cent questions incompréhensibles dont on n'avait jamais entendu parler auparavant. Les sectes chrétiennes se poursuivant l'une l'autre à feu et à sang pour des chimères métaphysiques, pour des sophismes de l'école, se réunissaient pour ravir les dépouilles des prêtres fondés par Numa; ils ne se

140 68A, NM: translation du siège de l'empire
145 68A: fait pis s'il
164-65 w68: Numa; elles ne se donnèrent point de repos qu'elles n'eussent

[28] Fleury, *Histoire ecclésiastique*, book 9, ch.23, 44.
[29] Boileau, *Le Lutrin*, canto 1, line 186.

donnèrent point de repos qu'ils n'eussent détruit l'autel de la   165
Victoire dans Rome.

Saint Ambroise[30] de soldat devenu évêque de Milan sans avoir
été seulement diacre, et votre Damase, devenu par un schisme
évêque de Rome,[31] jouirent de ce funeste succès. Ils obtinrent
qu'on démolît l'autel de la Victoire[32] élevé dans le capitole depuis   170
près de huit cents ans; monument du courage de vos ancêtres, qui
devait perpétuer la valeur de leurs descendants. Il s'en faut bien que
la figure emblématique de la Victoire fût une idolâtrie comme celle
de votre Antoine de Padoue, qui 'exauce ceux que Dieu n'exauce
pas'; celle de François d'Assise, qu'on voyait dans l'église de   175
Rheims en France avec cette inscription, 'A François et Jésus tous
deux crucifiés': celle de saint Crépin, de sainte Barbe et tant
d'autres, et le sang d'une vingtaine de saints qui se liquéfie dans
Naples à jour nommé, à la tête desquels est le patron Gennaro[33]
inconnu au reste de la terre, et le prépuce et le nombril de Jésus, et   180
le lait de sa mère, et son poil, et sa chemise, supposé qu'elle en eût,
et son cotillon. Voilà des idolâtries aussi plates qu'avérées; mais
pour la Victoire posée sur un globe et déployant ses ailes, une épée
dans la main, et des lauriers sur la tête, c'était la noble devise de
l'empire romain, le symbole de la vertu. Le fanatisme vous enleva   185
le gage de votre gloire.

167-68   68A, NM: sans avoir seulement été diacre,
175   K84: voyait sur la porte d'une église de
185-86   68A: enleva ce gage

[30] Elected bishop of Milan in 374 without having been either baptised or ordained.
Fleury, *Histoire ecclésiastique*, book 17, ch.21.

[31] The election of Damasus in 366 was followed by an armed conflict with his rival
Ursinus. Fleury, *Histoire ecclésiastique*, book 16, ch.8.

[32] The removal of the altar was part of repressive measures instituted by Gratian
(Roman emperor 375-383) against pagan worship. Fleury, *Histoire ecclésiastique*,
book 18, ch.31, 32.

[33] Miracle discussed by Conyers Middleton, *Lettre écrite de Rome* (Amsterdam,
1744, BV2068), p.251-52.

De quel front ces nouveaux énergumènes ont-ils osé substituer des Rochs, des Fiacres, des Eustaches, des Ursules, des Nicaises, des Scholastiques[34] à Neptune qui présidait aux mers, à Mars le dieu de la guerre, à Junon dominatrice des airs sous l'empire du grand Zeus, de l'éternel Demiourgos, maître des éléments, des dieux et des hommes? Mille fois plus idolâtres que vos ancêtres, ces insensés vous ont fait adorer des os de morts. Ces plagiaires de l'antiquité ont pris l'eau lustrale des Romains et des Grecs, leurs processions, la confession pratiquée dans les mystères de Cérès et d'Isis, l'encens, les libations, les hymnes, tout, jusqu'aux habits des prêtres.[35] Ils dépouillèrent l'ancienne religion et se parèrent de ses vêtements. Ils se prosternent encore aujourd'hui devant des statues et des images d'hommes ignorés, en reprochant continuellement aux Périclès, aux Solons, aux Miltiades, aux Cicérons, aux Scipions, aux Catons d'avoir fléchi les genoux devant les emblèmes de la divinité.

Que dis-je! y a-t-il un seul événement dans l'Ancien et le Nouveau Testament qui n'ait été copié des anciennes mythologies indiennes, chaldéennes, égyptiennes et grecques? Le sacrifice d'Idoménée n'est-il pas visiblement l'origine de celui de Jephté? La biche d'Iphigénie n'est-elle pas le bélier d'Isaac? Ne voyez-vous pas Euridice dans Edith, femme de Loth? Minerve et le cheval Pégase en frappant des rochers en firent sortir des fontaines; on attribue le même prodige à Moyse; Bacchus avait passé la mer Rouge à pied sec avant lui, et il avait arrêté le soleil et la lune avant Josué.[36] Mêmes fables, mêmes extravagances de tous les côtés.

Il n'y a pas un seul fait miraculeux dans les Evangiles que vous

---

188-89   w68: des Roch, des Fiacre, des Eustache, des Ursule, des Nicaise, des Scholastique à Neptune

[34] Well-established saints of the Catholic calendar whose lives are given by Pedro de Ribadeneyra, *Les Nouvelles Fleurs des vies des saints* (BV2970).

[35] Comparisons inspired by Middleton, *Lettre écrite de Rome*, p.289-96.

[36] Voltaire inverts comparisons drawn by Pierre Daniel Huet, *Demonstratio evangelica* (BV1690), proposition 4.

ne trouviez dans des écrivains bien antérieurs. La nymphe
Amalthée avait sa corne d'abondance avant qu'on eût dit que   215
Jésus avait nourri cinq mille hommes, sans compter les femmes,
avec deux poissons. Les filles d'Anius avaient changé l'eau en vin et
en huile, quand on n'avait pas encore parlé des noces de Cana.
Athalide, Hippolite, Alceste, Pélops, Hérès étaient ressuscités
quand on ne parlait pas encore de la résurrection de Jésus; et   220
Romulus était né d'une vestale plus de sept cents ans avant que
Jésus passât pour être né d'une vierge.[37] Comparez et jugez.

Article quatrième

Quand on eut détruit votre autel de la Victoire, les barbares
vinrent, qui achevèrent ce que les prêtres avaient commencé.
Rome devint la proie et le jouet des nations qu'elle avait si   225
longtemps ou gouvernées, ou réprimées.

Toutefois vous aviez encore des consuls, un sénat, des lois
municipales; mais les papes vous ont ravi ce que les Huns, les
Hérules, les Goths vous avaient laissé.

Il était inouï qu'un prêtre osât affecter les droits régaliens dans   230
aucune ville de l'empire. On sait assez dans toute l'Europe, excepté
dans votre chancellerie, que jusqu'à Grégoire VII,[38] votre pape
n'était qu'un évêque métropolitain, toujours soumis aux empereurs
grecs, puis aux empereurs francs, puis à la maison de Saxe, recevant
d'eux l'investiture, obligés d'envoyer leur profession de foi à   235
l'évêque de Ravenne et à celui de Milan, comme on le voit

214-15   K84: la chèvre Amalthée
235   w68: obligé d'envoyer
       K84: obligé d'envoyer sa profession

[37] Huet, *Demonstratio evangelica*, proposition 9.
[38] Claiming sovereignty over all the countries of Europe, Gregory VII (pope
from 1073 to 1085) asserted the papal right to excommunicate and to depose
monarchs. Fleury, *Histoire ecclésiastique*, book 62, ch.32; book 63, ch.10, 11.

expressément dans votre *Diarium romanum*.[39] Son titre de patriarche en Occident lui donnait un très grand crédit, mais aucun droit à la souveraineté. Un prêtre roi était un blasphème dans une religion, dont le fondateur a dit en termes exprès dans l'évangile, 'il n'y aura parmi vous ni premier, ni dernier'.[40] Romains, pesez bien ces autres paroles qu'on met dans la bouche de Jésus: (*k*) 'Il ne dépend pas de moi de vous mettre à ma droite ou à ma gauche, mais seulement de mon père', etc. Sachez d'ailleurs que tous les Juifs appelaient et qu'ils appellent encore fils de Dieu, un homme juste;[41] demandez-le aux huit mille Juifs qui vendent des haillons parmi vous, comme ils en ont toujours vendu, et observez avec toute votre attention les paroles suivantes: (*l*) 'que celui qui voudra devenir grand parmi vous soit réduit à vous servir. Le fils de l'homme n'est pas venu pour être servi, mais pour servir'.

En vérité ces mots clairs et précis signifient-ils; que le pape Boniface VIII a dû écraser la maison Colonne?[42] qu'Alexandre VI[43] a dû empoisonner tant de barons romains; et qu'enfin l'évêque de Rome a reçu de Dieu dans des temps d'anarchie le duché de Rome, celui de Ferrare, le Bolonais, la

240

245

250

255

(*k*) Matthieu, ch.xx, v.23.
(*l*) Idem. v.26, 27 et 28.

253 68A, NM: empoisonner, assassiner tant

[39] *Liber diurnus romanorum pontificum* (*Patrologia latina*, vol.105, col.22-120).
[40] Conveys the meaning of Mark 9:35.
[41] Explanation given in the article 'Messie' of the *Encyclopédie* (vol.10, p.405), which Voltaire includes in the *Sermon du rabin Akib* (*OCV*, vol.52, p.527), the *Catéchisme de l'honnête homme* (*OCV*, vol.24, p.530), and the *Dictionnaire philosophique* and *Questions sur l'Encyclopédie* articles 'Messie' (1764 and 1771; *OCV*, vol.36, p.359-60; *M*, vol.20, p.71).
[42] The Colonna were excommunicated, deprived of land and barred from ecclesiastic and secular posts in 1297 because they refused to recognise the pontificate of Boniface VIII. Fleury, *Histoire ecclésiastique*, book 89, ch.49.
[43] He died in 1503 allegedly of poison prepared for guests whose land he wished to seize for his son Cesare Borgia. Fleury, *Histoire ecclésiastique*, book 104, ch.55.

marche d'Ancone, le duché de Castro et Ronciglione; [44] et tout le pays depuis Viterbe jusqu'à Terracine, contrées ravies à leurs légitimes possesseurs? Romains, serait-ce pour le seul Rezzonico [45] que Jésus aurait été envoyé de Dieu sur la terre?

Article cinquième

Vous m'allez demander par quels ressorts cette étrange révolution s'est pu opérer contre toutes les lois divines et humaines? Je vais vous le dire, et je défie le plus emporté fanatique, auquel il restera une étincelle de raison, et le plus déterminé fripon qui aura conservé dans son âme un reste de pudeur, de résister à la force de la vérité, s'il lit avec l'attention que mérite un examen si important.

Il est certain et personne n'en doute, que les premières sociétés galiléennes, nommées depuis chrétiennes, furent cachées dans l'obscurité et rampèrent dans la fange; il est certain que lorsque les chrétiens commencèrent à écrire, ils ne confiaient leurs livres qu'à des initiés à leurs mystères; on ne les communiquait pas même aux catéchumènes; encore moins aux partisans de la religion impériale. Nul Romain ne sut jusqu'à Trajan qu'il y avait des évangiles; aucun auteur grec ou romain n'a jamais cité ce mot évangile; Plutarque, Lucien, Pétrone, Apulée qui parlent de tout, ignorent absolument qu'il y eût des évangiles; et cette preuve parmi cent autres preuves démontre l'absurdité des auteurs qui prétendent aujourd'hui, ou plutôt qui feignent de prétendre que les disciples de Jésus moururent pour soutenir la vérité de ces évangiles dont les Romains n'entendirent jamais parler pendant deux cents années. Les Galiléens demi-juifs, demi-chrétiens, séparés des disciples de Jean, des thérapeutes, des esséniens, des judaïtes, des hérodiens, des saducéens et des pharisiens, grossirent

260

265

270

275

280

---

[44] On these annexations see Voltaire's *Les Droits des hommes et les usurpations des autres* (*OCV*, vol.67, p.147-71, especially p.159-66).

[45] Carlo Rezzonico was the name of Clement XIII, pope from 1758 to 1769.

leur petit troupeau dans le bas peuple, non pas assurément par le
moyen des livres, mais par l'ascendant de la parole, mais en 285
catéchisant des femmes, (*m*) des filles, des enfants, mais en courant
de bourgade en bourgade; en un mot comme toutes les sectes
s'établissent.

En bonne foi, Romains, qu'auraient répondu vos ancêtres si
saint Paul, ou Simon Barjone, [46] ou Matthias, ou Matthieu, ou Luc 290
avaient comparu devant le sénat, s'ils avaient dit; notre Dieu Jésus
qui a passé toute sa vie pour le fils d'un charpentier, est né l'an 752
de la fondation de Rome, sous le gouvernement de Cirénius, (*n*)
dans un village juif nommé Bethléem, où son père Joseph et sa
mère Mariah étaient venus se faire inscrire, quand Auguste 295
ordonna le dénombrement de l'univers. Dieu naquit dans une
étable entre un bœuf et un âne, (*o*) les anges descendirent du ciel à
sa naissance, et en avertirent tous les paysans; [47] une étoile nouvelle
éclata dans les cieux et conduisit vers lui trois rois ou trois mages
d'Orient, qui lui apportèrent en tribut de l'encens, de la myrrhe et 300
de l'or; [48] et malgré cet or il fut pauvre toute sa vie. Hérode, qui se

(*m*) Actes ch.xvi, v.13 et 14.

(*n*) Luc, ch.ii, v.1, 2, 3, etc.

(*o*) Il est reçu dans toute la chrétienté que Jésus naquit entre un bœuf et
un âne: cependant il n'en est pas dit un mot dans les évangiles; c'est une
imagination de Justin: Lactance en parle, ou du moins l'auteur d'un
mauvais poème sur la passion attribué à ce Lactance.

> *Hic mihi fusa dedit bruta inter inertia primum*   5
> *Arida in angustis presepibus herba cubile.* [49]

n.*o*   κ84: naquit dans une étable entre

[46] Peter was called Simon son of Jona (Matthew 16:17). The word 'bar' means 'son
of' in Aramaic.

[47] Luke 2:8-14.

[48] Matthew 2:1-11.

[49] 'Here dry grass spread in a narrow manger, gave me amid slumbering beasts
my first bed', Lactantius, *De passione Domini*, lines 16-17 (*Patrologia latina*, vol.7,
col.283); Justin, *Dialogus cum Tryphone*, ch.78.

mourait alors, Hérode que vous aviez fait roi, ayant appris que le
nouveau-né était roi des Juifs, fit égorger quatorze mille enfants
nouveau-nés des environs, afin que ce roi fût compris dans leur
nombre. (*p*) Cependant un de nos écrivains inspirés de Dieu dit (*q*)   305
que l'enfant Dieu et roi s'enfuit en Egypte, et un autre écrivain non
moins inspiré de Dieu dit que l'enfant resta à Bethléem: (*r*) un des
mêmes écrivains sacrés et infaillibles lui fait une généalogie royale;
un autre écrivain sacré lui compose une généalogie royale
entièrement contraire. [50] Jésus prêche des paysans: Jésus garçon   310
de la noce change l'eau en vin pour des paysans déjà ivres. (*s*) Jésus
est emporté par le diable sur une montagne, [51] Jésus chasse les
diables et les envoie dans le corps de deux mille cochons dans la
Galilée où il n'y eut jamais de cochons. [52] Jésus dit des injures
atroces aux magistrats. [53] Le préteur Pontius le fait pendre. Il   315
manifeste sa divinité sitôt qu'il est pendu, la terre tremble, [54] tous
les morts sortent de leurs tombeaux, et se promènent dans la ville
aux yeux de Pontius. Il se fait une éclipse centrale du soleil [55] en
plein midi, dans la pleine lune, quoique la chose soit impossible.
Jésus ressuscite secrètement, monte au ciel, et envoie publique-   320
ment un autre Dieu, qui tombe en plusieurs langues de feu sur les
têtes de ses disciples. [56] Que ces mêmes langues tombent sur vos
têtes, pères conscrits, faites-vous chrétiens.

(*p*) Matt. ch.ii, v.16.
(*q*) Idem. v.14.
(*r*) Luc, ch.ii, v.39.
(*s*) Jean, ch.ii, v.10.

312-13   68A: chasse des diables

[50] Matthew 1:1-17; Luke 3:23-38.
[51] Matthew 4:5; Luke 4:5.
[52] Matthew 8:32; Mark 5:13.
[53] Matthew 23.
[54] Matthew 27:51-53.
[55] Mark 15:33; Matthew 27:45.
[56] Acts 2:3.

Si le moindre huissier du sénat avait daigné répondre à ce discours, il leur aurait dit, vous êtes des fourbes insensés, qui méritez d'être renfermés dans l'hôpital des fous. Vous en avez menti quand vous dîtes que votre Dieu naquit en l'an de Rome sept cent cinquante-deux, sous le gouvernement de Cirénius proconsul de Syrie;[57] Cirénius ne gouverna la Syrie que plus de dix ans après; nos registres[58] en font foi: c'était Quintilius Varus, qui était alors proconsul de Syrie.

Vous en avez menti quand vous dîtes qu'Auguste ordonna le dénombrement de l'univers. Vous êtes des ignorants qui ne savez pas qu'Auguste n'était pas le maître de la dixième partie de l'univers. Si vous entendez par l'univers l'empire romain, sachez que ni Auguste, ni personne n'a jamais entrepris un tel dénombrement. Sachez qu'il n'y eut qu'un seul cens des citoyens de Rome et de son territoire sous Auguste, et que ce cens se monta à quatre millions de citoyens; et à moins que votre charpentier Joseph et sa femme Mariah n'aient fait votre Dieu dans un faubourg de Rome, et que ce charpentier juif n'ai été un citoyen romain, il est impossible qu'il ait été dénombré.

Vous en avez ridiculement menti avec vos trois rois et la nouvelle étoile, et les petits enfants massacrés, et avec vos morts ressuscités et marchant dans les rues à la vue de Pontius Pilatus, qui ne nous en a jamais écrit un seul mot, etc. etc.

Vous en avez menti avec votre éclipse du soleil en pleine lune;[59] notre préteur Pontius Pilatus nous en aurait écrit quelque chose, et nous aurions été témoins de cette éclipse avec toutes les nations de la terre. Retournez à vos travaux journaliers, paysans fanatiques, et rendez grâces au sénat, qui vous méprise trop pour vous punir.

---

[57] Inconsistencies brought out by Calmet in his commentary on Luke 2:2. Voltaire left a mark beside this passage in his copy (*CN*, vol.2, p.246).

[58] Tacitus, *History*, V.9.

[59] Astronomical problem examined by Calmet in his commentary on Matthew 27:45.

Article sixième

Il est clair que les premiers chrétiens demi-juifs, se gardèrent bien de parler aux sénateurs de Rome, ni à aucun homme en place, ni à aucun citoyen au-dessus de la lie du peuple. Il est avéré qu'ils ne s'adressèrent qu'à la plus vile canaille; c'est devant elle qu'ils se vantèrent de guérir les maladies des nerfs, les épilepsies, les convulsions de matrice, que l'ignorance regardait partout comme des sortilèges, comme des obsessions des mauvais génies, chez les Romains ainsi que chez les Juifs, chez les Egyptiens, chez les Grecs, chez les Syriens. Il était impossible qu'il n'y eût quelque malade de guéri; les uns l'étaient au nom d'Esculape; et l'on a même retrouvé depuis peu à Rome un monument d'un miracle d'Esculape avec les noms des témoins: [60] les autres étaient guéris au nom d'Isis ou de la déesse de Syrie, les autres au nom de Jésus, etc. La canaille guérie en ce nom croyait à ceux qui l'annonçaient.

Article septième

Les chrétiens s'établissaient parmi le peuple par ce moyen qui séduit toujours le vulgaire ignorant; ils avaient encore un ressort bien plus puissant; ils déclamaient contre les riches, ils prêchaient la communauté des biens; dans leurs associations secrètes ils engageaient leurs néophytes à leur donner le peu d'argent gagné à la sueur de leur front; ils citaient le prétendu exemple de Saphira et d'Anania, (*t*) que Simon Barjone surnommé Céphas, qui signifie

(*t*) Actes, ch.v, v.i jusqu'au 11.

367   K84: chrétiens s'établissent parmi

[60] The Temple of Aesculapius and the cures practised by early Christians were described by Conyers Middleton, *A Free Inquiry into the miraculous powers which are supposed to have subsisted in the Christian Church from the earliest ages through several successive centuries* (London, 1749), p.75-96.

355
360
365
370

Pierre,[61] avait fait mourir de mort subite pour avoir gardé un écu, premier et détestable exemple des rapines ecclésiastiques. 375

Mais ils n'auraient pu parvenir à tirer ainsi l'argent de leurs néophytes, s'ils n'avaient prêché la doctrine des philosophes cyniques, qui était l'esprit de désappropriation; cela ne suffisait pas encore pour établir un troupeau nombreux; il y avait longtemps que la fin du monde était annoncée;[62] vous la trouverez dans 380 Epicure,[63] dans Lucrèce son plus illustre disciple: Ovide du temps d'Auguste avait dit:

> *Esse quoque in fatis meminisceret adfore tempus,*
> *Quo mare, quo tellus correptaque regia cœli*
> *Ardeat et mundi moles operosa laboret.*[64] 385

Selon les autres un concours fortuit d'atomes avait formé le monde, un autre concours fortuit devait le démolir.

> *Quod superest nunc me huc rationum detulit ordo*
> *Ut mihi, mortali, consistere corpore mundum*
> *Nativumque simul ratio reddenda sit esse.*[65] 390

Cette opinion venait originairement des brahmanes de l'Inde; plusieurs Juifs l'avaient embrassée du temps d'Hérode; elle est formellement dans l'évangile de Luc, comme vous l'avez vu;[66] elle

---

[61] It was Jesus who gave Simon the name Cephas (Peter in its Latin form), which means 'rock' in Aramaic. John 1:42.

[62] Calmet provided most of Voltaire's references on the subject in 'Dissertation sur la fin du monde, et sur l'état du monde après le dernier Jugement', in *Commentaire littéral*, 24 vol. (Paris, 1707-1716), vol.23, p.lviii-lxxxv.

[63] In *Letter to Pythocles*.

[64] 'Esse quoque in fatis reminiscitur...' (Ovid, *Metamorphoses*, I.256-58): 'He remembered that the Fates have appointed the time when the sea, the earth and the palace of the heavens will be consumed by flames and the mass of the world destroyed by fire'.

[65] 'Quod superest nunc me huc rationis...' and 'simul ratio reddunda' (Lucretius, *De rerum natura*, V.64-66): 'Now the plan of my treaty leads me to explain how the world itself is mortal and therefore subject to the necessity of birth'.

[66] Luke 21:27; see above, p.133, lines 38-42.

est dans les épîtres de Paul, [67] elle est dans tous ceux qu'on appelle
pères de l'église. Le monde allait donc être détruit; les chrétiens   395
annonçaient une nouvelle Jérusalem, qui paraissait dans les airs
pendant la nuit. (*u*) On ne parlait chez les Juifs que d'un nouveau
royaume des cieux; c'était le système de Jean-Baptiste, qui avait
remis en vogue dans le Jourdain l'ancien baptême des Indiens dans
le Gange, baptême reçu chez les Egyptiens, baptême adopté par les   400
Juifs. Ce nouveau royaume des cieux où les seuls pauvres devaient
aller, et dont les riches étaient exclus, fut prêché par Jésus et ses
adhérents; [68] on menaçait de l'enfer éternel ceux qui ne croiraient
pas au nouveau royaume des cieux: [69] cet enfer inventé par le
premier Zoroastre fut ensuite un point principal de la théologie   405
égyptienne; c'est d'elle que vinrent la barque à Caron, Cerbère, le
fleuve Léthé, le Tartare, les Furies; c'est d'Egypte que cette idée
passa en Grèce, et de là chez les Romains; les Juifs ne la connurent
jamais jusqu'au temps où les pharisiens la prêchèrent un peu avant
le règne d'Hérode; une de leurs contradictions était d'admettre un   410
enfer en admettant la métempsycose; mais peut-on chercher du
raisonnement chez les Juifs? ils n'en ont jamais eu qu'en fait
d'argent. Les saducéens, les samaritains rejetèrent l'immortalité de
l'âme, parce qu'en effet elle n'est dans aucun endroit de la loi
mosaïque.   415
Voilà donc le grand ressort dont les premiers chrétiens tous
demi-juifs se servirent pour donner de l'activité à la machine
nouvelle, communauté de biens, repas secrets, mystères cachés,

(*u*) Voyez l'apocalypse attribué à Jean, à Justin et Tertullien. [70]

n.*u*   68A: l'apocalypse attribuée à Jean, et Justin et Tertullien
        K84: l'apocalypse attribué à Jean, Justin, et Tertullien

[67] 1 Thessalonians 5:1-2.
[68] Matthew 19:24.
[69] Luke 10:15.
[70] Apocalypse 21:2; Justin, *Dialogus cum Tryphone*, ch.81; Tertullian, *Adversus Marcionem*, III.24.

évangiles lus aux seuls initiés, paradis aux pauvres, enfer aux riches, exorcismes de charlatans; voilà, dis-je, dans l'exacte vérité les premiers fondements de la secte chrétienne. Si je me trompe, ou plutôt si je veux tromper, je prie le Dieu de l'univers, le Dieu de tous les hommes, de sécher ma main [71] qui écrit ce que je pense, de foudroyer ma tête convaincue de l'existence de ce Dieu bon et juste, et de m'arracher un cœur qui l'adore. 420 425

Article huitième

Romains, développons maintenant les artifices, les fourberies, les actes de faussaires que les chrétiens eux-mêmes ont appelés fraudes pieuses, fraudes qui vous ont enfin coûté votre liberté et vos biens, et qui ont plongé les vainqueurs de l'Europe dans l'esclavage le plus déplorable. Je prends encore Dieu à témoin, que je ne vous dirai pas un seul mot qui ne soit prouvé. Si je voulais employer toutes les armes de la raison contre le fanatisme, tous les traits perçants de la vérité contre l'erreur, je vous parlerais d'abord de cette quantité prodigieuse d'évangiles [72] qui se sont contredits, et qu'aujourd'hui vos papes mêmes reconnaissent pour faux: ce qui démontre qu'au moins il y a eu des faussaires parmi les premiers chrétiens; mais c'est une chose assez connue. Il faut vous montrer des impostures plus communément ignorées, et mille fois plus funestes. 430 435

Première imposture

C'est une superstition bien ancienne que les dernières paroles des vivants étaient des prophéties, ou du moins des maximes sacrées, 440

---

434   68A, NM: qui tous se

[71] Parody of Psalms 137:5 and Job 31.
[72] Voltaire lists fifty apocryphal gospels and offers examples of texts in the *Collection d'anciens évangiles* (*OCV*, vol.69, p.51-218).

des préceptes respectables. On croyait que l'âme prête à se dégager des liens du corps et à moitié réunie avec la divinité, voyait l'avenir et la vérité, qui se montraient alors sans nuage. [73] Suivant ce préjugé, les judeo-christocoles forgent dès le premier siècle de l'église, le *Testament des douze patriarches*, écrit en grec, [74] qui doit servir de prédiction et de préparation au nouveau royaume de Jésus. On trouve dans le *Testament de Ruben* ces paroles: *Proskuneisetai tou spermati autou; oti uper umon apodaneitai, en polemois oratois, kai aorotois kai estai en umon basileus aiônon.* [75] Adorez son sperme; car il mourra pour vous dans des guerres visibles et invisibles, et il sera votre roi éternellement. On applique cette prophétie à Jésus selon la coutume de ceux qui écrivent cinquante-quatre évangiles en divers lieux, et qui presque tous tâchèrent de trouver dans les écrivains juifs, et surtout dans ceux qu'on appelle prophètes, des passages qu'on pouvait tordre en faveur de Jésus; ils en supposèrent même plusieurs évidemment reconnus pour faux. L'auteur de ce *Testament des patriarches* est donc le plus effronté, et le plus maladroit faussaire qui ait jamais barbouillé du papier d'Egypte: car ce livre fut écrit dans Alexandrie, dans l'école d'un nommé Marc.

445

450

455

460

444   68A, K84: judeo-christicoles
452-53   68A, NM, K84: qui écrivirent cinquante-quatre

[73] Introduction inspired by Grabe's preface to *Testamenta XII Patriarcharum, filiorum Jacob*, in *Spicilegium*, vol.1, p.129.

[74] Originally written in Hebrew, the *Testaments* were translated into Greek and interpolated by Christians in the first century.

[75] 'Προσχυνήσετε τῷ σπέρματι αὐτοῦ, ὅτι ὑπὲρ ὑμῶν ἀποθανεῖται ἐν πολέμοις ὁρατοῖς καὶ ἀοράτοις, καὶ ἔσται ἐν ὑμῖν βασιλεὺς αἰώνων', Grabe, *Spicilegium*, vol.1, p.151-52; Johann Albert Fabricius, *Codex pseudepigraphus veteris testamenti* (Hamburg and Leipzig, 1913), p.532.

Seconde imposture principale

Ils supposèrent des lettres du roi d'Edesse à Jésus, et de Jésus à ce prétendu prince, [76] tandis qu'il n'y avait point de roi à Edesse, ville soumise au gouvernement de Syrie, et que jamais le petit prince d'Edesse ne prit le titre de roi; tandis qu'enfin il n'est dit dans aucun évangile que Jésus sût écrire; tandis que s'il avait écrit, il en aurait   465 laissé quelque témoignage à ses disciples. Aussi ces prétendues lettres sont aujourd'hui déclarées actes de faussaires par tous les savants.

Troisième imposture principale, qui en contient plusieurs

On forge des actes de Pilate, [77] des lettres de Pilate, et jusqu'à une histoire de la femme de Pilate; [78] mais surtout les lettres de Pilate   470 sont curieuses: les voici.

'Il est arrivé depuis peu, et je l'ai vérifié, que les Juifs par leur envie se sont attiré une cruelle condamnation; leur Dieu leur ayant promis de leur envoyer son Saint du haut du ciel, qui serait leur roi à bien juste titre, et ayant promis qu'il serait fils d'une vierge; le   475

461   68A: lettres d'un roi
471   K84: curieuses; en voici un fragment:

[76] Apocryphal letters quoted by Eusebius, *Historia ecclesiastica*, I.13; they were written *c.*200 AD in order to push back to apostolic times the foundation of the Church of Edessa. Grabe links Abgarus to a series of Mesopotamian kings of the same name, *Spicilegium*, vol.1, p.3, 314-19. Fabricius cites Saint Augustine's contention that Jesus knew how to write but like Socrates left his teachings to be recorded by his disciples; *Codex apocryphus Novi testamenti*, 2nd ed., 3 vol. (Hamburg, 1719), vol.1, from p.304.

[77] Fabricius, *Codex apocryphus Novi testamenti*, vol.1, p.213-97.

[78] The wife of Pilatus, Claudia Procula, had a dream about the innocence of Jesus during his trial. In *Acta Pilati* or *Nicodemi evangelium*, Fabricius, *Codex apocryphus Novi testamenti*, vol.1, p.242-43.

Dieu des Hébreux l'a envoyé en effet, moi étant président en Judée. Les principaux des Juifs me l'ont dénoncé comme un magicien; je l'ai cru, je l'ai bien fait fouetter, je le leur ai abandonné, ils l'ont crucifié; ils ont mis des gardes auprès de sa fosse; il est ressuscité le troisième jour'. [79]

Je joins à cette supposition celle du rescrit de Tibère au sénat, [80] pour mettre Jésus au rang des dieux de l'empire, et les ridicules lettres du philosophe Sénèque à Paul, et de Paul à Sénèque, [81] écrites en un latin barbare; et les lettres de la vierge Marie à saint Ignace, [82] et tant d'autres fictions grossières dans ce goût: je ne peux pas trop étendre ce dénombrement d'impostures, dont la liste vous effrayerait, si je les comptais une à une.

Quatrième imposture

La supposition la plus hardie peut-être et la plus grossière est celle des prophéties attribuées aux sibylles qui prédisent l'incarnation de Jésus, ses miracles et son supplice en vers acrostiches. [83] Ces bêtises ignorées des Romains étaient l'aliment de la foi des catéchumènes. Elles ont eu cours pendant huit siècles parmi nous, et nous chantons

480

485

490

485-86   68A: ne veux pas

---

[79] *Epistolae duae Pilato tributae ad Tiberium Imperatorem*, in Fabricius, *Codex apocryphus Novi testamenti*, vol.1, p.298-300. Voltaire quotes the letters of Pilatus in *Collection d'anciens évangiles* (*OCV*, vol.69, p.218-20).

[80] Mentioned by Tertullian, *Apologeticus*, ch.5, and Eusebius, *Historia ecclesiastica*, II.2.

[81] *Epistolae Pauli et Senecae*, in Fabricius, *Codex apocryphus Novi testamenti*, vol.2, p.892-904; discussed in the *Questions sur l'Encyclopédie*, article 'Paul' (*M*, vol.20, p.190-91).

[82] *Epistolae apocryphae Mariae Virginis ad Ignatium*, in Fabricius, *Codex apocryphus Novi testamenti*, vol.2, p.841-44; the letters are quoted in the *Questions sur l'Encyclopédie* article 'Apocryphe' (*OCV*, vol.38, p.481).

[83] Verses quoted by Lactantius, *De vera sapientia et religione*, IV.15 (*Patrologia latina*, vol.6, col.493), and by Augustine, *De civitate Dei*, XVIII.23.

encore dans une de nos hymnes, *teste David cum sibylla*, témoin
David et la sibylle.[84]

Vous vous étonnez sans doute qu'on ait pu adopter si longtemps 495
ces méprisables facéties, et mener les hommes avec de pareilles
brides; mais les chrétiens ayant été plongés quinze cents ans dans la
plus stupide barbarie, les livres étant très rares, les théologiens
étant très fourbes, on a tout osé dire à des malheureux capables de
tout croire. 500

Cinquième imposture

Illustres et infortunés Romains, avant d'en venir aux funestes
mensonges qui vous ont coûté votre liberté, vos biens, votre gloire,
et qui vous ont mis sous le joug d'un prêtre, et avant de vous parler
du prétendu pontificat de Simon Barjone, qui siégea, dit-on, à
Rome pendant vingt-cinq années, il faut que vous soyez instruits 505
des *Constitutions apostoliques*,[85] c'est le premier fondement de cette
hiérarchie qui vous écrase aujourd'hui.

Au commencement du second siècle il n'y avait point de
surveillant, d'épiscopos, d'évêque revêtu d'une dignité réelle
pour sa vie, attaché irrévocablement à un certain siège, et distingué 510
des autres hommes par ses habits; tous les évêques mêmes furent
vêtus comme des laïques jusqu'au milieu du cinquième siècle.
L'assemblée était dans la salle d'une maison retirée. Le ministre
était choisi par les initiés, et exerçait tant qu'on était content de son

---

512 68A: comme les laïques

---

[84] Sequence *Dies irae* in mass for the dead. Fuller treatment of the sibylline
prophecies is found in *La Philosophie de l'histoire*, ch.32 (*OCV*, vol.59, p.195-200),
and in the *Questions sur l'Encyclopédie* article 'Apocryphe' (*OCV*, vol.38, p.484-86).

[85] *Constitutiones sanctorum apostolorum, per Clementem episcopum et civem romanum
seu Catholica doctrina*, in *SS. patrum Barnabae, Clementis, Hermae, Ignatii, Polycarpi
opera*, ed. and trans. Jean Baptiste Cotelier, 2 vol. (Amsterdam, 1724, BV877), vol.1,
p.200-428. This spurious work is a collection of ecclesiastical regulations composed
in the fourth century by an Arian or semi-Arian compiler.

administration. Point d'autel, point de cierge, point d'encens: les   515
premiers pères de l'église ne parlent qu'avec horreur des autels et
des temples. (*v*) On se contentait de faire des collectes d'argent et
de souper ensemble. La société chrétienne s'étant secrètement
multipliée, l'ambition voulut faire une hiérarchie; comment s'y
prend-on? Les fripons qui conduisaient les enthousiastes leur font   520
accroire qu'ils ont découvert les *Constitutions apostoliques* écrites
par saint Jean et par saint Matthieu, *quae ego Mattheus et Johannes
vobis tradidimus*. (*w*) C'est là qu'on fait dire à Matthieu: 'Gardez-
vous de juger votre évêque; car il n'est donné qu'aux prêtres d'être
juges'. (*x*) C'est là où Matthieu et Jean[86] disent; 'Autant que l'âme   525
est au-dessus du corps, autant le sarcerdoce l'emporte sur la
royauté: regardez votre évêque comme un roi, comme un maître
absolu, *Dominum*: donnez-lui vos fruits, vos ouvrages, vos
prémices, vos décimes, vos épargnes, les prémices, les décimes
de votre vin, de votre huile, de vos blés, etc. (*y*) Que l'évêque soit   530
un Dieu pour vous, et le diacre un prophète. (*ʒ*) Dans les festins,
que le diacre ait double portion, et le prêtre, le double du diacre; et
s'ils ne sont pas à table, qu'on envoie les portions chez eux'. (*aa*)

Vous voyez, Romains, l'origine de l'usage où vous êtes de
mettre la nappe pour donner des indigestions à vos pontifes; et plût   535
à Dieu qu'ils ne s'en fussent tenus qu'au péché de la gourmandise!

Au reste, dans cette imposture des *Constitutions des apôtres*,

(*v*)   Justin et Tertullien.[87]
(*w*)   *Constitutions apostoliques*, liv.II, ch.lvii.
(*x*)   Liv.II, ch.xxxvi.
(*y*)   Liv.II, ch.xxxiv.
(*ʒ*)   Idem. ch.xxx.
(*aa*)   Idem. ch.xxxviii.[88]

525   68A: là que Matthieu
n.*v*   68A: Justin, Tertullien

[86] The alleged authors speak sometimes singly, sometimes jointly.
[87] Justin, *Apologia*, I.i.65, 67; Tertullian, *Apologeticus*, ch.39.
[88] The correct reference is ch.28.

remarquez bien attentivement que c'est un monument authentique des dogmes du second siècle, et que cet ouvrage de faussaire rend hommage à la vérité, en gardant un silence absolu sur des 540 innovations qu'on ne pouvait prévoir, et dont vous avez été inondés de siècle en siècle. Vous ne trouverez dans ce monument du second siècle ni trinité, ni consubstantiabilité, ni transsubstantiation, ni confession auriculaire. Vous n'y verrez point que la mère de Jésus soit mère de Dieu, que Jésus eût deux natures et deux 545 volontés, que le Saint Esprit procède du père et du fils. Tous ces singuliers ornements de fantaisie, étrangers à la religion de l'évangile, ont été ajoutés depuis au bâtiment grossier que le fanatisme et l'ignorance élevaient dans les premiers siècles.

Vous y trouverez bien trois personnes, mais jamais trois 550 personnes en un seul Dieu. Lisez avec la sagacité de votre esprit, seule richesse que vos tyrans vous ont laissée; lisez la prière commune que les chrétiens faisaient dans leurs assemblées au second siècle par la bouche de l'épiscope.

'O Dieu tout puissant, inengendré, inaccessible, seul vrai Dieu, 555 et père de Christ ton fils unique, Dieu au paraclet, [89] Dieu de tous, toi qui as constitué docteurs les disciples par Christ, etc.' (bb)

Voilà clairement un seul Dieu qui commande à Christ et au paraclet. Jugez si cela ressemble à la trinité, à la consubstantiabilité, établie depuis à Nicée, malgré la réclamation constante de dix-huit 560 évêques et de deux mille prêtres. (cc)

(bb) Constitutions apostoliques, liv. VIII, ch. vi.
(cc) Voyez l'histoire de l'Eglise de Constantinople et d'Alexandrie, bibliothèque Bodléenne. [90]

543   w68: consubstantialité,
549   68A: les trois premiers
559   w68: consubstantialité

[89] Paraclet is the name given to the Holy Ghost.
[90] Eutychius, patriarch of Alexandria, Annales, ed. John Selden (Oxford, 1658; Patrologia graeca, vol. III, col. 890-1170).

Dans un autre endroit, le même auteur, qui est probablement un évêque secret des chrétiens à Rome, dit formellement, le père est Dieu par-dessus tout. (*dd*)

C'était la doctrine de Paul, qui éclate en tant d'endroits de ses épîtres. 'Ayons la paix en Dieu par notre Seigneur Jésus-Christ.' (*ee*)   565

'Nous avons été réconciliés avec Dieu par la mort du fils.' (*ff*)

'Si par le péché d'un seul plusieurs sont morts, le don de Dieu s'en est plus répandu, grâce à un seul homme, qui est Jésus-Christ.' (*gg*)   570

'Nous sommes héritiers de Dieu, et cohéritiers de Jésus-Christ.' (*hh*)

'Supportez-vous les uns les autres comme Jésus vous a supportés pour la gloire de Dieu.' (*ii*)   575

'A Dieu le seul sage honneur et gloire par Jésus-Christ.' (*jj*)

'Jésus nous a été donné de Dieu.' (*kk*)

'Que le Dieu de notre Seigneur Jésus-Christ, le père de gloire, vous donne l'esprit de sagesse.' (*ll*)

(*dd*) *Constitutions apostoliques*, liv.III, ch.xvi.

(*ee*) Epître aux Romains, ch.v. [91]

(*ff*) Idem. [92]

(*gg*) Idem. [93]

(*hh*) Ch.viii. [94]

(*ii*) Epître aux Rom. ch.xv. [95]

(*jj*) Ch.xvi. [96]

(*kk*) Epître aux Galates, ch.i. [97]

(*ll*) Epître aux Ephésiens, ch.i. [97]

578-79 w68: gloire, nous donne

[91] Romans 5:1.
[92] Romans 5:10.
[93] Romans 5:15.
[94] Romans 8:17.
[95] Romans 15:7.
[96] Romans 16:27.
[97] Ephesians 1:73.

C'est ainsi que le juif chrétien Saul Paul s'explique toujours, 580
c'est ainsi qu'on fait parler Jésus lui-même dans les évangiles. (*mm*)
'Mon père est plus grand que moi', c'est-à-dire, Dieu fait ce que les
hommes ne peuvent faire; car tous les Juifs, en parlant de Dieu,
disaient mon père.

La patenôtre commence par ces mots: 'notre père'. Jésus dit: 585
'Nul ne le sait que le père. Nul autre que mon père ne sait ce jour,
pas même les anges. (*nn*) Cela ne dépend pas de moi, mais
seulement de mon père'. (*oo*) Il est encore très remarquable que
Jésus craignant d'être appréhendé au corps, et suant de peur sang et
eau, s'écria: 'Mon père, que ce calice s'éloigne de moi'. (*pp*) C'est 590
ce qu'un polisson de nos jours appelle mourir en Dieu. [98] Enfin
aucun évangile ne lui a mis dans la bouche ce blasphème, qu'il était
Dieu, consubstantiel à Dieu.

Romains, vous m'allez demander pourquoi, comment on en fit
un Dieu dans la suite des temps? Et moi je vous demande pourquoi 595
et comment on fit des dieux de Bacchus, de Persée, d'Hercule, de
Romulus? encore ne poussa-t-on pas le sacrilège jusqu'à leur
donner le titre de Dieu suprême, de Dieu créateur; ce blasphème
était réservé pour la secte échappée de la secte juive.

Sixième imposture principale

Je passe sous silence les innombrables impostures des voyages de 600
Simon Barjone, de l'évangile de Simon Barjone, de son apocalypse,
de l'apocalypse de Cérinthe, ridiculement attribuée à Jean, des

---

(*mm*) Jean, ch.xiv, v.28.
(*nn*) Matthieu, chap.xxiv, v.36.
(*oo*) Idem. ch.xx, v.23.
(*pp*) Luc, ch.xxii, v.44.

---

[98] Jean-Jacques Rousseau, 'Profession de foi du vicaire savoyard', *Emile*, book 4,
in *Œuvres complètes*, 5 vol. (Paris, 1964-1995), vol.4, p.626.

épîtres de Barnabé, de l'évangile des douze apôtres, de leurs liturgies, des canons du concile des apôtres, de la confession du Credo par les apôtres, les voyages de Matthieu, les voyages de Thomas,[99] et de tant de rêveries reconnues enfin pour être de la main d'un faussaire, qui les fit passer sous des noms révérés des chrétiens.

Je n'insisterai pas beaucoup sur le roman du prétendu pape saint Clément,[100] qui se dit successeur immédiat de saint Pierre, je remarquerai seulement que Simon (*qq*) Barjone et lui rencontrèrent un vieillard qui leur dit que sa femme l'a fait cocu, et qu'elle a couché avec son valet; Clément demande au vieillard comment il a su qu'il était cocu? par l'horoscope de ma femme, lui dit le bonhomme; et encore par mon frère, avec qui ma femme a voulu coucher, et qui n'a point voulu d'elle. (*rr*) A ce discours, Clément reconnaît son père dans le cocu, et ce même Clément

605

610

615

(*qq*) *Récognitions de saint Clément*, liv.IX, num.32, 33.
(*rr*) Ibid., num.34 et 35.

604   68A, NM: la confection du

[99] Fabricius reproduces the texts of *Liturgiae SS. apostolis* and *Canones synodi apostolorum antiochenae*, in *Codex apocryphus Novi testamenti*, vol.3, p.1-339, and identifies the other works in the list. The Apostles' Creed is a summary of Christian faith. Rufinus of Aquileia wrote in 400 AD that the Creed was composed by the apostles in 36 AD before they separated to preach in different lands. The Rufinus account is considered to be a legend and has been widely contested by theologians. See Calmet, *Dictionnaire de la Bible*, 4 vol. (Paris, 1730), vol.4, p.280, and *Encyclopédie*, vol.15, p.726. Since Voltaire refers to the Rufinus claim that the Creed was written by the apostles, the 68A and NM variant 'confection' appears to be correct.

[100] Pope from 92(?) to 101; according to Eusebius (*Historia ecclesiastica*, III.14), Clement I followed Linus and Cletus as the third successor of Peter. The *Recognitions* is a fictional account of his life written in the fourth century and wrongly attributed to him. *S. Clementis Romani recognitiones*, translated by Rufinus, appear in Cotelier, *SS. patrum Barnabae, Clementis, Hermae, Ignatii, Polycarpi opera*, vol.1, p.483-602.

apprend de Pierre qu'il est du sang des Césars: [101] O Romains! c'est donc par de pareils contes que la puissance papale s'est établie.

Septième imposture principale

Sur le prétendu pontificat de Simon Barjone, surnommé Pierre

Qui a dit le premier que Simon, ce pauvre pêcheur, était venu de Galilée à Rome, qu'il y avait parlé latin, lui qui ne pouvait savoir que son patois de son pays, et qu'enfin il avait été pape de Rome vingt-cinq ans? [102] C'est un Syrien nommé Abdias, qui vivait sur la fin du premier siècle, qu'on dit évêque de Babilone (c'est un bon évêché). Il écrivit en syriaque; nous avons son ouvrage traduit en latin par Jules Africain. [103] Voici ce que cet écrivain sensé raconte; il a été témoin oculaire; son témoignage est irréfragable. Ecoutez bien.

Simon Barjone Pierre ayant ressuscité la Tabite, ou la Dorcas, couturière des apôtres; ayant été mis en prison par l'ordre du roi Hérode, quoiqu'alors il n'y eût point de roi Hérode; et un ange lui ayant ouvert les portes de la prison, selon la coutume des anges, ce Simon rencontra dans Césarée l'autre Simon de Samarie, sur-

620
625
630

620   68A: que ce Simon,
622   68A, w68, k84:   que le patois

[101] The incident appears in the context of a serious discussion on providence and free will.

[102] It is believed that Peter spent the last years of his life in Rome and was crucified there, but the length of his stay has not been determined. See *New Catholic Encyclopedia*, 17 vol. (New York, 1967-1979), vol.11, p.204. The tradition that he stayed in Rome for twenty-five years is based on Eusebius, *Historia ecclesiastica*, III.1, and Saint Jerome, *De viris illustribus*, ch.1.

[103] Voltaire summarises *De rebus a beato Petro, principe apostolorum, praeclare gestis, historiae apostolicae*, book 1; see Fabricius, *Codex apocryphus Novi testamenti*, vol.2, p.402-41. The attribution of the narrative to Abdias is based on Fabricius, *Codex apocryphus Novi testamenti*, vol.2, p.388-401; according to the authorities cited by Fabricius, Abdias wrote in Hebrew.

nommé le magicien, qui faisait aussi des miracles; et là ils commencèrent tous deux à se morguer. Simon le Samaritain s'en 635 alla à Rome auprès de l'empereur Néron; Simon Barjone ne manqua pas de l'y suivre; l'empereur les reçut on ne peut pas mieux. Un cousin de l'empereur vint à mourir: aussitôt c'est à qui ressuscitera le défunt; le Samaritain a l'honneur de commencer la cérémonie; il invoque Dieu, le mort donne des signes de vie, et 640 branle la tête. Simon Pierre invoque Jésus-Christ, et dit au mort de se lever; le mort se lève et vient l'embrasser. Ensuite vient l'histoire connue des deux chiens: puis Abdias raconte comment Simon vola dans les airs, comment son rival Simon Pierre le fit tomber. Simon le magicien se cassa les jambes, et Néron fit crucifier Simon Pierre 645 la tête en bas pour avoir cassé les jambes de l'autre Simon. Cette arlequinade a été écrite non seulement par Abdias, mais encore par je ne sais quel Marcel,[104] et par un Egésippe[105] qu'Eusèbe cite souvent dans son histoire.[106] Observez, judicieux Romains, je vous en conjure, comment ce Simon Pierre peut avoir régné spirituelle- 650 ment vingt-cinq ans dans votre ville? Il y vint sous Néron,[107] selon les plus anciens écrivains de l'église; il y mourut sous Néron: et Néron ne régna que treize années.

Que dis-je; lisez les *Actes des apôtres*; y est-il seulement parlé d'un voyage de Pierre à Rome? il n'en est pas fait la moindre 655

---

634 κ84: miracles; là
653 68A, NM: que onze [NM: qu'onze] années

---

[104] *De mirificis rebus et actibus beatorum Petri et Pauli, et de magicis artibus Simonis Magi*; see Fabricius, *Codex apocryphus Novi testamenti*, vol.3, p.632-53. Voltaire reproduces Marcel's account in the *Collection d'anciens évangiles* (*OCV*, vol.69, p.226-45). He summarises the same material in the *Essai sur les mœurs*, ch.8 (*OCV*, vol.22, p.168-69); in *L'Examen important de milord Bolingbroke*, ch.21 (*OCV*, vol.62, p.260-61); and in the *Supplément au discours de Julien* (*OCV*, vol.71B, p.364-65).

[105] Abdias cites Hegesippus as his source for the events in Rome. Fabricius, *Codex apocryphus Novi testamenti*, vol.2, p.430, n.

[106] *Historia ecclesiastica*, IV.7, 21, 22.

[107] Peter came to Rome under Claudius according to Eusebius, *Historia ecclesiastica*, II.14, and Jerome, *De viris illustribus*, ch.1.

mention. Ne voyez-vous pas que lorsque l'on imagina que Pierre était le premier des apôtres, on voulut supposer qu'il n'y avait eu que la ville impériale digne de sa présence. Voyez avec quelle grossièreté on vous a trompés en tout: serait-il possible que le fils de Dieu, Dieu lui-même, n'eût employé qu'une équivoque de 660 polisson, une pointe, un quolibet absurde pour établir Simon Barjone chef de son Eglise: Tu es surnommé Pierre, et sur cette pierre j'établirai mon Eglise. [108] Si Barjone s'était appelé Potiron, Jésus lui aurait dit: Tu es Potiron, et Potiron sera appelé le roi des fruits de mon jardin. 665

Pendant plus de trois cents ans le successeur prétendu d'un paysan de Galilée fut ignoré dans Rome. Voyons enfin comment les papes devinrent vos maîtres.

Huitième imposture

Il n'y a aucun homme instruit dans l'histoire des Eglises grecque et latine, qui ne sache que les sièges métropolitains établirent leurs 670 principaux droits au concile de Calcédoine, convoqué en 451 par l'ordre de l'empereur Martian et de Pulchérie, composé de six cent trente évêques. Les sénateurs qui présidaient au nom de l'empereur avaient à leur droite les patriarches d'Alexandrie et de Jérusalem, et à leur gauche celui de Constantinople, et les députés du patriarche 675 de Rome. [109] Ce fut par les canons de ce concile que les sièges épiscopaux participèrent à la dignité des villes dans lesquelles ils étaient situés. Les évêques des deux villes impériales, Rome et Constantinople, furent déclarés les premiers évêques avec des prérogatives égales, par le célèbre vingt-huitième canon. 680

663   68A: pierre je fonderai mon
664   68A: aurait donc dit:

[108] Matthew 16:18. Peter's episcopate in the city was invoked to justify the preeminence of the Church of Rome. Fleury, *Histoire ecclésiastique*, book 30, ch.35.

[109] Paragraph based on Fleury, *Histoire ecclésiastique*, book 27, ch.51; book 28, ch.1. According to Fleury there were 360 bishops at the council of Chalcedon.

'Les pères ont donné avec justice des prérogatives au siège de
l'ancienne Rome, comme à une ville régnante, et les 150 évêques du
premier concile de Constantinople, très chéris de Dieu, ont par la
même raison attribué les mêmes privilèges à la nouvelle Rome; ils
ont justement jugé que cette ville, où réside l'empire et le sénat, doit   685
lui être égale dans toutes les choses ecclésiastiques.' [110]

Les papes se sont toujours débattus contre l'authenticité de ce
canon; ils l'ont défiguré, ils l'ont tordu de tous les sens. Que firent-
ils enfin pour éluder cette égalité, et pour anéantir avec le temps
tous les titres de sujétion qui les soumettaient aux empereurs   690
comme tous les autres sujets de l'empire? Ils forgèrent cette
fameuse donation de Constantin, [111] laquelle a été tenue pour si
véritable pendant plusieurs siècles, que c'était un péché mortel
irrémissible d'en douter, et que le coupable encourait, *ipso facto*,
l'excommunication majeure.   695

C'était une chose bien plaisante que cette donation de Constantin à l'évêque Sylvestre.

'Nous avons jugé utile', dit l'empereur, 'avec tous nos satrapes,
et tout le peuple romain, de donner aux successeurs de saint Pierre
une puissance plus grande que celle de notre sérénité'. Ne trouvez-   700
vous pas, Romains, que le mot de satrape est bien placé là?

C'est avec la même authenticité que Constantin dans ce beau
diplôme dit: 'qu'il a mis les apôtres Pierre et Paul dans de grandes

---

701   68A: de satrapes est

[110] The canon appears in Fleury, *Histoire ecclésiastique*, book 28, ch.30, and in
Acta conciliorum, ed. Jean Hardouin, 11 vol. (Paris, 1715), vol.2, p.611-14.

[111] Spurious document composed in the eighth century and published in the
Decretum Gratiani. Lorenzo Valla wrote a refutation of the Donation in the fifteenth
century. Valla's work would be edited with a French translation by Alcide Bonneau,
La Donation de Constantin [...] *où il est prouvé que cette Donation n'a jamais existé* [...]
par Laurent Valla (Paris, 1879). Voltaire abbreviates the text which appears on pages
25-41 of the Bonneau translation. A longer extract of this document is given in the
Histoire de l'établissement du christianisme, ch.19. Persecutions against people who
denied the authenticity of the Donation took place in Strasbourg in the thirteenth
century. Valla, *La Donation de Constantin*, p.lvii.

châsses d'ambre, qu'il a bâti les Eglises de saint Pierre et de saint
Paul, et qu'il leur a donné de vastes domaines en Judée, en Grèce,   705
en Thrace, en Asie', etc. pour entretenir le luminaire, qu'il a 'donné
au pape son palais de Latran, des chambellans, des gardes du corps,
et qu'enfin il lui donne en pur don à lui et à ses successeurs la ville
de Rome, l'Italie et toutes les provinces d'Occident', le tout, 'pour
remercier le pape Sylvestre de l'avoir guéri de la ladrerie, et de   710
l'avoir baptisé', quoiqu'il n'ait été baptisé qu'au lit de la mort par
Eusèbe évêque de Nicomédie.

Il n'y eût jamais ni pièce plus ridicule d'un bout à l'autre, ni plus
accréditée dans les temps d'ignorance où l'Europe a croupi si
longtemps après la chute de votre empire.   715

Neuvième imposture

Je passe sous silence un millier de petites impostures journalières,
pour arriver vite à la grande imposture des décrétales.

Ces fausses décrétales [112] furent universellement répandues dans
le siècle de Charlemagne. C'est là, Romains, que pour mieux vous
ravir votre liberté, on en dépouille tous les évêques; on veut qu'ils   720
n'aient pour juge que l'évêque de Rome. Certes, s'il est le
souverain des évêques, il devait bientôt devenir le vôtre, et c'est
ce qui est arrivé. Ces fausses décrétales abolissaient les conciles,
elles abolirent bientôt votre sénat, qui n'est plus qu'une cour de
judicature, esclave des volontés d'un prêtre. Voilà surtout la   725
véritable origine de l'avilissement dans lequel vous rampez.

---

721   68a: pour juges que

[112] Spurious papal letters interpolated in the ninth century into collections of
genuine decretals, and assembled under the name of Isidore Mercator. In the Kehl
material, article 'Décrétales' (*M*, vol.18, p.323), Voltaire refers to the edition of
David Blondel, *Pseudo-Isidorus et Turrianus vapulantes* (Geneva, 1628). Their role is
discussed by Fleury, *Histoire ecclésiastique*, book 44, ch.22, and 'Discours sur
l'histoire de l'Eglise du onzième au troisième siècle', book 5, ch.1-7, p.i-vi.

Tous vos droits, tous vos privilèges, si longtemps conservés par votre sagesse, n'ont pu vous être ravis que par le mensonge. Ce n'est qu'en mentant à Dieu et aux hommes qu'on a pu vous rendre esclaves; mais jamais on n'a pu éteindre dans vos cœurs l'amour de la liberté. Il est d'autant plus fort que la tyrannie est plus grande. Ce mot sacré de liberté se fait encore entendre dans vos conversations, dans vos assemblées, et jusque dans les antichambres du pape.

Article neuvième

César ne fut que votre dictateur; Auguste ne fut que votre général, votre consul, votre tribun. Tibère, Caligula, Néron vous laissèrent vos comices, vos prérogatives, vos dignités; les barbares même les respectèrent. Vous eûtes toujours votre gouvernement municipal. C'est par votre délibération, et non par l'autorité de votre évêque Grégoire III, que vous offrîtes la dignité de patrice au grand Charles Martel, maître de son roi et vainqueur des Sarrasins en l'année 741 de notre fautive ère vulgaire. [113]

Ne croyez pas que ce fut l'évêque Léon III qui fit Charlemagne empereur; c'est un conte ridicule du secrétaire Eginard, [114] vil flatteur des papes qui l'avaient gagné. De quel droit et comment, un évêque sujet aurait-il fait un empereur qui n'était jamais créé que par le peuple, ou par les armées qui se mettaient à la place du peuple?

Ce fut vous, peuple romain, qui usâtes de vos droits, vous qui ne voulûtes plus dépendre d'un empereur grec, dont vous n'étiez pas secourus; vous qui nommâtes Charlemagne, sans quoi il n'eût été qu'un usurpateur. Les annalistes [115] de ce temps conviennent que

730

735

740

745

750

---

742   w68: croyez donc pas

[113] The pope gave the title to Charles Martel according to François Eudes de Mézeray, *Abrégé chronologique, ou extrait de l'histoire de France*, 8 vol. (Paris, 1676-1686), vol.1, p.413.
[114] In his *Annales* for the year 800.
[115] See the *Essai sur les mœurs*, ch.16 (*OCV*, vol.22, p.271-76).

tout était arrangé entre Carolo et vos principaux officiers (ce qui est
en effet de la plus grande vraisemblance). Votre évêque n'y eut
d'autre part que celle d'une vaine cérémonie, et la réalité de
recevoir de grands présents. Il n'avait d'autre autorité légale dans   755
votre ville que celle du crédit attaché à sa mitre, à son clergé et à son
savoir-faire.

En vous donnant à Charlemagne, vous restâtes les maîtres de
l'élection de vos officiers; la police fut entre leurs mains; vous
demeurâtes en possession du môle d'Adrien, si ridiculement appelé   760
depuis le château Saint-Ange, et vous n'avez été pleinement
asservis que quand vos évêques se sont emparés de cette forte-
resse. [116]

Ils sont parvenus pas à pas à cette grandeur suprême, si
expressément proscrite pour eux par celui qu'ils regardent   765
comme leur Dieu, et dont ils osent s'appeler les vicaires. Jamais
sous les Othons ils n'eurent de juridiction dans Rome. Les
excommunications et les intrigues furent leurs seules armes; et
lorsque dans les temps d'anarchie ils ont été en effet souverains, ils
n'ont jamais osé en prendre le titre. Je défie tous les gens habiles qui   770
vendent chez vous des médailles aux étrangers, d'en montrer une
seule où votre évêque soit intitulé votre souverain. Je défie même
les plus habiles fabricateurs de titres dont votre cour abonde, d'en
montrer un seul où le pape soit traité de prince par la grâce de Dieu.
Quelle étrange principauté que celle qu'on craint d'avouer!   775

Quoi! les villes impériales d'Allemagne qui ont des évêques,
sont libres; et vous, Romains, vous ne l'êtes pas! Quoi! l'archevê-

---

769   68A: dans des temps de l'anarchie

[116] The castle was built in 139 AD to serve as a mausoleum of Emperor Hadrian.
The treaty of 31 May 1188 between the papacy and the Commune of Rome gave the
popes control of the Roman senate and possession of the fortress. The interior of the
building was adapted to serve as a papal retreat at times of unrest. The name Castello
Sant'Angelo was adopted in the fourteenth century. See E. Rodocanachi, *Le Château
Saint-Ange* (Paris, 1909), p.21, 27; *Les Institutions communales de Rome sous la
papauté* (Paris, 1901), p.31-50.

que de Cologne n'a pas seulement le droit de coucher dans cette ville, et votre pape vous permet à peine de coucher chez vous! Il s'en faut beaucoup que le sultan des Turcs soit aussi despotique à Constantinople que le pape l'est devenu à Rome. 780

Vous périssez de misère sous de beaux portiques. Vos belles peintures dénuées de coloris, et dix ou douze chefs-d'œuvre de la sculpture antique ne vous procureront jamais ni un bon dîner ni un bon lit. L'opulence est pour vos maîtres, et l'indigence est pour 785 vous: le sort d'un esclave des anciens Romains était cent fois au-dessus du vôtre; car il pouvait acquérir de grandes fortunes; mais vous nés serfs, vous mourrez serfs, et vous n'avez d'huile que celle de l'extrême-onction. Esclaves de corps, esclaves d'esprit, vos tyrans ne souffrent pas même que vous lisiez dans votre langue le 790 livre sur lequel on dit que votre religion est fondée.

Eveillez-vous, Romains, à la voix de la liberté, de la vérité, et de la nature. Cette voix éclate dans l'Europe, il faut que vous l'entendiez; rompez les chaînes qui accablent vos mains géné-reuses, chaînes forgées par la tyrannie dans l'antre de l'imposture. 795

788   w68: vous mourez serfs,

L'A, B, C, dix-sept dialogues traduits de l'anglais de Monsieur Huet

Edition critique

par

Roland Mortier

et

Christophe Paillard

TABLE DES MATIÈRES

INTRODUCTION

1. *Publication et diffusion*

Bien que datée de 1762 avec l'adresse symbolique 'A Londres, chez Robert Freemann', c'est à Genève, chez Gabriel Grasset, probablement à la fin du mois d'octobre 1768 que la première édition de *L'A, B, C* vit le jour. Le 2 novembre 1768, Bernard Louis Verlac de La Bastide proposait cette première édition au libraire parisien Laurent parmi les 'ouvrages sous presse' de son catalogue. [1] Voltaire la mentionne pour la première fois le 13 novembre dans une lettre à son avocat, Gabriel Christin: 'Mon cher ami, attisez bien le feu sacré dans votre Franche-Comté. Voici un petit *A, B, C* qui m'est tombé entre les mains, je vous en ferai passer quelques-uns à mesure; recommandez seulement au postillon de passer chez moi et je le garnirai à chaque voyage' (D15311). Voltaire multipliera les allusions similaires et les envois de son livre jusqu'en avril 1769. Aucun problème de datation ne se poserait donc si Besterman ne nous avait révélé le fragment d'une lettre de Charles Bonnet à son ami naturaliste, Albrecht von Haller, où Voltaire est directement attaqué: 'Voltaire s'applaudissait, il y a quelque temps, de détruire la religion parmi nous. On ne peut plus compter ses brochures. Il vient de donner son *A, B, C*, plein, comme tout le reste, d'indécences et d'impiétés. Cet homme ne fait plus que des excréments et il est une infinité de gens qui les dévorent'. [2]

---

[1] D15288. Lettre attribuée par Besterman au 'chevalier Pierre de Chiniac de La Bastide Du Claux'. Elle est en réalité de Verlac de La Bastide, 'jeune avocat méridional' qui, 'inquiété pour sa prise de position publique' en faveur de Calas, 'gagne Lausanne et Genève en 1768' et 'tâche de vivre du commerce des livres prohibés et de travaux de librairie "philosophiques"': voir G. Artigas-Menant, 'Voltaire et les trois Bastide', *RHLF* 83 (1983), p.29-44 (p.42-44). Le 25 décembre 1768, le catalogue de ce libraire-amateur présentait *L'A, B, C* comme un ouvrage déjà imprimé vendu au prix de 3 livres (D15386).

[2] Bibliothèque de Genève, fonds Bonnet 73, f.20*v*, dont un extrait est cité dans le commentaire de D15247.

Besterman prétend que cette lettre est datée du 7 octobre 1768, ce qui s'accorderait mal avec les autres indications chronologiques dont nous disposons. Le manuscrit comporte en réalité la date du '7 X^bre 1768', abréviation usuelle du mois de décembre et qui s'intègre harmonieusement à la chronologie de la première édition.[3] C'est d'ailleurs à compter de ce même mois de décembre que L'A, B, C circulait à Paris.[4] On peut donc raisonnablement affirmer que ce livre est sorti de presse à la fin du mois d'octobre 1768.

Des raisons de prudence ont obligé Voltaire à antidater son livre et à l'attribuer à un mystérieux auteur anglais du nom de Huet. Le 27 décembre 1768, il dicte à Friedrich Melchior Grimm la version officielle qu'il convient de répandre: 'L'original anglais fut imprimé à Londres en 1761, et la traduction en 1762 chez Robert Freeman où tout le monde peut l'acheter' (D15392). Inutile de dire que l'édition anglaise de 1761 n'a jamais existé et que l'éditeur Freeman n'est évoqué qu'à titre allégorique. Mais il ne suffisait pas de refuser la paternité du livre; il fallait aussi récuser jusqu'à la possibilité d'en être le traducteur. Voltaire a trouvé un bouc émissaire dans la personne de Pierre de Chiniac de La Bastide Du Claux, janséniste et avocat au Parlement de Paris qui l'avait attaqué en 1765.[5] Il s'agissait bien sûr de 'susciter des ennuis à Chiniac en les évitant à Voltaire. [...] Pendant quelques jours, Voltaire s'amuse donc à détourner les foudres sur ce Chiniac qui a tout pour lui déplaire: peut-être les autorités seront-elles assez naïves pour inquiéter le janséniste, et venger ainsi, sans le savoir, le philosophe'.[6]

---

[3] Cette date est d'autant plus certaine que le registre de 'Copie de lettres' tenu par Bonnet est organisé par ordre chronologique; or, les deux lettres précédant celle à Haller sont datées du '25 de novembre 1768'.

[4] Voir D15365, D15366, D15373 et D15392.

[5] Voir Claude Fleury, *Discours sur les libertés de l'Eglise gallicane* [...] *avec un commentaire de M. l'abbé de C[hiniac] de L[a Bastide Du Claux]* (Au-delà des monts, 1765), p.476-77.

[6] G. Artigas-Menant, 'Voltaire et les trois Bastide', p.39.

Quant au prétendu M. Huet, il est présenté ironiquement à D'Alembert comme 'un membre du Parlement d'Angleterre [...] parent de l'évêque d'Avranches' (D15427). Voltaire a dû beaucoup s'amuser en attribuant un ouvrage aussi peu orthodoxe au prétendu parent de l'auteur, alors illustre, de la *Demonstratio evangelica* (1679) et du *Traité philosophique de la faiblesse de l'esprit humain* (1722, posthume). On s'expliquait cependant mal l'idée de rattacher le pieux Huet à un auteur de langue anglaise avant que Sir Gavin de Beer et T. Besterman eussent attiré notre attention sur un curieux personnage qui fut en relation avec Voltaire à la fin de 1758. C'est en effet le 3 décembre de cette année-là que le voyageur anglais William Hewett demandait, de Genève, à être reçu par Voltaire afin de lui présenter une compilation des erreurs religieuses, 'an epitome on religion [...] a honey I have abstracted from the essence of all flowers' (D7961). Le romancier Tobias Smolett, qui l'avait personnellement connu, l'évoquera dans *L'Expédition de Humphry Clinker* comme un des caractères les plus originaux sur cette terre et il rappellera sa conférence de 1758 avec Voltaire. C'est encore avec une recommandation de Hewett que l'Américain John Morgan viendra se présenter à Ferney en 1764 (D12089). Le singulier William Hewett a dû apparaître à Voltaire comme un parent spirituel, un allié dans sa lutte contre l'Infâme et contre la superstition. Voltaire lui avait attribué en 1762 *Saül*, la pièce la plus antireligieuse de tout son répertoire.[7] L'attribution à Hewett de *L'A, B, C* constitue non seulement une supercherie tactique imposée par la prudence, mais une sorte d'hommage voilé rendu à un frère lointain. C'est par le même souci que pourraient s'expliquer les nombreuses références à l'autorité de 'M. Huet, de Londres' qui parsèmeront, en 1776, l'annotation de *La Bible*

---

[7] Voir *OCV*, t.56A, p.395. Voltaire considérait Hewett comme l'auteur de *The History of the man after God's own heart* (Londres, 1761), traduit par le baron d'Holbach sous le titre *David ou l'histoire de l'homme selon le cœur de Dieu* (Londres [Amsterdam, Marc Michel Rey], 1768). Voltaire appréciait ce livre: voir l'article 'David' des *Questions sur l'Encyclopédie*, *OCV*, t.40, p.349, n.3, et *Dieu et les hommes*, *OCV*, t.69, p.497, n.24.

enfin expliquée.[8] Au reste, le statut de 'Huet' dans *L'A, B, C* n'a cessé d'évoluer au gré des titres donnés à ce dialogue par les différents éditeurs: il y apparaît tantôt comme l'auteur du texte anglais ('dialogues, traduits de l'Anglais de M. Huet') et tantôt comme le traducteur de ce texte en français ('dialogues, traduits de l'Anglais par M. Huet').[9]

Les désaveux et les protestations de Voltaire sont si nombreux, si énergiques qu'ils correspondent sans aucun doute à une profonde inquiétude. A plusieurs reprises, il fait allusion au supplice atroce infligé deux ans plus tôt au jeune chevalier de La Barre.[10] La brutalité impitoyable du pouvoir et de la répression l'ont véritablement terrorisé: 'Par quelle fureur veut-on m'attribuer *L'A, B, C*?', écrit-il le 31 décembre à D'Alembert, 'C'est un livre fait pour remettre le feu et le fer aux mains des assassins du chevalier de La Barre' (D15400). Il a le sentiment que ni son âge (soixante-quatorze ans), ni sa célébrité mondiale ne le mettent entièrement à l'abri des persécutions. Mais cette même violence aveugle de l'autorité l'incite à mener contre elle une lutte impitoyable sous le couvert de l'anonymat. Les dénégations de Voltaire ne doivent donc pas faire illusion, en dépit de leur énergie et de leur nombre.[11] Il est même assez étrange de constater que Voltaire a mis plus d'ardeur à renier *L'A, B, C* que certaines œuvres irréligieuses ou antichrétiennes sorties de sa plume. C'est que, si sa polémique contre l'Infâme pouvait bénéficier d'appuis clandestins, mais efficaces, de la part d'un bon nombre de représentants de l'autorité, et jusqu'au sein du gouvernement, il n'en allait plus de même dès le moment où il s'attaquait à ces pouvoirs de manière directe et qu'il élargissait le débat sur le plan de la politique, de la justice et de la guerre. Or c'est bien de cela

---

[8] Il n'est pas impossible que Voltaire ait puisé des arguments dans l'"epitome on religion' dont Hewett l'avait entretenu en 1758.

[9] Voir ci-dessous la liste des éditions, p.192-99.

[10] D15395 à Saurin, D15400 et D15427 à D'Alembert.

[11] D15369, D15380, D15382, D15383, D15387, D15388, D15392, D15395, D15400, D15412, D15415, D15416, D15424, D15427, D15463.

qu'il s'agissait dans *L'A, B, C*, et les contemporains les plus lucides ne s'y sont pas trompés. Le 17 décembre 1768, D'Alembert écrivait à Voltaire: 'J'ai lu il y a quelques jours une brochure intitulée *L'A, B, C*; j'ai été charmé surtout de ce qu'on y dit sur la guerre et sur la liberté naturelle' (D15373).

Jusque dans ses démentis, Voltaire fait entendre une note amèrement hostile à la politique française, définitivement souillée à ses yeux par l'assassinat judiciaire perpétré à Abbeville. Le modèle qu'il propose à la France est un libéralisme à l'anglaise, et c'est ce qui donne sa pleine signification au nom fictif de 'Freemann' ou 'free man', *homme libre*, qui figure en qualité d'éditeur sur la page de titre. L'argument revient comme un leitmotiv: ce livre fort et libre est fait pour des Anglais, il ne pourra que scandaliser l'autorité française (et, par ricochet, déchaîner sa vindicte). 'Cela est fier, profond, hardi [...] Il n'y a point de ministre, point d'évêque en-deçà de la mer, à qui cet *A, B, C* puisse plaire. Cela est insolent, vous dis-je, pour des têtes françaises' (à Mme Du Deffand, le 21 décembre 1768, D15380). 'L'ouvrage me paraît beaucoup trop hardi pour [la] France, et je ne conçois pas comment on a pu en laisser entrer des exemplaires' (à Mme Denis, le 23 décembre 1768, D15383). 'C'est un Rostbif anglais, très difficile à digérer pour beaucoup de petits estomacs de Paris' (à Mme Du Deffand, le 26 décembre 1768, D15387). 'Rien n'est plus hardi et peut-être plus dangereux dans votre pays. C'est un cadran qui n'est fait que pour le méridien de Londres. On m'a fait étranger et puis on me reproche de penser comme un étranger. Cela n'est pas juste' (à Dupuits, le 26 décembre 1768, D15388). 'Un Anglais est libre et parle librement' (à Saurin, le 28 décembre 1768, D15395). Il est clair, à la lecture de la correspondance, que Voltaire a eu l'ambition de donner, avec son *A, B, C*, bien moins l'alphabet de l'irréligion que celui du libéralisme à l'anglaise. Il s'en targue, derrière le paravent de l'antiphrase, lorsqu'il écrit à Mme Du Deffand le 6 juin 1769: 'On sait combien je hais la liberté, et que je suis incapable d'en avoir fait le fondement des droits des hommes, mais si j'envoie cet ouvrage on pourra m'en croire l'auteur; il ne faut qu'un mot pour me perdre' (D15416). Aussi redoutait-il que, par le canal de Mme Du Deffand et de son amie la duchesse de Choiseul, le livre ne parvînt jusqu'au tout-puissant ministre: 'son mari [...] ne sera point du tout content de l'ouvrage. *L'A, B, C* est trop l'éloge du gouvernement anglais'. [12]

Cet enfant compromettant ne lui tient que plus vivement à cœur. Il s'efforce de le répandre en Suisse et en France, il sollicite les avis de Charles Bordes et de F. L. Allamand, il veille jalousement à sa réédition et à ses corrections, [13] il aime y renvoyer ses amis et ses disciples – 'Ce que vous m'écrivez sur la chute originale, a été traité fort au long dans plusieurs livres nouveaux, et entre autres dans *L'A, B, C* (aux Elie de Beaumont, D15430); 'Les hommes prononcent toujours des mots sans les entendre. [...] Daignez relire le chapitre sur l'âme dans *L'A, B, C* (à d'Argental, le 20 avril 1769, D15600).

2. *Réactions contemporaines*

Les saillies de *L'A, B, C* suscitèrent des commentaires qui ne furent pas unanimement favorables, même dans le camp 'philoso-phique'. Nous avons vu plus haut quelle fut la réaction du protestant Charles Bonnet, chrétien très orthodoxe. Du côté libéral, on se montra plus réservé et plus nuancé. La réponse de Bordes, sollicitée à deux reprises, ne nous est pas parvenue, et il n'est même pas sûr qu'elle ait jamais été écrite. Quant à Allamand, il dose avec habileté l'éloge et la restriction: le pasteur de Corsier dit avoir 'les yeux gros et rouges pour avoir passé la nuit à y prendre [sa] leçon' (D15359). 'Je ne peux me lasser d'admirer cette abondance, cet agrément, et cette mâle vigueur d'une plume que tant de travaux devraient avoir épuisée et racornie [...] Combien de choses en si peu de feuilles, et souvent en deux mots, et de choses neuves et tranchantes!' Les entretiens qu'il admire surtout sont le

---

[12] Le 6 janvier 1769, D15416. Choiseul ne fut renvoyé qu'en 1770.
[13] D15593, D15650 et D15652 à Gabriel Cramer.

troisième ('Si l'homme est né méchant'), le septième ('Que l'Europe moderne vaut mieux que l'Europe ancienne'), le neuvième ('Des esprits serfs'), le dixième ('Sur la religion'), le onzième ('Du droit de la guerre'), et le quatorzième (dans les éditions de 1768, 'De la meilleure législation'). Ces morceaux 'peuvent jouter avec ce qu'il y a de plus immortel dans votre prose [...] c'est *L'A, B, C* de toutes les morales'. Mais Allamand déplore que Voltaire consacre 'un si beau couchant' à 'se donner de l'humeur' contre l'Evangile plutôt qu'à en tirer 'tout le parti possible' en faveur de ses thèses: pour lui, l'éternité du monde ou celle de la matière ne sont nullement contredites par l'Ecriture. 'Vous trouveriez nos écrivains du Vieux et du Nouveau Testament beaucoup plus traitables que nous autres théologiens.' On ne pouvait solliciter en termes plus conciliants une alliance de fait entre théologie libérale et déisme. Mais quelle était, du côté chrétien, l'audience de ce pasteur qui acceptait tranquillement de renoncer à l'idée de création pour y substituer 'une manière de déblayement de cette Terre?' Sans doute Voltaire ne se faisait-il guère d'illusions sur ce point.

Echo élogieux encore, mais mélangé, dans les *Mémoires secrets* de Bachaumont, à la date du 12 décembre 1768:

A ce titre baroque et factice, on reconnaît aisément l'auteur de la brochure, ce Protée littéraire qui depuis quelques années prend toutes sortes de formes, non pour tromper ses semblables, comme celui de la fable, mais pour les éclairer et les instruire. Que de métamorphoses n'a-t-il pas fait subir à la vérité dans l'espoir de la faire recevoir enfin de quelque façon. L'ouvrage en question n'est pas un tout complet, mais un assemblage de plusieurs chapitres roulant sur la politique, la morale, la métaphysique. Quant à la première partie, le dissertateur prouve l'excellence de la constitution anglaise et des lois de ce gouvernement. Ce qu'il dit sur la seconde est, comme tout ce qui sort de sa plume, plein d'onction et d'humanité. La troisième est plus vague. Notre philosophe, ainsi que les autres, se perd dans un labyrinthe de doutes et de conjectures. Il est également inconséquent et contradictoire. M. de Voltaire a saupoudré ce traité de cette critique ingénieuse dont il assaisonne tout ce qu'il fait. Il passe surtout en revue Hobbes, Grotius et Montesquieu, et saisit ingénieusement leurs côtés faibles. On sent que la religion doit entrer pour beaucoup dans cette brochure philosophique. On commence par y prouver un Dieu, qu'on finit par détruire, et le spinozisme paraît le vrai système de l'auteur. [14]

Fréron réagira tardivement à *L'A, B, C*, critiqué dans deux livraisons de *L'Année littéraire* en 1771. La première éditait une lettre signée du 'chevalier d'Areilly' qui dénonçait *L'A, B, C* comme étant l'œuvre d'un vulgaire plagiaire, 'petit perroquet' ayant emprunté son style et ses idées à Voltaire et à Simon Nicolas Henri Linguet, dont la *Théorie des lois civiles*, parue en 1770, avait pris à partie Montesquieu. [15] Si cette lettre épinglait *L'A, B, C*, du moins épargnait-elle Voltaire: 'l'imitation est si palpable qu'elle ne peut venir de ce grand homme qui déguise au moins ce qu'il s'approprie'. [16] La seconde lettre est l'œuvre de Fréron lui-même. On devine que son jugement fut peu amène à l'égard de l'auteur de *L'A, B, C*, dont il dévoilait l'identité. Il s'attachait 'à la seule justification du président de Montesquieu' des accusations portées contre lui par B dans le premier dialogue. Il ne faisait grâce à Voltaire que d'une seule critique, celle relative à l'anachronisme commis par Montesquieu au sujet des rapports de Christophe Colomb et de François Ier, mais il réfutait toutes les autres comme autant de contresens issus d'une lecture hâtive de *L'Esprit des lois*: 'le censeur est faible dans ses raisonnements, infidèle dans ses citations, tranchant dans ses décisions'. [17]

Du côté philosophique, certains furent surpris par la vigueur des attaques contre Montesquieu dans le premier dialogue. Le même

---

[14] *Mémoires secrets*, 36 vol. (Londres, 1780-1789), t.4, p.164-65. Dans son *Examen des Mémoires de Bachaumont*, Wagnière commentera: 'Cette réflexion du rédacteur n'est pas juste; M. de Voltaire n'était point un spinoziste mais un vrai théiste' – nous dirions aujourd'hui déiste (Sébastien Longchamp et Jean-Louis Wagnière, *Mémoires sur Voltaire et sur ses ouvrages*, 2 vol., Paris, 1826, t.1, p.292).

[15] *L'Année littéraire*, 1771, t.1, p.64-70 (p.67).

[16] *L'Année littéraire*, 1771, t.1, p.66.

[17] *L'Année littéraire*, 1771, t.3, p.217-48 (p.247).

Voltaire qui ne cessait de prêcher l'unité aux 'adeptes' et aux 'frères' s'en prenait là avec une ironie souvent cinglante à une des figures les plus respectées du mouvement. Feignant de croire que *L'A, B, C* était l'œuvre d'un autre, Mme Du Deffand signalait à Voltaire l'émoi causé par cette œuvre dans les cercles parisiens: 'j'approuve le jugement qu'il porte de Montesquieu; il révolte plusieurs personnes; mais l'extrême admiration qu'on a pour ce bel esprit ressemble assez à la vénération qu'on a pour les choses sacrées, qu'on respecte d'autant plus qu'on ne les comprend pas' (le 20 janvier 1769, D15443). Le poète et dramaturge Saurin fit part de son émotion à l'auteur de *L'A, B, C,* mais il n'eut garde de donner une tournure polémique à cette réponse. C'est donc une épître en vers, respectueuse mais ferme, qu'il adressa à Voltaire. La *Correspondance littéraire* (1er février 1769) nous en a conservé le texte, encore que Grimm trouvât ces vers 'peu heureux'.[18] Nous les croyons, quant à nous, ni meilleurs, ni pires que la plupart de ceux qui se publiaient alors, et la chute ne manque ni d'esprit, ni d'à-propos. Qu'on en juge:

> Esprit vaste, profond, et le plus grand peut-être
> Qu'aucun pays jamais, qu'aucun âge ait vu naître,
> Voltaire, des humains le digne précepteur,
> Poursuis, en l'instruisant amuse ton lecteur,
> Et, joignant à propos la force au ridicule,
>> Dans tes écrits, nouvel Hercule,
>> Abats l'hydre des préjugés.
> De cette nuit profonde où des fourbes célèbres
>> Au nom du ciel nous ont plongés,
>> Ose dissiper les ténèbres,
>> Arrache à l'erreur son bandeau,
> Rends à la vérité ses droits et son flambeau.
> Mais du doux Fénelon ne trouble point la cendre,
> Laisse au grand Montesquieu son immortalité.
> Ton cœur, de les aimer, pourrait-il se défendre?

[18] *Correspondance littéraire*, éd. Maurice Tourneux, 16 vol. (Paris, 1877-1882), t.8, p.268.

Tous deux du genre humain ont si bien mérité!
Ils ont pu se tromper, mais ils aimaient les hommes;
Et combien par l'amour de péchés sont couverts!
Ce sublime écrivain que bel esprit tu nommes,
A, même en se trompant, éclairé l'univers.
    Nous lui devons ce que nous sommes.
    Trop libre, peut-être, en mes vers,
Je te dis ma pensée? O grand homme, pardonne.
Souvent par tes écrits jugeant de ta personne,
Voltaire me paraît une divinité;
Mais quand, rabaissant ceux que l'univers renomme,
Le génie est par toi de bel esprit traité,
Je vois avec chagrin que le Dieu s'est fait homme. [19]

La réaction personnelle de Grimm ne fut guère différente et son compte rendu de *L'A, B, C* porte également de façon quasi exclusive sur l'appréciation de Montesquieu, à tel point qu'on pourrait presque se demander s'il a pris la peine de lire au-delà du premier dialogue. D'emblée, il centre son analyse sur le seul point qui le hérisse et il ne ménage guère l'illustre patriarche:

Tout le mal qu'on dit dans *L'A, B, C* de *L'Esprit des lois* est peut-être très fondé, peut-être en pourrait-on dire encore davantage sans blesser la vérité; mais il n'en est pas moins vrai que ce livre a produit une révolution dans les têtes, non seulement en France, mais même en Europe, et que tous les souverains à qui leur mérite permet d'aspirer à la véritable gloire ont fait de ce livre leur bréviaire. [20] Tout livre qui fait penser est un grand livre. [21]

Après avoir reproduit in extenso l'épître de Saurin et la spirituelle

---

[19] *Correspondance littéraire*, t.8, p.268.

[20] Grimm songe ici avant tout à Catherine II. Dans ses réformes judiciaires et administratives, la tsarine se réclamait volontiers de Montesquieu.

[21] *Correspondance littéraire*, t.8, p.267. Voltaire lui-même fait dire à A: 'Tout cela n'empêche pas qu'il n'y ait des morceaux excellents dans *L'Esprit des lois*. J'aime les gens qui pensent et qui me font penser' (p.226). Mais cet éloge n'apparaît que dans l'édition revue et corrigée de 1769 et il n'est pas impossible qu'il ait été suscité précisément par la remarque de Grimm.

réponse de Voltaire (le 28 décembre 1768, D15395), Grimm enchaînait:

le seigneur patriarche fait ici supérieurement l'avocat Pathelin; il plaide contre Montesquieu devant un faiseur de vers et un académicien, et il l'accuse d'avoir insulté les poètes et l'Académie, mais qu'est-ce que cela fait à *L'Esprit des lois?* Je ne vois pas non plus pourquoi une nation n'aurait pas de grands écrivains en prose parce qu'elle a de grands poètes. [...] Au reste, le seigneur patriarche peut dire avec toute vérité que ce n'est pas lui qui a traduit *L'A, B, C*; comment l'aurait-il traduit de l'anglais, où il n'a jamais existé?

Il y avait quelque perfidie, de la part de Grimm, à éventer un secret que Voltaire lui avait instamment demandé de garder. Mais sans doute s'agit-il d'une réaction de mauvaise humeur, ce qui correspondrait assez aux sentiments mêlés qu'on éprouvait à l'endroit de Voltaire dans le milieu de Mme d'Epinay et du baron d'Holbach.[22] Sans doute aussi le factotum de Catherine II devait-il critiquer un livre dont le premier entretien prenait violemment à partie Montesquieu, inspirateur du Nakaz, nouveau Code législatif que l'impératrice souhaitait établir en Russie.

D'ailleurs, le mal était moins grave que Voltaire ne semblait le croire et personne n'avait été la dupe d'une astuce trop souvent répétée. C'est ainsi que Mme Du Deffand lui confie, le 5 janvier 1769: 'Je consentirai volontiers à dire, à publier, que vous n'êtes ni l'auteur ni le traducteur de *L'A, B, C* et de toutes les autres brochures, mais me croira-t-on? Ne m'en rendez pas caution je vous prie: on s'en rapportera au style, et il est difficile de s'y méprendre' (D15415). Les stratagèmes de Voltaire ne firent pas illusion: tout le monde reconnut en lui l'auteur de *L'A, B, C*. Dans son *Dictionnaire anti-philosophique*, l'abbé Chaudon déclarait ainsi que:

[Fénelon] vient d'être déprisé dans une brochure nouvelle intitulée *L'A, B, C* qu'on nous donne comme traduite de l'anglais; mais qui est

---

[22] Diderot, lui aussi, oscillera toujours entre l'admiration et un certain agacement devant les petitesses du grand homme (voir R. Mortier, 'L'idée de décadence au dix-huitième siècle', *SVEC* 57, 1967, p.1013-29, en particulier p.1029).

incontestablement de cet auteur infatigable,[23] dont les ouvrages sont la satire de Dieu et des hommes, des vivants et des morts et qui, semblable aux filous qui se déguisent pour commettre leurs larcins, prend tantôt le nom d'un Russe, tantôt celui d'un Quaker, ici celui d'un Juif, là celui d'un Espagnol et qui, sous ces différents travestissements, est toujours lui-même: le Zoïle de la vertu et des talents.[24]

Quant à Frédéric II, il ne pouvait guère apprécier le libéralisme de *L'A, B, C*, ni sa critique de la guerre et de l'esprit de conquête. Aussi, est-ce avec acrimonie qu'il en parle dans une lettre à D'Alembert datée du 16 janvier 1769 (D15434, commentaire):

Tout vieux que je suis j'ai lu *L'A, B, C*, de Voltaire et je vous réponds qu'il ne connaît ni n'entend l'a, b, c de Hugo Grotius, que probablement il n'a jamais lu Hobbes non plus; cela[25] est pédant, parce que cela est profond. Le jugement qu'il porte de Montesquieu est mieux tapé que le reste. Je crains qu'il n'ait raison.[26] Le reste de l'ouvrage contient des facéties et des légèretés répandues à sa manière. Il croit le monde éternel, et il en apporte les plus faibles raisons; il voudrait bien douter de dieu, mais il craint le fagot. Ce qu'il dit de mieux, c'est qu'il veut que les rois, au lieu de mettre leurs armées aux prises, se battent eux-mêmes.[27] Comme Voltaire n'a point d'armée, j'aurais envie de lui envoyer un coutelas bien affilé, pour qu'il vide son différend avec Fréron; je voudrais les voir s'escrimer en champ clos; cela vaudrait à tout prendre mieux que les injures qu'ils se disent. Depuis un an, je n'ai rien reçu de Voltaire.

La réaction sarcastique du roi de Prusse prouve qu'il avait été touché au vif. Cette fois, Voltaire plaçait le débat sur un terrain où le despote éclairé ne pouvait plus le suivre: la 'philosophie' proposait, sur le plan politique et juridique, des réformes qui n'étaient guère faites pour plaire aux puissants de ce monde.

---

[23] Voltaire, explicitement cité par Chaudon.

[24] Chaudon, *Dictionnaire anti-philosophique*, 2 vol. (Avignon, 1771), t.2, p.240.

[25] C'est-à-dire: Grotius et Hobbes, ou plutôt leurs livres.

[26] On voit assez pourquoi le roi de Prusse préférait Hobbes à Montesquieu.

[27] 'Qu'ils se battent en champ clos s'ils veulent; mais qu'un peuple entier soit immolé à leurs intérêts, voilà où est l'horreur' (p.302).

L'A, B, C a été condamné, en même temps que *La Raison par alphabet*, par décret de la Cour de Rome du 11 juillet 1776.[28]

3. *Les trois protagonistes de L'A, B, C*

Comme l'indique le sous-titre, *L'A, B, C* est un entretien entre trois interlocuteurs, A, B et C, dont l'impersonnalité des noms ne doit pas nous abuser: ils sont assez clairement personnifiés. Ces trois sages entretiennent des rapports d'amitié. A constitue le protagoniste principal. C'est un 'vieux philosophe anglais' (p.346), 'membre du Parlement de la Grande-Bretagne' (p.235 et 265). Il a voyagé, s'étant rendu à Paris, à plusieurs reprises (p.241, 251, 327-28), ainsi qu'à Rome (p.284). Il s'identifie de très près à Voltaire dont il expose le credo déiste dans le dernier entretien. Farouche adversaire de la religion catholique, il souhaiterait personnellement affréter une douzaine de vaisseaux pour détruire l'Inquisition partout où elle se trouve (p.284). Faisant l'éloge des institutions britanniques issues de la 'Glorious Revolution' de 1688 et du 'Bill of Rights' de 1689, A parle 'toujours en véritable Anglais' (p.284), quoiqu'il finisse par déclarer être un 'citoyen du monde' (p.348). Il assume et défend des positions libérales: son programme politique est '*liberté* et *propriété*' (p.234). B est moins clairement décrit: on ignore sa nationalité. Il fait preuve d'une certaine radicalité, tant en défendant des positions démocratiques qu'en proposant d'*abolir* la théologie. C est un aristocrate, ou 'un seigneur riche' (p.265). Déclarant être 'né sous le quarante-cinquième degré' (p.270), ce méridional est sans doute Espagnol, Français ou Italien. Dans le trio, c'est le plus orthodoxe, déclarant qu''il en faut toujours revenir à la Bible' (p.333).

N'accordons cependant pas de valeur excessive à la personnalisation des protagonistes. Un des défauts de *L'A, B, C* tient aux

---

[28] *Catalogue des ouvrages mis à l'Index* (Paris, 1825), p.269.

incohérences dans la répartition des répliques entre les trois interlocuteurs. Voltaire ayant apparemment composé ce traité avec célérité et revu les épreuves avec peu de soin, il arrive parfois qu'un interlocuteur se réponde à lui-même... Aussi les éditeurs successifs ont-ils tenté de résoudre certaines de ces incohérences textuelles en modifiant la répartition des répliques. Pour n'en donner qu'un exemple, le premier interlocuteur du deuxième entretien a pu, au fil des éditions successives, revêtir l'identité de A, de B ou de C... Seule la seconde édition in-octavo de Kehl a rectifié quasiment toutes les incohérences, la première laissant subsister une erreur corrigée dans l'errata. Même dans cette seconde édition subsistent certaines contradictions.

Lorsqu'il reverra une dernière fois *L'A, B, C* à la fin de 1777, Voltaire qualifiera A, pourtant 'Anglais', de 'Français' et, inversement, il transformera l'apatride B en 'Anglais', sans pour autant systématiser cette modification (voir la description de w75G* ci-dessous, p.197). Voltaire s'est-il rendu compte du caractère incohérent de ces corrections? Toujours est-il qu'il y mit rapidement un terme et que les éditeurs successifs ne les ont pas intégrées au corpus. La personnalité des interlocuteurs importe moins que la confrontation de leurs points de vue. C'est tellement vrai que, dans les articles des *Questions sur l'Encyclopédie* ayant repris les entretiens de *L'A, B, C*, l'entretien entre les trois interlocuteurs se transforme souvent en un dialogue entre A et B, un Anglais et un Français, ou un Anglais et un Allemand, devenus impersonnels.

4. *Une 'somme' voltairienne*

Le pasteur Allamand remarquait fort justement de ce livre, en 1768, que 'c'est *L'A, B, C* de toutes les sciences morales [...] comme les *Eléments de Newton* étaient ceux de la physique, il y a je crois quatre-vingt ans'.[29] Voltaire y dresse une ambitieuse synthèse des

[29] D15359. Les *Principia mathematica* de Newton avaient vu le jour en 1687.

sciences politiques et juridiques de son temps. Raymond Naves reconnaissait dans *L'A, B, C* une des meilleures 'sommes' que Voltaire ait écrites.[30] T. Besterman ajoutait que 'the *A, B, C* is perhaps Voltaire's most important pronouncement on government'.[31] Ces dix-sept dialogues s'inscrivent dans la même veine que le *Traité sur la tolérance* ou le *Dictionnaire philosophique*. Voltaire n'hésite d'ailleurs pas à s'y citer lui-même à plusieurs reprises.

Ne serait-ce que par son titre et parce qu'il se présente comme une somme de la pensée voltairienne, *L'A, B, C* n'est pas sans analogie avec les œuvres 'alphabétiques' conçues à la même époque. Cette parenté a d'ailleurs incité Voltaire à donner deux éditions de la *Raison par alphabet*, état intermédiaire entre le *Dictionnaire philosophique* (1764) et les *Questions sur l'Encyclopédie* (1770-1772), en les faisant suivre d'une réédition de *L'A, B, C*: la première et la seconde édition Cramer (1769 et 1770) de la *Raison par alphabet*, sans compter les contrefaçons lyonnaise (?) et liégeoise qui datent respectivement de 1773 et 1776.[32] Les dialogues de *L'A, B, C* inspireront plusieurs articles des *Questions sur l'Encyclopédie* ou leur serviront de matrice: 'Armes, armées, etc.', 'Athéisme', 'Curiosité', 'Du droit de la guerre', 'Instinct', 'Loi naturelle', etc. Mais si *L'A, B, C* s'apparente aux œuvres alphabétiques, c'est selon des schèmes différents que vivifie l'emploi du dialogue.

L'apparente désinvolture de la forme et le caractère souvent dubitatif de l'expression de *L'A, B, C* ne sauraient masquer la cohérence et la radicalité de sa pensée. L'enjeu fondamental de ce dialogue philosophique est d'aborder de front les deux grands sujets interdits au dix-septième siècle, et toujours dangereux à évoquer au dix-huitième: le gouvernement et la religion. 'Qui

---

[30] *Dialogues et anecdotes philosophiques* (Paris, 1939), p.519.

[31] D15247, n.1.

[32] A. Brown, J. P. Lee, N. Cronk et U. Kölving, *Livres dangereux* (Oxford, 1994), p.49-57. Voir ci-dessous, p.194-97, les descriptions de RA69, RA70, RA73 et RA76.

garde le silence sur ces deux objets, qui n'ose regarder fixement ces deux pôles de la vie humaine, n'est qu'un lâche' (p.286), proclame A. L'originalité de *L'A, B, C* tient à l'étroite articulation qu'il établit entre ces deux problématiques. Ordinaire sous la plume de Voltaire, la condamnation sans appel du pouvoir de l'Eglise se prolonge désormais d'une critique de l'absolutisme français conduite au nom du modèle libéral anglais érigé en exemple. Comment rendre compte de cette évolution doctrinale? Celle-ci s'inscrit dans un contexte historique bien spécifique, celui de la seconde moitié des années 1760 marquée par un triple phénomène: les conséquences de l'expulsion des jésuites en 1764, la montée en puissance des thématiques athées dans la philosophie à partir de 1765, et l'exécution du chevalier de La Barre en 1766. Pour conduire son combat contre l'Infâme, Voltaire avait jusqu'alors tablé sur les contradictions internes de l'élite politique française du dix-huitième siècle, partagée entre une aile libérale, favorable aux philosophes qu'elle protégeait activement quoique discrètement, et une aile conservatrice et catholique, composée d'aristocrates et de parlementaires qui étaient souvent d'obédience janséniste. Ce subtil rapport de forces fut bouleversé après 1765 au détriment des philosophes. La dissolution des jésuites avait laissé le champ libre aux jansénistes, qui sortirent renforcés du terrassement de leurs rivaux. L'unification du camp catholique autour des jansénistes apparaissait d'autant plus grave que le camp des philosophes s'était divisé: Voltaire avait pris conscience de l'importance des Lumières radicales incarnées par Diderot et d'Holbach lors de la visite de Damilaville à Ferney en 1765.[33] Il accommoda dès lors sa guerre sans merci contre l'Infâme d'une lutte à fleurets mouchetés contre le matérialisme athée. Troisième évolution, l'exécution du chevalier de La Barre le 1er juillet 1766 avait frappé d'horreur le parti philosophique en général, et Voltaire en particulier. Non seulement l'Etat avait appuyé en tout point l'Eglise, mais il s'était

[33] *VST*, t.2, p.191-92.

montré encore plus sanguinaire et intransigeant que celle-ci. [34]
L'exécution de La Barre n'annonçait-elle pas une future 'Saint-
Barthélemi de philosophes'? [35] Ce crime judiciaire révélait l'étroite
connivence de l'Etat et de l'Eglise. Dans ce contexte, Voltaire ne
pouvait plus s'en tenir à une simple critique de la religion: il lui
fallait se porter sur le terrain politique pour tenter de désolidariser
l'Etat de l'Eglise. En ce sens, 'l'antichristianisme de Voltaire [...]
commande une politique, il n'est pas commandé par elle'. [36]

C'est dans ce contexte que se laisse appréhender l'étroite
articulation des thématiques politiques et théologiques de
L'A, B, C. René Pomeau remarquait justement de la philosophie
politique de Voltaire que 'la liberté, qui est moyen en ce qu'elle
affranchit les forces progressives, est aussi le but' de toute action. [37]
La liberté constitue la finalité de toute politique dans l'exacte
mesure où elle en est le moyen privilégié. Entre les combats contre
la religion et l'absolutisme s'établit un rapport de causalité
réciproque. La revendication des libertés politiques – au premier
chef desquelles la liberté d'expression – ouvre un espace public
permettant de critiquer l'Infâme, cette critique permettant d'accroître en retour l'étendue des libertés réprimées par l'Eglise. La
conquête de la liberté d'expression, 'liberté précieuse' (p.287) s'il
en est, joue un rôle déterminant: elle instaure l'espace de débats qui
permettra l'émancipation des esprits. R. Pomeau rapproche sur ce
point les positions de Voltaire et de Karl Marx, qui affirmait que 'la
critique de la religion est la condition de toute critique'. [38]
L'obligation impérieuse assignée au siècle des Lumières n'est pas
tant de libérer les 'serfs de corps' (les esclaves) que les 'esprit serfs',

---

[34] Le 26 juin 1766, Mgr de La Motte, évêque d'Amiens, avait intercédé pour
obtenir que la peine de mort à laquelle La Barre était condamnée soit commuée en
détention perpétuelle: Louis XV se montra inflexible (*Dictionnaire général de
Voltaire*, éd. Raymond Trousson et Jeroom Vercruysse, Paris, 2003, p.694).

[35] Voltaire à Delisle de Sales, 25 février [1776], D19951.

[36] R. Pomeau, *Politique de Voltaire* (Paris, 1963), p.37.

[37] R. Pomeau, *Politique de Voltaire*, p.8.

[38] R. Pomeau, *Politique de Voltaire*, p.37; K. Marx, *Pour une critique de la
philosophie du droit de Hegel*, *Œuvres*, 4 vol. (Paris, 1963-1994), t.3, p.382.

cette libération étant la condition première d'un affranchissement général de l'humanité. La liberté d'expression apparaît dès lors comme la liberté fondamentale ou comme la source de toute liberté. *L'A, B, C* marque clairement ce fait d'une formule vigoureuse: 'Point de liberté chez les hommes, sans celle d'expliquer sa pensée' (p.283). L'Anglais A martèle ce principe comme un leitmotiv: 'le partage du brave homme est d'expliquer librement ses pensées' (p.286); 'Si nous n'avions pas su écrire, nous aurions été opprimés par Jacques second [...] Notre plume fut la première arme contre la tyrannie, et notre épée la seconde' (p.286); 'Quiconque a écrit en faveur de la religion naturelle et divine, contre les détestables abus de la religion sophistique, a été le bienfaiteur de sa patrie' (p.289). La liberté d'expression fonde les autres libertés en tant qu'elle constitue la condition de leur conquête contre le pouvoir de l'Eglise. Elle seule permettra d'éclairer les dirigeants et de les désolidariser du pouvoir spirituel. C'est parce que 'les rois et les barons ne savaient ni lire ni écrire' qu'ils étaient soumis à l'Infâme; 'lorsqu'enfin les barons ont appris à lire et à écrire, lorsque la lèpre de l'ignorance a diminué chez les magistrats et chez les principaux citoyens, on a regardé en face l'idole devant laquelle on avait léché la poussière' (p.320). L'enjeu fondamental de *L'A, B, C* est d'affirmer la nécessité de subordonner le pouvoir spirituel au pouvoir temporel: 'Une bonne religion honnête, mort de ma vie, bien établie par acte de parlement, bien dépendante du souverain, voilà ce qu'il nous faut, et tolérons toutes les autres. Nous ne sommes heureux que depuis que nous sommes libres et tolérants' (p.292). Et B d'approuver A en affirmant que 'la religion ne consiste point du tout à faire passer son argent à Rome. C'est une vérité reconnue non seulement de ceux qui ont brisé ce joug, mais encore de ceux qui le portent' (p.294), tels les Français que Voltaire appelle à se libérer.

On comprend dès lors que Voltaire ait perçu que *L'A, B, C* serait mal reçu par les autorités françaises: il érige en modèle les pays européens dont la législation était plus favorable à la liberté d'expression que la France. Tel est le sens du magnifique éloge des institutions anglaises par A dans le quinzième entretien intitulé 'De la meilleure législation', écrit quarante ans après l'éloge de l'Angleterre dans le premier livre de *La Henriade* et quelques années avant celui de l'article 'Gouvernement' des *Questions sur l'Encyclopédie*: 'Ajoutez à tous ces avantages le droit que tout homme a parmi nous de parler par sa plume à la nation entière. L'art admirable de l'imprimerie est dans notre île aussi libre que la parole. Comment ne pas aimer une telle législation?' (p.326). Voltaire écrit de même dans le neuvième entretien, non sans exagération en ce qui concerne la Pologne: 'La liberté de parler aux hommes avec la plume est établie en Angleterre comme en Pologne; elle l'est dans les Provinces-Unies; elle l'est enfin dans la Suède qui nous imite: elle doit l'être dans la Suisse, sans quoi la Suisse n'est pas digne d'être libre' (p.283).

On ne marquera jamais assez la radicalité de *L'A, B, C*, qui se déploie sur un triple plan: le projet d'abolition de la théologie, l'affirmation de la liberté comme droit fondamental et la défense de la forme républicaine de gouvernement. Reprenant les formulations de la *Lettre de Charles Gouju* (1761), elles-mêmes reprises l'année précédant la publication de *L'A, B, C* dans les *Lettres à Son Altesse Monseigneur le prince de* ***, Voltaire parle désormais de *détruire*, d'*exterminer* ou de *réprimer* la 'théologie'. 'Il faut absolument qu'on détruise la théologie comme on a détruit l'astrologie judiciaire, la magie, la baguette divinatoire, la cabale, et la chambre étoilée', s'exclame A avec conviction (p.291-92). A avait affirmé auparavant qu''Il n'y a plus de guerres religieuses depuis que les gouvernements ont été assez sages pour réprimer la théologie' (p.289). Dès le premier entretien, A avait érigé en modèle l'Angleterre qui a bien fait de 'saper la puissance ecclésiastique qui doit être une société priante, édifiante, exhortante, et non pas puissante' (p.217). A établit clairement l'intention de *L'A, B, C* en intimant à l'Eglise catholique l'ordre d'abandonner toute prétention à exercer un pouvoir temporel: 'sortez du Capitole qui n'était pas bâti pour vous' (p.315). Et A d'ajouter: 'c'est de toutes les révolutions la plus aisée à faire, et cependant personne n'y pense' (p.316). Le même interlocuteur affirme également: 'Il n'y a qu'à souffler sur tous les autres moines, ils disparaîtront sur la face de la terre' (p.322).

Seconde marque de radicalité, Voltaire affirme à plusieurs reprises la liberté comme le droit fondamental de la personne humaine: 'C'est cette liberté qui est la loi fondamentale de toutes les nations, c'est la seule loi contre laquelle rien ne peut prescrire, parce que c'est celle de la nature. [...] Nous revenons enfin à la véritable loi fondamentale qui est d'être libres' (p.315), affirme A. 'Etre libre, n'avoir que des égaux, est la vraie vie, la vie naturelle de l'homme' (p.263), ajoute B.

La troisième marque de radicalité est liée à la deuxième: *L'A, B, C* est une des premières œuvres où Voltaire, qui défendait jusqu'alors des positions monarchiques, [39] fait l'éloge de la forme républicaine de gouvernement, qui serait la seule conforme à la liberté naturelle de l'homme. Celui-ci n'a pu perdre ce don précieux que 'par lâcheté et par bêtise' (p.263), la lâcheté le soumettant à la monarchie ou à l'aristocratie, et la bêtise à la théocratie. Cet engagement en faveur de la forme républicaine de gouvernement peut s'expliquer par la transplantation lémanique de Voltaire, qui ne souhaitait pas abandonner à Jean-Jacques Rousseau le public genevois, favorable à une démocratisation des institutions. [40] Et quand Voltaire ne défend pas les républiques, il fait l'éloge du monarchisme constitutionnel britannique qui présente l'avantage de subordonner l'Eglise et l'Etat au règne de la loi: 'je trouve notre gouvernement le meilleur de la terre, parce que chacun y sait ce qu'il a, ce qu'il doit, et ce qu'il peut. Tout est soumis à la loi, à commencer par la royauté et par la religion' (p.234). Directement opposée au principe même de l'absolutisme, cette affirmation de la nécessité de soumettre l'Etat à la loi suffit à elle seule à expliquer la réticence de Voltaire à revendiquer la

[39] Voltaire défend 'un monarchisme qui ne fait grâce qu'à très peu de monarques: à ceux qui furent les agents actifs, et hors série du progrès' (R. Pomeau, *Politique de Voltaire*, p.42).
[40] Voir *Questions sur l'Encyclopédie*, article 'Démocratie', *OCV*, t.40, p.367-75.

paternité du sulfureux *A, B, C*. Non point que Voltaire veuille, sur tous ces points, nous imposer une doctrine. La structure du dialogue, à elle seule, s'y opposerait. Mais il entend opposer une réflexion pratique à la spéculation trop théorique des philosophes du droit et aux prétentions dogmatiques d'une théologie qu''il faut absolument qu'on détruise' (p.291).

Entre l'Anglais libéral A, le républicain B et l'aristocrate méridional C, la sympathie de Voltaire oscille, sans que l'on sache toujours exactement à qui va son adhésion. Le pragmatisme voltairien a d'ailleurs ses limites, et l'on peut lui préférer, sur la question de l'esclavage des nègres dans les sucreries, l'intransigeance d'un Montesquieu. On peut également reprocher à son scepticisme d'avoir été insensible aux avancées théoriques réalisées au dix-huitième siècle sur les questions du droit international et du droit de la guerre.

Il est vrai que Voltaire raisonne 'hic et nunc', conformément à son interprétation générale des phénomènes humains dont la nature, selon lui, est sociale et ne saurait s'abstraire idéalement de l'histoire et du réel. Ici comme ailleurs, Voltaire s'affirme penseur antimétaphysique, profondément enraciné dans la vie et dans le temps. Comme ces Anglais qu'il admire tant et qu'il ne cesse de donner en exemple (au risque de se brouiller avec Choiseul), il croit aux vertus de la liberté et au caractère intangible de la propriété. Dans l'ordre philosophique, il expose ses réflexions d'une manière plus hypothétique: sur Dieu, sur l'âme, sur l'éternité du monde il a des vues qui lui sont chères, mais ce ne seront jamais que des options intellectuelles qui ne valent pas qu'on s'entretue pour elles. Ce pragmatique volontiers pessimiste croit farouchement à la tolérance et, en dépit d'un passé de violences et d'horreurs, il persiste à faire confiance à la lente perfectibilité de l'homme. Les vertus cardinales ne sont ni l'ascétisme, ni la foi, ni l'abstinence, mais la tolérance, la modération et l'amour des hommes: 'je suis citoyen du monde' (p.348), affirme A, 'Que nous importe après tout que ce monde soit éternel ou qu'il soit d'avant-hier? Vivons-y doucement, adorons Dieu, soyons justes et bienfaisants, voilà l'essentiel' (p.348). Le message voltairien se définit, au premier chef, comme une recherche du bonheur fondée sur l'analyse de notre condition terrestre.

5. Editions

De plus amples informations sur les éditions collectives se trouvent ci-dessous, p.349-52.

62 (1768)

[*faux-titre*] *L'A, B, C,* / DIALOGUE / CURIEUX.

L'A, B, C, / DIALOGUE / CURIEUX. / TRADUIT / *De l'Anglais de Monsieur* / HUET. / A LONDRES, / Chez ROBERT FREEMANN. / [*double filet*] / 1762. [*le texte est placé dans un cadre ornemental*]

8°. sig. π⁴ A-K⁸ [$4 signé -I4, chiffres arabes]; pag. VIII 160; réclames par cahier.

[I] faux-titre; [II] bl.; [III] titre; [IV] bl.; V-VI table; VII errata; [VIII] bl.; [1]-160 L'A, B, C, ou dialogues entre A. B. C.

Cette édition a été 'imprimée (et sans doute publiée) par Grasset', c'est-à-dire Gabriel Grasset, à Genève (A. Brown, 'Gabriel Grasset éditeur de Voltaire', *Voltaire et le livre*, éd. F. Bessire et F. Tilkin, Ferney-Voltaire, 2009, p.76).

Elle se compose, comme les trois suivantes, de seize entretiens seulement. Le premier y revêt le titre de 'Premier dialogue', intitulé repris par toutes les éditions subséquentes. Cet entretien ne comporte cependant pas les treize paragraphes qui seront ajoutés en 1769. La distribution des rôles entre les protagonistes est erronée; il arrive fréquemment qu'un d'entre eux se réponde à lui-même... Cette édition comporte de nombreuses coquilles, corrigées dans l'errata, dont il existe deux versions (voir BnC 4191 et 4192). Le treizième entretien, qui deviendra le quatorzième en 1769, commet une erreur en usant du pronom 'elle' pour désigner le 'serviteur de Dieu', c'est-à-dire le pape. Cette erreur sera reprise dans toutes les éditions subséquentes, n'étant dûment corrigée que par l'errata de κ84 ci-dessous, puis par κ85 et par κ12. Dans le seizième entretien, cette première édition évoque la 'variole', qui deviendra 'vérole' dans toutes les éditions parues du vivant de Voltaire, puis la 'petite vérole' dans les éditions de Kehl.

Bengesco 1772; BV3476; BnC 4191-92.

Genève, ImV: D ABC 1768/1, D ABC 1768/1W; Oxford, Taylor: V8 A5 1762; Paris, BnF: ZZ 3942, ZZ 4206, Rés Z Beuchot 79-81 Z 27275, Rés Z Bengesco 329; Saint-Pétersbourg, GpbV: 5-53, 9-45, 11-129, 11-134, 11-168.

68

L'A, B, C, / DIALOGUE / CURIEUX. / TRADUIT / *De l'Anglais de Monsieur* / HUET. / [*double filet*] / A LONDRES, / Chez ROBERT FREEMANN. / [*astérisques flanqués de parenthèses*] / 1768. [*le texte est placé dans un cadre ornemental*]

8°. sig. π² A-H⁸ I⁴ [$4 signé, chiffres arabes]; pag. IV 135; réclames par page.

[I] titre; [II] bl; III-IV table; [1]-135 L'A, B, C ou dialogues entre A. B. C.

Edition faite par un éditeur différent.

Bengesco 1772; BnC 4193.

Paris, BnF: Z Beuchot 82.

69G

[*faux-titre*] *L'A, B, C,* / DIALOGUE CURIEUX.

L'A, B, C, / DIALOGUE / CURIEUX. / TRADUIT / *De l'Anglais de Monsieur* / HUET. / A LONDRES, / *Chez* ROBERT FREEMANN. / [*double filet*] / 1769. [*le texte est placé dans un cadre ornemental*]

8°. sig. A-G⁸ H⁴ [$4 signé, chiffres arabes]; pag. 120; réclames par cahier.

[1] faux-titre; [2] bl; [3] titre; [4] bl; [5]-118 L'A, B, C, ou dialogues entre A.B.C.; 119-20 table.

Une autre édition de Gabriel Grasset, à Genève (A. Brown, 'Gabriel Grasset éditeur de Voltaire', p.76).

Bengesco 1772; BnC 4194.

Paris, Arsenal: 8° GD. 22695; BnF: Z Beuchot 83.

EJ (1769)

Tome 2: 77-191 L'A,B,C, dialogue curieux. Traduit. De l'Anglais de
Monsieur Huet.; [192] table.

Cette édition ignore les modifications apportées au texte dans l'édition
suivante, RA69. En dérivent les autres éditions données dans *L'Evangile
du jour*, qui sont également lacunaires. Nous ne colligeons pas les
variantes issues de cette tradition.

RA69

[*Titre du volume*] LA RAISON / PAR / ALPHABET. / Sixiéme édition
revuë, corrigée & augmentée / par L'AUTEUR. / *SECONDE
PARTIE* / [*filet*] / L–V / [*filet*] / L'A, B, C, / *DIX-SEPT
DIALOGUES* / *traduits de l'anglais.* / [*ornement typographique*] /
[*filet gras-maigre*] / M. DCC. LXIX.

[*faux-titre*] *L'A, B, C,* / DIX-SEPT DIALOGUES / *Traduits de
l'Anglais de Mr.* HUET.

Tome 2: [197] faux-titre; [198] bl; [199]-339 L'A, B, C, ou dialogues entre
A. B. C.; 340-43 table; [344] bl.

Le dialogue supplémentaire est le treizième ('Des lois fondamentales'),
un des plus courts du livre (p.304-309). Il commet un pléonasme
('cailloux pétrifiés'), qui ne sera corrigé que dans l'errata de K84 et
dans K85 ci-dessous. Le premier entretien connaît son état définitif en
s'enrichissant de treize paragraphes supplémentaires, absents des premières éditions. Seul le dix-septième et dernier entretien ('Sur des choses
curieuses') a conservé le titre courant primitif 'Dialogue curieux'. Cette
édition constitue le texte de base de la présente édition dans la mesure où
elle a été personnellement revue par Voltaire, ne serait-ce que parce qu'il
a communiqué à Gabriel Cramer le texte du treizième entretien.

Voir aussi *OCV*, t.35, sigle 69, p.249-53.

Bengesco 1404 (t.1, p.417 et t.2, p.237); BnC 3591.

Genève, ImV: D Dictionnaire 2/1769/1; Oxford, Taylor: V8 D6 1769
(2); Paris, Arsenal: 8° BL 32735 (3); BnF: Rés Z Bengesco 223, Rés Z
Beuchot 737.

69c

L'A, B, C, / DIX-SEPT DIALOGUES / *Traduits de l'anglais de Mr.*
HUET. / [*filet*] / Nouvelle édition corrigée & augmentée. / [*filet*] /
[*ornement*] / [*double filet*] / M. DCC. LXIX.

8°. sig. A-I⁸ [$4 signé, chiffres arabes]; pag. 143; réclames par cahier.

[1] titre; [2] bl; [3]-143 L'A, B, C, ou dialogues entre A. B. C.

Edition séparée de RA69 demandée à Cramer (D15593, D15650, D15652).

BV3477.

Paris, Arsenal: 8° BL 32735 (1); Saint-Pétersbourg, GpbV: 9-46.

RA70

LA RAISON / PAR / ALPHABET. / Septiéme édition revuë, corrigée
& augmentée / par L'AUTEUR. / *SECONDE PARTIE.* / [*filet*] / L–
V / [*filet*] / L'A, B, C, / *DIX-SEPT DIALOGUES* / *traduits de
l'anglais.* / [*ornement typographique*] / [*filet gras-maigre*] /
M. DCC. LXX.

[*faux-titre*] L'A, B, C, / DIX-SEPT DIALOGUES / *Traduits de
l'Anglais de Mr.* HUET. / *L'A, B, C.*

Tome 2: [193] faux-titre; [194] bl.; [195]-335 L'A, B, C, ou dialogues entre
A. B. C.; 336-39 table.

Encore une édition par Cramer à Genève.

Bengesco t.2, p.237; BnC 3592-93.

Genève, ImV: D Dictionnaire 2/1770/1; Paris, BnF: D2 14063, Z 24739-
40.

w68 (1771)

Tome 14 (tome 1 des 'Mélanges philosophiques, littéraires, historiques'):
384-481 L'A, B, C, ou dialogues entre A.B.C. Traduits de l'anglais par
Mr. Huet.

Cette édition commet une coquille dans le premier dialogue en établissant
la leçon 'Ta vie' au lieu de 'La vie'.

[72
Bengesco signale une édition in-8 de Neuchâtel publiée en 1772, que nous n'avons pu localiser (Bengesco, t.2, p.237).]

RA73

LA RAISON / PAR / ALPHABET. / Septiéme édition revüe, corrigée & augmentée / par L'AUTEUR. / *SECONDE PARTIE.* / [*filet*] / L– V / [*filet*] / L'A, B, C, / *DIX-SEPT DIALOGUES* / *traduits de l'anglais.* / [*ornement typographique*] / [*filet gras-maigre*] / M. DCC. LXXIII.

[*faux-titre*] *L'A, B, C,* / DIX-SEPT DIALOGUES / *Traduits de l'Anglais de* M. HUET. / *L'A, B, C.*

Tome 2: [193] faux-titre; [194] bl.; [195]-335 L'A, B, C, ou dialogues entre A. B. C.; 338-39 table.

Le dix-septième et dernier entretien conserve le titre courant primitif 'Dialogue curieux'.

Bengesco 1406/2 (t.1, p.418; cf. t.4, p.62); BnC 3594.

Bruxelles, Bibliothèque royale: II 38444 A; Genève, ImV: D Dictionnaire 2/1773/1, A 1770/1 (48); Paris, BnF: Z 24789-89*bis*.

RA76

LA RAISON / PAR / ALPHABET, / EN FORME DE DICTION-NAIRE. / PAR M. DE VOLTAIRE. / *SECONDE PARTIE.* / [*filet orné*] / L-Z / [*filet orné*] / [*ornement typographique*] / [*filet gras-maigre*] / M. DCC. LXVI.

[*faux-titre*] *L'A,B,C,* / DIX-SEPT DIALOGUES. / *Traduits de l'Anglais de Mr.* HUET.

Tome 2: [197] faux-titre; [198] bl.; [199]-339 L'A, B, C, ou dialogues entre A. B. C.; 340-43 table.

Le dix-septième et dernier entretien conserve le titre courant primitif 'Dialogue curieux' sous la forme 'Dialog. CURIEUX'.

Bengesco 1407/1 (t.1, p.418); BnC 3596.

Genève, ImV: D Dictionnaire 2/1776/1; Paris, BnF: Rés Z Bengesco 224.

W70L (1773)

Tome 31 (32 dans certains exemplaires): 83-231 L'A, B, C, ou dialogues entre A. B. C. Traduits de l'anglais par monsieur Huet.

W71L (1773)

Tome 14: 412-511 L'A, B, C, ou dialogues entre A. B. C. Traduits de l'anglais par Mr. Huet.

W75G

Tome 36 (tome 4 des 'Mélanges de littérature, d'histoire et de philosophie'): 177-288 L'A, B, C, ou dialogues entre A. B. C. Traduits de l'anglais par M. Huet.

Le texte semble avoir été revu personnellement par Voltaire qui a apporté une addition dans le troisième entretien ('Les Lapons, les Samoyèdes n'ont jamais tué personne en front de bandière', p.236), reprise par K84 et K85 ci-dessous. Dans le dix-septième entretien, W75G a rectifié la formulation de la troisième loi de Kepler en corrigeant, à deux reprises, 'cube' en 'racine cube' mais elle introduit une coquille: 'sept vingt jets' au lieu de 'sept cent vingt jets'.

W75G*

Samuel Taylor signale que 'the greater part of these revisions are insertions of, or changes in the speaker' (S. Taylor, 'The definitive text of Voltaire's works: the Leningrad encadrée', *SVEC* 124, 1974, p.122-24). Ces corrections ne laissent pas d'être problématiques dans la mesure où le vieux Voltaire qualifie 'A' de 'Français', alors qu'il est pourtant 'Anglais', et 'B' d''Anglais' alors que sa nationalité n'est jamais spécifiée dans *L'A, B, C*... Aussi les éditeurs de Kehl n'ont-ils pas repris ces modifications dans la répartition des interlocuteurs. Ils ont cependant intégré une addition de Voltaire, transformant dans le premier entretien l'expression 'petit sénat' en 'petit sénat d'assassins'. Chose curieuse,

Voltaire (ou une autre main) y supprime un éloge de Catherine II et de son Nakaz, modification non intégrée dans l'édition de Kehl.

w75x

Tome 36 (tome 4 des 'Mélanges de littérature, d'histoire et de philosophie'): 176-285 L'A, B, C, ou dialogues entre A, B, C, Traduits de l'anglais par M. Huet.

Cette édition comporte une différence significative: le premier inter-locuteur du deuxième entretien, C dans le texte de base, est devenu B dans w75G mais A dans w75x.

k84

Tome 36 ('Dialogues et entretiens philosophiques'): 213-331 L'A, B, C, ou dialogues entre A B C. Traduits de l'anglais par M. Huet. [41]

Le tome 36 ne figurait pas dans la première livraison de l'édition en 1785 [42] mais dans une livraison ultérieure. Les rédacteurs ont corrigé la distribution des rôles entre A, B et C lorsqu'elle était fautive, mais ils ont laissé subsister une erreur dans le huitième entretien, où A répond à A (voir p.277-78): l'erreur est rectifiée dans l'errata paru, en 1790, dans le tome 70 de la collection. Les éditeurs sont intervenus dans le texte pour supprimer de la liste des monarques éclairés le roi du Danemark, qui était devenu fou dans les années 1780 (voir p.270), pour corriger, dans l'errata, une répétition présente dans toutes les autres éditions (p.272) et pour modifier la leçon 'vérole' du seizième entretien en 'petite vérole' (p.329), revenant ainsi aux enseignements de 62 (1768) qui évoquait la 'variole'. Ils laissent subsister le pléonasme du treizième entretien ('cailloux pétrifiés'), qu'ils corrigent dans l'errata en 'végétaux pétrifiés'. Les éditeurs suivent w75G, dont ils reprennent l'addition du troisième entretien (p.236) et, malencontreusement, la coquille du dix-septième entretien ('sept vingt jets' au lieu de 'sept cent vingt jets'), corrigée dans l'errata. Ils suivent également w75G* dont ils intègrent une addition ('petit sénat d'assas-

[41] L'errata du tome 70 rectifie le 'par' du titre en 'de', transformant ainsi le traducteur français en auteur anglais.

[42] V. S. Lyublinsky, *Novye teksty perepiski Voltera*, 2 vol. (Moscou et Leningrad, 1956-1970), t.2, p.327.

sins'), sans retenir les autres modifications. Ils corrigent plusieurs coquilles présentes dans toutes les éditions antérieures mais en laissent subsister d'autres, comme le pronom personnel 'elle' pour renvoyer au pape dans le quatorzième entretien (erreur corrigée dans l'errata). Ils introduisent d'autres coquilles: l'errata comporte dix-sept corrections dont beaucoup sont le seul fait de K84. Un des rédacteurs de cette édition, Jacques Joseph Marie Decroix, a par la suite communiqué à Beuchot une importante addition relative à Montesquieu dans le premier entretien (voir p.220, n.56). C'est peut-être lui qui a communiqué deux autres modifications apparaissant dans l'édition de Beuchot, reprise par Moland, mais ne figurant dans aucune autre édition antérieure ('surprendre' au lieu d''étonner' dans le premier entretien, p.220, et l'amélioration textuelle du treizième entretien: 'fragments de substances animales ou végétales pétrifiées' au lieu de 'végétaux pétrifiés' dans les éditions de Kehl ou le pléonasme des 'cailloux pétrifiés' dans toutes les autres éditions, p.312). On se gardera cependant de croire que les corrections suggérées par Decroix à Beuchot sont d'origine auctoriale: elles semblent essentiellement ressortir à des modifications éditoriales. [43]

K85

Tome 36 ('Dialogues et entretiens philosophiques'): 213-331 L'A, B, C, ou dialogues entre A, B, C. Traduits de l'anglais de M. Huet.

K85 intègre la totalité des corrections de l'errata de K84. Elle comporte cependant une erreur de pagination, la page 252 étant numérotée 152.

K12

Tome 45 (t.1 des 'Dialogues et entretiens philosophiques'): 277-365 L'A, B, C, ou dialogues entre A, B, C. Traduits de l'anglais de M. Huet. [entretiens 1 à 9.]

Tome 46 (t.2 des 'Dialogues et entretiens philosophiques'): 3-71 Suite du vingt-quatrième [sic] Dialogue entre A, B, C, ou l'A, B, C. [entretiens 10 à 17.]

[43] Voir C. Paillard, ' "Les cailloux pétrifiés" de Voltaire. Corrections auctoriales ou modifications éditoriales? Le traitement de L'A, B, C dans les éditions de Kehl et de Beuchot', *Revue Voltaire* 11 (2011), p.373-85.

Principes de cette édition

Nous imprimons le texte de RA69. Nous signalons les variantes relevées dans 62, EJ, W68, W75G, W75G*, K84 et K85.

Traitement du texte

L'orthographe a été modernisée, mais la ponctuation respectée sauf pour l'ajout de guillemets autour du discours direct. Les corrections suivantes ont été apportées. Dans le premier dialogue, exemples devient exemple (n.*a*, ligne 12); des mots devient du mot (n.*a*, ligne 27); payée devient payé (ligne 37); finances devient finance (ligne 59); donnés devient donné (ligne 88); quelles devient quels (ligne 293). Dans le second entretien, soit devient soient (ligne 5). Dans le troisième entretien, quoiqu'il devient quoi qu'il (ligne 224). Dans le cinquième entretien, coupés devient coupé (ligne 59). Dans le septième entretien, mangageats devient margajats (ligne 63); shelling devient shilling (lignes 41, 42, 71 et 72); brute devient brut (ligne 82). Dans le huitième entretien, appartenantes devient appartenant (ligne 71). Dans le onzième entretien, arrête devient arrêtent (ligne 127); allumée devient allumé (ligne 169). Dans le treizième entretien, loix devient loi (ligne 46). Dans le quatorzième entretien, à *latere* devient *a latere* (ligne 8-9); elle devient il (ligne 37). Dans le seizième entretien, moitié malheur et infortune devient moitié malheur et moitié fortune (ligne 4-5). Dans le dix-septième entretien, que devient qui (ligne 101); donnée devient donné (ligne 181).

L'A, B, C,
DIX-SEPT DIALOGUES
TRADUITS DE L'ANGLAIS
DE MONSIEUR HUET

L'A, B, C, OU DIALOGUES ENTRE A. B. C.

PREMIER DIALOGUE

Sur *Hobbes, Grotius, et Montesquieu*[1]

A

Eh bien, vous avez lu Grotius, Hobbes, et Montesquieu: que pensez-vous de ces trois hommes célèbres?

B

Grotius m'a souvent ennuyé; mais il est très savant; il semble aimer la raison et la vertu; mais la raison et la vertu touchent peu quand elles ennuient: il me paraît de plus, qu'il est quelquefois un fort   5
mauvais raisonneur:[2] Montesquieu a beaucoup d'imagination sur

---

a-b   w68, w75G, κ84, κ85: [*entre ces lignes, ajoutent*] TRADUITS DE L'AN-
GLAIS PAR [κ84 (errata), κ85: DE] MONSIEUR HUET
   5   62: quelquefois fort

---

[1] Cet entretien, le plus long de tous ceux qui composent *L'A, B, C*, n'a de valeur que négative. Voltaire y fait table rase des philosophies politiques accréditées au dix-huitième siècle afin d'exposer ses thèses par la suite. Ce dialogue était déjà ébauché dans une lettre de Voltaire à Simon Nicolas Henri Linguet du 14 ou du 15 mars 1767, qui n'a jamais été remise à son destinataire mais qui sera éditée en 1776 à la suite du *Commentaire historique sur les œuvres de l'auteur de La Henriade*. Voltaire y adressait quasiment les mêmes critiques à Grotius, Rousseau et, surtout, Montesquieu: 'Je crois comme vous, Monsieur, qu'il y a beaucoup à reprendre dans *L'Esprit des lois*. [...] Grotius contre lequel vous vous élevez avec tant de justice a extorqué de son temps une réputation qu'il était bien loin de mériter. [...] A l'égard de Jean Jaques Rousseau dont vous me parlez, j'avoue qu'il n'a pas le génie de Montesquieu, ni l'érudition de Grotius; mais il tombe dans de plus grands écarts' (D14039; cf. D14089). Voltaire fait cependant presque disparaître Rousseau de ce dialogue au bénéfice de Hobbes.
[2] Voltaire ne voyait en Hugo de Groot qu'un fastidieux compilateur et un apologiste crédule (voir la *Traduction d'une lettre de Milord Bolingbroke, à Milord Cornsburi* à la suite de *L'Examen important, OCV*, t.62, p.355-59). Il a lu *Le Droit de la*

un sujet qui semblait n'exiger que du jugement: il se trompe trop
souvent sur les faits; mais je crois qu'il se trompe aussi quelquefois
quand il raisonne. [3] Hobbes est bien dur, ainsi que son style; mais
j'ai peur que sa dureté ne tienne souvent à la vérité. [4] En un mot,   10
Grotius est un franc pédant, Hobbes un triste philosophe, et
Montesquieu un bel esprit humain.

C

Je suis assez de cet avis. La vie est trop courte, et on a trop de choses
à faire pour apprendre de Grotius, que selon Tertullien, 'la cruauté,
la fraude et l'injustice sont les compagnes de la guerre'. 'Que   15
Carnéade défendait le faux comme le vrai', qu'Horace a dit dans
une satire, 'la nature ne peut discerner le juste de l'injuste'; (a) Que

(a) N.B. *Nec natura potest justo secernere iniquum.*
Ce cruel vers se trouve dans la troisième satire. Horace veut prouver
contre les stoïciens, que tous les délits ne sont pas égaux. Il faut, dit-il, que
la peine soit proportionnée à la faute:

11   62: un philosophe
12   62: bel esprit.
13   w68: avis. Ta vie
n.*a*   K84, K85: [*avec note*] NB. Cet endroit d'Horace peut d'abord paraître
obscur; cependant en y faisant attention, on trouvera que le poète dit seulement:
Consultez les annales du monde, vous verrez que la crainte de l'injustice a fait naître

---

guerre, et de la paix (BV1554; *CN*, t.4, p.195-96) et le *Traité de la vérité de la religion
chrétienne* (BV1555; *CN*, t.4, p.197-201), ainsi que la *Vie de Grotius* de Burigny
(BV587; *CN*, t.1, p.618). Dans son exemplaire de Tindal, *A second defence of the rights
of the Christian church* (BV3304), figurent en outre deux traités de Grotius.

[3] Voltaire possédait tous les ouvrages de Montesquieu (BV2494-500) qu'il avait
lus, plume en main, à plusieurs reprises (*CN*, t.5, p.706-59), notamment en vue de la
composition de *L'A, B, C*, comme le prouve un signet annoté: 'bon p[ou]r les
questions ABC' (*CN*, t.5, p.707). Son jugement sans concession de Montesquieu a
incommodé certains; voir l'Introduction, p.178-81.

[4] Voltaire cite rarement Thomas Hobbes dont il ne possédait que les *Elementa
philosophica de cive* (BV1647). *Le Philosophe ignorant* comporte un bref chapitre
intitulé 'De Hobbes' (*OCV*, t.62, p.87-88) où il lui reproche son relativisme moral:
'Ne confonds-tu pas la puissance avec le droit?' (p.88).

selon Plutarque 'les enfants ont de la compassion'; Que Chrisippe a dit, 'l'origine du droit est dans Jupiter'. Que si l'on en croit

Regula peccatis quae poenas irroget aequas.   5

C'est la raison, la loi naturelle qui enseigne cette justice; la nature connaît donc le juste et l'injuste. Il est bien évident que la nature enseigne à toutes les mères qu'il vaut mieux corriger son enfant que de le tuer, qu'il vaut mieux lui donner du pain, que de lui crever un œil, qu'il est plus juste de secourir son père que de le laisser dévorer par une bête féroce, et plus   10
juste de remplir sa promesse que de la violer.

Il y a dans Horace avant ce vers de mauvais exemple, [5] _nec natura potest justo secernere iniquum_, la nature ne peut discerner le juste de l'injuste, il y a, dis-je, un autre vers, qui semble dire tout le contraire. _Jura inventa metu injusti fateare necesse est._   15

Il faut avouer que les lois n'ont été inventées que par la crainte de l'injustice.

La nature avait donc discerné le juste et l'injuste avant qu'il y eût des lois. Pourquoi serait-il d'un autre avis que Cicéron, et que tous les moralistes qui admettent la loi naturelle? Horace était un débauché qui   20
recommande les filles de joie, et les petits garçons, j'en conviens; qui se moque des pauvres vieilles, d'accord, qui flatte plus lâchement Octave qu'il n'attaque cruellement des citoyens obscurs: il est vrai; qui change souvent d'opinion, j'en suis fâché; mais je soupçonne qu'il a dit ici tout le contraire de ce qu'on lui fait dire. Pour moi je lis, _et natura potest justo_   25
secernere iniquum, les autres mettront un _nec_ à la place d'un _et_ s'ils veulent. Je trouve le sens du mot _et_ plus honnête comme plus grammatical, _et natura potest_, etc.

Si la nature ne discernait pas le juste et l'injuste, il n'y aurait point de

---

l'idée de nos droits. L'instinct ne nous apprend à discerner le juste de l'injuste que comme ce qui flatte nos sens de ce qui les blesse; la raison nous apprend donc que tous   5
les crimes ne sont pas égaux, puisqu'ils ne font pas un tort égal à la société, et que c'est de l'idée de ce tort qu'est née l'idée de justice. _Natura_ ne signifie qu'instinct, premier mouvement.

[5] Voltaire a corrigé 'exemples' en 'exemple' dans une lettre à Cramer (vers mai 1769, D15652).

Florentin, 'la nature a mis entre les hommes une espèce de parenté'. 20
Que Carnéade a dit, 'que l'utilité est la mère de la justice'. [6]

J'avoue que Grotius me fait grand plaisir quand il dit dès son
premier chapitre du 1er livre, 'que la loi des Juifs n'obligeait point
les étrangers'. [7] Je pense avec lui qu'Alexandre et Aristote ne sont
point damnés pour avoir gardé leur prépuce, et pour n'avoir pas 25
employé le jour du sabbat à ne rien faire. De braves théologiens se
sont élevés contre lui avec leur absurdité ordinaire; mais moi, qui
Dieu merci, ne suis point théologien, je trouve Grotius un très bon
homme.

J'avoue qu'il ne sait ce qu'il dit, quand il prétend que les Juifs 30
avaient enseigné la circoncision aux autres peuples. Il est assez
reconnu aujourd'hui, que la petite horde judaïque avait pris toutes
ses ridicules coutumes, des peuples puissants dont elle était
environnée; [8] mais que fait la circoncision au droit de la guerre et
de la paix? 35

---

différence morale dans nos actions; les stoïciens, sembleraient avoir 30
raison de soutenir que tous les délits contre la société sont égaux. Ce qui
est fort étrange, c'est que saint Jacques semble tomber dans l'excès des
stoïciens, en disant dans son Epître. 'Qui garde toute la loi, et la viole en
un point, est coupable de l'avoir violée en tout.' Saint Augustin dans une
lettre à saint Jérôme, relance un peu l'apôtre saint Jacques, et ensuite il 35
l'excuse, en disant que le coupable d'une transgression est coupable de
toutes, parce qu'il a manqué à la charité qui comprend tout. Ô Augustin!
comment un homme qui s'est enivré, qui a forniqué, a-t-il trahi la charité?
Tu abuses perpétuellement des mots, ô sophiste africain! Horace avait
l'esprit plus juste et plus fin que toi. 40

[6] Ces citations paraissent dans le 'Discours préliminaire' du *Droit de la guerre, et de
la paix*, trad. Jean Barbeyrac, 2 vol. (Bâle, 1746), p.3-7, 10-12.

[7] 'Car une loi n'oblige point ceux à qui elle n'a pas été donnée' (*Le Droit de la
guerre, et de la paix*, t.1, p.59, page marquée d'un signet et d'un papillon collé: *CN*, t.4,
p.196).

[8] L'affirmation de Grotius – 'il y a apparence que les autres peuples, parmi lesquels
la circoncision était en usage [...] étaient descendus d'Ismael, ou d'Esaü, ou de la
postérité de Kéthura' – est contredite par son traducteur, Barbeyrac, dans une note:

A

Vous avez raison, les compilations de Grotius ne méritaient pas le tribut d'estime que l'ignorance leur a payé. Citer les pensées des vieux auteurs qui ont dit le pour et le contre, ce n'est pas penser. C'est ainsi qu'il se trompe très grossièrement dans son livre de *la vérité du christianisme* en copiant les auteurs chrétiens, qui ont dit 40 que les Juifs leurs prédécesseurs avaient enseigné le monde;[9] tandis que la petite nation juive n'avait jamais elle-même eu cette prétention insolente, tandis que renfermée dans les rochers de la Palestine, et dans son ignorance, elle n'avait pas seulement reconnu l'immortalité de l'âme que tous ses voisins admettaient.[10] 45

C'est ainsi qu'il prouve le christianisme, par Histape et par les Sibylles;[11] et l'aventure de la baleine qui avala Jonas, par un passage de Licofron.[12] Le pédantisme et la justesse de l'esprit sont incompatibles.

35a 62: c
39 62: trompe dans

'la circoncision était en usage parmi les Egyptiens, avant que Dieu en fît un signe de son alliance avec Abraham et ses descendants' (*Le Droit de la guerre, et de la paix*, t.1, p.61, et n.22; page marquée d'un signet: *CN*, t.4, p.196).

[9] C'est effectivement un des enjeux du *Traité de la vérité de la religion chrétienne* (Amsterdam, 1728, p.79) que Voltaire conteste: 'donc les Juifs qui n'ont jamais rien inventé pillèrent ces auteurs' (*CN*, t.4, p.198). Il avait lu ce traité en 1766 comme il le confiait à D'Alembert: 'je ne connais guère de plus sot livre' (D14132).

[10] Voltaire ne cesse de rappeler que Moïse n'admettait pas l'immortalité de l'âme, dogme pourtant reconnu par les 'Parsis', 'les Perses, les Arabes, les Syriens, les Indiens, les Egyptiens, les Grecs' (*La Philosophie de l'histoire*, *OCV*, t.59, p.250, p.178). Il a marqué d'un signet, 'Ame immortelle partout', un passage sur différents peuples croyant en l'immortalité de l'âme (*Traité de la vérité de la religion chrétienne*, p.93-95) et l'a annoté: 'tout cela le condamne. Car les Juifs ignorèrent longtemps la spiritualité et l'immortalité de l'âme' (*CN*, t.4, p.200).

[11] 'L'embrasement futur de tout l'univers se trouvait dans Hystaspe et dans les Sibylles' (*Traité de la vérité de la religion chrétienne*, p.94). Voir la *Traduction d'une lettre de Milord Bolingbroke, à Milord Cornsburi*, *OCV*, t.62, p.356.

[12] Grotius allègue un exemple 'des témoignages que les païens ont rendus aux miracles de l'Ecriture': 'L'histoire du séjour que Jonas fit dans le ventre d'un grand

A

Montesquieu n'est pas pédant: que pensez-vous de son *Esprit des* 50
lois?

B

Il m'a fait un grand plaisir, parce qu'il y a beaucoup de
plaisanteries, beaucoup de choses vraies, hardies et fortes, et des
chapitres entiers dignes des *Lettres persanes*: le chap. 27 du liv. 19
est un portrait de votre Angleterre,[13] dessiné dans le goût de Paul 55
Véronèse, des couleurs brillantes, de la facilité de pinceau et
quelques défauts de costume. Celui de l'inquisition,[14] et celui
des esclaves nègres,[15] sont fort au-dessus de Calot.[16] Partout il
combat le despotisme, rend les gens de finance odieux, les
courtisans méprisables, les moines ridicules; ainsi, tout ce qui 60
n'est ni moine, ni financier, ni ministre, ni aspirant à l'être, a été
charmé, et surtout en France.

49a   EJ: B
      W75G*: B. L'ANGLAIS ¶[*ligne de pointillés*] ¶Le pédantisme et la justesse
d'esprit sont incompatibles.
      K84, K85: [*absent*]
51a   EJ: C
      W75G*: A. LE FRANÇAIS

---

poisson, se trouve dans Lycophron' (*Traité de la vérité de la religion chrétienne*, p.79).
Voltaire annote: 'voilà de plaisantes histoires et de plaisantes preuves' (*CN*, t.4,
p.199).
      [13] Ce chapitre de *L'Esprit des lois* est marqué d'un signet annoté: 'portrait de
l'Angleterre' (*CN*, t.5, p.748). Les premières versions de l'article 'Gouvernement'
des *Questions sur l'Encyclopédie* en feront l'éloge.
      [14] *De l'esprit des lois*, livre 25, ch.13, 'Très humble remontrance aux inquisiteurs
d'Espagne et de Portugal' (éd. R. Derathé, 2 vol., Paris, 1973, t.2, p.163-65).
      [15] *De l'esprit des lois*, livre 15, ch.5, 'De l'esclavage des nègres' (t.1, p.265-66). Le
chapitre suivant, 'Véritable origine du droit de l'esclavage', porte un signet intitulé
'esclav[age]' (*CN*, t.5, p.706).
      [16] Jacques Callot, peintre et graveur du dix-septième siècle, dont 'les figures ne
doivent paraître que dans des grotesques' (*Conseils à un journaliste*, *OCV*, t.20A,
p.498).

Je suis fâché que ce livre soit un labyrinthe sans fil, et qu'il n'y ait aucune méthode. [17] Il est singulier, qu'un homme qui écrit sur les lois, dise dans sa préface, 'qu'on ne trouvera point de saillies dans son ouvrage'; et il est encore plus étrange que son livre soit un recueil de saillies. [18] C'est Michel Montaigne législateur, aussi était-il du pays de Michel Montaigne. [19]

Je ne puis m'empêcher de rire en parcourant plus de cent chapitres, qui ne contiennent pas douze lignes, et plusieurs qui n'en contiennent que deux. [20] Il semble que l'auteur ait toujours voulu jouer avec son lecteur dans la matière la plus grave.

On rit encore, lorsqu'après avoir cité les lois grecques et romaines, il parle sérieusement de celles de Bantam, de Cochin, de Tunquin, de Borneo, de Jacatra, de Formose, comme s'il avait des mémoires fidèles du gouvernement de tous ces pays. [21] Il mêle

[17] Voir le 'Catalogue des écrivains' du *Siècle de Louis XIV* sur 'le défaut continuel de méthode' de *L'Esprit des lois* (*OH*, p.1188). Remarque similaire dans les *Idées républicaines*, section 52: 'Cet homme supérieur dans ses pensées ingénieuses et profondes, brillant d'une lumière qui l'éblouit, n'a pu asservir son génie à l'ordre et à la méthode nécessaires' (*M*, t.24, p.427).

[18] 'On ne trouvera point ici ces traits saillants qui semblent caractériser les ouvrages d'aujourd'hui' (*De l'esprit des lois*, t.1, p.5). Dans le 'Catalogue des écrivains' du *Siècle de Louis XIV*, Voltaire écrit de *L'Esprit des lois* qu''on s'est plaint de trouver trop souvent des saillies où l'on attendait des raisonnements' (*OH*, p.1188).

[19] Voir l'article 'Art poétique' des *Questions sur l'Encyclopédie* sur 'Montaigne, le devancier et le maître de Montesquieu en imagination et en philosophie' (*OCV*, t.39, p.106). Le rapprochement établi par Voltaire entre les deux hommes tient à leur origine bordelaise. 'Ses expressions vives et ingénieuses, dans lesquelles on trouve l'imagination de Montaigne, son compatriote, ont contribué surtout à la grande réputation de *L'Esprit des lois*' ('Catalogue des écrivains', *Le Siècle de Louis XIV*, *OH*, p.1188).

[20] Dans le 'Catalogue des écrivains' du *Siècle de Louis XIV*, Voltaire remarque que 'la singulière affectation de ne mettre souvent que trois ou quatre lignes dans un chapitre, et encore de ne faire de ces quatre lignes qu'une plaisanterie, ont indisposé beaucoup de lecteurs' (*OH*, p.1188). Il a annoté le premier chapitre du livre 4: 'un peu court' (*CN*, t.5, p.732).

[21] Voir le 'Catalogue des écrivains' du *Siècle de Louis XIV*: 'Il est vrai qu'on lui a reproché de prendre trop souvent des exemples dans de petites nations sauvages et presque inconnues, sur les relations trop suspectes des voyageurs' (*OH*, p.1188).

trop souvent le faux avec le vrai, en physique, en morale, en histoire; il vous dit d'après Puffendorf, que du temps du roi Charles IX il y avait vingt millions d'hommes en France. (*b*) [22] Puffendorf parlait fort au hasard. On n'avait jamais fait en France de dénombrement; on était trop ignorant pour soupçonner seulement qu'on pût deviner le nombre des habitants par celui des naissances et des morts. La France n'avait alors ni la Lorraine, ni l'Alsace, ni la Franche-Comté, ni le Roussillon, ni l'Artois, ni le Cambrésis, ni une partie de la Flandre; et aujourd'hui qu'elle possède toutes ces provinces, il est prouvé qu'elle ne contient qu'environ vingt millions d'âmes tout au plus, par le dénombrement des feux exactement donné en 1751.

Le même auteur assure sur la foi de Chardin qu'il n'y a que le petit fleuve Cyrus, qui soit navigable en Perse. [23] Chardin n'a point fait cette bévue. Il dit au chap. I, vol. II, 'qu'il n'y a point de fleuve qui porte bateau dans le cœur du royaume'; mais sans compter l'Euphrate, le Tigre, et l'Indus, toutes les provinces frontières sont arrosées de fleuves qui contribuent à la facilité du commerce, et à la fertilité de la terre; le Zinderud traverse Hispahan, l'Agi se joint au Kur, etc. [24] Et puis, quel rapport *L'Esprit des lois* peut-il avoir avec les fleuves de la Perse?

(*b*) NB. On va même jusqu'à supposer vingt-neuf millions.

95-96   62: terre; et puis

[22] *De l'esprit des lois*, livre 23, ch.24 (t.2, p.125).

[23] *De l'esprit des lois*, livre 24, ch.26 (t.2, p.151). Ce passage porte un signet (*CN*, t.5, p.750 et n.871, p.898). Montesquieu appelle ce petit fleuve 'Kur', d'après Chardin: 'Le fleuve Kur, que la plupart des géographes appellent Cyre, et aussi Corus, [...] a un avantage par-dessus tous les autres fleuves de Perse, c'est qu'il porte bateau un assez long espace de pays; ce qu'on ne voit faire à aucun autre, et qui est fort particulier et fort remarquable en un empire de si grande étendue' (*Voyages de Monsieur le chevalier Chardin, en Perse et autres lieux de l'Orient*, Amsterdam, 1711, t.2, p.122, BV712).

[24] 'Il n'y a pas de pays au monde, où il y ait plus de montagnes et moins de fleuves. Il n'y a aucun fleuve qui porte bateau dans le cœur du royaume, ni qui serve pour le

Les raisons qu'il apporte de l'établissement des grands empires en Asie, et de la multitude des petites puissances en Europe, semblent aussi fausses que ce qu'il dit des rivières de la Perse. 'En Europe', dit-il, 'les grands empires n'ont jamais pu subsister': la puissance romaine y a pourtant subsisté plus de 500 ans, et 'la cause', continue-t-il, 'de la durée de ces grands empires, c'est qu'il y a de grandes plaines'. [25] Il n'a pas songé que la Perse est entrecoupée de montagnes; il ne s'est pas souvenu du Caucase, du Taurus, de l'Ararat, de l'Immaüs, du Saron, etc. etc. Il ne faut ni donner des raisons des choses qui n'existent point, ni en donner de fausses, des choses qui existent.

Sa prétendue influence des climats sur la religion est prise de Chardin, et n'en est pas plus vraie; [26] la religion mahométane née dans le terrain aride et brûlant de la Mecque, fleurit aujourd'hui dans les belles contrées de l'Asie Mineure, de la Syrie, de l'Egypte, de la Thrace, de la Misie, de l'Afrique septentrionale, de la Servie, de la Bosnie, de la Dalmatie, de l'Epire, de la Grèce; elle a régné en Espagne, et il s'en est fallu bien peu, qu'elle ne soit allée jusqu'à Rome. La religion chrétienne est née dans le terrain pierreux de Jérusalem, et dans un pays de lépreux, où le cochon est presque un aliment mortel. Jésus ne mangea jamais de cochon, et on en mange chez les chrétiens: leur religion domine aujourd'hui dans des pays fangeux où l'on ne se nourrit que de cochons, comme dans la Vestphalie: on ne finirait pas si on voulait examiner les erreurs de ce genre qui fourmillent dans ce livre.

100

105

110

115

120

109-10   62: religion n'est guère plus vraie

---

transport d'une province à l'autre; ceux que j'ai marqués comme bornes de l'empire coulent sur les frontières, sans entrer au dedans' (Chardin, *Voyages en Perse*, t.4, p.9).

[25] *De l'esprit des lois*, livre 17, ch.6 (t.1, p.300-301). Passage annoté d'un 'non' (*CN*, t.5, p.748).

[26] *De l'esprit des lois*, livre 24, ch.24-26 (t.2, p.149-52). Voltaire a toujours rejeté la théorie des climats (voir l'article 'Climat' des *Questions sur l'Encyclopédie*, *OCV*, t.40, p.128-36): l'influence de l'histoire lui paraît très supérieure à celle des conditions géographiques.

Ce qui est encore révoltant pour un lecteur un peu instruit, c'est que presque partout les citations sont fausses; il prend presque toujours son imagination pour sa mémoire. 125

Il prétend que dans le testament attribué au cardinal de Richelieu,[27] il est dit, (c) 'que si dans le peuple il se trouve quelque malheureux honnête homme, il ne faut point s'en servir, tant il est vrai que la vertu n'est pas le ressort du gouvernement monarchique'.[28] 130

Le misérable testament faussement attribué au cardinal de Richelieu, dit précisément tout le contraire. Voici ses paroles au chap. IV. 'On peut dire hardiment que de deux personnes dont le mérite est égal, celle qui est la plus aisée en ses affaires est préférable à l'autre, étant certain qu'il faut qu'un pauvre magistrat 135 ait l'âme d'une trempe bien forte, si elle ne se laisse quelquefois amollir par la considération de ses intérêts. Aussi l'expérience nous apprend que les riches sont moins sujets à concussion que les autres, et que la pauvreté contraint un pauvre officier à être fort soigneux du revenu du sac.'[29] 140

Montesquieu, il faut l'avouer, ne cite pas mieux les auteurs grecs

---

(c) Livre III, chap. VI.

[27] Ce paragraphe et le suivant sont tirés de la section 52 des *Idées républicaines*. G. Hannotaux a établi en 1880 l'authenticité du *Testament* de Richelieu, que Voltaire a toujours refusé d'admettre. Voir la mise au point de Laurent Azevou, 'Autour du *Testament politique de Richelieu*. A la recherche de l'auteur perdu (1688-1778)', *Bibliothèque de l'Ecole des Chartes* 162 (2004), p.421-53.

[28] Citation remaniée de *L'Esprit des lois*, livre 3, ch.5 et note (t.1, p.31). Ce passage porte plusieurs notes marginales: 'le testament politiq[ue] dit tout le contraire'; 'non' (pour contester l'attribution de cet ouvrage à Richelieu), et 'c[ardinal] dit tout le contraire' (*CN*, t.5, p.730; voir aussi p.754).

[29] Voltaire cite fidèlement ce texte, en n'interpolant que le mot 'pauvre' dans la dernière phrase (*Recueil des testaments politiques du cardinal de Richelieu, du duc de Lorraine, de M. Colbert et de M. de Louvois*, 4 vol., Amsterdam [Paris], 1749, t.1, p.189, BV2907). Dans le 'Catalogue des écrivains' du *Siècle de Louis XIV*, il se contente d'une paraphrase: 'Le *Testament politique* dit seulement, à l'endroit cité, qu'il vaut mieux se servir des hommes riches et bien élevés parce qu'ils sont moins corruptibles' (*OH*, p.1188).

que les français. Il leur fait souvent dire à tous, le contraire de ce qu'ils ont dit. [30]

Il avance, en parlant de la condition des femmes dans les divers gouvernements, ou plutôt en promettant d'en parler, que chez les Grecs, (d) 'l'amour n'avait qu'une forme que l'on n'ose dire'. Il n'hésite pas à prendre Plutarque même pour son garant: il fait dire à Plutarque, 'que les femmes n'ont aucune part au véritable amour'. [31] Il ne fait pas réflexion que Plutarque fait parler plusieurs interlocuteurs; il y a un Protogène qui déclame contre les femmes; mais Daphnéus prend leur parti; Plutarque décide pour Daphnéus; il fait un très bel éloge de l'amour céleste et de l'amour conjugal; il finit par rapporter plusieurs exemples de la fidélité et du courage des femmes. C'est même dans ce dialogue qu'on trouve l'histoire de Camma, et celle d'Eponime femme de Sabinus, dont les vertus ont servi de sujet à des pièces de théâtre. [32]

Enfin, il est clair que Montesquieu dans *L'Esprit des lois*, a calomnié l'esprit de la Grèce, en prenant une objection que Plutarque réfute pour une loi que Plutarque recommande. [33]

145

150

155

(d) Liv. VII, chap. X.

159-60   w75G*: [*entre ces lignes, ajoute*] B. L'ANGLAIS ¶Voici un passage sur la Turquie qui me frappe.

[30] Ce paragraphe et les deux suivants sont textuellement repris de la section 53 des *Idées républicaines*.

[31] *De l'esprit des lois*, livre 7, ch.9 (t.1, p.114-15). Voltaire annote ce passage d'un 'non' (*CN*, t.5, p.736) et corne la page du traité *De l'amour* de Plutarque ici évoquée (*CN*, t.7, p.118). Il épinglera de nouveau ce contresens dans l'article 'Amour socratique' du *Dictionnaire philosophique* (*OCV*, t.35, p.330), repris dans les *Questions sur l'Encyclopédie* (*OCV*, t.38, p.261), dans le *Commentaire sur l'Esprit des lois* (*OCV*, t.80B, p.377-78), dans une lettre à Linguet du 14 ou 15 mars 1767 (D14039), etc.

[32] Une des dernières en date était l'*Eponine* (1762) de Chabanon. François Passerat avait déjà traité ce sujet dans son *Sabinus* (1695) et Henri Richer dans *Sabinus et Eponine* (1734).

[33] Les quatre paragraphes suivants sont repris de la section 54 des *Idées républicaines*.

(*e*) 'Les cadis ont soutenu que le grand seigneur n'est point
obligé de tenir sa parole et son serment lorsqu'il borne par-là son
autorité'. [34]

Ricaut cité en cet endroit, dit seulement, pag. 18 de l'édition
d'Amsterdam de 1671 [35] 'Il y a même de ces gens-là, qui soutiennent
que le grand seigneur peut se dispenser des promesses qu'il a faites
avec serment, quand pour les accomplir il faut donner des bornes à
son autorité'.

Ce discours est bien vague. Le sultan des Turcs ne peut
promettre qu'à ses sujets, ou aux puissances voisines. Si ce sont
des promesses à ses sujets, il n'y a point de serment; si ce sont des
traités de paix, il faut qu'il les tienne comme les autres princes, ou
qu'il fasse la guerre. L'Alcoran ne dit en aucun endroit qu'on peut
violer son serment, et il dit en cent endroits qu'il faut le garder. Il se
peut, que pour entreprendre une guerre injuste, comme elles le sont
presque toutes, le grand Turc assemble un conseil de conscience,
comme ont fait plusieurs princes chrétiens, afin de faire le mal en
conscience: [36] il se peut, que quelques docteurs musulmans aient
imité les docteurs catholiques, qui ont dit, qu'il ne faut garder la foi
ni aux infidèles, ni aux hérétiques; mais il reste à savoir si cette
jurisprudence est celle des Turcs.

L'auteur de *L'Esprit des lois* donne cette prétendue décision des
cadis, comme une preuve du despotisme du sultan: [37] il semble que

160

165

170

175

180

(*e*) Livre III, chap. IX.

[34] *De l'esprit des lois*, livre 3, ch.9 (t.1, p.33). Voltaire annote ce passage: 'faux mais
Ricaut se trompe si un cadi a dit une sottise cette sottise est-elle une loi?' (*CN*, t.5,
p.731; voir aussi p.756).
[35] Voltaire renvoie à l'*Histoire de l'état présent de l'Empire Ottoman* de Paul Rycaut
(Amsterdam, 1671, BV3054).
[36] Voir le chapitre 176 de l'*Essai sur les mœurs* sur le 'conseil de conscience' qui
entoura Philippe IV d'Espagne (*EM*, t.2, p.598).
[37] Passage à comparer au chapitre 93 de l'*Essai sur les mœurs*: 'Je crois devoir ici
combattre un préjugé: que le gouvernement turc est un gouvernement absurde qu'on
appelle *despotique*' (*EM*, t.1, p.832).

214

ce serait au contraire une preuve qu'il est soumis aux lois, puisqu'il serait obligé de consulter des docteurs pour se mettre au-dessus des lois. Nous sommes voisins des Turcs, nous ne les connaissons pas. 185 Le comte de Marsigli, qui a vécu si longtemps au milieu d'eux, dit qu'aucun auteur n'a donné une véritable connaissance, ni de leur empire, ni de leurs lois.[38] Nous n'avons eu même aucune traduction tolérable de l'Alcoran avant celle que nous a donnée l'Anglais Sale en 1734.[39] Presque tout ce qu'on a dit de leur religion 190 et de leur jurisprudence est faux; et les conclusions que l'on en tire tous les jours contre eux sont trop peu fondées. On ne doit, dans l'examen des lois, citer que des lois reconnues.

(*f*) 'Tout le bas commerce était infâme chez les Grecs'.[40] Je ne sais pas ce que Montesquieu entend par bas commerce; mais je sais 195 que dans Athènes tous les citoyens commerçaient, que Platon vendit de l'huile, et que le père du démagogue Démosthène était marchand de fer. La plupart des ouvriers étaient des étrangers ou des esclaves: il nous est important de remarquer que le négoce n'était point incompatible avec les dignités dans les républiques de 200 la Grèce, excepté chez les Spartiates, qui n'avaient aucun commerce.[41]

'J'ai ouï souvent déplorer', dit-il, (*g*) 'l'aveuglement du conseil

(*f*) Liv. IV, chap. VIII.
(*g*) Liv. IV, chap. XIX.

193-94   W75G*: [*entre ces lignes, ajoute*] A. LE FRANÇAIS

[38] Voltaire cite souvent dans son œuvre historique l'auteur du *Stato militare dell'Imperio Ottomanno*, 2 vol. (La Haye et Amsterdam, 1732, BV2338): voir notamment le chapitre 93 de l'*Essai sur les mœurs* (*EM*, t.1, p.835).

[39] George Sale, *The Koran, commonly called the Alcoran of Mohammed* (Londres, 1734, BV1786). Voltaire possédait en outre ses *Observations historiques et critiques sur le mahométisme, ou traduction du discours préliminaire mis à la tête de la version anglaise de l'Alcoran* (Genève, 1751, BV3076).

[40] *De l'esprit des lois*, livre 4, ch.8 (t.1, p.46). Voltaire annote ce passage dans différents exemplaires: 'non' et 'absolument faux' (*CN*, t.5, p.736, 756).

[41] Ce paragraphe et les deux suivants sont repris des sections 55-57 des *Idées républicaines*.

de François I, qui rebuta Christophe Colomb, qui lui proposait les
Indes.'[42] Vous remarquerez que François I n'était pas né lorsque   205
Colomb découvrit les îles de l'Amérique.

Puisqu'il s'agit ici de commerce, observons que l'auteur
condamne une ordonnance du conseil d'Espagne, qui défend
d'employer l'or et l'argent en dorure. 'Un décret pareil', dit-
il, (h) 'serait semblable à celui que feraient les Etats de Hollande,   210
s'ils défendaient la consommation de la cannelle'.[43] Il ne songe pas,
que les Espagnols n'ayant point de manufactures, auraient acheté
les galons et les étoffes de l'étranger, et que les Hollandais ne
pouvaient acheter la cannelle. Ce qui était très raisonnable en
Espagne, eût été très ridicule en Hollande.   215

(i) 'Si un roi donnait sa voix dans les jugements criminels, il
perdrait le plus bel attribut de sa souveraineté qui est celui de faire
grâce. Il serait insensé qu'il fît et défît ses jugements. Il ne voudrait
pas être en contradiction avec lui-même. Outre que cela confon-
drait toutes les idées, on ne saurait si un homme serait absous ou s'il   220
recevrait sa grâce'.[44]

Tout cela est évidemment erroné. Qui empêcherait le souverain
de faire grâce après avoir été lui-même au nombre des juges?
comment est-on en contradiction avec soi-même en jugeant selon
la loi et en pardonnant selon sa clémence? En quoi les idées   225
seraient-elles confondues? comment pourrait-on ignorer que le roi
lui a publiquement fait grâce après la condamnation?

(h) Ibid.
(i) Liv. VI, chap. V.

214   K84, K85: acheter de la
216-64   62, EJ: [absent]

[42] De l'esprit des lois, livre 21, ch.22 (t.2, p.64). Passage marqué d'un signet collé:
'Colomb Francois 1er galons' (CN, t.5, p.749).
[43] De l'esprit des lois, livre 21, ch.22 (t.2, p.65).
[44] Voltaire fournit le début ('Si un roi donnait sa voix dans les jugements
criminels') d'une citation par ailleurs fidèle de L'Esprit des lois, livre 6, ch.5 (t.1,
p.87).

Dans le procès fait au duc d'Alençon, pair de France, en 1457, le parlement consulté par le roi pour savoir s'il avait le droit d'assister au jugement du procès d'un pair de France, répondit qu'il avait trouvé par ses registres que non seulement les rois de France avaient ce droit, mais qu'il était nécessaire qu'ils y assistassent en qualité de premiers pairs.[45]

Cet usage s'est conservé en Angleterre. Les rois d'Angleterre délèguent à leur place dans ces occasions un grand stuard[46] qui les représente. L'empereur peut assister au jugement d'un prince de l'Empire. Il est beaucoup mieux sans doute qu'un souverain n'assiste point aux jugements criminels. Les hommes sont trop faibles et trop lâches; l'haleine seule du prince ferait trop pencher la balance.[47]

(*j*) 'Les Anglais pour favoriser la liberté, ont ôté toutes les puissances intermédiaires qui formaient leur monarchie'.[48]

Le contraire est d'une vérité reconnue. Ils ont fait de la chambre des communes une puissance intermédiaire qui balance celle des pairs. Ils n'ont fait que saper la puissance ecclésiastique qui doit être une société priante, édifiante, exhortante, et non pas puissante.

'Le dépôt des lois ne peut être dans les mains de la noblesse. L'ignorance naturelle à la noblesse, son inattention, son mépris

(*j*) Liv. II, chap. IV.

240-41 w75G*: [*entre ces lignes, ajoute*] B. L'ANGLAIS
243 w75G*: reconnue. ↑Nous avons⁺ fait
245 w75G*: pairs. ↑Nous avons⁺ sapp<er>↑é⁺ la puissance

[45] En marge de *L'Esprit des lois* (livre 6, ch.5), Voltaire objecte: 'et le duc dalencon' (*CN*, t.5, p.744). Sur cet épisode, voir le chapitre 7 de l'*Histoire du parlement de Paris* (*OCV*, t.68, p.189-92).

[46] Un *steward*, sénéchal, grand maître de la maison du roi.

[47] Voltaire écrit à Cramer en mai 1769 pour lui signaler 'deux additions qui doivent venir [...] après ces mots de l'addition ci-devant envoyée, *ferait trop pencher la balance*' (D15650).

[48] *De l'esprit des lois*, livre 2, ch.4 (t.1, p.23). Page annotée par Voltaire: 'Cela est faux évidemment. Le parlement est cette puissance' (*CN*, t.5, p.728).

pour le gouvernement civil exigent qu'il y ait un autre corps chargé
de ce dépôt.'[49]   250

Cependant le dépôt des lois de l'Empire est à la diète de
Ratisbonne entre les mains des princes. Ce dépôt est en Angleterre
dans la chambre haute; en Suède dans le sénat composé de nobles;
et en dernier lieu l'impératrice Catherine II, dans son nouveau
Code,[50] le meilleur de tous les Codes, remet ce dépôt au sénat   255
composé des grands de l'Empire.

Ne faut-il pas distinguer entre les lois politiques et les lois de la
justice distributive? Les lois politiques ne doivent-elles pas avoir
pour gardiens les principaux membres de l'Etat? Les lois du tien et
du mien, l'ordonnance criminelle, n'ont besoin que d'être bien   260
faites et d'être imprimées; le dépôt en doit être chez les libraires.
Les juges doivent s'y conformer, et quand elles sont mauvaises,
comme il arrive fort souvent, alors ils doivent faire des remontrances à la puissance suprême pour les faire changer.

Le même auteur prétend qu'au (k) Tonquin tous les magistrats,   265
et les principaux officiers militaires sont eunuques,[51] et que chez les
lamas (l) la loi permet aux femmes d'avoir plusieurs maris.[52]
Quand ces fables seraient vraies, qu'en résulterait-il? nos magis-

(k) Liv. XV, chap. XVIII.
(l) Liv. XVI, chap. V.

252-53   w75G*: Ce dépôt est ↑chez nous⁺ dans
255   w75G*: <le meilleur de tous les codes>

[49] Voltaire condense le début et la fin de cette citation tirée de *L'Esprit des lois*,
livre 2, ch.4 (t.1, p.23-24). Il annote ce passage: 'le parlement d'Angleterre composé
de la noblesse est seule [*sic*] dépositaire des lois. L'autre chambre ne l'est pas' (*CN*,
t.5, p.752).
[50] Le Nakaz, rédigé en 1765 par Catherine II de Russie en vue de son approbation
par la commission nationale en 1767, n'a jamais été appliqué, ayant été surtout
composé à des fins de propagande internationale.
[51] *De l'esprit des lois*, livre 15, ch.19 (t.1, p.279).
[52] *De l'esprit des lois*, livre 16, ch.4 (t.1, p.283).

trats voudraient-ils être eunuques, et n'être qu'en quatrièmes, ou en cinquièmes, auprès de mesdames les conseillères? [53]   270

Pourquoi perdre son temps à se tromper sur les prétendues flottes de Salomon envoyées d'Esiongaber en Afrique, et sur les chimériques voyages depuis la mer rouge jusqu'à celle de Bayonne, et sur les richesses encore plus chimériques de Sofala? Quel rapport entre toutes ces digressions erronées et *L'Esprit des lois*? [54]   275

Je m'attendais à voir, comment les *Décrétales* changèrent toute la jurisprudence de l'ancien code romain, par quelles lois Charlemagne gouverna son empire, et par quelle anarchie le gouvernement féodal le bouleversa; par quel art et par quelle audace Grégoire VII et ses successeurs écrasèrent les lois des royaumes,   280
et des grands fiefs sous l'anneau du pêcheur, et par quelles secousses on est parvenu à détruire la législation papale; j'espérais voir l'origine des bailliages qui rendirent la justice presque partout depuis les Othons, et celle des tribunaux appelés Parlements ou Audiences, ou Banc du Roi, ou Echiquier; je désirais de connaître   285
l'histoire des lois sous lesquelles nos pères et leurs enfants ont vécu, les motifs qui les ont établies, négligées, détruites, renouvelées; je n'ai malheureusement rencontré souvent que de l'esprit, des railleries, des imaginations et des erreurs.

Par quelle raison les Gaulois asservis et dépouillés par les   290
Romains, continuèrent-ils à vivre sous les lois romaines quand ils furent de nouveau subjugués et dépouillés par une horde de Francs? Quels furent bien précisément les lois et les usages de ces nouveaux brigands?

Quels droits s'arrogèrent les évêques gaulois quand les Francs   295
furent les maîtres? N'eurent-ils pas quelquefois part à l'administration publique avant que le rebelle Pepin leur donnât place dans le Parlement de la nation?

---

[53] Ce paragraphe constitue la section 59 des *Idées républicaines*.

[54] Voir *De l'esprit des lois*, livre 21, ch.6 (t.2, p.26); passage comportant un signet de Voltaire (*CN*, t.5, p.749 et n.868, p.897-98). Ce paragraphe et le suivant, jusqu'à 'détruites, renouvelées', sont repris de la section 61 des *Idées républicaines*.

Y eut-il des fiefs héréditaires avant Charlemagne? Une foule de questions pareilles se présente à l'esprit. Montesquieu n'en résout aucune. 300

Quel fut ce tribunal abominable institué par Charlemagne en Vestphalie, tribunal de sang appelé le conseil veimique, tribunal plus horrible encore que l'Inquisition, tribunal composé de juges inconnus qui jugeait à mort sur le simple rapport de ses espions, et 305 qui avait pour bourreau le plus jeune des conseillers de ce petit sénat.[55] Quoi! Montesquieu me parle des lois de Bantam, et il ne connaît pas les lois de Charlemagne, et il le prend pour un bon législateur.

Je cherchais un fil dans ce labyrinthe; le fil est cassé presque à 310 chaque article; j'ai été trompé; j'ai trouvé[56] l'esprit de l'auteur qui en a beaucoup, et rarement l'esprit des lois; il sautille plus qu'il ne marche;[57] il amuse plus qu'il n'éclaire; il satirise quelquefois plus qu'il ne juge; et il fait souhaiter qu'un si beau génie eût toujours plus cherché à instruire qu'à étonner.[58] 315

302-309   62, EJ: [absent]
307   W75G*: sénat [dans la marge:] d'assassins [→K84, K85]
315-16   W75G*: [entre ces lignes, ajoute] A. LE FRANÇAIS

[55] Dans les *Annales de l'empire*, Voltaire s'étonnait déjà qu''il ne soit pas dit un seul mot dans *L'Esprit des lois*' de la justice exceptionnelle de cette cour (*M*, t.13, p.234). Dans le chapitre 15 de l'*Essai sur les mœurs* (*OCV*, t.22, p.264-65), dans l'article 7 du *Fragment sur l'histoire générale* (*M*, t.29, p.247) comme dans les *Annales de l'Empire*, Voltaire dénonce la loi veimique 'qui n'en mérite pas le nom, puisque c'était l'opposé de toutes les lois' (*M*, t.13, p.445).

[56] Beuchot apporte la correction suivante sur la base d'un 'errata manuscrit' que Decroix, rédacteur de l'édition de Kehl, lui a communiqué: 'Je cherchais un guide dans un chemin difficile; j'ai trouvé un compagnon de voyage qui n'était guère mieux instruit que moi; j'ai trouvé' (voir *M*, t.27, p.321, n.2).

[57] Voir la lettre de Voltaire à Bernard Joseph Saurin du 28 décembre 1768: l''auteur de *L'A, B, C* [...] trouve Fénelon trop languissant, et Montesquieu trop sautillant' (D15395).

[58] Ce paragraphe et le suivant sont repris de la section 61 des *Idées républicaines* (*M*, t.24, p.431).

Ce livre très défectueux, est plein de choses admirables dont on a fait de détestables copies. Enfin des fanatiques l'ont insulté par les endroits mêmes, qui méritent les remerciements du genre humain.

Malgré ses défauts, cet ouvrage doit être toujours cher aux hommes, parce que l'auteur a dit sincèrement ce qu'il pense, au lieu que la plupart des écrivains de son pays, à commencer par le grand Bossuet, ont dit souvent ce qu'ils ne pensaient pas. Il a partout fait souvenir les hommes qu'ils sont libres: il présente à la nature humaine ses titres qu'elle a perdus dans la plus grande partie de la terre; il combat la superstition, il inspire la morale. [59]

Je vous avouerai encore, combien je suis affligé, qu'un livre qui pouvait être si utile, soit fondé sur une distinction chimérique. 'La vertu', dit-il, 'est le principe des républiques, l'honneur l'est des monarchies'. [60] On n'a jamais assurément formé des républiques par vertu. L'intérêt public s'est opposé à la domination d'un seul; l'esprit de propriété, l'ambition de chaque particulier, ont été un frein à l'ambition, et à l'esprit de rapine. L'orgueil de chaque citoyen a veillé sur l'orgueil de son voisin. Personne n'a voulu être l'esclave de la fantaisie d'un autre. Voilà ce qui établit une république, et ce qui la conserve. [61] Il est ridicule d'imaginer, qu'il faille plus de vertu

320

325

330

335

326-27 W75G*: [*entre ces lignes, ajoute*] B. L'ANGLAIS ¶↑Cela est vrai mais⁺ je vous avouerai <encore>

---

[59] Ce paragraphe est textuellement repris de la section 62 des *Idées républicaines*.

[60] Adaptation voltairienne de la thèse du livre 3 de *L'Esprit des lois*.

[61] Ce passage est préparé par des notes marginales sur différents exemplaires de *L'Esprit des lois*, livre 3, ch.3: 'il faut de la vertu partout mais dans un état populaire, il faut des lois qui arrêtent l'ambition de tout particulier et qui retienne[nt] tout sous les lois de l'égalité' (*CN*, t.5, p.753); et livre 3, ch.4: 'point du tout, mais par la crainte des soulèvements, par l'ambition de chaque magistrat qui est un frein à l'ambition des autres' (*CN*, t.5, p.729 et n.819, p.893).

à un Grison qu'à un Espagnol.

338 K84, K85: [*avec note*] Cette idée de Montesquieu a été regardée par les uns comme un principe lumineux, et par d'autres comme une subtilité démentie par les faits; qu'il nous soit permis d'entrer à cet égard dans quelques discussions. ¶1°. Montesquieu, en disant que la vertu était le principe des républiques, et l'honneur celui des monarchies, n'a point voulu parler sans doute des motifs qui dirigent les   5
hommes dans leurs actions particulières. Partout l'intérêt et un certain principe de bienveillance pour les autres qui ne quitte jamais les hommes sont le motif le plus fréquent, la crainte de l'opinion le second, l'amour de la vertu est le dernier et le plus rare. Dans certains pays la terreur ou les espérances religieuses tiennent lieu presque généralement de l'amour de la vertu. ¶Il est donc vraisemblable que, par principes   10
des différents gouvernements, Montesquieu a entendu seulement les motifs qui y font agir les hommes dans leurs actions publiques, dans celles qui ont rapport aux devoirs de citoyens. ¶Or sous ce point de vue les républiques étant l'espèce de gouvernement où les hommes peuvent tirer le plus d'avantage de l'opinion publique, paraissent devoir être les constitutions dont l'honneur soit plus particulièrement le   15
principe. ¶2°. L'expression de Montesquieu peut avoir encore un autre sens: elle peut signifier que dans une monarchie on évite les mauvaises actions comme déshono-
rantes, et dans une république comme vicieuses. Si par vicieuses on entend contraires à la justice naturelle, cette opinion n'est pas fondée; la morale des républicains est très relâchée, en général ils se permettent sans scrupule tout ce qui est utile à l'intérêt de la   20
patrie, tout ce qui peut leur mériter l'estime de leurs concitoyens ou de leur parti. Ils sont donc moins guidés par la véritable vertu que par l'honneur et la justice d'opinion. ¶3°. Il y a enfin un troisième sens: Montesquieu a-t-il voulu dire que dans les monarchies on fait par amour de la gloire ce que dans les républiques on fait par esprit patriotique? Dans ce sens nous ne pouvons être de son avis; l'amour de la   25
gloire, la crainte de l'opinion est un ressort de tous les gouvernements. Il aurait fallu dire dans ce sens, que l'honneur et la vertu sont le principe des républiques, et l'honneur seul celui des monarchies; mais il y aurait eu encore une autre observation à faire. C'est qu'il existe dans toute constitution où le bien est possible, un esprit public, un amour de la patrie différent du patriotisme républicain; cet esprit public   30
tient à l'intérêt que tout homme, qui n'est point dépravé, prend nécessairement au bonheur des hommes qui l'entourent, au penchant naturel que les hommes ont pour ce qui est juste et raisonnable. Une mauvaise constitution, un établissement mal dirigé, choquent l'esprit comme une table dont les pieds n'auraient pas la même forme choquerait les yeux. Il fallait donc se borner à dire que l'amour du bien public   35
n'est pas le même dans les monarchies que dans les républiques; qu'il est dans ces dernières plus actif, plus habituel, plus répandu; mais que dans les monarchies il est souvent plus éclairé, plus pur, moins contraire à la morale universelle. ¶Une opinion susceptible de tant de sens différents, et qui dans aucun n'est rigoureusement exacte, ne peut guère être utile pour apprendre à juger des effets bons ou mauvais d'une loi.   40

338-39 W75G*: [*entre ces lignes, ajoute*] A. LE FRANÇAIS

Que l'honneur soit le principe des seules monarchies, ce n'est pas une idée moins chimérique; et il le fait bien voir lui-même sans 340
y penser; 'la nature de l'honneur', dit-il au chap. VII du liv. III 'est de demander des préférences, des distinctions. Il est donc par la chose même placé dans le gouvernement monarchique.' [62]

Certainement par la chose même, on demandait dans la république romaine, la Préture, le Consulat, l'ovation, le triomphe, 345
ce sont là des préférences, des distinctions qui valent bien les titres qu'on achète souvent dans les monarchies et dont le tarif est fixé. [63]
Il y a un autre fondement de son livre qui ne me paraît pas porter moins à faux; c'est la division des gouvernements en républicain, en monarchique, et en despotique. 350

Il a plu à nos auteurs, (je ne sais trop pourquoi) d'appeler despotiques les souverains de l'Asie, et de l'Afrique: on entendait autrefois par despote un petit prince d'Europe vassal du Turc, et vassal amovible, une espèce d'esclave couronné gouvernant d'autres esclaves. Ce mot despote, dans son origine avait signifié 355
chez les Grecs maître de maison, père de famille. Nous donnons aujourd'hui libéralement ce titre à l'empereur de Maroc, au grand Turc, au Pape, à l'empereur de la Chine. Montesquieu au commencement du second livre définit ainsi le gouvernement despotique. 'Un seul homme sans loi, et sans règle certaine, faisant 360
tout par sa volonté et par son caprice.' [64]

Or il est très faux qu'un tel gouvernement existe, et il me paraît très faux qu'il puisse exister. [65] L'Alcoran et les commentaires

---

[62] *De l'esprit des lois*, livre 3, ch.7 (t.1, p.32). Voir *CN*, t.5, p.755.

[63] Deux notes de Voltaire expriment cette idée: 'distinction fausse et frivole. Les Romains ne se gouvernaient que par honneur' et 'il y en avait plus à Rome un sujet qui demanderait le triomphe et une statue se ferait siffler' (*CN*, t.5, p.755).

[64] *De l'esprit des lois*, livre 2, ch.1 (t.1, p.14). Voltaire exprime son désaccord en marge du livre 3, ch.8: 'le mot de despote n'a jamais signifié souverain absolu' (*CN*, t.5, p.755).

[65] Au livre 2, chapitre 4, de *L'Esprit des lois*, Voltaire note: 'ce terme [despote] signifie ici, absolu sans restriction. Mais il n'y a point de gouvernement pareil dans le monde. Il y a eu des monarques qui ont abusé; presque tous ont été punis' (*CN*, t.5, p.727). La protestation de Voltaire s'inscrit dans le contexte plus large de la querelle du 'despotisme oriental' qui a agité le dix-huitième siècle.

approuvés sont les lois des musulmans: tous les monarques de cette
religion jurent sur l'Alcoran d'observer ces lois. Les anciens corps 365
de milice et les gens de loi ont des privilèges immenses: et quand les
sultans ont voulu violer ces privilèges, ils ont tous été étranglés, ou
du moins solennellement déposés.

Je n'ai jamais été à la Chine; mais j'ai vu plus de vingt personnes
qui ont fait ce voyage, et je crois avoir lu tous les auteurs qui ont 370
parlé de ce pays: je sais beaucoup plus certainement que Rollin ne
savait l'histoire ancienne, je sais, dis-je, par le rapport unanime de
nos missionnaires de sectes différentes, que la Chine est gouvernée
par les lois, et non par une volonté arbitraire. Je sais, qu'il y a dans
Pékin six tribunaux suprêmes, auxquels ressortissent quarante- 375
quatre autres tribunaux. Je sais, que les remontrances faites à
l'empereur par ces six tribunaux suprêmes ont force de loi; je sais,
qu'on n'exécute pas à mort un portefaix, un charbonnier aux
extrémités de l'empire sans avoir envoyé son procès à un tribunal
suprême de Pékin qui en rend compte à l'empereur. Est-ce là un 380
gouvernement arbitraire et tyrannique? L'empereur y est plus
révéré que le Pape ne l'est à Rome; mais, pour être respecté, faut-il
régner sans le frein des lois? une preuve que ce sont les lois qui
règnent à la Chine, c'est que le pays est plus peuplé que l'Europe
entière; nous avons porté à la Chine notre sainte religion, et nous 385
n'y avons pas réussi. Nous aurions pu prendre ses lois en échange;
mais nous ne savons peut-être pas faire un tel commerce.

387   K84, K85: [*avec note*] Montesquieu n'a établi nulle part de distinction entre ce
qu'il appelle monarchie et ce qu'il appelle despotisme; si dans la monarchie les corps
intermédiaires ont le droit négatif, elle devient une aristocratie; s'ils ne l'ont pas, il
n'y a d'autre différence entre les monarchies de l'Europe et les empires de l'Orient,
que celle des mœurs et des formes légales. Dans tous ces Etats il y a des règles 5
générales, des formalités reconnues dont jamais le souverain ne s'écarte. Le conseil
du prince y est également supérieur à tous les tribunaux dont il réforme à son gré les
décisions. Le prince y décide également d'une manière arbitraire ce qu'on appelle
affaire d'Etat. Mais comme il y a plus de lumières en Europe les tribunaux y sont
mieux réglés, et les lois laissent moins de questions à décider à la volonté particulière 10
des juges. Comme les mœurs y sont plus douces, les conseils des rois européens
cherchent à montrer de la modération, et ceux des rois asiatiques à inspirer la terreur.
Enfin une prison dont le terme n'est pas fixé est la plus forte peine que les monarques

Il est bien sûr que l'évêque de Rome est plus despotique que l'empereur de la Chine; car il est infaillible, et l'empereur chinois ne l'est pas; cependant cet évêque est encore assujetti à des lois.　390

Le despotisme n'est que l'abus de la monarchie, [66] une corruption d'un beau gouvernement. J'aimerais autant mettre les voleurs de grand chemin au rang des corps de l'Etat, que de placer les tyrans au rang des rois.

A

Vous ne me parlez pas de la vénalité des emplois de judicature, de　395 ce beau trafic des lois que les Français seuls connaissent dans le monde entier. [67] Il faut que ces gens-là soient les plus grands commerçants de l'univers puisqu'ils vendent et achètent jusqu'au droit de juger les hommes! Comment diable! Si j'avais l'honneur d'être né Picard ou Champenois, et d'être le fils d'un traitant ou　400 d'un fournisseur de vivres, je pourrais, moyennant douze ou quinze mille écus, devenir moi septième le maître absolu de la vie et de la fortune de mes concitoyens! On m'appellerait Monsieur dans le protocole de mes collègues, et j'appellerais les plaideurs par leur nom tout court, fussent-ils des Châtillon et des Montmorenci,　405 et je serais tuteur des rois pour mon argent! C'est un excellent marché. J'aurais de plus le plaisir de faire brûler tous les livres qui me déplairaient par celui que Jean-Jacques Rousseau veut faire beau-père du Dauphin. [68] C'est un grand droit. (m)

(m) Voyez *Emile* tome IV, page 178.

---

européens imposent de leur volonté seule, tandis que les despotes commandent souvent des exécutions sanglantes. Qu'on examine avec attention tous les gouvernements absolus, on n'y verra d'autres différences que celles qui naissent des lumières,　15 des mœurs, des opinions des différents peuples.

394-421　62, EJ:　rois. ¶Enfin *L'Esprit des lois* me paraît un bâtiment mal fondé
394a　w75G*:　B

[66] Au livre 2, chapitre 5, de *L'Esprit des lois*, Voltaire note: 'il n'y a point de pouvoir despotique. Le despotisme est l'abus de la monarchie' (*CN*, t.5, p.753).
[67] Maupeou n'abolira la vénalité des offices judiciaires que le 23 février 1771.
[68] Dans le livre 5 de l'*Emile*, Rousseau écrit en effet: 'je dis que l'influence des

B

Il est vrai que Montesquieu a la faiblesse de dire que la vénalité des   410
charges (*n*) 'est bonne dans une monarchie'. [69] Que voulez-vous; il
était président à mortier en province. Je n'ai jamais vu de mortier,
mais je m'imagine que c'est un superbe ornement. Il est bien
difficile à l'esprit le plus philosophique de ne pas payer son tribut à
l'amour-propre. Si un épicier parlait de législation, il voudrait que   415
tout le monde achetât de la cannelle et de la muscade.

A

Tout cela n'empêche pas qu'il n'y ait des morceaux excellents dans
L'Esprit des lois. J'aime les gens qui pensent et qui me font penser.
En quel rang mettez-vous ce livre?

B

Dans le rang des ouvrages de génie qui font désirer la perfection. Il   420
me paraît un édifice mal fondé, et construit irrégulièrement, dans
lequel il y a beaucoup de beaux appartements vernis et dorés.

(*n*) Liv. V, chap. XIX.

409a   W75G*: A
416a   W75G*: B
419a   W75G*: A

rapports naturels l'emporte tellement sur [celles des rapports conventionnels] que
c'est elle seule qui décide du sort de la vie, et qu'il y a telle convenance de goûts,
d'humeurs, de sentiments, de caractères qui devrait engager un père sage, fût-il
prince, fût-il monarque, à donner sans balancer à son fils la fille avec laquelle il aurait
toutes ces convenances, fût-elle née dans une famille déshonnête, fût-elle la fille du
bourreau' (*Œuvres complètes*, 5 vol., Paris, 1959-1995, t.4, p.764-65). Voltaire se
moque souvent de l'union du dauphin avec la fille du bourreau: voir les *Dialogues
d'Evhémère* (*OCV*, t.80c, p.270, n.39).
[69] *De l'esprit des lois*, livre 5, ch.19 (t.1, p.79). Passage annoté par Voltaire:
'vénalité de la magistrature' (*CN*, t.5, p.743).

A

Je passerais volontiers quelques heures dans ces appartements; mais je ne puis demeurer un moment dans ceux de Grotius; ils sont trop mal tournés, et les meubles trop à l'antique: mais vous; comment trouvez-vous la maison que Hobbes a bâtie en Angleterre?

425

C

Elle a tout à fait l'air d'une prison; car il n'y loge guère que des criminels et des esclaves. Il dit que l'homme est né ennemi de l'homme, que le fondement de la société est l'assemblage de tous contre tous;[70] il prétend que l'autorité seule fait les lois, que *la vérité* (*o*) ne s'en mêle pas;[71] il ne distingue point la royauté de la tyrannie.[72] Chez lui la force fait tout: il y a bien quelque chose de vrai dans quelques-unes de ces idées; mais ses erreurs m'ont si fort révolté, que je ne voudrais ni être citoyen de sa ville quand je lis son *De cive*, ni être mangé par sa grosse bête de *Léviathan*.

430

435

(*o*) Le mot de *vérité* est là employé assez mal à propos par Hobbes; il fallait dire *justice*.

422a w75g*: b
427a w75g*: b a [*sic*]
 k84, k85: b

[70] Adaptation des célèbres thèses de Hobbes: 'un homme est aussi un loup à un autre homme' ('homo homini lupus', *De cive*, 'Epître dédicatoire' au comte de Devonshire) et l'état de nature est un état de guerre, 'la guerre de chacun contre chacun' ('bellum omnium contra omnes', *Léviathan*, livre 1, ch.13).

[71] On trouve dans la version latine du *Léviathan* (Londres, 1670) de Hobbes la formule: 'Non veritas, sed auctoritas facit legem' (livre 2, ch.26). Dans l'article 'Hobbisme' de l'*Encyclopédie*, Diderot traduit: 'Ce n'est pas la vérité, mais l'autorité qui fait la loi' (t.8, p.240). Il s'agit pour Hobbes de montrer que 'l'interprétation des lois de nature ne dépend pas des docteurs et des écrivains qui ont traité de philosophie morale, mais de l'autorité de la cité' (*Léviathan*, trad. F. Tricaud, Paris, 1987, p.295, n.81).

[72] Selon le *Léviathan*, livre 2, ch.19, il n'y a que trois formes différentes d'Etat: la monarchie, l'aristocratie et la démocratie. Les 'autres façons de désigner le gouvernement ne désignent point d'autres formes de gouvernement: ce sont les

B

Vous me paraissez, Messieurs, fort peu contents des livres que vous avez lus, cependant vous en avez fait votre profit.

A

Oui, nous prenons ce qui nous paraît bon depuis Aristote jusqu'à Locke, et nous nous moquons du reste.   440

C

Je voudrais bien savoir, quel est le résultat de toutes vos lectures et de vos réflexions?

A

Très peu de chose.

B

N'importe, essayons de nous rendre compte de ce peu que nous savons, sans verbiage, sans pédantisme, sans un sot asservissement   445 aux tyrans des esprits, et au vulgaire tyrannisé, enfin avec toute la bonne foi de la raison.

436a   w75G*: <B>
       k84, k85: c

---

mêmes qu'on appelle ainsi, quand on ne les aime pas. Ainsi, ceux qui ne sont pas satisfaits sous la *monarchie*, l'appellent *tyrannie*' (trad. F. Tricaud, p.192-93).

SECOND ENTRETIEN

Sur l'âme [1]

C

Commençons. Il est bon, avant de s'assurer de ce qui est juste, honnête, convenable entre les âmes humaines, de savoir d'où elles viennent, et où elles vont: on veut connaître à fond les gens à qui on a affaire.

B

C'est bien dit; quoique cela n'importe guère. Quels que soient   5
l'origine et le destin de l'âme, l'essentiel est, qu'elle soit juste; mais, j'aime toujours à traiter cette matière, qui plaisait tant à Cicéron. [2] Qu'en pensez-vous, Monsieur A? L'âme est immortelle?

A

Mais Monsieur C, la question est un peu brusque. Il me semble que pour savoir par soi-même si l'âme est immortelle, il faut d'abord   10
être bien certain qu'elle existe: et c'est de quoi je n'ai aucune connaissance, sinon par la foi qui tranche toutes les difficultés. Lucrèce disait il y a dix-huit cents ans, *ignoratur enim quae sit natura*

---

c   w68, w75G, k84, k85: B
4a   w68, w75G, k84, k85: C
8   k84, k85: est-elle immortelle?

---

[1] Cet entretien ne traite de psychologie que dans l'exacte mesure où cette science sert la philosophie politique: avant de définir quelles doivent être les relations entre les hommes, il convient de définir ce qu'est l'homme. Scepticisme, nominalisme et matérialisme constituent les trois maîtres mots de cet entretien qui, en détachant la psychologie du spiritualisme, permet de constituer une politique pure de toute subordination à une visée religieuse.

[2] Voir l'article 'Ame' du *Dictionnaire philosophique*, *OCV*, t.35, p.316-17, n.46.

animaï.[3] On ignore la nature de l'âme, il pouvait dire, on ignore son existence: j'ai lu deux ou trois cents dissertations sur ce grand objet; elles ne m'ont jamais rien appris. Me voilà avec vous, comme saint Augustin avec saint Jérôme. Augustin lui dit tout net qu'il ne sait rien de ce qui concerne l'âme. Cicéron, meilleur philosophe qu'Augustin, avait dit souvent la même chose avant lui, et beaucoup plus élégamment. Nos jeunes bacheliers en savent davantage sans doute; mais moi, je n'en sais rien; et à l'âge de quatre-vingts ans[4] je me trouve aussi avancé que le premier jour.

15

20

C

C'est que vous radotez. N'êtes-vous pas certain que les bêtes ont la vie, que les plantes ont la végétation, que l'air a sa fluidité, que les vents ont leurs cours? Doutez-vous que vous ayez une vieille âme qui dirige votre vieux corps?

25

A

C'est précisément parce que je ne sais rien de tout ce que vous m'alléguez, que j'ignore absolument si j'ai une âme, quand je ne consulte que ma faible raison. Je vois bien que l'air est agité; mais je ne vois point d'être réel dans l'air qui s'appelle cours du vent. Une rose végète; mais il n'y a point un petit individu secret dans la rose, qui soit la végétation: cela serait aussi absurde en philosophie que de dire que l'odeur est dans la rose. On a prononcé pourtant cette absurdité pendant des siècles. La physique ignorante de toute l'antiquité disait, l'odeur part des fleurs pour aller à mon nez: les couleurs partent des objets pour venir à mes yeux: on faisait une espèce d'existence à part de l'odeur, de la saveur, de la vue, de

30

35

14   62: animae [errata: animas]
30   K84, K85: qu'on appelle

[3] Lucrèce, *De rerum natura*, livre I, vers III: 'On ignore en effet la nature de l'âme' (trad. J. Kany-Turpin, Paris, 1998, p.59).
[4] Voltaire aimait à se vieillir. Il est clair qu'il s'identifie ici au vieux philosophe anglais.

l'ouïe: on allait jusqu'à croire que la vie était quelque chose, qui faisait l'animal vivant. Le malheur de toute l'antiquité fut de transformer ainsi des paroles en êtres réels:[5] on prétendait qu'une idée était un être; il fallait consulter les idées, les archétypes qui subsistaient je ne sais où. Platon donna cours à ce jargon qu'on appela philosophie. Aristote réduisit cette chimère en méthode; de là ces entités, ces quiddités, ces eccéités, et toutes les barbaries de l'école.

Quelques sages s'aperçurent que tous ces êtres imaginaires ne sont que des mots inventés pour soulager notre entendement; que la vie de l'animal n'est autre chose que l'animal vivant; que ses idées sont l'animal pensant, que la végétation d'une plante n'est rien que la plante végétante; que le mouvement d'une boule n'est que la boule changeant de place; qu'en un mot, tout être métaphysique n'est qu'une de nos conceptions. Il a fallu deux mille ans pour que ces sages eussent raison.[6]

C

Mais s'ils ont raison, si tous ces êtres métaphysiques ne sont que des paroles, votre âme qui passe pour un être métaphysique, n'est donc rien? nous n'avons donc réellement point d'âme?

A

Je ne dis pas cela; je dis que je n'en sais rien du tout par moi-même. Je crois seulement que Dieu nous accorde cinq sens et la pensée, et il se pourrait bien faire que nous fussions dans Dieu comme disent Aratus et saint Paul,[7] et que nous vissions les choses en Dieu

---

[5] Expression du nominalisme de Voltaire, qu'on retrouve notamment dans *Il faut prendre un parti* (*OCV*, t.74B, p.29) ou dans les *Dialogues d'Evhémère* (*OCV*, t.80C, p.146).

[6] Voltaire reprend ici la lutte contre la métaphysique spéculative, commencée à l'époque des *Lettres philosophiques*.

[7] Voir Actes 17:28: '*Car c'est en lui que nous avons la vie, le mouvement et l'être,* comme l'ont dit certains de vos poètes. *Car nous sommes de sa race*'. La première citation de saint Paul est inspirée du poète Epiménide; la seconde est adaptée du poème didactique les *Phénomènes* d'Aratos, astronome d'inspiration stoïcienne.

comme dit Mallebranche.[8]

C

A ce compte j'aurais donc des pensées sans avoir une âme: cela serait fort plaisant.

A

Pas si plaisant. Ne convenez-vous pas que les animaux ont du sentiment?   65

B

Assurément, et c'est renoncer au sens commun que de n'en pas convenir.

A

Croyez-vous qu'il y ait un petit être inconnu logé chez eux, que vous nommez sensibilité, mémoire, appétit, ou que vous appelez du nom vague et inexplicable *âme*?   70

B

Non, sans doute, aucun de nous n'en croit rien. Les bêtes sentent parce que c'est leur nature, parce que cette nature leur a donné tous les organes du sentiment; parce que l'auteur et le principe de toute la nature l'a déterminé ainsi pour jamais.

A

Eh bien, cet éternel principe a tellement arrangé les choses, que,   75
quand j'aurai une tête bien constituée, quand mon cervelet ne sera ni trop humide, ni trop sec, j'aurai des pensées: et je l'en remercie de tout mon cœur.

C

Mais comment avez-vous des pensées dans la tête?

[8] Référence aux positions adoptées par Voltaire dès *Tout en Dieu*.

A

Je n'en sais rien encore une fois. Un philosophe a été persécuté   80
pour avoir dit, il y a quarante ans dans un temps où l'on n'osait
encore penser dans sa patrie. 'La difficulté n'est pas de savoir
seulement si la matière peut penser; mais de savoir comment un
être quel qu'il soit, peut avoir la pensée.'[9] Je suis de l'avis de ce
philosophe, et je vous dirai en bravant les sots persécuteurs, que   85
j'ignore absolument tous les premiers principes des choses.

B

Vous êtes un grand ignorant, et nous aussi.

A

D'accord.

B

Pourquoi donc raisonnons-nous? Comment saurons-nous ce qui
est juste ou injuste, si nous ne savons pas seulement ce que c'est   90
qu'une âme?

A

Il y a bien de la différence: nous ne connaissons rien du principe de
la pensée; mais nous connaissons très bien notre intérêt. Il nous est
sensible que notre intérêt est que nous soyons justes envers les
autres, et que les autres le soient envers nous; afin que tous puissent   95
être sur ce tas de boue le moins malheureux que faire se pourra
pendant le peu de temps qui nous est donné par l'Etre des êtres pour
végéter, sentir et penser.

---

[9] Dans les *Eléments de la philosophie de Newton* (*OCV*, t.15, p.224, n.1), texte
repris dans le vingt-neuvième doute du *Philosophe ignorant* (*OCV*, t.62, p.74). Il
arrivera plusieurs fois à Voltaire de se citer lui-même dans la suite de *L'A, B, C.*

TROISIÈME ENTRETIEN

Si l'homme est né méchant et enfant du diable[1]

B

Vous êtes Anglais, Monsieur A, vous nous direz bien franchement votre opinion sur le juste et l'injuste, sur le gouvernement, sur la religion, la guerre, la paix, les lois, etc. etc. etc. etc.

A

De tout mon cœur; ce que je trouve de plus juste, c'est *liberté* et *propriété*. Je suis fort aise de contribuer à donner à mon roi un million sterling par an pour sa maison, pourvu que je jouisse de mon bien dans la mienne. Je veux que chacun ait sa *prérogative*: je ne connais de lois que celles qui me protègent; et je trouve notre gouvernement le meilleur de la terre, parce que chacun y sait ce qu'il a, ce qu'il doit, et ce qu'il peut. Tout est soumis à la loi, à commencer par la royauté et par la religion.

C

Vous n'admettez donc pas de droit divin dans la société?

A

Tout est de droit divin si vous voulez, parce que Dieu a fait les hommes, et qu'il n'arrive rien sans sa volonté divine, et sans l'enchaînement des lois éternelles, éternellement exécutées; l'arche-

---

[1] Cette critique du dogme du péché originel est importante dans un traité de philosophie politique. Le pessimisme anthropologique conduit logiquement à l'autoritarisme politique: si l'homme est naturellement méchant, il lui faut un maître fort pour le dompter. A l'inverse, l'optimisme anthropologique fonde le libéralisme politique ou, plus généralement, la foi en la démocratie: si la liberté humaine est par nature bonne, il convient de lui imposer aussi peu d'entraves que possible. Comme le précédent, ce chapitre vise à constituer la politique pure de toute subordination à la religion.

vêque de Canterbury, par exemple, n'est pas plus archevêque de droit divin, que je ne suis né membre du Parlement. Quand il plaira à Dieu de descendre sur la terre pour donner un bénéfice de douze mille guinées de revenu à un prêtre, je dirai alors, que son bénéfice est de droit divin; mais jusque-là, je croirai son droit très humain. 20

B

Ainsi, tout est convention chez les hommes; c'est Hobbes tout pur.

A

Hobbes n'a été en cela que l'écho de tous les gens sensés. Tout est convention ou force. [2]

C

Il n'y a donc point de loi naturelle?

A

Il y en a une sans doute, c'est l'intérêt et la raison. [3] 25

B

L'homme est donc né en effet dans un état de guerre, [4] puisque notre intérêt combat presque toujours l'intérêt de nos voisins, et que nous faisons servir notre raison à soutenir cet intérêt qui nous anime.

A

Si l'état naturel de l'homme était la guerre, tous les hommes 30 s'égorgeraient: il y a longtemps que nous ne serions plus, (Dieu merci). Il nous serait arrivé ce qui arriva aux hommes nés des dents du serpent de Cadmus; ils se battirent et il n'en resta pas un.

---

[2] L'Etat résulte du droit (thèse du contractualisme) ou du fait (thèse de l'autoritarisme).

[3] Le quatrième entretien abordera la question de la 'loi naturelle' (p.247-53).

[4] C'est la thèse de Hobbes pour qui l'état de nature est un état de guerre, 'la guerre de chacun contre chacun' (*Léviathan*, livre 1, ch.13: voir ci-dessus, p.227).

L'homme étant né pour tuer son voisin et pour en être tué, accomplirait nécessairement sa destinée, comme les vautours 35 accomplissent la leur en mangeant mes pigeons, et les fouines en suçant le sang de mes poules. On a vu des peuples qui n'ont jamais fait la guerre: on le dit des brahmanes, on le dit de plusieurs peuplades des îles de l'Amérique, que les chrétiens exterminèrent ne pouvant les convertir. Les primitifs[5] que nous nommons 40 Quakers commencent à composer dans la Pensilvanie une nation considérable, et ils ont toute guerre en horreur. La guerre n'est donc pas l'essence du genre humain.[6]

B

Il faut pourtant que l'envie de nuire, le plaisir d'exterminer son prochain pour un léger intérêt, la plus horrible méchanceté et la 45 plus noire perfidie, soient le caractère distinctif de notre espèce, au moins depuis le péché originel; car les doux théologiens assurent que dès ce moment-là le Diable s'empara de toute notre race. Or le Diable est notre maître, comme vous savez, et un très méchant maître; donc tous les hommes lui ressemblent. 50

A

Que le Diable soit dans le corps des théologiens, je vous le passe;

42 w75G, K84, K85: en horreur. Les Lapons, les Samoyèdes n'ont jamais tué personne en front de bandière.[7] La guerre
51 62: corps de tous les théologiens

[5] Ainsi nommés parce qu'ils prétendaient restaurer le christianisme primitif.
[6] S'opposant à Hobbes, Voltaire partage ici le point de vue de Rousseau dans le *Discours sur l'origine et les fondements de l'inégalité*.
[7] Selon l'article 'Bandière' du *Dictionnaire de l'Académie* (1762), 'Terme dont on se sert quelquefois pour bannière. *Les vaisseaux ont mis leurs bandières*. Et l'on dit, qu'*Une armée est campée en front de bandière*, pour dire, qu'elle est campée en ligne avec les étendards et les drapeaux à la tête des corps'. Dans l'article 'Du droit de la guerre' des *Questions sur l'Encyclopédie*, Voltaire écrira que 'Les Lapons, les Samoyèdes, les peuples du Kamchatka n'ont jamais attaqué leurs voisins' (*OCV*, t.40, p.574). Dans l'article 'Homme', il remarquera de même qu'il 'n'a jamais été possible de composer un régiment de Lapons et de Samoyèdes' (*M*, t.19, p.378).

mais assurément il n'est pas dans le mien. Si l'espèce humaine était sous le gouvernement immédiat du Diable, comme on le dit, il est clair que tous les maris assommeraient leurs femmes, que les fils tueraient leurs pères, que les mères mangeraient leurs enfants, et que la première chose que ferait un enfant dès qu'il aurait des dents, serait de mordre sa mère, en cas que sa mère ne l'eût pas encore mis à la broche. [8] Or comme rien de tout cela n'arrive, il est démontré qu'on se moque de nous, quand on nous dit que nous sommes sous la puissance du Diable, c'est le plus sot blasphème qu'on ait jamais prononcé. [9]

55

60

C

En y faisant attention, j'avoue que le genre humain n'est pas tout à fait si méchant que certaines gens le crient, dans l'espérance de le gouverner; ils ressemblent à ces chirurgiens qui supposent que toutes les dames de la cour sont attaquées de cette maladie honteuse qui produit beaucoup d'argent à ceux qui la traitent; il y a des maladies, sans doute, mais tout l'univers n'est pas entre les mains

65

[8] Passage à comparer avec la conclusion de l'article 'Hobbisme' de l'*Encyclopédie* écrit par Diderot: 'Supposez qu'un enfant eût à six semaines l'imbécillité de jugement de son âge et les passions et la force d'un enfant de quarante ans; il est certain qu'il frappera son père, qu'il violera sa mère, qu'il étranglera sa nourrice et qu'il n'y aura nulle sécurité pour tout ce qui l'approchera. Donc la définition de Hobbes est fausse, ou l'homme devient bon à mesure qu'il s'instruit' (t.8, p.241).

[9] Voltaire a condamné l'augustinisme dès ses 'Remarques sur les *Pensées* de Pascal' des *Lettres philosophiques*: 'l'esprit dans lequel M. Pascal écrivit ces *Pensées* était de montrer l'homme dans un jour odieux; il s'acharne à nous peindre tous méchants et malheureux; il écrit contre la nature humaine à peu près comme il écrivait contre les jésuites. Il impute à l'essence de notre nature ce qui n'appartient qu'à certains hommes; il dit éloquemment des injures au genre humain. J'ose prendre le parti de l'humanité contre ce misanthrope sublime; j'ose assurer que nous ne sommes ni si méchants ni si malheureux qu'il le dit' (t.2, p.184-85). En dénonçant l'homme, l'augustinisme pouvait placer Dieu au cœur de toute chose; en récusant le dogme du péché originel, la philosophie des Lumières pouvait au contraire faire de l'homme le centre de ses préoccupations.

de la Faculté. [10] Il y a de grands crimes; mais ils sont rares. Aucun pape depuis plus de deux cents ans n'a ressemblé au pape Alexandre VI, aucun roi de l'Europe n'a bien imité le Christiern 70 second de Dannemarck, et le Louis XI de France. On n'a vu qu'un seul archevêque de Paris aller au Parlement avec un poignard dans sa poche. [11] La Saint-Barthelemi est bien horrible, quoi qu'en dise l'abbé de Caveirac; [12] mais enfin, quand on voit tout Paris occupé de la musique de Rameau, ou de Zaïre, ou de l'Opéra comique, ou 75 des tableaux exposés au salon, ou de Ramponeau, [13] ou du singe de Nicolé, [14] on oublie que la moitié de la nation égorgea l'autre pour des arguments théologiques il y aura bientôt deux cents ans tout juste: [15] les supplices abominables des Jeanne Gray, des Marie Stuart, des Charles Ier ne se renouvellent pas chez vous tous les 80 jours.

Ces horreurs épidémiques sont comme ces grandes pestes qui ravagent quelquefois la terre; après quoi, on laboure, on sème, on recueille, on boit, on danse, on fait l'amour sur les cendres des morts qu'on foule aux pieds; et comme l'a dit un homme qui a 85

78 w68: arguments théologiens il

[10] Comprendre que le dogme du péché originel ne vise qu'à perpétuer le pouvoir des prêtres.

[11] Allusion au cardinal de Retz, coadjuteur de Paris, dont Voltaire écrit dans le chapitre 4 du *Siècle de Louis XIV* qu'il 'est le premier évêque en France qui ait fait une guerre civile sans avoir la religion pour prétexte' (*OH*, p.647).

[12] Auteur d'une *Apologie de Louis XIV et de son Conseil sur la révocation de l'Edit de Nantes* (1758, BV2593, *CN*, t.6, p.146-57), qui suscita une vive émotion en plein siècle des Lumières. Voltaire venait de lui consacrer la cinquième de ses *Honnêtetés littéraires* (*OCV*, t.63B, p.87) et l'avait pris à partie dès le *Traité sur la tolérance* (*OCV*, t.56C, p.148, n.c).

[13] Pour les circonstances qui rendirent célèbre le cabaretier Jean Ramponeau en 1760, voir le *Plaidoyer de Ramponeau* (*M*, t.24, p.115, n.1).

[14] Sur ce singe dressé par Jean-Baptiste Nicolet, directeur de théâtre parisien, à imiter l'acteur Molé, voir *La Guerre civile de Genève* (*OCV*, t.63A, p.70 et n.5).

[15] 'La Saint-Barthélemy est de 1572; Voltaire écrivait en 1768' (note de Beuchot).

passé sa vie à sentir, à raisonner et à plaisanter, 'si tout n'est pas bien, tout est passable'. [16]

Il y a telle province comme la Touraine par exemple, où l'on n'a pas commis un grand crime depuis cent cinquante années. Venise a vu plus de quatre siècles s'écouler sans la moindre sédition dans son enceinte, sans une seule assemblée tumultueuse: il y a mille villages en Europe où il ne s'est pas commis un meurtre depuis que la mode de s'égorger pour la religion est un peu passée: les agriculteurs n'ont pas le temps de se dérober à leurs travaux; leurs femmes, et leurs filles les aident, elles cousent, elles filent, elles pétrissent, elles enfournent (non pas comme l'archevêque la Caza (a) [17]); tous ces bonnes gens sont trop occupés pour songer à mal. Après un travail agréable pour eux, parce qu'il leur est nécessaire, ils font un léger repas que l'appétit assaisonne, et cèdent au besoin de dormir pour recommencer le lendemain. Je ne crains pour eux que les jours de fêtes si ridiculement consacrés à psalmodier d'une voix rauque et discordante, du latin qu'ils n'entendent point, et à perdre leur raison dans un cabaret, ce qu'ils n'entendent que trop. Encore une fois, si tout n'est pas bien, tout est passable.

B

Par quelle rage a-t-on donc pu imaginer qu'il existe un lutin doué

(a) Voyez les Capitoli de Monsignor la Caza archevêque de Bénévent, vous verrez comme il enfournait.

---

[16] Voltaire, ici encore, se cite lui-même. C'est la conclusion de l'ange Ituriel dans *Le Monde comme il va* (*OCV*, t.30B, p.63).

[17] Allusion à la sodomie au sens actuel de ce terme. Le plus licencieux de ces *capitoli* était intitulé, en effet, *capitolo sopra il forno*, que Voltaire avait annoté (*CN*, t.3, p.72-73). Il en cite un extrait dans ses *Carnets* (*OCV*, t.81, p.235). Les articles 'Baiser' et 'Bouffon, burlesque' des *Questions sur l'Encyclopédie* (*OCV*, t.39, p.288-89 et p.449-50) citent leur auteur, Giovanni della Casa, poète italien devenu archevêque de Bénévent puis secrétaire du Vatican sous Paul IV: 'Le *Capitolo del forno* de l'archevêque La Casa roule à la vérité sur un sujet qui fait enfermer à Bicêtre les abbés Desfontaines, et qui mène en Grève les Deschaufours. Cependant il n'y a pas un mot qui offense les oreilles chastes, il faut deviner' (*OCV*, t.39, p.449-50).

d'une gueule béante, de quatre griffes de lion, et d'une queue de serpent, qu'il est accompagné d'un milliard de farfadets bâtis comme lui, tous descendus du ciel, tous enfermés dans une fournaise souterraine; que Jésus-Christ descendit dans cette fournaise pour enchaîner tous ces animaux; que depuis ce temps-là ils sortent tous les jours de leur cachot, qu'ils nous tentent, qu'ils entrent dans notre corps et dans notre âme; qu'ils sont nos souverains absolus, et qu'ils nous inspirent toute leur perversité diabolique? De quelle source a pu venir une opinion aussi extravagante, un conte aussi absurde? 110

115

A

De l'ignorance des médecins.

B

Je ne m'y attendais pas.

A

Vous deviez pourtant vous y attendre. Vous savez assez qu'avant Hippocrate, et même depuis lui, les médecins n'entendaient rien aux maladies: d'où venait l'épilepsie, le haut mal, par exemple? des dieux malfaisants, des mauvais génies; aussi l'appelait-on le mal sacré. [18] Les écrouelles étaient dans le même cas. Ces maux étaient l'effet d'un miracle, il fallait un miracle pour en guérir; on faisait des pèlerinages; on se faisait toucher par les prêtres; cette superstition a fait le tour du monde; elle est encore en vogue parmi la 120

125

---

[18] Voir *La Philosophie de l'histoire*: 'Toutes les maladies de convulsions passèrent pour des possessions de diable, dès que la doctrine des diables fut admise. L'épilepsie, chez les Romains comme chez les Grecs, fut appelée le *mal sacré*' (*OCV*, t.59, p.252). Voir de même l'article 'Démoniaques' des *Questions sur l'Encyclopédie* (*OCV*, t.40, p.377). Voltaire avait marqué d'une double corne l'article 'Epilepsie' de l'*Encyclopédie* signé par Aumont, qui récusait l'explication de cette maladie par des causes surnaturelles (*CN*, t.3, p.390).

canaille; dans un voyage à Paris, je vis des épileptiques, dans la sainte Chapelle et à Saint-Maur, pousser des hurlements et faire des contorsions la nuit du jeudi saint au vendredi; et notre ex-roi Jacques II, comme personne sacrée, s'imaginait guérir les écrouelles envoyées par le malin. Toute maladie inconnue était donc autrefois une possession du mauvais génie. Le mélancolique Oreste passa pour être possédé de Mégère, et on l'envoya voler une statue pour obtenir sa guérison. Les Grecs, qui étaient un peuple très nouveau, tenaient cette superstition des Egyptiens: les prêtres et les prêtresses d'Isis allaient par le monde disant la bonne aventure, et délivraient pour de l'argent les sots qui étaient sous l'empire de Typhon. Ils faisaient leurs exorcismes avec des tambours de basque et des castagnettes; le misérable peuple juif nouvellement établi dans ses rochers entre la Phénicie, l'Egypte et la Syrie, prit toutes les superstitions de ses voisins: et dans l'excès de sa brutale ignorance il y ajouta des superstitions nouvelles. Lorsque cette petite horde fut esclave à Babilone, elle y apprit les noms du Diable, de Satan, Asmodée, [19] Mammon, Belzébuth, tous serviteurs du mauvais principe Arimane. Et ce fut alors que les Juifs attribuèrent aux diables les maladies et les morts subites. Leurs livres saints qu'ils composèrent depuis, quand ils eurent l'alphabet chaldéen, parlent quelquefois des diables.

Vous voyez que quand l'ange Raphaël descend exprès de l'empyrée pour faire payer une somme d'argent par le Juif Gabel au Juif Tobie, il mène le petit Tobie chez Raguel, dont la fille avait déjà épousé sept maris, à qui le diable Asmodée avait tordu le cou. [20] La doctrine du diable prit une grande faveur chez les Juifs;

130

135

140

145

150

126   62: canaille; les épileptiques viennent encore à Paris dans la sainte Chapelle

[19] Voir l'article 'Asmodée' des *Questions sur l'Encyclopédie*: 'Aucun homme versé dans l'antiquité n'ignore que les Juifs ne connurent les anges, que par les Perses et les Chaldéens, pendant la captivité' (*OCV*, t.39, p.113).

[20] Voir le livre de Tobie dans l'Ancien Testament. Il n'y est cependant pas dit que la fille de Ragouël avait épousé sept maris emportés par le diable mais que les 'sept hommes' auxquels elle devait s'unir étaient tous morts avant d'avoir pu consommer leur union (Tobie 7:11).

ils admirent une quantité prodigieuse de diables dans un enfer, dont les lois du Pentateuque n'avaient jamais dit un seul mot: presque tous leurs malades furent possédés du diable. Ils eurent, au lieu de médecins, des exorcistes en titre d'office, qui chassaient les esprits malins avec la racine nommée *Barath*,[21] des prières et des contorsions.   155

Les méchants passèrent pour possédés encore plus que les malades. Les débauchés, les pervers sont toujours appelés enfants de Bélial[22] dans les écrits juifs.   160

Les chrétiens qui ne furent pendant cent ans que demi-Juifs, adoptèrent les possessions du démon et se vantèrent de chasser le diable. Ce fou de Tertullien pousse la manie jusqu'à dire que tout chrétien contraint avec le signe de la croix, Junon, Minerve, Cérès, Diane, à confesser qu'elles sont des diablesses.[23] La légende rapporte qu'un âne chassait les diables de Senlis en traçant une croix sur le sable avec son sabot par le commandement de saint Rieule.   165

Peu à peu l'opinion s'établit que tous les hommes naissent endiablés et damnés, étrange idée sans doute, idée exécrable, outrage affreux à la divinité d'imaginer qu'elle forme continuellement des êtres sensibles et raisonnables uniquement pour être tourmentés à jamais par d'autres éternellement plongés eux-mêmes dans les supplices. Si le bourreau qui en un jour arracha le cœur dans Carlile à dix-huit partisans du prince Charles-   170
                                                                             175

---

174   62, EJ: d'autres êtres éternellement

[21] Voltaire évoque souvent cette racine qui servait dans les rituels d'exorcisme, notamment dans *Un chrétien contre six Juifs* (1776, *M*, t.29, p.535-36). Voir l'article 'Démoniaques' des *Questions sur l'Encyclopédie* (*OCV*, t.40, p.377, n.5).

[22] Depuis le Deutéronome (13:13), les 'fils de Bélial' désignent les impies.

[23] Voir l'article 'Christianisme' du *Dictionnaire philosophique* où Voltaire cite un passage de l'*Apologétique* de Tertullien (ch.35): 'Si vos dieux ne confessent pas qu'ils sont des diables à la présence d'un vrai chrétien, nous voulons bien que vous répandiez le sang de ce chrétien. Y a-t-il une démonstration plus claire?' (*OCV*, t.35, p.571).

Edouard[24] avait été chargé d'établir un dogme, voilà celui qu'il aurait choisi; encore aurait-il fallu qu'il eût été ivre de brandevin: car eût-il eu à la fois l'âme d'un bourreau et d'un théologien, il n'aurait jamais pu inventer de sang-froid un système où tant de milliers d'enfants à la mamelle sont livrés à des bourreaux éternels.

180

B

J'ai peur que le diable ne vous reproche d'être un mauvais fils qui renie son père. Vos discours bretons[25] paraîtront aux bons catholiques romains une preuve que le diable vous possède et que vous ne voulez pas en convenir; mais je serais curieux de savoir comment cette idée, qu'un être infiniment bon fait tous les jours des millions d'hommes pour les damner, a pu entrer dans les cervelles.

185

A

Par une équivoque, comme la puissance papistique est fondée sur un jeu de mots, 'Tu es Pierre, et sur cette pierre j'établirai mon Eglise'.[26]

190

Voici l'équivoque qui damne tous les petits enfants. Dieu défend à Eve et à son mari de manger de l'arbre de la science qu'il avait planté dans son jardin; il leur dit, 'le jour que vous en mangerez, vous mourrez de mort'.[27] Ils en mangèrent et n'en moururent point. Au contraire Adam vécut encore neuf cent trente ans.[28] Il faut donc entendre une autre mort; c'est la mort de l'âme, la damnation. Mais il n'est point dit qu'Adam soit damné; ce sont donc ses enfants qui le seront; et comment cela? C'est que Dieu condamne le serpent, qui avait séduit Eve à marcher sur le ventre,

195

---

[24] Voltaire relate cet événement avec plus de précision historique au chapitre 25 du *Précis du siècle de Louis XV*, où il n'est question que de 'dix-sept' officiers exécutés le 10 août 1746 (*OH*, p.1443-44).

[25] D'un habitant de la Grande-Bretagne.

[26] Matthieu 16:18.

[27] Genèse 2:17.

[28] Genèse 5:5. L'article 'Originel (péché)' des *Questions sur l'Encyclopédie* (*M*, t.20, p.152) comporte un développement similaire.

(car auparavant, vous voyez bien qu'il marchait sur ses pieds). Et la   200
race d'Adam est condamnée à être mordue au talon par le serpent.
Or le serpent, c'est visiblement le diable, et le talon qu'il mord,
c'est notre âme. 'L'homme écrasera la tête des serpents tant qu'il
pourra'; [29] il est clair qu'il faut entendre par là le Messie qui a
triomphé du diable.   205

Mais, comment a-t-il écrasé la tête du vieux serpent? en lui
livrant tous les enfants qui ne sont pas baptisés. C'est là le mystère.
Et comment les enfants sont-ils damnés, parce que leur premier
père et leur première mère avaient mangé du fruit de leur jardin?
C'est encore là le mystère.   210

C

Je vous arrête là. N'est-ce pas pour Caïn que nous sommes damnés
et non pas pour Adam? Car nous avons la mine de descendre de
Caïn, si je ne me trompe; attendu qu'Abel mourut sans être marié;
et il me paraît qu'il est plus raisonnable d'être damné pour un
fratricide que pour une pomme.   215

A

Ce ne peut être pour Caïn; car il est dit que Dieu le protégea, et lui
mit un signe, de peur qu'on ne le battît ou qu'on ne le tuât; [30] il est
dit même qu'il fonda une ville dans le temps qu'il était encore
presque seul sur la terre avec son père et sa mère, sa sœur dont il fit
sa femme, et avec un fils nommé Enoc. [31] J'ai vu même un des plus   220
ennuyeux livres intitulé *la science du Gouvernement*, [32] par un
sénéchal de Forcalquier nommé Réal qui fait dériver les lois, de
la ville bâtie par notre père Caïn.

---

[29] Genèse 3:15.
[30] Genèse 4:15.
[31] Genèse 4:17.
[32] Gaspard de Réal de Curban, *La Science du gouvernement, ouvrage de morale, de
droit, et de politique, qui contient les principes du commandement et de l'obéissance*, 4 vol.
(Aix-la-Chapelle [Paris, 1751-1761], BV2881). Ouvrage édité par son neveu, l'abbé
Balthasar Burle de Réal de Curban. Voltaire l'avait lu en septembre 1763 (D11423).

Mais quoi qu'il en soit, il est indubitable que les Juifs n'avaient jamais entendu parler du péché originel, ni de la damnation éternelle des petits enfants morts sans être circoncis. Les Saducéens qui ne croyaient pas l'immortalité de l'âme, et les Pharisiens qui croyaient la métempsycose, ne pouvaient pas admettre la damnation éternelle, quelque pente qu'aient les fanatiques à croire les contradictoires.

Jésus fut circoncis à huit jours, et baptisé étant adulte selon la coutume de plusieurs Juifs qui regardaient le baptême comme une purification des souillures de l'âme; c'était un ancien usage des peuples de l'Indus et du Gange, à qui les brahmanes avaient fait accroire que l'eau lave les péchés comme les vêtements. Jésus en un mot circoncis et baptisé, ne parle dans aucun Evangile du péché originel. Aucun apôtre ne dit que les petits enfants non baptisés seront brûlés à tout jamais pour la pomme d'Adam. Aucun des premiers Pères de l'Eglise n'avança cette cruelle chimère: et vous savez d'ailleurs, qu'Adam, Eve, Abel et Caïn n'ont jamais été connus que du petit peuple juif.

B

Qui a donc dit cela nettement le premier?

A

C'est l'Africain Augustin, homme d'ailleurs respectable, mais qui tord quelques passages de saint Paul, pour en inférer dans ses lettres à Evode, et à Jérôme, que Dieu précipite du sein de leurs mères dans les enfers, les enfants qui périssent dans leurs premiers jours. Lisez surtout le second livre de la revue de ses ouvrages, chap. XLV. 'La foi catholique enseigne que tous les hommes naissent si coupables, que les enfants mêmes sont certainement damnés quand ils meurent sans avoir été régénérés en Jésus.'[33]

---

[33] Citation exacte du chapitre 45 des *Rétractations* de saint Augustin. Voltaire cite le même passage dans l'article 'Originel (péché)' des *Questions sur l'Encyclopédie* (*M*, t.20, p.155).

Il est vrai que la nature soulevée dans le cœur de ce rhéteur, le force à frémir de cette sentence barbare: cependant il la prononce; il ne se rétracte point, lui, qui changea si souvent d'opinion. L'Eglise faisait valoir ce système terrible pour rendre son baptême plus nécessaire. Les communions réformées détestent aujourd'hui ce système. [34] La plupart des théologiens n'osent plus l'admettre; cependant, ils continuent à reconnaître que nos enfants appartiennent à l'enfer. Cela est si vrai que le prêtre en baptisant ces petites créatures leur demande si elles renoncent au diable; et le parrain, qui répond pour elles, est assez bon pour dire oui.

C

Je suis content de tout ce que vous avez dit; je pense que la nature de l'homme n'est pas tout à fait diabolique. Mais pourquoi dit-on que l'homme est toujours porté au mal?

A

Il est porté à son bien-être, lequel n'est un mal que quand il opprime ses frères. Dieu lui a donné l'amour-propre qui lui est utile, la bienveillance qui est utile à son prochain, la colère qui est dangereuse, la compassion qui la désarme; la sympathie avec plusieurs de ses compagnons, l'antipathie envers d'autres; beaucoup de besoins et beaucoup d'industrie, l'instinct, la raison et les passions, voilà l'homme. Quand vous serez des dieux, essayez de faire un homme sur un meilleur modèle.

---

[34] Le dogme du péché originel, auquel Calvin avait accordé tant d'importance, n'était guère prisé par les milieux réformés des Lumières. Voir la *Lettre à Christophe de Beaumont* de Jean-Jacques Rousseau qui, sur ce point, était proche de Voltaire (Rousseau, *Œuvres complètes*, t.4, p.935-46).

QUATRIÈME ENTRETIEN

De la loi naturelle, et de la curiosité[1]

B

Nous sommes bien convaincus que l'homme n'est point un être absolument détestable; mais venons au fait;[2] qu'appelez-vous juste et injuste?

A

Ce qui paraît tel à l'univers entier.

C

L'univers est composé de bien des têtes. On dit qu'à Lacédémone   5
on applaudissait aux larcins,[3] pour lesquels on condamnait aux mines dans Athènes.

A

Abus de mots. Il ne pouvait se commettre de larcin à Sparte,

---

[1] Ce chapitre vise à établir l'existence de la loi naturelle, c'est-à-dire d'une norme universelle de morale sur laquelle doit se régler le droit positif (les 'lois de convention'). L'appariement de ce thème à celui de la 'curiosité', suggéré par un passage du *De rerum natura* de Lucrèce, pourra surprendre. La notion de curiosité vise à répondre d'une manière originale au problème de l'origine du mal: si la loi naturelle est ancrée dans le cœur et dans l'esprit des hommes, comment expliquer qu'ils puissent commettre de mauvaises actions? La réponse est que la curiosité peut les amener à être fascinés par le mal. Ce chapitre sera repris, avec quelques variantes, par les articles 'Curiosité' et 'Loi naturelle' des *Questions sur l'Encyclopédie*.

[2] Jusqu'à 'vous présentent à manger' (ligne 21), ce qui suit sera repris dans l'article 'Loi naturelle' des *Questions sur l'Encyclopédie* (*M*, t.19, p.604-605).

[3] Souvenir de Plutarque, *Vie de Lycurgue*, ch.36, dans la traduction d'Amyot. Voir Montesquieu, *De l'esprit des lois*, livre 4, ch.6, et livre 29, ch.13: 'Lycurgue, dans la vue de donner à ses citoyens de l'adresse, de la ruse, et de l'activité, voulut qu'on exerçât les enfants au larcin, et qu'on fouettât rudement ceux qui s'y laisseraient surprendre' (t.1, p.42, et t.2, p.290).

lorsque tout y était commun.[4] Ce que vous appelez vol, était la
punition de l'avarice.

10

B

Il était défendu d'épouser sa sœur à Rome. Il était permis chez les
Egyptiens, les Athéniens et même chez les Juifs, d'épouser sa sœur
de père: car malgré le Lévitique, la jeune Thamar dit à son frère
Ammon,[5] 'Mon frère, ne me faites pas de sottises; mais demandez-
moi en mariage à mon père, il ne vous refusera pas'.

15

A

Lois de convention que tout cela, usages arbitraires, modes qui
passent. L'essentiel demeure toujours. Montrez-moi un pays où il
soit honnête de me ravir le fruit de mon travail, de violer sa
promesse, de mentir pour nuire, de calomnier, d'assassiner,
d'empoisonner, d'être ingrat envers son bienfaiteur, de battre
son père et sa mère quand ils vous présentent à manger.

20

B

Voici ce que j'ai lu dans une déclamation qui a été connue en son
temps; j'ai transcrit ce morceau qui me paraît singulier:
'Le premier, qui ayant enclos un terrain s'avisa de dire, ceci est à
moi, et trouva des gens assez simples pour le croire, fut le vrai
fondateur de la société civile. Que de crimes, de guerres, de
meurtres, que de misères et d'horreurs n'eût point épargné au
genre humain celui, qui arrachant les pieux, ou comblant le fossé,
eût crié à ses semblables; Gardez-vous d'écouter cet imposteur;

25

---

[4] Dans une de ses notes sur Montesquieu (*CN*, t.5, p.734-35) comme dans le
chapitre 17 du *Commentaire sur l'Esprit des lois* (*OCV*, t.80B, p.345), Voltaire constate
qu'il ne pouvait y avoir de 'larcin' à Sparte dans la mesure où la propriété privée n'y
existait pas.
[5] Lire Amnon (Rois 2:13). Cf. Lévitique 18:9.

vous êtes perdus, si vous oubliez que les fruits sont à tous, et que la   30
terre n'est à personne.' [6]

C

Il faut que ce soit quelque voleur de grand chemin bel esprit, qui ait
écrit cette impertinence.

A

Je soupçonne seulement que c'est un gueux fort paresseux; car, au
lieu d'aller gâter le terrain d'un voisin sage et industrieux, il n'avait   35
qu'à l'imiter; et chaque père de famille ayant suivi cet exemple,
voilà bientôt un très joli village tout formé. L'auteur de ce passage
me paraît un animal bien insociable. [7]

B

Vous croyez donc qu'en outrageant et en volant le bon homme qui
a entouré d'une haie vive son jardin et son poulailler, il a manqué   40
aux premiers devoirs de la loi naturelle?

31   K84, K85: [*avec note*] Discours sur l'inégalité par Rousseau; c'est un des
exemples des contradictions de l'esprit humain, qu'on ait regardé l'auteur de ce
passage scandaleux, et de tant d'autres, comme un prédicateur de la vertu, et M. de
Voltaire comme un corrupteur de la morale. Il n'y a que les grands hommes auxquels
on ne pardonne rien.

[6] Citation littérale de J.-J. Rousseau, *Discours sur l'origine de l'inégalité*, seconde
partie (*Œuvres complètes*, t.3, p.164). Dans son exemplaire, Voltaire a annoté ce
passage: 'Quoi cet homme injuste ce voleur aurait été le bienfaiteur du genre humain!
voilà la philosophie d'un gueux qui voudrait que les riches fussent volés par les
pauvres' (G. R. Havens, *Voltaire's marginalia on the pages of Rousseau*, Columbus,
1933, p.15).
[7] Depuis 'au lieu d'aller gâter' jusqu'à 'ni à s'en réjouir', le texte sera repris dans
l'article 'Loi naturelle' des *Questions sur l'Encyclopédie* (*M*, t.19, p.605). Le 25 juin
1762, Voltaire avait demandé à Damilaville communication du 'Contrat social ou
insocial' (D10527).

A

Oui, oui encore une fois, il y a une loi naturelle, et elle ne consiste ni à faire le mal d'autrui, ni à s'en réjouir.

C

Il y a des gens pourtant qui disent, que rien n'est plus naturel que de faire du mal. Beaucoup d'enfants s'amusent à plumer leurs moineaux, et il n'y a guère d'hommes faits qui ne courent avec un secret plaisir sur le rivage de la mer pour jouir du spectacle d'un vaisseau battu par les vents, qui s'entrouvre et qui s'engloutit par degrés dans les flots, tandis que les passagers lèvent les mains au ciel, et tombent dans l'abîme de l'eau avec leurs femmes qui tiennent leurs enfants dans leurs bras. Lucrèce en donne la raison.

Quibus ipse malis careas quia cernere suave est. [8]
On voit avec plaisir les maux qu'on ne sent pas.

A

Lucrèce ne sait ce qu'il dit; et il y est fort sujet malgré ses belles descriptions. On court à un tel spectacle par curiosité. [9] La curiosité est un sentiment naturel à l'homme, mais il n'y a pas un des spectateurs qui ne fît les derniers efforts s'il le pouvait, pour sauver ceux qui se noient.

Quand les petits garçons et les petites filles déplument leurs moineaux, c'est purement par esprit de curiosité, comme lors-

---

[8] Lucrèce, *De rerum natura*, livre 2, vers 4.

[9] Dans un de ses exemplaires de Lucrèce, Voltaire avait noté en marge de ces vers: 'Curiosité nul plaisir de l'âme que par elle nul plaisir à voir souffrir que comme nouveauté ab assuetis non passio Phèdre Tartuffe nul plaisir à voir les autres se tromper au contraire leurs erreurs indignent' (*CN*, t.5, p.454-55). Il écrit de même dans l'article 'Curiosité' des *Questions sur l'Encyclopédie*: 'Pardon, Lucrèce, je soupçonne que vous vous trompez ici en morale comme vous vous trompez toujours en physique. C'est, à mon avis, la curiosité seule qui fait courir sur le rivage pour voir un vaisseau que la tempête va submerger' (*OCV*, t.40, p.343). Lucrèce entendait simplement dire que le malheur du fou qui s'est inutilement exposé à subir les avanies de l'existence fait d'autant mieux prendre conscience de son bonheur à celui qui a eu la sagesse de se retirer du monde.

qu'elles mettent en pièces les jupes de leurs poupées. C'est cette passion seule qui conduit tant de monde aux exécutions publiques. 'Étrange empressement de voir des misérables!'[10] a dit l'auteur d'une tragédie.[11]

Je me souviens, qu'étant à Paris lorsqu'on fit souffrir à Damiens 65 une mort des plus recherchées et des plus affreuses qu'on puisse imaginer,[12] toutes les fenêtres qui donnaient sur la place furent louées chèrement par les dames; aucune d'elles assurément ne faisait la réflexion consolante qu'on ne la tenaillerait point aux mamelles, qu'on ne verserait point du plomb fondu et de la poix- 70 résine bouillante dans ses plaies, et que quatre chevaux ne tireraient point ses membres disloqués et sanglants. Un des bourreaux jugea plus sainement que Lucrèce; car lorsqu'un des académiciens de Paris[13] voulut entrer dans l'enceinte pour examiner la chose de plus près, et qu'il fut repoussé par les archers, 'laissez entrer, Monsieur', 75 dit-il, 'c'est un amateur'. C'est-à-dire, c'est un curieux; ce n'est pas par méchanceté qu'il vient ici, ce n'est pas par un retour sur soi-même, pour goûter le plaisir de n'être pas écartelé: c'est uniquement par curiosité comme on va voir des expériences de physique.

B

Soit; je conçois[14] que l'homme n'aime et ne fait le mal que pour son 80 avantage; mais tant de gens sont portés à se procurer leur avantage par le malheur d'autrui, la vengeance est une passion si violente, il y en a des exemples si funestes; l'ambition plus fatale encore a inondé la terre de tant de sang, que lorsque je m'en retrace l'horrible tableau, je suis tenté de me rétracter, et d'avouer que l'homme est 85

[10] Voltaire, *Tancrède*, acte 3, scène 3, vers 182 (*OCV*, t.49B, p.187).

[11] Ce paragraphe et le suivant seront textuellement repris dans l'article 'Curiosité' des *Questions sur l'Encyclopédie* (*OCV*, t.40, p.346).

[12] Damiens fut supplicié le 18 mars 1757.

[13] La Condamine, qui s'était déjà rendu célèbre par son voyage à l'équateur et ses études sur la forme de la terre, était bien connu pour sa curiosité.

[14] A partir de 'je conçois' jusqu'à la fin du paragraphe suivant, le texte sera repris dans l'article 'Loi naturelle' des *Questions sur l'Encyclopédie* (*M*, t.19, p.605-606).

très diabolique. J'ai beau avoir dans mon cœur la notion du juste et de l'injuste. Un Attila que saint Léon courtise, un Phocas que saint Grégoire flatte avec la plus lâche bassesse, un Alexandre VI souillé de tant d'incestes, de tant d'homicides, de tant d'empoisonnements, avec lequel le faible Louis XII, qu'on appelle *bon*, fait 90 la plus indigne et la plus étroite alliance, un Cromwell dont le Cardinal Mazarin recherche la protection, et pour qui il chasse de France les héritiers de Charles I, cousins germains de Louis XIV, etc. etc. etc. Cent exemples pareils dérangent mes idées, et je ne sais plus où j'en suis. 95

A

Eh bien, les orages empêchent-ils que nous ne jouissions aujourd'hui d'un beau soleil? le tremblement qui a détruit la moitié de la ville de Lisbonne, empêche-t-il que vous n'ayez fait très commodément le voyage de Madrid à Rome sur la terre affermie?[15] Si Attila fut un brigand et le Cardinal Mazarin un 100 fripon, n'y a-t-il pas des princes et des ministres honnêtes gens? et l'idée de la justice ne subsiste-t-elle pas toujours? C'est sur elle que sont fondées toutes les lois; les Grecs les appelaient *filles du ciel*;[16] cela ne veut dire que filles de la nature.

C

N'importe, je suis près de me rétracter aussi; car je vois qu'on n'a 105 fait des lois que parce que les hommes sont méchants. Si les chevaux étaient toujours dociles, on ne leur aurait jamais mis de frein. Mais sans perdre notre temps à fouiller dans la nature de l'homme, et à comparer les prétendus sauvages aux prétendus civilisés,[17] voyons quel est le mors qui convient le mieux à notre 110 bouche.

[15] Le pessimisme qui s'exprimait dans le *Poème sur le désastre de Lisbonne* (1756) semble s'être atténué au fil des ans.

[16] Même formulation dans *Ariste et Acrotal* (*OCV*, t.49A, p.391 et n.7).

[17] Le pragmatisme de Voltaire s'accommode mal de ces discussions théoriques où nul ne peut avancer des faits.

A

Je vous avertis que je ne saurais souffrir qu'on me bride sans me consulter; que je veux me brider moi-même, et donner ma voix pour savoir au moins qui me montera sur le dos.

C

Nous sommes à peu près de la même écurie. 115

CINQUIÈME ENTRETIEN

Des manières de perdre et de garder sa liberté, *et de la théocratie*[1]

B

Monsieur A, vous me paraissez un Anglais très profond; comment imaginez-vous que se soient établis tous ces gouvernements dont on a peine à retenir les noms, monarchique, despotique, tyrannique, oligarchique, aristocratique, démocratique, anarchique, théocratique, diabolique, et les autres qui sont mêlés de tous les   5
précédents?

C

Oui; chacun fait son roman, parce que nous n'avons point d'histoire véritable. Dites-nous, Monsieur A, quel est votre roman?

A

Puisque vous le voulez, je m'en vais donc perdre mon temps à vous   10
parler, et vous le vôtre à m'écouter.

J'imagine d'abord, que deux petites peuplades voisines, composées chacune d'environ une centaine de familles, sont séparées par un ruisseau, et cultivent un assez bon terrain: car si elles se sont fixées en cet endroit, c'est que la terre y est fertile.   15

Comme chaque individu a reçu également de la nature deux bras, deux jambes et une tête, il me paraît impossible que les

---

[1] Ce chapitre vise à retracer l'origine des gouvernements. Contre le contractualisme qui trouve l'origine de toute institution légitime dans une convention, le réalisme voltairien pense que la force et l'habileté ont assuré la genèse première du pouvoir temporel, assujetti par la suite au pouvoir spirituel par le 'fanatisme' et la 'fourberie' des prêtres. La conclusion de Voltaire est sans appel: il faut abolir toute théocratie pour restituer au pouvoir temporel son autonomie, autonomie tempérée par la raison.

habitants de ce petit canton n'aient pas d'abord été tous égaux. Et comme ces deux peuplades sont séparées par un ruisseau, il me paraît encore impossible qu'elles n'aient pas été ennemies; car il y aura eu nécessairement quelque différence dans leur manière de prononcer les mêmes mots. Les habitants du midi du ruisseau se seront sûrement moqués de ceux qui sont au nord; et cela ne se pardonne point. Il y aura eu une grande émulation entre les deux villages; quelque fille, quelque femme aura été enlevée. Les jeunes gens se seront battus à coups de poings, de gaules et de pierres à plusieurs reprises. Les choses étant égales jusque-là de part et d'autre, celui qui passe pour le plus fort et le plus habile du village du nord, dit à ses compagnons, 'Si vous voulez me suivre et faire ce que je vous dirai, je vous rendrai les maîtres du village du midi'. Il parle avec tant d'assurance qu'il obtient leurs suffrages. Il leur fait prendre de meilleures armes que n'en a la peuplade opposée. 'Vous ne vous êtes battus jusqu'à présent qu'en plein jour', leur dit-il, 'il faut attaquer vos ennemis pendant qu'ils dorment.' Cette idée paraît d'un grand génie à la fourmilière du septentrion; elle attaque la fourmilière méridionale dans la nuit, tue quelques habitants dormeurs, en estropie plusieurs (comme firent noblement Ulysse et Resus,)[2] enlève les filles et le reste du bétail, après quoi, la bourgade victorieuse se querelle nécessairement pour le partage des dépouilles. Il est naturel qu'ils s'en rapportent au chef qu'ils ont choisi pour cette expédition héroïque. Le voilà donc établi capitaine et juge. L'invention de surprendre, de voler et de tuer ses voisins a imprimé la terreur dans le midi, et le respect dans le nord.

Ce nouveau chef, passe dans le pays pour un grand homme; on s'accoutume à lui obéir, et lui encore plus à commander. Je crois que ce pourrait bien être là l'origine de la monarchie.[3]

[2] 'Dans le dixième livre de l'*Iliade*, Ulysse et Diomède font une expédition nocturne; Rhésus est une de leurs victimes, et non le compagnon d'Ulysse' (note de Beuchot). Voir *Iliade*, chant 10, vers 279-579.
[3] Voir déjà dans *Mérope*, acte 1, scène 3, vers 175: 'Le premier qui fut roi fut un soldat heureux' (*OCV*, t.17, p.255).

C

Il est vrai que le grand art de surprendre, tuer et voler est un héroïsme de la plus haute antiquité.[4] Je ne trouve point de stratagème de guerre dans Frontin comparable à celui des enfants de Jacob, qui venaient en effet du nord, et qui surprirent, tuèrent et volèrent les Sichemites qui demeuraient au midi. C'est un rare exemple de saine politique et de sublime valeur. Car le fils du roi de Sichem étant éperdument amoureux de Dina fille du patriarche Jacob, laquelle ayant six ans tout au plus, était déjà nubile; et les deux amants ayant couché ensemble, les enfants de Jacob proposèrent au roi de Sichem, au prince son fils et à tous les Sichemites de se faire circoncire pour ne faire ensemble qu'un seul peuple; et sitôt que les Sichemites s'étant coupé le prépuce se furent mis au lit, deux patriarches, Siméon et Lévi, surprirent eux seuls tous les Sichemites et les tuèrent, et les dix autres patriarches les volèrent.[5] Cela ne cadre pas pourtant avec votre système: car c'étaient les surpris, les tués et les volés qui avaient un roi, et les assassins et les voleurs n'en avaient pas encore.

A

Apparemment que les Sichemites avaient fait autrefois quelque belle action pareille, et qu'à la longue leur chef était devenu monarque. Je conçois qu'il y eut des voleurs qui eurent des chefs, et d'autres voleurs qui n'en eurent point. Les Arabes du désert, par exemple, furent presque toujours des voleurs républicains; mais les

50

55

60

65

61   w68, w75G, k84: et dix

[4] Cette assimilation ironique est fréquente sous la plume de Voltaire. Dans ses notes marginales sur Dom Calmet, Voltaire note 'soldat larron synonyme' (*CN*, t.2. p.59). Dans *Dieu et les hommes*, il ne convoque par moins de cinq sources bibliques ou antiques pour établir l'identité du soldat au pillard (*OCV*, t.69, p.278), rappelée notamment dans les *Dialogues d'Evhémère* (*OCV*, t.80B, p.122, n.12).

[5] Voir le chapitre 34 du livre de la Genèse. Les allusions à la barbarie des mœurs évoquées dans les Ecritures se retrouveront dans l'*Examen important* et dans *La Bible enfin expliquée*.

Persans, les Mèdes furent des voleurs monarchiques. Sans discuter 70
avec vous les prépuces de Sichem et les voleries des Arabes, j'ai
dans la tête, que la guerre offensive a fait les premiers rois, et que la
guerre défensive a fait les premières républiques.[6]

Un chef de brigands tel que Déjoces, (s'il a existé,)[7] ou Cosrou
nommé Cyrus,[8] ou Romulus assassin de son frère, ou Clovis autre 75
assassin, Genseric, Attila se font rois: les peuples qui demeurent
dans des cavernes, dans des îles, dans des marais, dans des gorges
de montagnes, dans des rochers, conservent leur liberté, comme les
Suisses, les Grisons, les Vénitiens, les Génois. On vit autrefois les
Tyriens, les Carthaginois et les Rhodiens conserver la leur, tant 80
qu'on ne put aborder chez eux par mer. Les Grecs furent longtemps
libres dans un pays hérissé de montagnes;[9] les Romains dans leurs
sept collines reprirent leur liberté dès qu'ils le purent, et l'ôtèrent
ensuite à plusieurs peuples en les surprenant, en les tuant et en les
volant, comme nous l'avons déjà dit.[10] Et enfin la terre appartint 85
partout au plus fort et au plus habile.[11]

A mesure que les esprits se sont raffinés, on a traité les
gouvernements comme les étoffes dans lesquelles on a varié les

---

[6] Comparer au chapitre 'Des proportions' de *L'Homme aux quarante écus*: 'La
guerre offensive est d'un tyran: celui qui se défend est un homme juste' (*OCV*, t.66,
p.373). Voltaire réaffirmera cette position dans le onzième entretien de *L'A, B, C*.
Cela revient à dire que l'origine des monarchies est toujours injuste, et celle des
républiques toujours juste (voir p.301, ci-dessous).

[7] Déiocès fut le premier roi des Mèdes: voir Hérodote, *L'Enquête*, livre 1, ch.16,
73, 96-99 et 101-103.

[8] Voir l'article 'Cirus' des *Questions sur l'Encyclopédie* (*OCV*, t.40, p.112-19), où
Voltaire dresse un portrait très critique du fondateur de la dynastie achéménide.

[9] Ce passage a pu inspirer l'article 'Politique' des *Questions sur l'Encyclopédie*:
'Pendant que ces scènes de brigandages et de fraudes se passent dans une partie du
globe, d'autres peuplades retirées dans les cavernes des montagnes, ou dans des
cantons entourés de marais inaccessibles, ou dans quelques petites contrées
habitables au milieu des déserts de sable, ou des presqu'îles, ou des îles, se défendent
contre les tyrans du continent' (*M*, t.20, p.238).

[10] Dans l'Introduction de l'*Essai sur les mœurs* (*EM*, t.1, p.180).

[11] Voir l'article 'Politique' des *Questions sur l'Encyclopédie*: 'Le plus fort et le plus
habile subjugue à la fin les autres après des siècles de carnage qui font frémir, et de
friponneries qui font rire' (*M*, t.20, p.238).

fonds, les dessins et les couleurs. Ainsi la monarchie d'Espagne est
aussi différente de celle d'Angleterre que le climat. Celle de   90
Pologne ne ressemble en rien à celle d'Angleterre. La république
de Venise est le contraire de celle de Hollande.[12]

C

Tout cela est palpable; mais parmi tant de formes de gouvernement, est-il bien vrai qu'il y ait jamais eu une théocratie?

A

Cela est si vrai que la théocratie est encore partout,[13] et que du   95
Japon à Rome[14] on vous montre des lois émanées de Dieu même.

B

Mais ces lois sont toutes différentes, toutes se combattent. La raison
humaine, peut très bien ne pas comprendre que Dieu soit descendu
sur la terre pour ordonner le pour et le contre; pour commander
aux Egyptiens et aux Juifs, de ne jamais manger de cochon après   100
s'être coupé le prépuce, et pour nous laisser à nous des prépuces et
du porc frais. Il n'a pu défendre l'anguille et le lièvre en Palestine,
en permettant le lièvre en Angleterre, et en ordonnant l'anguille
aux papistes les jours maigres. J'avoue que je tremble d'examiner.
Je crains de trouver là des contradictions.   105

A

Bon, les médecins n'ordonnent-ils pas des remèdes contraires dans

94a   62: [absent]

[12] Dans le premier dialogue de *L'A, B, C*, B avait récusé la typologie des
gouvernements (voir p.221-25 ci-dessus).
[13] Cette thèse était défendue dans le chapitre 9 de *La Philosophie de l'histoire*
(*OCV*, t.59, p.118-19) et sera reprise dans l'article 'Théocratie. Gouvernement de
Dieu ou des dieux' des *Questions sur l'Encyclopédie* (*M*, t.20, p.508-11).
[14] Voir l'article 'Théocratie. Gouvernement de Dieu ou des dieux' des *Questions
sur l'Encyclopédie*: 'Si quelque chose donne une idée de la théocratie, il faut convenir
que c'est le pontificat de Rome' (*M*, t.20, p.510).

les mêmes maladies? L'un vous ordonne le bain froid, l'autre le bain chaud; celui-ci vous saigne, celui-là vous purge, cet autre vous tue. Un nouveau venu empoisonne votre fils, [15] et devient l'oracle de votre petit-fils.

110

C

Cela est curieux. J'aurais bien voulu voir, en exceptant Moïse et les autres véritablement inspirés, le premier impudent qui osa faire parler Dieu.

A

Je pense qu'il était un composé de fanatisme et de fourberie. La fraude seule ne suffirait pas, elle fascine et le fanatisme subjugue. Il est vraisemblable, comme dit un de mes amis, que ce métier commença par les rêves. [16] Un homme d'une imagination allumée voit en songe son père et sa mère mourir, ils sont tous deux vieux et malades, ils meurent, le rêve est accompli, le voilà persuadé qu'un dieu lui a parlé en songe. Pour peu qu'il soit audacieux et fripon, (deux choses très communes,) il se met à prédire au nom de ce dieu. Il voit, que dans une guerre ses compatriotes sont six contre un, il leur prédit la victoire à condition qu'il aura la dîme du butin.

115

120

Le métier est bon, mon charlatan forme des élèves qui ont tous le même intérêt que lui. Leur autorité augmente par leur nombre. Dieu leur révèle que les meilleurs morceaux des moutons et des bœufs, les volailles les plus grasses, la mère goutte du vin leur appartiennent.

125

---

[15] 'Van Swieten, médecin de la cour de Vienne, avait tué Charles Joseph Emmanuel' (note de Beuchot, qui renvoie au médecin de *L'Horrible Danger de la lecture, M*, t.25, p.337). Voltaire mentionne ce 'charlatan' dans l'*Epître au roi de Danemark, Christian VII* (*OCV*, t.73, p.427, n.11).

[16] Cet ami de A n'est autre que Voltaire. Voir l'Introduction de *l'Essai sur les mœurs* et *La Philosophie de l'histoire*: 'Nous avons déjà vu que les songes, les rêves, durent introduire la même superstition dans toute la terre' (*EM*, t.1, p.20, et *OCV*, t.59, p.106). Voir aussi l'article 'Songes' du *Dictionnaire philosophique* (*OCV*, t.36, p.532-35).

The priests eat roastbeef, and the people stare. [17]

Le roi du pays fait d'abord un marché avec eux pour être mieux   130
obéi par le peuple; mais bientôt le monarque est la dupe du
marché: [18] les charlatans se servent du pouvoir que le monarque
leur a laissé prendre sur la canaille pour l'asservir lui-même. Le
monarque regimbe, le prêtre le dépossède au nom de Dieu. Samuel
détrône Saül, [19] Grégoire VII détrône l'empereur Henri IV et le   135
prive de la sépulture. [20] Ce système diabolico-théocratique dure

135   62: détrône Henri

[17] Voltaire cite ce vers dans un fragment des *Carnets* intitulé 'Pour de T[h]ou'
(*OCV*, t.81, p.343) ainsi que dans une note du troisième acte des *Lois de Minos* qui la
traduit en l'attribuant à 'un célèbre poète anglais': 'Les prêtres sont à table, et le sot
peuple admire' (*OCV*, t.73, p.185). Ce vers est tiré du quatrain 'Natural religion was
easy first and plain, / Tales made it mystery, offrings made it gain; / Sacrifices and
shows were at length prepar'd, / The priests ate roast-meat, and the people star'd'
qui figure dans la troisième des *Letters to Serena* (Londres, Bernard Lintot, 1704,
p.130) de John Toland. Mais ces vers sont-ils de Toland comme on le prétend
généralement? L'allusion à 'those four lines which are in everybody's mouth'
(*Letters to Serena*, p.129) permet d'en douter. Nous remercions John Sullivan de nous
avoir renvoyé à deux articles de R. Hunter et I. Macalpine, 'Robert Boyle – poet' et
'Robert Boyle's poem – an addendum', *Journal of the history of medicine* 12 (juillet
1957), p.390-92, et 27 (janvier 1972), p.85-88. Le premier article attribue le poème à
Robert Boyle. Il en signale la présence dans Charles Gildon, *Miscellany poems upon
several occasions: consisting of original poems* (Londres, 1692), qui édite entre autres
pièces *The Deist's plea, answered by the Honourable, Robert Boyle, Esq;*, composé
dudit quatrain (*The Deist's plea*) suivi du *Christian's plea* de Boyle. Dans le second
article, ces chercheurs remarquent que cette pièce avait été éditée six ans auparavant
dans *A discourse of wit* (Londres, John Weld, 1685) de David Abercromby, proche
ami de Boyle. La conclusion de ces auteurs est que 'The four lines *The Deist's plea* are
not by Boyle – contrary to our previous statement – but by "a Man more esteemed
[...] than he deserves", as Abercromby calls him, who remains unidentified'. Même si
Toland n'avait que quinze ans lorsque ces vers furent publiés pour la première fois, il
est probable que Voltaire les croyait de lui.
[18] On touche là à l'objet essentiel de *L'A, B, C* dont le plaidoyer libéral vise à
désolidariser l'Etat de l'Eglise.
[19] Samuel sacre Saül, puis lui annonce que le Seigneur lui retire son soutien (1
Samuel 10:1, 13:13-14).
[20] En février 1076, le pape Grégoire VII avait excommunié l'empereur Henri IV et

jusqu'à ce qu'il se trouve des princes assez bien élevés, et qui aient assez d'esprit et de courage pour rogner les ongles aux Samuels et aux Grégoires. Telle est, ce me semble, l'histoire du genre humain.

B

Il n'est pas besoin d'avoir lu pour juger que les choses ont dû se 140 passer ainsi. Il n'y a qu'à voir la populace imbécile d'une ville de province dans laquelle il y a deux couvents de moines, quelques magistrats éclairés et un commandant qui a du bon sens. Le peuple est toujours prêt à s'attrouper autour des cordeliers et des capucins. Le commandant veut les contenir. Le magistrat fâché contre le 145 commandant, rend un arrêt qui ménage un peu l'insolence des moines et la crédulité du peuple. L'évêque est encore plus fâché que le magistrat se soit mêlé d'une affaire divine. Et les moines restent puissants jusqu'à ce qu'une révolution les abolisse. [21]

> *Hominum mores tibi nosse volenti*   150
> *Sufficit una domus.* [22]

---

relevé ses sujets de leur devoir d'obéissance. Ayant imploré et obtenu le pardon du souverain pontife à Canossa le 25 janvier 1077, Henri IV fut cependant interdit de sépulture pendant près de cinq ans du fait de son excommunication. Voltaire relate le conflit entre les deux hommes dans le chapitre 46 de l'*Essai sur les mœurs* (*OCV*, t.23, p.117-54).

[21] Première apparition du thème de l'abolition des ordres monacaux. Voir le quatorzième entretien, p.321-22.

[22] 'A celui qui veut connaître les mœurs des hommes, il suffit d'une seule maison' (Juvénal, satire 13, vers 159).

SIXIÈME ENTRETIEN

Des trois gouvernements, et de mille erreurs anciennes [1]

B

Allons au fait. Je vous avouerai que je m'accommoderais assez d'un gouvernement démocratique. Je trouve que ce philosophe avait tort, qui disait à un partisan d'un gouvernement populaire, 'Commence par l'essayer dans ta maison, tu t'en repentiras bien vite'.[2] Avec sa permission, une maison et une ville sont deux choses fort différentes. Ma maison est à moi, mes enfants sont à moi; mes domestiques quand je les paye sont à moi; mais de quel droit mes concitoyens m'appartiendraient-ils? tous ceux qui ont des possessions dans le même territoire, ont droit également au maintien de l'ordre dans ce territoire. J'aime à voir des hommes libres faire eux-mêmes les lois sous lesquelles ils vivent, comme ils ont fait leurs habitations. C'est un plaisir pour moi, que mon maçon, mon charpentier, mon forgeron qui m'ont aidé à bâtir mon logement, mon voisin l'agriculteur, et mon ami le manufacturier s'élèvent tous au-dessus de leur métier, et connaissent mieux

5

10

15

---

[1] Malgré ce que laisse entendre le titre, ce chapitre vise moins à dresser une typologie des gouvernements qu'à faire valoir la supériorité d'institutions libérales sur toute forme d'autoritarisme. L'introduction du chapitre fait valoir la légitimité de la 'démocratie' et de la forme républicaine de gouvernement qui sont les seules à être conformes à la liberté naturelle de l'homme. On peut lire dans cette affirmation un indice de la mutation politique provoquée par la transplantation lémanique de Voltaire. Lui qui avait jusqu'alors défendu la forme monarchique de gouvernement en vient à affirmer sa préférence pour la démocratie: 'je vous avoue que je penche à présent pour la démocratie, malgré mes anciens principes', avait-il écrit aux d'Argental le 14 octobre 1765 (D12933). Voir l'article 'Démocratie' des *Questions sur l'Encyclopédie*, *OCV*, t.40, p.367, n.*. La suite du dialogue accordera cependant la préférence à la monarchie constitutionnelle.

[2] Plutarque, *Vie de Lycurgue*, ch.19, et *Le Banquet des sept sages*, ch.12.

l'intérêt public que le plus insolent chiaoux de Turquie.[3] Aucun
laboureur, aucun artisan dans une démocratie n'a la vexation et le
mépris à redouter; aucun n'est dans le cas de ce chapelier qui
présentait sa requête à un duc et pair pour être payé de ses
fournitures: 'Est-ce que vous n'avez rien reçu, mon ami, sur   20
votre partie?' 'Je vous demande pardon, Monseigneur, j'ai reçu
un soufflet de Monseigneur votre intendant.'[4]

Il est bien doux de n'être point exposé à être traîné dans un
cachot pour n'avoir pu payer à un homme qu'on ne connaît pas, un
impôt dont on ignore la valeur et la cause, et jusqu'à l'existence.   25

Etre libre, n'avoir que des égaux, est la vraie vie, la vie naturelle
de l'homme; toute autre est un indigne artifice, une comédie
mauvaise, où l'un joue le personnage de maître, l'autre d'esclave,
celui-là, de parasite, et cet autre d'entremetteur.[5] Vous m'avouerez
que les hommes ne peuvent être descendus de l'état naturel que par   30
lâcheté et par bêtise.[6]

C

Cela est clair: personne ne peut avoir perdu sa liberté que pour
n'avoir pas su la défendre. Il y a eu deux manières de la perdre;
c'est, quand les sots ont été trompés par des fripons, ou quand les
faibles ont été subjugués par les forts. On parle de je ne sais quels   35
vaincus, à qui je ne sais quels vainqueurs firent crever un œil, il y a
des peuples à qui on a crevé les deux yeux comme aux vieilles rosses
à qui on fait tourner la meule.[7] Je veux garder mes yeux; je

[3] Selon l'article 'Chiaous' de l'*Encyclopédie*, ce terme désigne un 'officier de la
cour' du Grand Turc, 'qui fait l'office d'huissier. Ce mot dans son origine signifie
envoyé. [...] Le grand-seigneur a coutume de choisir parmi les officiers de ce rang,
ceux qu'il envoie en ambassade vers les autres princes' (t.3, p.326).

[4] Voltaire semble ici pasticher le style d'une comédie de Molière.

[5] Passage important pour la compréhension du dialogue suivant: la liberté et
l'égalité faisant partie des droits naturels de l'homme, l'esclavage est illégitime.

[6] Passage à comparer à l'introduction de la seconde partie du *Discours sur les
origines et les fondements de l'inégalité parmi les hommes* où ceux-ci sortent de l'état de
nature en se laissant berner par la figure du 'riche'.

[7] Hérodote affirme que les Scythes 'crèvent les yeux de tous leurs prisonniers'

m'imagine qu'on en crève un dans l'Etat aristocratique, et deux dans l'Etat monarchique.[8]

40

A

Vous parlez comme un citoyen de la Nord-Hollande,[9] et je vous le pardonne.

C

Pour moi, je n'aime que l'aristocratie; le peuple n'est pas digne de gouverner. Je ne saurais souffrir que mon perruquier soit législateur. J'aimerais mieux ne porter jamais de perruque; il n'y a que ceux qui ont reçu une très bonne éducation, qui soient faits pour conduire ceux qui n'en ont reçu aucune. Le gouvernement de Venise est le meilleur;[10] cette aristocratie est le plus ancien Etat de l'Europe. Je mets après lui le gouvernement d'Allemagne. Faites-

45

(*L'Enquête*, livre 4, ch.2, trad. A. Barguet, Paris, 1982, p.288). Montesquieu cite ce passage d'Hérodote dans ses *Considérations sur les causes de la grandeur des Romains et de leur décadence* mais en affirmant que les esclaves des Scythes étaient chargés de 'battre leur lait'.

[8] Dans l'article 'Lettres, gens de lettres' du *Dictionnaire philosophique*, Voltaire écrivait: 'Montesquieu dit que les Scythes crevaient les yeux à leurs esclaves, afin qu'ils fussent moins distraits en battant leur beurre; c'est ainsi que l'Inquisition en use, et presque tout le monde est aveugle dans les pays où ce monstre règne. On a deux yeux depuis plus de cent ans en Angleterre; les Français commencent à ouvrir un œil; mais quelquefois il se trouve des hommes en place qui ne veulent pas même permettre qu'on soit borgne' (*OCV*, t.36, p.286). Le 16 octobre 1765, Voltaire écrivait à Damilaville que 'quiconque a le pouvoir en main voudrait crever les yeux à tous ceux qui leur sont soumis' (D12938). Le 1er avril [1778], il écrira de même à Frédéric II: 'Il est donc vrai, Sire, qu'à la fin les hommes s'éclairent, et que ceux qui se croient payés pour les aveugler ne sont pas toujours maîtres de leur crever les yeux' (D21138).

[9] On connaît la sympathie de Voltaire pour le libéralisme des Pays-Bas. Voir J. Vercruysse, *Voltaire et la Hollande*, *SVEC* 46 (1966): 'Dès son premier voyage Voltaire a pu apprécier la tolérance qui existait aux Pays-Bas' (p.163). Il succombe à un 'mythe', celui qui consiste à identifier 'Hollande' et 'liberté de conscience'.

[10] Voltaire appréciait le gouvernement de Venise, ne serait-ce que parce qu'il était le seul en Italie à ne pas reconnaître l'Inquisition. Voir l'*Eloge de la raison* (*M*, t.21, p.516-17).

moi noble vénitien ou comte de l'Empire; je vous déclare que je ne 50
peux vivre joyeusement que dans l'une ou dans l'autre de ces deux
conditions.

A

Vous êtes un seigneur riche, Monsieur C, et j'approuve fort votre
façon de penser. Je vois que vous seriez pour le gouvernement des
Turcs si vous étiez empereur de Constantinople. Pour moi, 55
quoique je ne sois que membre du Parlement de la Grande-
Bretagne, je regarde ma constitution comme la meilleure de
toutes; et je citerai pour mon garant un témoignage qui n'est pas
récusable, c'est celui d'un Français, qui, dans un poème consacré
aux vérités et non aux vaines fictions, parle ainsi de notre 60
gouvernement.

> Aux murs de Vestminster on voit paraître ensemble
> Trois pouvoirs étonnés du nœud qui les rassemble,
> Les députés du peuple, et les grands et le roi,
> Divisés d'intérêt, réunis par la loi. 65
> Tous trois membres sacrés de ce corps invincible,
> Dangereux à lui-même, à ses voisins terrible. [11]

C

Dangereux à lui-même! Vous avez donc de très grands abus chez
vous?

A

Sans doute, comme il en fut chez les Romains, chez les Athéniens, 70
et comme il y en aura toujours chez les hommes. Le comble de la
perfection humaine, est d'être puissant et heureux avec des abus
énormes; et c'est à quoi nous sommes parvenus. Il est dangereux de
trop manger; mais je veux que ma table soit bien garnie.

B

Voulez-vous que nous ayons le plaisir d'examiner à fond tous les 75

[11] Nouvelle autocitation: *La Henriade*, ch.1, vers 313-18 (*OCV*, t.2, p.382).

gouvernements de la terre depuis l'empereur chinois Hiao, et depuis la horde hébraïque jusqu'aux dernières dissensions de Raguse[12] et de Genève?[13]

A

Dieu m'en préserve! je n'ai que faire de fouiller dans les archives des étrangers pour régler mes comptes. Assez de gens qui n'ont pu gouverner une servante et un valet, se sont mêlés de régir l'univers avec leur plume.[14] Ne voudriez-vous pas que nous perdissions notre temps à lire ensemble le livre de Bossuet évêque de Meaux, intitulé *La Politique de l'Ecriture sainte*?[15] Plaisante politique que celle d'un malheureux peuple, qui fut sanguinaire sans être guerrier, usurier sans être commerçant, brigand sans pouvoir conserver ses rapines, presque toujours esclave et presque toujours révolté, vendu au marché par Titus et par Adrien, comme on vend l'animal que ces Juifs appelaient immonde,[16] et qui était plus utile qu'eux. J'abandonne au déclamateur Bossuet la politique des roitelets de Juda et de Samarie, qui ne connurent que l'assassinat;

---

[12] Raguse est l'actuelle Dubrovnik. Voltaire fait ici allusion à la révolution de 1763 qui aboutit à l'abolition de la distinction entre l'ancienne et la nouvelle noblesse.

[13] On sait avec quel intérêt Voltaire a suivi les querelles intestines de Genève, la 'querelle des natifs', parodiée dans *La Guerre civile de Genève* (*OCV*, t.63A, p.1-152).

[14] Thème classique chez Voltaire. Voir les *Articles extraits du Journal de politique et de littérature*: 'Quelques lecteurs, voyant que l'auteur parlait sérieusement, s'imaginèrent que c'était un de ces politiques qui font le destin du monde du haut de leur galetas, et qui, n'ayant pu gouverner une servante, se mettent à enseigner les rois à deux sous la feuille' (*OCV*, t.80C, p.49; cf. les *Commentaires sur Corneille*, *OCV*, t.55, p.866). Le lecteur contemporain qui connaissait un tant soit peu Voltaire n'ignorait pas qu'il avait fréquenté des rois et qu'il savait gouverner sa domesticité à Ferney: ses propos sur la politique sont donc à prendre au sérieux.

[15] J.-B. Bossuet, *Politique tirée des propres paroles de l'Ecriture Sainte* (Paris, 1710, BV485, *CN*, t.1, p.410). Le titre de cet ouvrage en résume le principe, diamétralement opposé au principe même de la philosophie politique de Voltaire, soucieux de constituer la politique pure de toute subordination à la Bible et au pouvoir de l'Eglise. Voltaire réfute ce traité dans l'article 'Gouvernement' des *Questions sur l'Encyclopédie* (*M*, t.19, p.284-85).

[16] 'Le porc' (note de Beuchot).

à commencer par leur David, lequel ayant fait le métier de brigand pour être roi, assassina Urie dès qu'il fut le maître; et ce sage Salomon qui commença par assassiner Adonias son propre frère au pied de l'autel. Je suis las de cet absurde pédantisme qui consacre 95 l'histoire d'un tel peuple à l'instruction de la jeunesse. [17]

Je ne suis pas moins las de tous les livres dans lesquels on nous répète les fables d'Hérodote [18] et de ses semblables sur les anciennes monarchies de l'Asie, et sur les républiques qui ont disparu.

Qu'ils nous redisent qu'une Didon, sœur prétendue de Pigma- 100 lion, (qui ne sont point des noms phéniciens) s'enfuit de Phénicie pour acheter en Afrique autant de terrain qu'en pourrait contenir un cuir de bœuf, et que le coupant en lanières, elle entoura de ces lanières un territoire immense où elle fonda Carthage: [19] que ces historiens romanciers [20] parlent après tant d'autres, et que tant 105 d'autres nous parlent après eux des oracles d'Apollon accomplis, et de l'anneau de Gigès et des oreilles de Smerdis, et du cheval de Darius qui fit son maître roi de Perse; [21] qu'on s'étende sur les lois de Carondas, [22] qu'on nous répète que la petite ville de Sibaris mit trois cent mille hommes en campagne contre la petite ville de 110

[17] Le livre de Bossuet était destiné à l'éducation du Grand Dauphin, Louis de France, fils de Louis XIV, dont Bossuet avait été le précepteur.

[18] Depuis les *Remarques sur l'histoire* de 1742 (*OCV*, t.28B, p.143-64), Voltaire dénonce les 'fables d'Hérodote', dont l'histoire, contrairement à celle de Thucydide, est emplie de fables.

[19] Voir Virgile, *Enéide*, chant 1, vers 365-68, et, surtout, Macrobe, *Saturnales*, livre 5, ch.17, 5-6.

[20] Expression éminemment péjorative dans la mesure où elle abolit la distinction constitutive de la fable et de l'histoire selon Voltaire. Voir l'article 'Histoire' des *Questions sur l'Encyclopédie*: 'L'histoire est le récit des faits donnés pour vrais, au contraire de la fable, qui est le récit des faits donnés pour faux' (*M*, t.19, p.346).

[21] Fables présentées par *L'Enquête* d'Hérodote comme autant d'histoires véridiques: l'anneau de Gygès (livre 1, ch.8-15), les oreilles de Smerdis (livre 3, ch.69), et le cheval de Darius (livre 3, ch.85-87).

[22] Charondas, législateur grec de Catane en Sicile. Aristote le cite à plusieurs reprises dans ses *Politiques*, notamment pour le dépeindre comme un des 'meilleurs législateurs' (livre 4, ch.11, section 15) et pour avoir le premier établi 'la traduction en justice des faux témoins' (livre 2, ch.12, section 11).

Crotone qui ne put armer que cent mille hommes;[23] il faut mettre toutes ces histoires avec la louve de Romulus et de Remus, le cheval de Troye et la baleine de Jonas.[24]

Laissons donc là toute la prétendue histoire ancienne: et à l'égard de la moderne, que chacun cherche à s'instruire par les fautes de son pays, et par celles de ses voisins, la leçon sera longue; mais aussi, voyons toutes les belles institutions par lesquelles les nations modernes se signalent, cette leçon sera longue encore.

B

Et que nous apprendra-t-elle?

A

Que plus les lois de convention se rapprochent de la loi naturelle,[25] et plus la vie est supportable.

C

Voyons donc.

121 K84, K85: [avec note] Voilà une grande vérité, très peu connue, mais dite si simplement que les lecteurs frivoles ne l'ont pas remarquée, et on continue à répéter que M. de Voltaire était un philosophe superficiel, parce qu'il n'était ni déclamateur ni énigmatique.

[23] Allusion à la guerre entre Sybaris et Crotone vers 511-510 avant J.-C. qui aboutit à la destruction de la première ville. Voir Hérodote, *L'Enquête*, livre 5, ch.44-45, et Diodore de Sicile, *Bibliothèque historique*, livre 12, ch.9-10.

[24] Ce dernier exemple laisse clairement entendre que Voltaire vise moins ici les historiens grecs que ceux des modernes qui prétendent constituer la science historique sur la base des sources bibliques.

[25] Voltaire énonce ici l'idéal philosophique de justice: la conformation du droit positif (la légalité) au droit naturel (la légitimité). Les éditeurs de Kehl se montrèrent sensibles à cette maxime qu'ils assortirent d'un commentaire élogieux.

SEPTIÈME ENTRETIEN

Que l'Europe moderne vaut mieux que l'Europe ancienne[1]

C

Seriez-vous assez hardi, pour me soutenir que vous autres Anglais, vous valez mieux que les Athéniens et les Romains, que vos combats de coqs ou de gladiateurs dans une enceinte de planches pourries, l'emportent sur le Colisée? les savetiers et les bouffons qui jouent leurs rôles dans vos tragédies, sont-ils supérieurs aux héros de Sophocle? vos orateurs font-ils oublier Cicéron et Démosthène? et enfin, Londres est-elle mieux policée que l'ancienne Rome?

A

Non; mais Londres vaut dix mille fois mieux qu'elle ne valait alors, et il en est de même du reste de l'Europe.

B

Ah! exceptez-en je vous prie la Grèce, qui obéit au Grand Turc, et la malheureuse partie de l'Italie qui obéit au pape.

A

Je les excepte aussi; mais songez que Paris qui n'est que d'un dixième moins grand que Londres, n'était alors qu'une petite cité

---

[1] Ce chapitre réaffirme la foi de Voltaire dans le progrès: l'Europe du siècle des Lumières est, à tout prendre, supérieure au fanatisme et à la barbarie des siècles précédents. Il s'agit aussi et surtout de concilier les chapitres précédents, qui affirmaient l'existence de la loi naturelle, avec l'affirmation des progrès historiques de la culture. La réponse de Voltaire est sans ambiguïté: le siècle des Lumières contribue à réaliser pleinement la nature de l'homme en tant qu'être intelligent et moral. Voltaire entame ainsi un dialogue avec Rousseau sur l'articulation des notions d''état de nature' et d''état civil'.

barbare. Amsterdam n'était qu'un marais, Madrid un désert; et de   15
la rive droite du Rhin jusqu'au golfe de Bothnie, tout était sauvage,
les habitants de ces climats vivaient comme les Tartares ont
toujours vécu dans l'ignorance, dans la disette, dans la barbarie.

Comptez-vous pour peu de chose qu'il y ait aujourd'hui des
philosophes sur le trône à Berlin, en Suède, en Dannemarck,[2] en   20
Pologne, en Russie,[3] et que les découvertes de notre grand Newton
soient devenues le catéchisme de la noblesse de Moscou et de
Pétersbourg?

C

Vous m'avouerez qu'il n'en est pas de même sur les bords du
Danube, et du Mansanarès; la lumière est venue du Nord;[4] car   25
vous êtes gens du Nord par rapport à moi qui suis né sous le
quarante-cinquième degré;[5] mais toutes ces nouveautés font-elles
qu'on soit plus heureux dans tous ces pays-là, qu'on ne l'était
quand César descendit dans votre île, où il vous trouva à moitié
nus?[6]   30

20-21   K84, K85: Suède, en Pologne,
25   K84, K85: [avec note] Les rives du Danube ont bien changé depuis
l'impression de cet ouvrage.[7]

[2] Les éditeurs de Kehl ont sans doute supprimé le nom de ce pays en raison de la
démence dont Christian VII, roi du Danemark, fut frappé à partir de 1784; il fut alors
placé sous tutelle.
[3] Soit respectivement Frédéric II de Prusse, Adolphe Frédéric, Christian VII et
Stanislas Auguste Poniatowski.
[4] Voir l'Epître à l'Impératrice de la Russie (1771): 'C'est du Nord, aujourd'hui que
nous vient la lumière' (OCV, t.73, p.444, vers 8). Le 27 février 1767, Voltaire avait
écrit à Catherine II: 'Un temps viendra, Madame, je le dis toujours, où toute la
lumière nous viendra du nord' (D13996). Voltaire inclut dans le Nord à la fois
l'Angleterre, les Pays-Bas, la Prusse, la Suède, le Danemark, la Pologne et la Russie.
[5] Comprendre le 45e degré de longitude, qui passe près de Bordeaux et de Turin.
[6] Souvenir de La Guerre des Gaules de Jules César. Pour matérialiser l'idée du
progrès, Voltaire oppose souvent la description des Celtes qui 'allaient tout nus' à
celle de l'Angleterre moderne, patrie de Newton. Voir notamment l'article 'Chaîne
des êtres créés' du Dictionnaire philosophique (OCV, t.35, p.521) ou les Dialogues
d'Evhémère (OCV, t.80c, p.212).
[7] Allusion aux réformes de Joseph II, qui tendaient à soumettre l'Eglise à l'Etat.

A

Je le crois fermement; de bonnes maisons, de bons vêtements, de la bonne chère, avec de bonnes lois et de la liberté, valent mieux que la disette, l'anarchie et l'esclavage. Ceux qui sont mécontents de Londres n'ont qu'à s'en aller aux Orcades, ils y vivront comme nous vivions à Londres du temps de César: ils mangeront du pain d'avoine, et s'égorgeront à coups de couteau pour un poisson séché au soleil, et pour une cabane de paille. La vie sauvage a ses charmes, ceux qui la prêchent n'ont qu'à donner l'exemple. [8]

35

B

Mais au moins ils vivraient sous la loi naturelle. La pure nature n'a jamais connu ni débats de Parlement, ni prérogatives de la Couronne, ni Compagnie des Indes, ni l'impôt de trois shillings par livre sur son champ et sur son pré, et d'un shilling par fenêtre. Vous pourriez bien avoir corrompu la nature; elle n'est point altérée dans les îles Orcades et chez les Topinambous. [9]

40

A

Et si je vous disais que ce sont les sauvages qui corrompent la nature, et que c'est nous qui la suivons.

45

C

Vous m'étonnez, quoi! c'est suivre la nature que de sacrer un archevêque de Cantorbéri? d'appeler un Allemand, transplanté chez vous, Votre Majesté? [10] de ne pouvoir épouser qu'une seule

---

[8] L'allusion vise clairement Rousseau et les 'primitivistes'.

[9] Indiens de l'Amazonie. Dans tout ce qui suit, il faut comprendre qu'aux yeux de Voltaire, la nature de l'homme est à la fois celle d'un être de raison et d'un être sociable; en ce sens, le siècle des Lumières réalise pleinement la nature humaine, loin de l'altérer.

[10] Georges Ier, électeur de Hanovre, appelé au trône d'Angleterre en 1714 par les Whigs.

femme? et de payer plus du quart de votre revenu tous les ans? sans   50
compter bien d'autres transgressions contre la nature dont je ne
parle pas.

A

Je vais pourtant vous le prouver, ou je me trompe fort. N'est-il pas
vrai que l'instinct et le jugement ces deux fils aînés de la nature,
nous enseignent à chercher en tout notre bien-être, et à procurer   55
celui des autres, quand leur bien-être fait le nôtre évidemment?
N'est-il pas vrai que si deux vieux cardinaux [11] se rencontraient à
jeun et mourant de faim sous un prunier, ils s'aideraient tous deux
machinalement à monter sur l'arbre pour cueillir des prunes, et que
deux petits coquins de la forêt noire ou des Chicachas [12] en feraient   60
autant?

B

Eh bien, qu'en voulez-vous conclure?

A

Ce que ces deux cardinaux et les deux margajats [13] en concluront,
que dans tous les cas pareils il faut s'entraider. Ceux qui fourniront
le plus de secours à la société, seront donc ceux qui suivront la   65
nature de plus près. Ceux qui inventeront les arts, (ce qui est un
grand don de Dieu) ceux qui proposeront des lois, ce qui est
infiniment plus aisé, seront donc ceux qui auront le mieux obéi à la
loi naturelle; donc plus les arts seront cultivés, et les propriétés plus
assurées, plus la loi naturelle aura été en effet observée. Donc,   70

69-70   K84 (errata), K85: propriétés assurées

[11] Comprendre les pires rivaux que l'on puisse imaginer.
[12] Tribu indienne qui vivait dans le nord du Mississipi. Elle s'était alliée avec les
Anglais contre les Français lors de la Guerre de Sept Ans.
[13] 'Terme de mépris, dont on se sert en parlant à de petits garçons' (*Dictionnaire de
l'Académie*, 1762). Voltaire a corrigé la coquille 'mangageats' en 'margageats' dans
une lettre à Cramer (vers mai 1769, D15652).

272

lorsque nous convenons de payer trois shillings en commun par livre sterling, pour jouir plus sûrement de dix-sept autres shillings; quand nous convenons de choisir un Allemand pour être, sous le nom de roi, le conservateur de notre liberté, l'arbitre entre les Lords et les Communes, le chef de la République, quand nous n'épousons qu'une seule femme par économie, et pour avoir la paix dans la maison, quand nous tolérons (parce que nous sommes riches,) qu'un archevêque de Cantorbéri ait douze mille pièces de revenu pour soulager les pauvres, pour prêcher la vertu s'il sait prêcher, pour entretenir la paix dans le clergé, etc. etc. nous faisons plus que de perfectionner la loi naturelle, nous allons au-delà du but; mais le sauvage isolé et brut (s'il y a de tels animaux sur la terre, ce dont je doute fort) [14] que fait-il du matin au soir, que de pervertir la loi naturelle en étant inutile à lui-même, et à tous les hommes? 75 80 85

Une abeille qui ne ferait ni miel ni cire, une hirondelle qui ne ferait pas son nid, une poule qui ne pondrait jamais, corrompraient leur loi naturelle qui est leur instinct. Les hommes insociables corrompent l'instinct de la nature humaine. [15]

C

Ainsi, l'homme déguisé sous la laine des moutons, ou sous l'excrément des vers à soie, inventant la poudre à canon pour se détruire, et allant chercher la vérole à deux mille lieues de chez lui, 90

[14] Nouvelle pointe adressée à Rousseau et à sa description de la condition humaine dans la première partie du *Discours sur l'origine et les fondements de l'inégalité parmi les hommes*. Ce qui suit nous laisse comprendre que l'homme dépeint par Rousseau ne saurait être l'homme de l'état de nature.

[15] On voit que le débat avec Rousseau porte sur des points fondamentaux, et par exemple sur le sens même du concept de *nature*, que Voltaire conçoit comme *nature sociale*. Pour Rousseau, l'état civil permet à l'homme de dépasser sa nature instinctive et individualiste pour se réaliser en tant qu'être intelligent et moral (voir *Du contrat social*, livre I, ch.8); pour Voltaire, la civilisation permet à l'homme de réaliser sa nature rationnelle et sociable. Nature et civilisation s'inscrivent donc dans un rapport de rupture selon Rousseau et de continuité selon Voltaire.

c'est là l'homme naturel; et le Brésilien tout nu est l'homme artificiel?

A

Non; mais le Brésilien est un animal qui n'a pas encore atteint le 95
complément[16] de son espèce. C'est un oiseau qui n'a ses plumes
que fort tard, une chenille enfermée dans sa fève, qui ne sera
papillon que dans quelques siècles. Il aura peut-être un jour des
Newtons et des Lockes, et alors il aura rempli toute l'étendue de la
carrière humaine; supposé que les organes du Brésilien soient assez 100
forts et assez souples pour arriver à ce terme; car tout dépend des
organes. Mais que m'importent après tout, le caractère d'un
Brésilien et les sentiments d'un Topinambou? Je ne suis ni l'un
ni l'autre, je veux être heureux chez moi à ma façon. Il faut
examiner l'état où l'on est, et non l'état où l'on ne peut être. 105

[16] Ce qui le rend complet, lui donne la plénitude.

HUITIÈME ENTRETIEN

Des serfs de corps [1]

B

Il me paraît que l'Europe est aujourd'hui comme une grande foire.
On y trouve tout ce qu'on croit nécessaire à la vie; il y a des corps
de garde pour veiller à la sûreté des magasins, des fripons qui
gagnent aux trois dés l'argent que perdent les dupes; des fainéants
qui demandent l'aumône, et des marionnettes dans le préau.   5

A

Tout cela est de convention comme vous voyez; et ces conventions
de la foire sont fondées sur les besoins de l'homme, sur sa nature,
sur le développement de son intelligence, sur la cause première qui
pousse le ressort des causes secondes. Je suis persuadé qu'il en est
ainsi dans une république de fourmis; nous les voyons toujours agir   10
sans bien démêler ce qu'elles font; elles ont l'air de courir au hasard,

---

[1] Consacré au problème de l'esclavage, ce chapitre a choqué maints lecteurs dans
la mesure où Voltaire semble tolérer cette institution que d'autres philosophes
proposaient d'abolir. Sans prétendre l'absoudre, on remarquera que l'abolition de
l'esclavage n'est pas l'objet principal de *L'A, B, C* qui est la libération des esprits,
évoquée au chapitre suivant. Les réformes politiques, quelles qu'elles soient,
supposent comme un préalable nécessaire l'affranchissement de l'opinion publique
de la tutelle idéologique exercée par l'Etat et, surtout, par l'Eglise. On notera que
Voltaire considère l'esclavage comme la conséquence logique du droit de la guerre,
qu'il condamnera dans le onzième entretien. Il souligne aussi que l'état de millions de
paysans d'Europe n'est guère meilleur que celui des esclaves afro-américains: dès
lors, c'est l'ensemble de la condition humaine qu'il convient d'améliorer. Il est peu de
points où Voltaire souligne aussi radicalement la contradiction entre le 'droit de
nature' et le 'droit de convention'. Ajoutons que le début du neuvième entretien de
L'A, B, C exclura catégoriquement l'esclavage du nombre des 'principes de la
société', et donc de ceux du droit de nature (p.281). Ce chapitre a été intégralement
repris dans le 'Dialogue entre un Français et un Anglais' de l'article 'Esclavage' des
Questions sur l'Encyclopédie. Pour l'annotation, voir *OCV*, t.41, p.211-16.

elles jugent peut-être ainsi de nous; elles tiennent leur foire comme nous la nôtre. Pour moi, je ne suis pas absolument mécontent de ma boutique.

C

Parmi les conventions qui me déplaisent de cette grande foire du monde, il y en a deux surtout qui me mettent en colère; c'est qu'on y vende des esclaves, et qu'il y ait des charlatans dont on paie l'orviétan beaucoup trop cher. Montesquieu m'a fort réjoui dans son chapitre des nègres. Il est bien comique, il triomphe en s'égayant sur notre injustice.

A

Nous n'avons pas à la vérité le droit naturel d'aller garrotter un citoyen d'Angola pour le mener travailler à coups de nerf de bœuf à nos sucreries de la Barbade, comme nous avons le droit naturel de mener à la chasse le chien que nous avons nourri. Mais nous avons le droit de convention. [2] Pourquoi ce nègre se vend-il? ou pourquoi se laisse-t-il vendre? je l'ai acheté, il m'appartient; quel tort lui fais-je? Il travaille comme un cheval, je le nourris mal, je l'habille de même, il est battu quand il désobéit; y a-t-il là de quoi tant s'étonner? traitons-nous mieux nos soldats? N'ont-ils pas perdu absolument leur liberté comme ce nègre? La seule différence entre le nègre et le guerrier, c'est que le guerrier coûte bien moins. Un beau nègre revient à présent à cinq cents écus au moins, et un beau soldat en coûte à peine cinquante. Ni l'un ni l'autre ne peut quitter le lieu où il est confiné, l'un et l'autre sont battus pour la moindre faute. Le salaire est à peu près le même; et le nègre a sur le soldat l'avantage de ne point risquer sa vie, et de la passer avec sa négresse et ses négrillons.

---

[2] Comme le confirmera le début du neuvième entretien, l'esclavage ne saurait faire partie du droit de nature; il relève au mieux du droit positif. Il peut donc tout au plus être légal, et non pas légitime. Or, Voltaire a marqué précédemment que la finalité du progrès est de conformer le droit positif au droit naturel (voir p.268).

B

Quoi! vous croyez donc qu'un homme peut vendre sa liberté qui n'a point de prix?

A

Tout a son tarif: tant pis pour lui, s'il me vend à bon marché   40
quelque chose de si précieux. Dites qu'il est un imbécile; mais ne
dites pas que je suis un coquin.

Il me semble que Grotius (liv. II, chap. V) approuve fort
l'esclavage; il trouve même la condition d'un esclave beaucoup
plus avantageuse que celle d'un homme de journée qui n'est pas   45
toujours sûr d'avoir du pain.[3]

Mais Montesquieu regarde la servitude comme une espèce de

42   K84, K85: [*avec note*] Nous ne pouvons être ici d'accord avec M. de Voltaire;
1°. Les principes du droit naturel prononcent la nullité de toute convention dont il
résulte une lésion qui prouve qu'elle est l'ouvrage de la démence de l'un des
contractants, ou de la violence et de la fraude de l'autre. 2°. Un engagement est nul
par la même raison toutes les fois que les conditions de cet engagement n'ont point   5
une étendue déterminée. 3°. Quand il serait vrai qu'on pût se vendre soi-même, on ne
pourrait point vendre sa postérité. Un homme ne pourrait avoir le droit d'en vendre
un autre à moins qu'il ne se fût vendu volontairement; et que cette permission fût une
des clauses de la vente; l'esclavage ne serait donc alors légitime que dans des cas très
rares. D'ailleurs un homme qui abuse de l'imbécillité d'un autre est précisément ce   10
que monsieur A ne veut pas être. Il n'y a nulle parité entre l'état d'un esclave et celui
d'un soldat. Les conditions de l'engagement d'un soldat sont déterminées, son
châtiment, s'il y manque, est réglé par une loi, et est infligé par le jugement d'un
officier, qui est dans ce cas une espèce de magistrat, un homme chargé d'exercer une
partie de la puissance publique. Cet officier n'est pas juge et partie comme le maître à   15
l'égard de son esclave. Les soldats peuvent être réellement en certains pays dans une
situation pareille à la servitude des nègres, et alors cet esclavage est une violation du
droit naturel; mais l'état de soldat n'est pas en lui-même un état d'esclavage.

42-43   K84 (errata), K85: [*entre ces lignes, ajoutent*] C
46-47   K84 (errata), K85: [*entre ces lignes, ajoutent*] B

[3] Citation exacte de Grotius qui justifiait la condition servile au motif que l'esclave
a l'assurance 'd'avoir toujours de quoi vivre; au lieu que les gens de journée [les
travailleurs journaliers] ne savent la plupart du temps comment subsister' (*Le Droit
de la guerre, et de paix*, livre 2, ch.5, §27-2).

péché contre nature. Voilà un Hollandais citoyen libre qui veut des
esclaves, et un Français qui n'en veut point, il ne croit pas même au
droit de la guerre. [4]   50

A

Et quel autre droit peut-il donc y avoir dans la guerre que celui du
plus fort? Je suppose que je me trouve en Amérique engagé dans
une action contre des Espagnols. Un Espagnol m'a blessé, je suis
prêt à le tuer; il me dit, 'Brave Anglais ne me tue pas, et je te
servirai'. J'accepte la proposition, je lui fais ce plaisir, je le nourris   55
d'ail et d'oignons; il me lit les soirs Don Quichotte à mon coucher,
quel mal y a-t-il à cela s'il vous plaît? Si je me rends à un Espagnol
aux mêmes conditions, quel reproche ai-je à lui faire? Il n'y a dans
un marché que ce qu'on y met, comme dit l'empereur Justinien.
    Montesquieu n'avoue-t-il pas lui-même qu'il y a des peuples   60

50a   EJ: C
      w68: B

59   K84, K85: [avec note] Cela suppose qu'on a droit de tuer un homme qui se
rend; sans quoi celui qui fait esclave un ennemi, au lieu de le tuer, est un peu plus
coupable qu'un voleur de grand chemin qui ne tue point ceux qui donnent leur
bourse de bonne grâce. Il vaut mieux faire un homme esclave que de le tuer, comme il
vaut mieux voler qu'assassiner; mais de ce qu'on a fait un moindre crime, il ne s'en   5
suit point qu'on ait sur le fruit de ce crime un véritable droit. Au reste ces décisions de
monsieur A ne sont pas la véritable opinion de M. de Voltaire. Il a voulu peindre un
caractère un peu dur, qui se soucie fort peu des hommes assez lâches et assez
imbéciles pour rester dans l'esclavage, et qui trouve fort bon qu'on le fasse esclave,
s'il est assez faible pour préférer la vie à la liberté.   10

    [4] Ce n'est pas absolument exact: Montesquieu affirme un 'droit de la guerre' limité
parce que strictement dérivé 'de la nécessité et du juste rigide' (*De l'esprit des lois*,
livre 10, ch.2; éd. R. Derathé, t.1, p.150). 'Tout le droit que la guerre peut donner sur
les captifs, est de s'assurer tellement de leur personne qu'ils ne puissent plus nuire'
(livre 15, ch.2; t.1, p.262). Voltaire refuse en revanche catégoriquement cette
notion qu'il récuse comme une contradiction *in adjecto*: 'Comment accorderons-
nous donc cette horreur si ancienne, si universelle de la guerre, avec des idées du juste
et de l'injuste?' (*Questions sur l'Encyclopédie*, article 'Du droit de la guerre', *OCV*,
t.40, p.573).

d'Europe chez lesquels il est fort commun de se vendre, comme par exemple les Russes?

B

Il est vrai qu'il le dit (*a*), et qu'il cite le capitaine Jean Perri dans l'*Etat présent de la Russie*; mais il cite à son ordinaire. Jean Perri dit précisément le contraire. (*b*) Voici ses propres mots, 'Le czar a   65
ordonné que personne ne se dirait à l'avenir son esclave, son Golup; mais seulement Raab qui signifie sujet. Il est vrai que ce peuple n'en tire aucun avantage réel, car il est encore aujourd'hui esclave'.

En effet, tous les cultivateurs, tous les habitants des terres   70
appartenant aux boyards ou aux prêtres sont esclaves. Si l'Impératrice de Russie commence à créer des hommes libres, elle rendra par là son nom immortel.

Au reste, à la honte de l'humanité, les agriculteurs, les artisans, les bourgeois qui ne sont pas citoyens des grandes villes sont   75
encore esclaves, serfs de glèbe, en Pologne, en Bohême, en Hongrie, en plusieurs provinces de l'Allemagne, dans la moitié de la Franche-Comté, dans le quart de la Bourgogne; et ce qu'il y a de contradictoire, c'est qu'ils sont esclaves des prêtres. Il y a tel évêque qui n'a guère que des serfs de glèbe de main-morte dans son   80
territoire. Telle est l'humanité, telle est la charité chrétienne. Quant aux esclaves faits pendant la guerre, on ne voit chez les religieux chevaliers de Malthe que des esclaves de Turquie ou des côtes d'Afrique enchaînés aux rames de leurs galères chrétiennes.

A

Par ma foi si des évêques, et des religieux ont des esclaves, je veux   85
en avoir aussi.

(*a*) Liv. XV, chap. VI.
(*b*) Page 228.

B

Il serait mieux que personne n'en eût.

C

La chose arrivera infailliblement quand la paix perpétuelle de l'abbé de Saint-Pierre sera signée par le Grand Turc et par toutes les puissances, et qu'on aura bâti la ville d'arbitrage auprès du trou   90 qu'on voulait percer jusqu'au centre de la terre, pour savoir bien précisément comment il faut se conduire sur sa surface.

NEUVIÈME ENTRETIEN

Des esprits serfs[1]

B

Si vous admettez l'esclavage du corps, vous ne permettez pas du moins l'esclavage des esprits?

A

Entendons-nous, s'il vous plaît. Je n'admets point l'esclavage du corps parmi les principes de la société. Je dis seulement qu'il vaut mieux pour un vaincu être esclave que d'être tué, en cas qu'il aime plus la vie que la liberté.

Je dis que le nègre qui se vend est un fou, et que le père nègre qui vend son négrillon est un barbare; mais que je suis un homme fort sensé d'acheter ce nègre et de le faire travailler à ma sucrerie. Mon intérêt est qu'il se porte bien, afin qu'il travaille. Je serai humain envers lui, et je n'exige pas de lui plus de reconnaissance que de mon cheval, à qui je suis obligé de donner de l'avoine si je veux qu'il me serve. Je suis avec mon cheval à peu près comme Dieu

---

13 K84, K85: [*avec note*] C'est ici une autre question. Puis-je, l'esclavage étant établi dans une société, acheter un esclave, qui sans cela deviendrait l'esclave d'un autre, que je traiterai avec humanité, à qui je rendrai la liberté lorsqu'il m'aura valu ce qu'il m'a coûté, si alors il est encore en état de vivre de son travail, et à qui je ferai une

---

[1] Ce neuvième entretien s'inscrit au cœur du dispositif de *L'A, B, C*, dont il exprime la visée fondamentale: l'émancipation des esprits comme condition de tout progrès social et politique. En affirmant la liberté d'expression comme un droit fondamental de l'homme, Voltaire entend établir un espace de libres débats qui permettra de soustraire l'Etat et l'opinion publique à la tutelle de l'Eglise. Aussi ce dialogue est-il étroitement articulé au suivant: la liberté d'expression est l'arme la plus appropriée au combat contre l'Infâme. L'ensemble de cet entretien est repris dans 'Des esprits serfs' qui forme le second dialogue de l'article 'Esclavage' des *Questions sur l'Encyclopédie*. Pour l'annotation, voir *OCV*, t.41, p.217-21.

avec l'homme. Si Dieu a fait l'homme pour vivre quelques minutes dans l'écurie de la terre, il fallait bien qu'il lui procurât de la   15 nourriture; car il serait absurde qu'il lui eût fait présent de la faim et d'un estomac, et qu'il eût oublié de le nourrir.

C

Et si votre esclave vous est inutile?

A

Je lui donnerai sa liberté sans contredit, dût-il s'aller faire moine.

B

Mais l'esclavage de l'esprit, comment le trouvez-vous?   20

A

Qu'appelez-vous esclavage de l'esprit?

B

J'entends cet usage où l'on est, de plier l'esprit de nos enfants comme les femmes caraïbes pétrissent la tête des leurs; d'apprendre d'abord à leur bouche à balbutier des sottises dont nous nous moquons nous-mêmes; de leur faire croire ces sottises, dès qu'ils   25 peuvent commencer à croire; de prendre ainsi tous les soins possibles pour rendre une nation idiote, pusillanime, et barbare;

---

pension s'il a vieilli à mon service? Je vois un esclave sur le marché, je lui dis: Mon ami, mes compatriotes sont des coquins qui violent le droit naturel sans pudeur et sans remords. On va te vendre 1500 livres; je les ai, mais je ne puis faire ce sacrifice pour empêcher ces gens-là de commettre un crime de plus. Si tu veux, je t'achèterai, tu travailleras pour moi, et je te nourrirai; si tu travailles mal, tu es un vaurien, je te chasserai, et tu retomberas entre les mains dont tu sors; si je suis un brutal ou un tyran, si je te donne des coups de nerf de bœuf, si je te prends ta femme ou ta fille, tu ne me dois plus rien, tu deviens libre; fie-toi à ma parole, je ne fais point le mal de sang-froid. Veux-tu me suivre? Mais cachons ce traité, on ne souffre ici entre ton espèce et la mienne que les conventions qui sont des crimes; celles qui seraient justes sont défendues. Ce discours serait celui d'un homme raisonnable, mais celui qu'il aurait acheté ne serait pas son esclave.

d'instituer enfin des lois qui empêchent les hommes d'écrire, de
parler, et même de penser, comme Arnolphe veut dans la comédie
qu'il n'y ait dans sa maison d'écritoire que pour lui, et faire d'Agnès   30
une imbécile afin de jouir d'elle.

A

S'il y avait de pareilles lois en Angleterre, ou je ferais une belle
conspiration pour les abolir, ou je fuirais pour jamais de mon île
après y avoir mis le feu.

C

Cependant il est bon que tout le monde ne dise pas ce qu'il pense.   35
On ne doit insulter ni par écrit, ni dans ses discours, les puissances
et les lois à l'abri desquelles on jouit de sa fortune, de sa liberté, et
de toutes les douceurs de la vie.

A

Non sans doute; et il faut punir le séditieux téméraire; mais parce
que les hommes peuvent abuser de l'écriture faut-il leur en   40
interdire l'usage? J'aimerais autant qu'on vous rendît muet pour
vous empêcher de faire de mauvais arguments. On vole dans les
rues, faut-il pour cela défendre d'y marcher? on dit des sottises et
des injures, faut-il défendre de parler? Chacun peut écrire chez
nous ce qu'il pense à ses risques et à ses périls; c'est la seule manière   45
de parler à sa nation. Si elle trouve que vous avez parlé
ridiculement, elle vous siffle; si séditieusement, elle vous punit;
si sagement et noblement, elle vous aime, et vous récompense. La
liberté de parler aux hommes avec la plume est établie en
Angleterre comme en Pologne; elle l'est dans les Provinces-   50
Unies; elle l'est enfin dans la Suède qui nous imite: elle doit
l'être dans la Suisse, sans quoi la Suisse n'est pas digne d'être libre.
Point de liberté chez les hommes, sans celle d'expliquer sa pensée.

C

Et si vous étiez né dans Rome moderne?

A

J'aurais dressé un autel à Cicéron et à Tacite, gens de Rome   55
l'ancienne. Je serais monté sur cet autel; et le chapeau de Brutus
sur la tête et son poignard à la main, j'aurais rappelé le peuple aux
droits naturels qu'il a perdus. J'aurais rétabli le Tribunat, comme fit
Nicolas Rienzi.

C

Et vous auriez fini comme lui?   60

A

Peut-être; mais je ne puis vous exprimer l'horreur que m'inspira
l'esclavage des Romains dans mon dernier voyage; je frémissais en
voyant des récollets au Capitole. Quatre de mes compatriotes ont
frété un vaisseau pour aller dessiner les inutiles ruines de Palmire et
de Balbec; j'ai été tenté cent fois d'en armer une douzaine à mes frais   65
pour aller changer en ruines les repaires des inquisiteurs dans les
pays où l'homme est asservi par ces monstres. Mon héros est l'amiral
Black. Envoyé par Cromwell pour signer un traité avec Jean de
Bragance roi de Portugal, ce prince s'excusa de conclure, parce que
le grand inquisiteur ne voulait pas souffrir qu'on traitât avec des   70
hérétiques. 'Laissez-moi faire', lui dit Black, 'il viendra signer le
traité sur mon bord.' Le palais de ce moine était sur le Tage vis-à-vis
notre flotte. L'amiral lui lâche une bordée à boulets rouges;
l'inquisiteur vient lui demander pardon et signe le traité à genoux.
L'amiral ne fit en cela que la moitié de ce qu'il devait faire; il aurait dû   75
défendre à tous les inquisiteurs, de tyranniser les âmes et de brûler les
corps; comme les Persans, et ensuite les Grecs et les Romains
défendirent aux Africains de sacrifier des victimes humaines.

B

Vous parlez toujours en véritable Anglais.

A

En homme; et comme tous les hommes parleraient s'ils osaient.   80

Voulez-vous que je vous dise quel est le plus grand défaut du genre humain?

C

Vous me ferez plaisir; j'aime à connaître mon espèce.

A

Ce défaut est d'être sot et poltron.

C

Cependant toutes les nations montrent du courage à la guerre.   85

A

Oui, comme les chevaux qui tremblent au premier son du tambour, et qui avancent fièrement quand ils sont disciplinés par cent coups de tambour et cent coups de fouet.

DIXIÈME ENTRETIEN

Sur la religion[1]

C

Puisque vous croyez que le partage du brave homme est d'expliquer librement ses pensées, vous voulez donc qu'on puisse tout imprimer sur le gouvernement et sur la religion?

A

Qui garde le silence sur ces deux objets, qui n'ose regarder fixement ces deux pôles de la vie humaine, n'est qu'un lâche. Si 5 nous n'avions pas su écrire, nous aurions été opprimés par Jacques second et par son chancelier Jeffreys; et milord de Kenterbury nous ferait donner le fouet à la porte de sa cathédrale. Notre plume fut la première arme contre la tyrannie, et notre épée la seconde.

C

Quoi! écrire contre la religion de son pays! 10

---

[1] Ce dialogue établit que la finalité principale de la liberté d'expression, revendiquée dans le précédent entretien, est de libérer l'opinion publique de la tutelle idéologique de l'Eglise, condition nécessaire à la réalisation d'autres réformes. Il est significatif que Voltaire prenne pour modèle l'histoire anglaise: c'est, selon lui, la libération de l'Angleterre de la tutelle spirituelle de Rome au début du seizième siècle qui a permis l'avènement des institutions libérales à la fin du dix-septième siècle. Le présent entretien concentre les formulations les plus radicales de *L'A, B, C* qui ne vise à rien de moins qu'à *exterminer* tout ce que le christianisme comporte d'odieux et d'intolérant. Depuis 1765, Voltaire accommode sa guerre contre l'Infâme d'une réfutation du matérialisme athée. Aussi prend-il le soin de distinguer la 'religion honnête' de la 'superstition': respectueuse des modestes 'curés de campagne', sa plaidoirie cible les ordres monacaux et la théologie, jugés radicalement incompatibles avec la raison.

B

Eh vous n'y pensez pas, Monsieur C, si les premiers chrétiens n'avaient pas eu la liberté d'écrire contre la religion de l'empire romain, ils n'auraient jamais établi la leur; ils firent l'Evangile de Marie, celui de Jacques, celui de l'enfance, celui des Hébreux, de Barnabé, de Luc, de Jean, de Matthieu, de Marc, ils en écrivirent 15 cinquante-quatre.[2] Ils firent les lettres de Jésus à un roitelet d'Edesse, celles de Pilate à Tibère, de Paul à Sénèque,[3] et les prophéties des sibylles en acrostiches, et le Symbole des douze apôtres, et le testament des douze patriarches, et le livre d'Enoch, et cinq ou six Apocalypses, et de fausses constitutions apostoliques, 20 etc. etc. Que n'écrivirent-ils point? Pourquoi voulez-vous nous ôter la liberté qu'ils ont eue?

C

Dieu me préserve de proscrire cette liberté précieuse: mais j'y veux du ménagement comme dans la conversation des honnêtes gens; chacun y dit son avis, mais personne n'insulte la compagnie. 25

A

Je ne demande pas aussi qu'on insulte la société; mais qu'on l'éclaire. Si la religion du pays est divine, (car c'est de quoi chaque nation se pique) cent mille volumes lancés contre elle, ne lui feront pas plus de mal que cent mille pelotes de neige n'ébranleront des murailles d'airain; les portes de l'enfer ne prévaudront pas contre 30 elle,[4] comme vous savez; comment des caractères noirs tracés sur du papier blanc pourraient-ils la détruire?

[2] Voltaire prendra le soin de les abréger en français dans sa *Collection d'anciens évangiles* (1769: *OCV*, t.69, p.1-245).

[3] Allusion à autant d'apocryphes chrétiens. Dans l'article 'Paul' des *Questions sur l'Encyclopédie*, Voltaire rapporte que 'le commerce épistolaire de Sénèque et de Paul est dans un latin barbare et ridicule; que les sujets de cette lettre paraissent aussi impertinents que le style; qu'on les regarde aujourd'hui comme des actes de faussaires' (*M*, t.20, p.191).

[4] Matthieu 16:18.

Mais si des fanatiques, ou des fripons, ou des gens qui possèdent ces deux qualités à la fois, viennent à corrompre une religion pure et simple, si par hasard des mages et des bonzes ajoutent des cérémonies ridicules à des lois sacrées, des mystères impertinents à la morale divine des Zoroastre et des Confutzée, le genre humain ne doit-il pas des grâces à ceux qui nettoieraient le temple de Dieu des ordures que ces malheureux y auront amassées?

B

Vous me paraissez bien savant; quels sont donc ces préceptes de Zoroastre et de Confutzée?

A

Confutzée ne dit point 'ne fais pas aux hommes ce que tu ne voudrais pas qu'on te fît'.

Il dit, 'fais ce que tu veux qu'on te fasse, oublie les injures et ne te souviens que des bienfaits'. Il fait un devoir de l'amitié et de l'humilité. [5]

Je ne citerai qu'une seule loi de Zoroastre qui comprend ce que la morale a de plus épuré, et qui est justement le contraire du fameux probabilisme des jésuites. 'Quand tu seras en doute si une action est bonne ou mauvaise, abstiens-toi de la faire.' [6]

Nul moraliste, nul philosophe, nul législateur n'a jamais rien dit, ni pu dire qui l'emporte sur cette maxime. Si après cela, des docteurs persans ou chinois ont ajouté à l'adoration d'un Dieu, et à la doctrine de la vertu, des chimères fantastiques, des apparitions, des visions, des prédictions, des prodiges, des possessions, des scapulaires; s'ils ont voulu qu'on ne mangeât que de certains aliments en l'honneur de Zoroastre et de Confutzée; s'ils ont

35

40

45

50

55

---

[5] Voltaire ajoutera un passage similaire en 1769 au chapitre 2 de l'*Essai sur les mœurs* (*OCV*, t.22, p.54). Il avait exposé en 1766 la morale de Confucius dans le chapitre 41 du *Philosophe ignorant* (*OCV*, t.62, p.91-92).

[6] Voltaire rapporte ce précepte dans le chapitre 39 du *Philosophe ignorant* (*OCV*, t.62, p.90) ainsi que dans l'article 'Zoroastre' des *Questions sur l'Encyclopédie* (*M*, t.20, p.616-20).

prétendu être instruits de tous les secrets de famille de ces deux
grands hommes; s'ils ont disputé trois cents ans pour savoir
comment Confutzée avait été fait ou engendré; s'ils ont institué   60
des pratiques superstitieuses qui faisaient passer dans leurs poches
l'argent des âmes dévotes; s'ils ont établi leur grandeur temporelle
sur la sottise de ces âmes peu spirituelles; si enfin ils ont armé des
fanatiques pour soutenir leurs inventions par le fer et par les
flammes, il est indubitable qu'il a fallu réprimer ces imposteurs.   65
Quiconque a donc écrit en faveur de la religion naturelle et divine,
contre les détestables abus de la religion sophistique, a été le
bienfaiteur de sa patrie.

C

Souvent ces bienfaiteurs ont été mal récompensés. Ils ont été cuits
ou empoisonnés, ou ils sont morts en l'air,[7] et toute réforme a   70
produit des guerres.

A

C'était la faute de la législation. Il n'y a plus de guerres religieuses
depuis que les gouvernements ont été assez sages pour réprimer la
théologie.

B

Je voudrais pour l'honneur de la raison, qu'on l'abolît au lieu de la   75
réprimer; il est trop honteux d'avoir fait une science de cette grave
folie.[8] Je connais bien à quoi sert un curé qui tient registre des

58   K84, K85: secrets de la famille
66   W68, W75G, K84, K85: a écrit

[7] Entendre par là: pendus.
[8] Cette volonté d'*abolir* la 'théologie' illustre la radicalité de *L'A, B, C*. Voltaire
l'affirmait déjà dans la *Lettre de Charles Gouju à ses frères* (*M*, t.24, p.258). Voir
l'article 'Théologie' des *Questions sur l'Encyclopédie*: 'C'est l'étude et non la science
de Dieu et des choses divines': 'Les vrais philosophes n'ont pu s'empêcher de
montrer le plus profond mépris pour des disputes chimériques dans lesquelles on n'a
jamais défini les termes, et qui roulent sur des mots aussi inintelligibles que le fond'
(*M*, t.20, p.513, 515).

naissances et des morts, qui ramasse des aumônes pour les pauvres, qui console les malades, qui met la paix dans les familles; mais à quoi sont bons des théologiens? [9] Qu'en reviendra-t-il à la société quand on aura bien su qu'un ange est infini, *secundum quid*, [10] que Scipion et Caton sont damnés pour n'avoir pas été chrétiens, [11] et qu'il y a une différence essentielle entre catégorématique, et syncatégorématique. [12]

N'admirez-vous pas un Thomas d'Aquin qui décide que les 'parties irascibles et concupiscibles ne sont pas parties de l'appétit intellectuel'. [13] Il examine au long si les cérémonies de la loi sont avant la loi. [14] Mille pages sont employées à ces belles questions, et cinq cent mille hommes les étudient!

[9] L'anticléricalisme de Voltaire est sélectif: s'il affirme l'utilité sociale et morale du modeste curé de campagne, il dénonce en revanche l'inutilité des moines, des prélats et des théologiens. Voir l'article 'Curé de campagne' des *Questions sur l'Encyclopédie* (*OCV*, t.40, p.331-41). 'Rien n'est plus utile qu'un curé [...] Rien n'est plus inutile qu'un cardinal' écrit-il dans un de ses *Carnets* (*OCV*, t.82, p.528) comme dans *Le Dîner du comte de Boulainvilliers* (*OCV*, t.63A, p.405-406).

[10] Voir Thomas d'Aquin, *Somme théologique*, partie 1, question 50, article 2, solution 4: 'les substances immatérielles [les anges] sont finies quant à leur existence, mais infinies en tant que [*secundum quid*] leurs formes ne sont pas reçues dans une autre'.

[11] Voltaire venait de dénoncer ce dogme dans *Les Trois Empereurs en Sorbonne* (vers 77-84, *OCV*, t.67, p.208), pièce écrite contre la *Censure de Bélisaire* par la Sorbonne. Forte de la maxime affirmant qu''hors de l'Eglise', il n'est 'point de salut', la Faculté de théologie avait lancé l'anathème contre le salut des païens, fussent-ils les hommes les plus vertueux du monde. Un an auparavant, Voltaire avait ironisé sur ce thème dans le premier entretien du *Dîner du comte de Boulainvilliers* (*OCV*, t.63A, p.349-53).

[12] Voir Thomas d'Aquin, *Somme théologique*, partie 1, question 31, réponse: 'On appelle syncatégorématique le terme qui dit un rapport entre prédicat et sujet'.

[13] Voir Thomas d'Aquin, *Somme théologique*, partie 1, question 80, article 2, et question 81, article 2: 'l'appétit sensible' (le désir) se divise en 'deux facultés', l'irascible et le concupiscible. Source des passions, cette 'puissance passive' se distingue de 'l'appétit intellectuel', la volonté.

[14] Thomas d'Aquin, *Somme théologique*, partie 1-2, question 103, article 1: 'Y eut-il des préceptes cérémoniels avant la loi?' La réponse de Thomas d'Aquin est que les préceptes (oblations, sacrifices, holocaustes, etc.) existaient avant les dix commandements sans avoir force de loi.

Les théologiens ont longtemps recherché, si Dieu peut être 90
citrouille et scarabée, si quand on a reçu l'eucharistie, on la rend à la
garde-robe. [15]

Ces extravagances ont occupé des têtes qui avaient de la barbe
dans des pays qui ont produit de grands hommes; c'est sur quoi un
écrivain ami de la raison a dit plusieurs fois, que notre grand mal est 95
de ne pas savoir encore à quel point nous sommes au-dessous des
Hottentots sur certaines matières. [16]

Nous avons été plus loin que les Grecs et les Romains dans
plusieurs arts, et nous sommes des brutes en cette partie, semblables à ces animaux du Nil dont une partie était vivifiée, tandis que 100
l'autre n'était encore que de la fange.

Qui le croirait? un fou après avoir répété toutes les bêtises
scolastiques pendant deux ans, reçoit ses grelots et sa marotte en
cérémonie, il se pavane, il décide; et c'est cette école de Bedlam [17]
qui mène aux honneurs et aux richesses; que dis-je? Thomas et 105
Bonaventure ont des autels, et ceux qui ont inventé la charrue, la
navette, le rabot et la scie sont inconnus?

A

Il faut absolument qu'on détruise la théologie comme on a détruit

---

105   κ84, κ85: richesses. Thomas

[15] Raillerie assez commune parmi les libertins. Voir les *Mémoires d'André Pierre
Leguai de Prémontval* (La Haye, 1749): 'qu'est-ce que la *Détransubstantiation?* C'est
ce nouveau changement qui se fait de la substance du Corps de Jésus-Christ, non en
pain ou en vin, mais en chile, en sang, en chair, en excréments même, généralement
en tout ce qui seraient devenues les substances du pain et du vin, selon l'ordre de la
nature' (p.311-12).

[16] Cet ami de la raison n'est autre que Voltaire. Voir la conclusion du chapitre 45
de l'*Essai sur les mœurs*: 'A n'envisager que les coutumes que je viens de rapporter, on
croirait voir le portrait des Nègres et des Hottentots; et il faut avouer qu'en plus
d'une chose nous n'avons pas été supérieurs à eux' (*OCV*, t.23, p.115-16 et variante
p.114). Dans *La Philosophie de l'histoire*, il remarquait que les 'Hottentots' et 'autres
peuplades d'Amérique et d'Afrique sont libres' et, par là-même, supérieurs aux
Européens, soumis à la tutelle des prêtres et des rois (*OCV*, t.59, p.109-10).

[17] Equivalent londonien de l'asile d'aliénés des Petites-Maisons à Paris.

l'astrologie judiciaire, la magie, la baguette divinatoire, la cabale et
la chambre étoilée. [18]   110

C

Détruisons ces chenilles tant que nous pourrons dans nos jardins, et
n'y laissons que les rossignols; conservons l'utile et l'agréable, c'est
là tout l'homme; mais pour tout ce qui est dégoûtant et venimeux,
je consens qu'on l'extermine. [19]

A

Une bonne religion honnête, mort de ma vie, bien établie par acte   115
de parlement, bien dépendante du souverain, voilà ce qu'il nous
faut, et tolérons toutes les autres. Nous ne sommes heureux que
depuis que nous sommes libres et tolérants. [20]

---

110   K84, K85: [avec note] Espèce d'inquisition d'Etat établie en Angleterre sous
Henri VIII, et détruite en 1641, sous Charles Ier.

118   K84, K85: [avec note] Les Etats-Unis de l'Amérique ont été plus loin, il n'y a
chez eux aucune religion nationale; mais quelques-uns de ces états ont fait une faute
en excluant les prêtres des fonctions publiques; c'est leur dire de se réunir et de
former *imperium in imperio*. Dans un pays bien gouverné un prêtre ne doit avoir ni
plus de privilèges ni moins de droits qu'un géomètre ou un métaphysicien. Les droits   5
de citoyen n'ont rien de commun avec l'emploi qu'un homme fait de l'esprit que la
nature lui a donné.

---

[18] Haute cour de justice établie en Angleterre sous Henri VIII et supprimée en
1641. Elle jugeait sans appel et sans jury. Ce paragraphe est inspiré des *Lettres à Son
Altesse Monseigneur le prince de* ***: 'Il est temps, selon Bolingbroke, qu'on bannisse
la théologie comme on a banni l'astrologie judiciaire, la sorcellerie, la possession du
diable, la baguette divinatoire, la panacée universelle et les jésuites' (*OCV*, t.63B,
p.419).

[19] Il faut comprendre que l'on doit exterminer la théologie et la superstition tout
en préservant la religion. Colbert avait interdit en 1666 l'enseignement universitaire
de l'astrologie.

[20] Passage à comparer à l'article 'Liberté de penser' du *Dictionnaire philosophique*:
'Ce sont ces tyrans des esprits, qui ont causé une partie des malheurs du monde; nous
ne sommes heureux en Angleterre que depuis que chacun jouit librement du droit de
dire son avis' (*OCV*, t.36, p.300).

C

Je lisais l'autre jour un poème français sur la grâce, poème didactique, et un peu soporatif, attendu qu'il est monotone. L'auteur [120] en parlant de l'Angleterre à qui la grâce de Dieu est refusée, (quoique votre monarque se dise roi par la grâce de Dieu tout comme un autre) l'auteur, dis-je, s'exprime ainsi en vers assez plats.

> Cette île de chrétiens féconde pépinière,
> L'Angleterre, où jadis brilla tant de lumière, [125]
> Recevant aujourd'hui toutes religions,
> N'est plus qu'un triste amas de folles visions...
> Oui, nous sommes, Seigneur, tes peuples les plus chers,
> Tu fais luire sur nous tes rayons les plus clairs.
> Vérité toujours pure, ô doctrine éternelle! [130]
> La France est aujourd'hui ton royaume fidèle. [21]

A

Voilà un plaisant original avec sa pépinière et ses rayons *clairs*! un Français croit toujours qu'il doit donner le ton aux autres nations. Il semble qu'il s'agisse d'un menuet ou d'une mode nouvelle. Il nous plaint d'être libres; en quoi, s'il vous plaît, la France est-elle le [135] royaume *fidèle de la doctrine éternelle*? Est-ce dans le temps qu'une bulle ridicule fabriquée à Paris dans un collège de jésuites, et scellée à Rome par un collège de cardinaux, a divisé toute la France et fait plus de prisonniers et d'exilés qu'elle n'avait de soldats? [22] Ô le royaume fidèle! [140]

Que l'Eglise anglicane réponde, si elle veut, à ces rimeurs de l'Eglise gallicane; pour moi je suis sûr que personne ne regrettera

---

[21] Louis Racine, *La Grâce*, chant 4, vers 129-46. Dans l'exemplaire qu'il possédait de ce livre (BV2857), Voltaire avait placé un ruban en cet endroit (*CN*, t.7, p.203). Il avait cité ces vers dans les *Réflexions pour les sots* (*M*, t.24, p.122) et dans l'article 'Catéchisme du Japonais' du *Dictionnaire philosophique* (*OCV*, t.35, p.499). Dans la notice qu'il consacre à Louis Racine dans le 'Catalogue des écrivains' du *Siècle de Louis XIV*, Voltaire note qu'il n''avait ni l'âme ni les grâces' de son père, Jean Racine (*OH*, p.1196).

[22] La bulle *Unigenitus* (1713) qui condamnait les thèses jansénistes de Quesnel.

parmi nous, *ce temps jadis où brillait tant de lumière*. Etait-ce quand les papes envoyaient chez nous des légats donner nos bénéfices à des Italiens, et imposer des décimes sur nos biens pour payer leurs filles de joie? Etait-ce quand nos trois royaumes fourmillaient de moines et de miracles? ce plat poète est un bien mauvais citoyen. Il devait souhaiter plutôt à sa patrie assez de *rayons clairs*, pour qu'elle aperçût ce qu'elle gagnerait à nous imiter; ces rayons font voir qu'il ne faut pas que les gallicans envoient vingt mille livres sterling à Rome toutes les années, et que les anglicans qui payaient autrefois le denier de saint Pierre étaient plongés alors dans la plus stupide barbarie.

B

C'est très bien dit; la religion ne consiste point du tout à faire passer son argent à Rome. C'est une vérité reconnue non seulement de ceux qui ont brisé ce joug, mais encore de ceux qui le portent.

A

Il faut absolument épurer la religion; l'Europe entière le crie.[23] On commença ce grand ouvrage il y a près de deux cent cinquante années;[24] mais les hommes ne s'éclairent que par degrés. Qui aurait cru alors qu'on analyserait les rayons du soleil, qu'on électriserait le tonnerre, et qu'on découvrirait la gravitation universelle, loi qui préside à l'univers! Il est temps que des hommes si éclairés ne soient pas esclaves des aveugles. Je ris quand je vois une Académie des sciences obligée de se conformer à la décision d'une congrégation du Saint Office.

La théologie n'a jamais servi qu'à renverser les cervelles et quelquefois les Etats.[25] Elle seule fait les athées; car le grand nombre

[23] Passage à comparer avec la *Lettre de Charles Gouju*: 'Il faut, mes frères, épurer la religion; l'Europe entière le crie, et, pour l'épurer, ce n'est point par épurer la théologie qu'il faut commencer; il faut l'abolir entièrement' (*M*, t.24, p.258).

[24] Soit avec la Réforme de Luther.

[25] Toute la suite du paragraphe est littéralement tirée de la section 'De Bolingbroke' des *Lettres à Son Altesse Monseigneur le prince de* *** (*OCV*, t.63B, p.419-20), qui reprenait plusieurs formulations de la *Lettre de Charles Gouju* (*M*, t.24, p.258-59).

de petits théologiens qui est assez sensé pour voir le ridicule de cette étude chimérique, n'en sait pas assez pour lui substituer une saine philosophie. La théologie, disent-ils, est, selon la signification du mot, la science de Dieu; or les polissons qui ont profané cette science, ont donné de Dieu des idées absurdes, et de là ils concluent que la Divinité est une chimère, parce que la théologie est chimérique. [26] C'est précisément dire qu'il ne faut prendre ni quinquina pour la fièvre, ni faire diète dans la pléthore, ni être saigné dans l'apoplexie, parce qu'il y a de mauvais médecins. C'est nier la connaissance du cours des astres, parce qu'il y a eu des astrologues; c'est nier les effets évidents de la chimie, parce que des chimistes charlatans ont prétendu faire de l'or. Les gens du monde encore plus ignorants que ces petits théologiens, disent, 'Voilà des bacheliers et des licenciés qui ne croient pas en Dieu; pourquoi y croirions-nous?'

Mes amis, [27] une fausse science fait les athées; une vraie science prosterne l'homme devant la Divinité. Elle rend juste et sage celui que la théologie a rendu inique et insensé. Voilà à peu près ce que j'ai lu dans un petit livre nouveau; [28] et j'en ai fait ma profession de foi. [29]

B

En vérité, c'est celle de tous les honnêtes gens.

---

[26] Le 'Militaire philosophe' soutenait le même point de vue vers 1710.

[27] Tout ce qui suit jusqu'à 'inique et insensé' est littéralement repris des *Lettres à Son Altesse Monseigneur le prince de* *** (*OCV*, t.63B, p.420), reprenant elles-mêmes littéralement la *Lettre de Charles Gouju* (*M*, t.24, p.259). Cette affirmation est récurrente chez Voltaire. Voir par exemple l'article 'Athée' du fonds de Kehl: 'Ce qui paraîtra d'abord un paradoxe, et qui à l'examen paraîtra une vérité, c'est que la théologie avait souvent jeté les esprits dans l'athéisme' (*M*, t.17, p.453) ou l'*Examen important de Milord Bolingbroke*: 'c'est l'absurdité des dogmes chrétiens qui fait les athées' (*OCV*, t.62, p.349).

[28] Les *Lettres à Son Altesse Monseigneur le prince de* *** avaient paru en 1767.

[29] Présente dans la *Lettre de Charles Gouju*, l'idée que l'antithéologie forme la 'profession de foi' de Voltaire et de 'tous les honnêtes gens' (*M*, t.24, p.259) n'apparaît pas dans les *Lettres à Son Altesse Monseigneur le prince de* ***.

ONZIÈME ENTRETIEN

Du droit de la guerre[1]

B

Nous avons traité des matières qui nous regardent tous de fort près; et les hommes sont bien insensés d'aimer mieux aller à la chasse, ou jouer au piquet que de s'instruire sur des objets si importants. Notre premier dessein était d'approfondir le droit de la guerre et de la paix, et nous n'en avons pas encore parlé.   5

A

Qu'entendez-vous par le droit de la guerre?

B

Vous m'embarrassez; mais enfin de Groot, ou Grotius en a fait un ample traité, dans lequel il cite plus de deux cents auteurs grecs ou latins, et même des auteurs juifs.

A

Croyez-vous que le prince Eugène, et le duc de Marlboroug   10
l'eussent étudié quand ils vinrent chasser les Français de cent lieues de pays? le droit de la paix je le connais assez; c'est de tenir sa parole, et de laisser tous les hommes jouir des droits de la nature; mais pour le droit de la guerre, je ne sais ce que c'est. Le code du meurtre me semble une étrange imagination. J'espère que bientôt   15
on nous donnera la jurisprudence des voleurs de grand chemin.

9   w68: auteurs des Juifs.

[1] Voltaire revient ici sur Grotius, évoqué dans le premier dialogue, pour contester toute pertinence et toute légitimité aux notions de 'droit de la guerre' et de 'guerre juste'. Cet entretien fut repris presque intégralement dans le 'Dialogue entre un Anglais et un Allemand' de l'article 'Droit de la guerre' des *Questions sur l'Encyclopédie*. Pour l'annotation, voir *OCV*, t.40, p.572-84.

C

Comment accorderons-nous donc cette horreur si ancienne, si universelle de la guerre, avec les idées du juste et de l'injuste? avec cette bienveillance pour nos semblables que nous prétendons être née avec nous? avec le *to Kalon*, le beau et l'honnête?　20

B

N'allons pas si vite. Ce crime qui consiste à commettre un si grand nombre de crimes en front de bandière, n'est pas si universel que vous le dites. Nous avons déjà remarqué que les brames et les primitifs nommés quakers n'ont jamais été coupables de cette abomination. Les nations qui sont au-delà du Gange versent très　25 rarement le sang; et je n'ai point lu que la république de San Marino ait jamais fait la guerre, quoiqu'elle ait à peu près autant de terrain qu'en avait Romulus. Les peuples de l'Indus et de l'Hidaspe furent bien surpris de voir les premiers voleurs armés qui vinrent s'emparer de leur beau pays. Plusieurs peuples de l'Amérique　30 n'avaient jamais entendu parler de ce péché horrible, quand les Espagnols vinrent les exterminer l'Evangile à la main.

Il n'est point dit que les Cananéens eussent jamais fait la guerre à personne, lorsqu'une horde de Juifs parut tout d'un coup, mit les bourgades en cendres, égorgea les femmes sur les corps de leurs　35 maris, et les enfants sur le ventre de leurs mères. Comment expliquons-nous cette fureur dans nos principes?

A

Comme les médecins rendent raison de la peste, des deux véroles et de la rage. Ce sont des maladies attachées à la constitution de nos organes. On n'est pas toujours attaqué de la rage et de la peste; il　40 suffit souvent qu'un ministre d'Etat enragé ait mordu un autre

20　w68: avec *to*
23-24　62: brames et les quakers
32　w75G, k84, k85: les attaquer l'Evangile

ministre pour que la rage se communique dans trois mois à quatre ou cinq cent mille hommes.

C

Mais quand on a ces maladies, il y a quelques remèdes. En connaissez-vous pour la guerre? 45

A

Je n'en connais que deux dont la tragédie s'est emparée. La crainte et la pitié. La crainte nous oblige souvent à faire la paix, et la pitié que la nature a mise dans nos cœurs comme un contrepoison contre l'héroïsme carnassier, fait qu'on ne traite pas toujours les vaincus à toute rigueur. Notre intérêt même est d'user envers eux de 50 miséricorde, afin qu'ils servent sans trop de répugnance leurs nouveaux maîtres: je sais bien qu'il y a eu des brutaux qui ont fait sentir rudement le poids de leurs chaînes aux nations subjuguées. A cela je n'ai autre chose à répondre que ce vers d'une tragédie intitulée *Spartacus*, composée par un Français qui pense profondé- 55 ment.

La loi de l'univers est malheur aux vaincus.

J'ai dompté un cheval: si je suis sage je le nourris bien, je le caresse, et je le monte; si je suis un fou furieux, je l'égorge.

C

Cela n'est pas consolant: car enfin nous avons presque tous été 60 subjugués. Vous autres Anglais vous l'avez été par les Romains, par les Saxons et les Danois; et ensuite par un bâtard de Normandie. Le berceau de notre religion est entre les mains des Turcs: une poignée de Francs a soumis la Gaule. Les Tyriens, les Carthaginois, les Romains, les Goths, les Arabes ont tour à tour 65 subjugué l'Espagne. Enfin, de la Chine à Cadix, presque tout l'univers a toujours appartenu au plus fort. Je ne connais aucun conquérant qui soit venu l'épée dans une main et un code dans l'autre; ils n'ont fait des lois qu'après la victoire, c'est-à-dire après

la rapine; et ces lois, ils les ont faites précisément pour soutenir leur 70
tyrannie. Que diriez-vous, si quelque bâtard de Normandie venait
s'emparer de votre Angleterre pour venir vous donner ses lois?

A

Je ne dirais rien; je tâcherais de le tuer à sa descente dans ma patrie;
s'il me tuait je n'aurais rien à répliquer: s'il me subjuguait, je
n'aurais que deux partis à prendre, celui de me tuer moi-même, ou 75
celui de le bien servir.

B

Voilà de tristes alternatives. Quoi! point de loi de la guerre, point
de droit des gens?

A

J'en suis fâché; mais il n'y en a point d'autres que de se tenir
continuellement sur ses gardes. Tous les rois, tous les ministres 80
pensent comme moi; et c'est pourquoi, douze cent mille merce-
naires en Europe font aujourd'hui la parade tous les jours en temps
de paix.

Qu'un prince licencie ses troupes, qu'il laisse tomber ses
fortifications en ruines, et qu'il passe son temps à lire Grotius, 85
vous verrez si dans un an ou deux il n'aura pas perdu son royaume.

C

Ce sera une grande injustice.

A

D'accord.

B

Et point de remède à cela?

A

Aucun, sinon de se mettre en état d'être aussi injuste que ses 90 voisins. Alors l'ambition est contenue par l'ambition, alors les chiens d'égale force montrent les dents, et ne se déchirent que lorsqu'ils ont à disputer une proie.

C

Mais les Romains, les Romains, ces grands législateurs!

A

Ils faisaient les lois, vous dis-je, comme les Algériens assujettissent 95
leurs esclaves à la règle; mais quand ils combattaient pour réduire
les nations en esclavage, leur loi était leur épée. Voyez le grand
César, le mari de tant de femmes, et la femme de tant d'hommes, il
fait mettre en croix deux mille citoyens du pays de Vannes, afin que
le reste apprenne à être plus souple; ensuite quand toute la nation 100
est bien apprivoisée, viennent les lois et les beaux règlements. On
bâtit des cirques, des amphithéâtres; on élève des aqueducs, on
construit des bains publics, et les peuples subjugués dansent avec
leurs chaînes.

B

On dit pourtant que dans la guerre il y a des lois qu'on observe. Par 105
exemple on fait une trêve de quelques jours pour enterrer ses
morts. On stipule qu'on ne se battra pas dans un certain endroit.
On accorde une capitulation à une ville assiégée; on lui permet de
racheter ses cloches. On n'éventre point les femmes grosses quand
on prend possession d'une place qui s'est rendue. Vous faites des 110
politesses à un officier blessé qui est tombé entre vos mains; et s'il
meurt vous le faites enterrer.

A

Ne voyez-vous pas que ce sont là les lois de la paix, les lois de la
nature, les lois primitives qu'on exécute réciproquement! La
guerre ne les a pas dictées; elles se font entendre malgré la 115
guerre; et sans cela les trois quarts du globe ne seraient qu'un
désert couvert d'ossements.

Si deux plaideurs acharnés et près d'être ruinés par leurs procureurs, font entre eux un accord qui leur laisse à chacun un peu de pain, appellerez-vous cet accord une loi du barreau? Si une horde de théologiens allant faire brûler en cérémonie quelques raisonneurs qu'ils appellent *hérétiques*, apprend que le lendemain le parti hérétique les fera brûler à son tour. S'ils font grâce qu'on la leur fasse; direz-vous que c'est là une loi théologique? Vous avouerez qu'ils ont écouté la nature et l'intérêt malgré la théologie. Il en est de même dans la guerre. Le mal qu'elle ne fait pas, c'est le besoin et l'intérêt qui l'arrêtent. La guerre, vous dis-je, est une maladie affreuse qui saisit les nations l'une après l'autre, et que la nature guérit à la longue.

120

125

C

Quoi! vous n'admettez donc point de guerre juste?

130

A

Je n'en ai jamais connu de cette espèce; cela me paraît contradictoire et impossible.

B

Quoi! lorsque le pape Alexandre VI et son infâme fils Borgia pillaient la Romagne, égorgeaient, empoisonnaient tous les seigneurs de ce pays, en leur accordant des indulgences, il n'était pas permis de s'armer contre ces monstres?

135

A

Ne voyez-vous pas que c'étaient ces monstres qui faisaient la guerre? Ceux qui se défendaient, la soutenaient. Il n'y a certainement dans ce monde que des guerres offensives; la défensive n'est autre chose que la résistance à des voleurs armés.

140

123 62, EJ: grâce afin qu'on
       K84, K85: grâce pour qu'on
130 K84, K85: n'admettez point

C

Vous vous moquez de nous. Deux princes se disputent un héritage, leur droit est litigieux, leurs raisons sont également plausibles; il faut bien que la guerre en décide: alors cette guerre est juste des deux côtés.

A

C'est vous qui vous moquez. Il est impossible physiquement, que 145
l'un des deux n'ait pas tort; et il est absurde et barbare que des nations périssent parce que l'un de ces deux princes a mal raisonné. Qu'ils se battent en champ clos s'ils veulent; [2] mais qu'un peuple entier soit immolé à leurs intérêts, voilà où est l'horreur. Par exemple, l'archiduc Charles dispute le trône d'Espagne au duc 150
d'Anjou, et avant que le procès soit jugé, il en coûte la vie à plus de quatre cent mille hommes. Je vous demande si la chose est juste?

B

J'avoue que non. Il fallait trouver quelque autre biais pour accommoder le différend.

C

Il était tout trouvé; il fallait s'en rapporter à la nation sur laquelle on 155
voulait régner. La nation espagnole disait, 'Nous voulons le duc d'Anjou; le roi son grand-père l'a nommé héritier par son testament, nous y avons souscrit, nous l'avons reconnu pour notre roi; nous l'avons supplié de quitter la France pour venir gouverner'. [3] Quiconque veut s'opposer à la loi des vivants et des 160
morts est visiblement injuste.

---

[2] Cette phrase suscita les sarcasmes de Frédéric II (voir l'Introduction, p.182).
[3] Charles II d'Espagne n'avait pas d'héritier direct. Il désigna Philippe d'Anjou, petit-fils de Louis XIV, pour lui succéder. L'Autriche opposa à la France la candidature de Charles de Habsbourg: telle fut l'origine de la Guerre de Succession d'Espagne (1701-1714), évoquée dans les chapitres 18 à 23 du *Siècle de Louis XIV* (*OH*, p.809-84).

B

Fort bien. Mais si la nation se partage?

A

Alors, comme je vous le disais, la nation et ceux qui entrent dans la querelle sont malades de la rage. Ses horribles symptômes durent douze ans jusqu'à ce que les enragés épuisés n'en pouvant plus, soient forcés de s'accorder. Le hasard, le mélange de bons et de mauvais succès, les intrigues, la lassitude ont éteint cet incendie, que d'autres hasards, d'autres intrigues, la cupidité, la jalousie, l'espérance avaient allumé. La guerre est comme le mont Vésuve; ses éruptions engloutissent des villes, et ses embrasements s'arrê- tent. Il y a des temps où les bêtes féroces descendues des montagnes dévorent une partie de vos travaux, ensuite elles se retirent dans leurs cavernes.

165

170

C

Quelle funeste condition que celle des hommes?

A

Celle des perdrix est pire; les renards, les oiseaux de proie les dévorent, les chasseurs les tuent, les cuisiniers les rôtissent, et cependant il y en a toujours. La nature conserve les espèces, et se soucie très peu des individus.

175

B

Vous êtes dur, et la morale ne s'accommode pas de ces maximes.

A

Ce n'est pas moi qui suis dur; c'est la destinée. Vos moralistes font très bien de crier toujours, 'Misérables mortels, soyez justes et bienfaisants, cultivez la terre et ne l'ensanglantez pas. Princes, n'allez pas dévaster l'héritage d'autrui, de peur qu'on ne vous tue dans le vôtre; restez chez vous, pauvres gentillâtres, rétablissez votre masure; tirez de vos fonds le double de ce que vous en tiriez;

180

185

303

entourez vos champs de haies vives; plantez des mûriers; que vos sœurs vous fassent des bas de soie; améliorez vos vignes; et si des peuples voisins veulent venir boire votre vin malgré vous, défendez-vous avec courage; mais n'allez pas vendre votre sang à des princes qui ne vous connaissent pas, qui ne jetteront jamais sur vous un coup d'œil, et qui vous traitent comme des chiens de chasse qu'on mène contre le sanglier, et qu'on laisse ensuite mourir dans un chenil.'

Ces discours feront peut-être impression sur trois ou quatre têtes bien organisées, tandis que cent mille autres ne les entendront seulement pas, et brigueront l'honneur d'être lieutenants de hussards.

Pour les autres moralistes à gages que l'on nomme prédicateurs, ils n'ont jamais seulement osé prêcher contre la guerre. Ils déclament contre les appétits sensuels après avoir pris leur chocolat. Ils anathématisent l'amour, et au sortir de la chaire où ils ont crié, gesticulé et sué, ils se font essuyer par leurs dévotes. Ils s'époumonent à prouver des mystères dont ils n'ont pas la plus légère idée. Mais ils se gardent bien de décrier la guerre, qui réunit tout ce que la perfidie a de plus lâche dans les manifestes, tout ce que l'infâme friponnerie a de plus bas dans les fournitures des armées, tout ce que le brigandage a d'affreux dans le pillage, le viol, le larcin, l'homicide, la dévastation, la destruction. Au contraire ces bons prêtres bénissent en cérémonie les étendards du meurtre: et leurs confrères chantent pour de l'argent des chansons juives, quand la terre a été inondée de sang.

Je ne me souviens point en effet d'avoir lu dans le prolixe et argumentant Bourdaloüe, le premier qui ait mis les apparences de la raison dans ses sermons, je ne me souviens point, dis-je, d'avoir lu une seule page contre la guerre.

L'élégant et doux Massillon en bénissant les drapeaux du régiment de Catinat, fait à la vérité quelques vœux pour la paix; mais il permet l'ambition. 'Ce désir', dit-il, 'de voir vos services

190

195

200

205

210

215

211-12   K84, K85: [*entre ces lignes, ajoutent*] B

304

récompensés, s'il est modéré, s'il ne vous porte pas à vous frayer des routes d'iniquité pour parvenir à vos fins, n'a rien dont la morale chrétienne puisse être blessée.' Enfin, il prie Dieu d'envoyer l'ange exterminateur au-devant du régiment de Catinat. 'Ô mon Dieu, faites-le précéder toujours de la victoire et de la mort; répandez sur ses ennemis les esprits de terreur et de vertige.' J'ignore si la victoire peut précéder un régiment et si Dieu répand des esprits de vertige; mais je sais que les prédicateurs autrichiens en disaient autant aux cuirassiers de l'empereur, et que l'ange exterminateur ne savait auquel entendre.

Les prédicateurs juifs allèrent encore plus loin. On voit avec édification les prières humaines dont leurs psaumes sont remplis. Il n'est question que de mettre l'épée divine sur sa cuisse, d'éventrer les femmes, d'écraser les enfants à la mamelle contre la muraille. L'ange exterminateur ne fut pas heureux dans ses campagnes, il devint l'ange exterminé; et les Juifs pour prix de leurs psaumes furent toujours vaincus et esclaves.

De quelque côté que vous vous tourniez, vous verrez que les prêtres ont toujours prêché le carnage, depuis un Aaron qu'on prétend avoir été pontife d'une horde d'Arabes, jusqu'au prédicant Jurieu prophète d'Amsterdam. Les négociants de cette ville aussi sensés que ce pauvre garçon était fou, le laissaient dire, et vendaient leur girofle et leur cannelle.

C

Eh bien, n'allons point à la guerre, ne nous faisons point tuer au hasard pour de l'argent. Contentons-nous de nous bien défendre contre les voleurs appelés conquérants.

220

225

230

235

240

228-29   K84, K85: [*entre ces lignes, ajoutent*] A

DOUZIÈME ENTRETIEN

Du code de la perfidie[1]

B

Et du droit de la perfidie qu'en dirons-nous?

A

Comment par saint George! Je n'avais jamais entendu parler de ce droit-là. Dans quel catéchisme avez-vous lu ce devoir du chrétien?

B

Je le trouve partout. La première chose que fait Moïse avec son saint peuple, n'est-ce pas d'emprunter par une perfidie les meubles 5
des Egyptiens pour s'en aller, dit-il, sacrifier dans le désert?[2] Cette perfidie n'est à la vérité accompagnée que d'un larcin; celles qui sont jointes au meurtre sont bien plus admirables. Les perfidies d'Aod, de Judith, sont très renommées.[3] Celles du patriarche Jacob

---

[1] Est-il besoin de préciser que l'objet de cet entretien, le 'code de la perfidie' ou le 'droit de la perfidie', ne constitue pas un concept traditionnel de la philosophie politique mais une invention sarcastique de Voltaire? Cet entretien est bien articulé avec le précédent: la perfidie ne saurait pas plus faire droit que la force ou la guerre. Ce dialogue est prétexte à une critique de l'Ancien Testament ainsi qu'à une leçon de réalisme politique: l'histoire des hommes ne présente pas de valeur édifiante, elle nous donne 'les annales des crimes' et 'l'exemple de la scélératesse' (p.308 ci-dessous).

[2] Moïse et son peuple ont quitté l'Egypte en emportant de 'grands biens' (Exode 3:21 et 11:2); aussi Voltaire prétend-il qu'ils avaient volé ces richesses (*Un chrétien contre six Juifs*, ch.7, *M*, t.29, p.508).

[3] Voir Juges 3:14-31 et Judith 13:1-11. Dressant un catalogue des 'saints assassinats', Voltaire note dans un de ses *Carnets*: 'Aod assassine le roi des philistins. Judith assassine Holopherne' (*OCV*, t.81, p.401 et p.412, n.6). Des fanatiques, Voltaire écrit que 'ces misérables ont sans cesse présent à l'esprit l'exemple d'Aod, qui assassine le roi Eglon; de Judith, qui coupe la tête d'Holopherne en couchant avec lui' (*Questions sur l'Encyclopédie*, article 'Fanatisme', *OCV*, t.41, p.333).

envers son beau-père et son frère, ne sont que des tours de maître   10
Gonin,[4] puisqu'il n'assassina ni son frère ni son beau-père. Mais
vive la perfidie de David qui s'étant associé quatre cents coquins
perdus de dettes et de débauche, ayant fait alliance avec un certain
roitelet nommé Akis, allait égorger les hommes, les femmes, les
petits enfants des villages qui étaient sous la sauvegarde de ce   15
roitelet; et lui faisait croire qu'il n'avait égorgé que les hommes, les
femmes et les petits garçons appartenant au roitelet Saül.[5] Vive
surtout sa perfidie envers le bonhomme Uriah![6] Vive celle du sage
Salomon inspiré de Dieu qui fit massacrer son frère Adonias après
avoir juré de lui conserver la vie![7]   20

Nous avons encore des perfidies très renommées de Clovis,
premier roi chrétien des Francs, qui pourraient beaucoup servir à
perfectionner la morale. J'estime surtout sa conduite envers les
assassins d'un Rinomer, roi du Mans (supposé qu'il y ait jamais eu
un royaume du Mans). Il fit marché avec de braves assassins pour   25
tuer ce roi par derrière, et les paya en fausse monnaie.[8] Mais
comme ils murmuraient de n'avoir pas leur compte, il les fit
assassiner pour rattraper sa monnaie de billon.[9]

Presque toutes nos histoires sont remplies de pareilles perfidies
commises par des princes, qui tous ont bâti des églises, et fondé des   30
monastères.

Or, l'exemple de ces braves gens doit certainement servir de

[4] Voir la définition de 'Gonin' dans le *Dictionnaire de l'Académie* (1762): 'Ce mot
n'est en usage que dans cette phrase populaire, *C'est un maître gonin*, c'est-à-dire, Un
homme fin et rusé. *Voilà un tour de maître gonin*'.

[5] Voir 1 Samuel 27:9-12 et le *Saül* de Voltaire, acte 2, scène 1 (*OCV*, t.56A, p.483-
84).

[6] Voir 2 Samuel 11:15.

[7] Voir 1 Rois 2:24-25 et l'article 'Salomon' du *Dictionnaire philosophique* (*OCV*,
t.36, p.500-17).

[8] Ces faits sont relatés, avec moins de détails, dans l'article 7 du *Fragment sur
l'histoire générale* (*M*, t.29, p.243).

[9] Voir la définition de 'Billon' dans le *Dictionnaire de l'Académie* (1762): 'Monnaie
de cuivre pur, ou de cuivre mêlé avec un peu d'argent, comme sont les sous. *Monnaie
de billon*. Il se dit aussi de toute sorte de monnaie décriée ou défectueuse. *Il a trouvé
dans un sac de mille francs pour plus de cent francs de billon*'.

leçon au genre humain: car où en chercherait-il si ce n'est dans les oints du Seigneur?

A

Il m'importe fort peu que Clovis et ses pareils aient été oints; mais je vous avoue que je souhaiterais pour l'édification du genre humain qu'on jetât dans le feu toute l'histoire civile et ecclésiastique. Je n'y vois guère que les annales des crimes; et soit que ces monstres aient été oints ou ne l'aient pas été, il ne résulte de leur histoire que l'exemple de la scélératesse.

Je me souviens d'avoir lu autrefois l'histoire du grand schisme d'Occident.[10] Je voyais une douzaine de papes tous également perfides, tous méritant également d'être pendus à Tiburn.[11] Et puisque la papauté a subsisté au milieu d'un débordement si long et si vaste de tous les crimes, puisque les archives de ces horreurs n'ont corrigé personne, je conclus que l'histoire n'est bonne à rien.[12]

[10] Œuvre du père Maimbourg, l'*Histoire du grand schisme d'Occident* parut à Paris en 1678.
[11] Lire 'Tyburn', lieu d'exécution des criminels condamnés à mort par la justice de Londres.
[12] Voir l'entrée 'Daniel' du 'Catalogue des écrivains' du *Siècle de Louis XIV*: 'Il faut avouer que notre histoire et celle des autres peuples, depuis le cinquième siècle de l'ère vulgaire jusqu'au quinzième, n'est qu'un chaos d'aventures barbares, sous des noms barbares' (*OH*, p.1155). L'article 'Histoire' des *Questions sur l'Encyclopédie* comporte cependant une section intitulée 'De l'utilité de l'histoire' qui formule avant l'heure l'idée contemporaine selon laquelle ceux qui ont oublié le passé sont condamnés à le revivre: 'Les calamités de ces temps d'ignorance renaîtraient infailliblement, parce qu'on ne prendrait aucune précaution pour les prévenir' (*M*, t.19, p.358). Mais Voltaire vise ici l'histoire ancienne, qui mêle 'quelques vérités avec mille mensonges', par opposition à l'histoire moderne dont l'étude est indispensable à l'honnête homme: 'cette histoire ancienne me paraît, à l'égard de la moderne, ce que sont les vieilles médailles en comparaison des monnaies courantes: les premières restent dans les cabinets; les secondes circulent dans l'univers pour le commerce des hommes' (*Nouvelles considérations sur l'histoire*, *OCV*, t.28B, p.184).

C

Oui, je conçois que le roman vaudrait mieux. On y est maître du moins de feindre des exemples de vertu. Mais Homère n'a jamais imaginé une seule action vertueuse et honnête dans tout son roman monotone de l'*Iliade*. J'aimerais beaucoup mieux le roman de *Télémaque* s'il n'était pas tout en digressions et en déclamations. [13] Mais, puisque vous m'y faites songer, voici un morceau du *Télémaque* concernant la perfidie sur lequel je voudrais avoir votre avis.

Dans une des digressions de ce roman au livre XX, Adraste roi des Dauniens ravit la femme d'un nommé Dioscore. Ce Dioscore se réfugie chez les princes grecs, et n'écoutant que sa vengeance il leur offre de tuer le ravisseur leur ennemi. Télémaque inspiré par Minerve leur persuade de ne point écouter Dioscore et de le renvoyer pieds et poings liés au roi Adraste. Comment trouvez-vous cette décision du vertueux Télémaque?

A

Abominable. Ce n'était pas apparemment Minerve, c'était Tisiphone qui l'inspirait. Comment! renvoyer ce pauvre homme afin qu'on le fasse mourir dans les tourments, et qu'Adraste ressemble en tout à David qui jouissait de la femme en faisant mourir le mari! L'onctueux auteur du *Télémaque* n'y pensait pas. Ce n'est point là l'action d'un cœur généreux, c'est celle d'un méchant et d'un traître. Je n'aurais point accepté la proposition de Dioscore, mais je n'aurais pas livré cet infortuné à son ennemi. Dioscore était fort vindicatif à ce que je vois, mais Télémaque était un perfide. [14]

50

55

60

65

70

---

[13] Voltaire avait cependant fait l'éloge du *Télémaque* de Fénelon dans *Le Siècle de Louis XIV* (ch.32 et 'Catalogue des écrivains', *OH*, p.1007, 1161). Dans l'article 12 du *Fragment sur l'histoire générale*, il écrira de même: 'Qui ne chérira l'auteur humain et tendre du *Télémaque*?' (*M*, t.29, p.266, n.2; cf. t.28, p.329).

[14] Il faut peut-être interpréter ce passage comme une condamnation de l'éducation des dauphins royaux par les évêques, qu'il s'agisse de Bossuet (voir le sixième entretien, p.266-67) ou de Fénelon.

B

Et la perfidie dans les traités l'admettez-vous?

C

Elle est fort commune, je l'avoue. Je serais bien embarrassé s'il
fallait décider quels furent les plus grands fripons dans leurs
négociations, des Romains ou des Carthaginois, de Louis XI le   75
Très-Chrétien ou de Ferdinand le Catholique, etc. etc. etc. etc.
etc. Mais je demande s'il n'est pas permis de friponner pour le bien
de l'Etat.

A

Il me semble qu'il y a des friponneries si adroites que tout le monde
les pardonne. Il y en a de si grossières qu'elles sont universellement   80
condamnées. Pour nous autres Anglais nous n'avons jamais attrapé
personne. Il n'y a que le faible qui trompe. [15] Si vous voulez avoir
de beaux exemples de perfidie, adressez-vous aux Italiens du
quinzième et du seizième siècles.

Le vrai politique est celui qui joue bien et qui gagne à la longue.   85
Le mauvais politique est celui qui ne sait que filer la carte, [16] et qui
tôt ou tard est reconnu.

B

Fort bien, et s'il n'est pas découvert, ou s'il ne l'est qu'après avoir
gagné tout notre argent, et lorsqu'il s'est rendu assez puissant pour
qu'on ne puisse le forcer à le rendre?   90

C

Je crois que ce bonheur est rare, et que l'histoire nous fournit plus
d'illustres filous punis que d'illustres filous heureux.

---

[15] Réminiscence de *Mahomet*, acte 2, scène 5, vers 261: 'C'est le faible qui trompe,
et le puissant commande' (*OCV*, t.20B, p.212).
[16] Voir l'entrée du *Dictionnaire de l'Académie* (1762): 'On dit, *Filer la carte*, pour
dire, escamoter une carte, et en donner une au lieu d'une autre qu'on retient pour soi.
Il a filé la carte pour se donner un as'.

B

Je n'ai plus qu'une question à vous faire. Trouvez-vous bon qu'une nation fasse empoisonner un ennemi public selon cette maxime, *salus reipublicae suprema lex esto?* [17]

95

A

Parbleu allez demander cela à des casuistes. Si quelqu'un faisait cette proposition dans la chambre des communes, j'opinerais (Dieu me pardonne) pour l'empoisonner lui-même malgré ma répugnance pour les drogues. Je voudrais bien savoir pourquoi ce qui est un forfait abominable dans un particulier serait innocent dans trois cents sénateurs, et même dans trois cent mille? Est-ce que le nombre des coupables transforme le crime en vertu?

100

C

Je suis content de votre réponse. Vous êtes un brave homme.

---

[17] Citation approximative de Cicéron, *De legibus*, III.iii.8: 'La sécurité du peuple [ou 'de la république' dans la version de Voltaire] sera leur loi suprême'.

TREIZIÈME ENTRETIEN

Des lois fondamentales[1]

B

J'entends toujours parler de lois fondamentales; mais y en a-t-il?

A

Oui, il y a celle d'être juste; et jamais fondement ne fut plus souvent ébranlé.

C

Je lisais il n'y a pas longtemps un de ces mauvais livres très rares, que les curieux recherchent, comme les naturalistes amassent des caux pétrifiés,[2] s'imaginant par là qu'ils découvriront le secret de la nature. Ce livre est d'un avocat de Paris nommé Louis d'Orléans qui plaidait beaucoup contre Henri IV par-devant la Ligue, et qui heureusement perdit sa cause.[3] Voici comme ce jurisconsulte s'exprime sur les lois fondamentales du royaume de France: 'la loi fondamentale des Hébreux était que les lépreux ne pouvaient régner. Henri IV est hérétique, donc il est lépreux, donc il ne peut être roi de France par la loi fondamentale de l'Eglise. La loi veut qu'un roi de France soit chrétien comme mâle. Qui ne tient

5

10

---

a-85   62: [*absent, avec numérotation appropriée des entretiens suivants*]
5-6   K84 (errata), K85: des végétaux pétrifiés

---

[1] Absent de la première édition, cet entretien fut ajouté en 1769 dans l'édition qui sert ici de texte de base. Son objet est de compléter les chapitres précédents, en réaffirmant la liberté comme le droit naturel et fondamental de la personne humaine.
[2] Voltaire n'a jamais réalisé qu'il commet ici un pléonasme.
[3] Louis Dorléans, *Réponse des vrais catholiques français à l'avertissement des catholiques anglais, pour l'exclusion du roi de Navarre de la couronne de France* (1588). L'*Essai sur les mœurs* contient aussi un ajout de 1769 à propos de ce livre (voir *EM*, ch.174, p.536-37).

la foi catholique, apostolique et romaine n'est point chrétien et ne 15
croit point en Dieu. Il ne peut pas plus être roi de France que le plus
grand faquin du monde, etc.' [4]

Il est très vrai à Rome que tout homme qui ne croit point au pape
ne croit point en Dieu, mais cela n'est pas absolument si vrai dans le
reste de la terre; il y faut mettre quelque petite restriction; et il me 20
semble qu'à tout prendre, maître Louis d'Orléans avocat au
parlement de Paris, ne raisonnait pas tout à fait aussi bien que
Cicéron et Démosthènes.

[4] Voltaire ne trahit pas l'esprit de Dorléans, dont Beuchot cite les passages
suivants (*M*, t.27, p.379-80, n.1): 'Nous conclurons bientôt que nul, soit hérétique,
juif ou d'autre secte de religion, bref qui ne soit catholique, ne doit ni ne peut
justement, non plus que le plus grand faquin et roturier du monde, être roi de France'
(*Réponse des vrais catholiques français*, p.224). 'Si être lépreux (comme le roi Osias qui
en fut déposé), si être hors de son sens humain, voire pour l'indisposition du corps,
est une exclusion à toutes charges publiques et même à la royauté, que sera-ce d'être
forcené, hors de soi et contre le sens commun de Dieu et des fidèles, à l'occasion de
l'indisposition causée par l'hérésie, qui est une furie beaucoup plus à fuir et
dommageable, au jugement de saint Augustin et des saints Pères, experts en cela;
puisqu'au premier il n'y a à considérer ou craindre que l'inhabileté et incapacité à
s'acquitter de sa charge; et au second non seulement cela, mais une contrariété et
opposition à ce qui est le principal devoir d'icelle? Car je ne pense pas qu'il y ait
chrétien quelconque qui nie que la principale fin et charge d'un roi chrétien, et même
de celui de France, ne soit de servir Dieu et Jésus-Christ, et avoir soin de conserver sa
religion et de tenir la main à l'exécution de ses lois. Qui pense autrement présuppose
une autre fin que Dieu et Jésus-Christ, et partant est un vrai juif et athée [...] sans
autre expression, il s'entend assez entre les chrétiens, et par le commun sentiment des
Français et des catholiques que le roi de France doit être chrétien et catholique'
(p.229-30). 'Si par la loi de France et de la chrétienté, un Turc, un Juif, ou infidèle, ne
peut être roi, encore qu'il soit le plus proche du sang, il résulte que la loi du royaume
pour la religion est plus considérable en la succession des rois que la nature. Et si de
toutes les prétendues religions autre n'est proprement et véritablement religion que
la seule chrétienne et catholique (cela ne se peut nier des chrétiens), il s'ensuit de
toute nécessité qu'on doit avoir égard seulement à la religion catholique et que pour
être roi de France, il est plus nécessaire d'être chrétien et catholique que d'être
homme et le plus proche de sang mâle. Qui dispute après cela mérite plutôt qu'un
bourreau lui réponde qu'un philosophe, comme disait Aristote de ceux qui nient les
maximes de la nature' (p.271-72).

B

Mon plaisir serait de voir ce que deviendrait la loi fondamentale du
Saint Empire romain, s'il prenait un jour fantaisie aux électeurs de   25
choisir un César protestant, dans la superbe ville de Francfort-sur-
le-Mein.

A

Il arriverait ce qui est arrivé à la loi fondamentale qui fixe le nombre
des électeurs à sept, parce qu'il y a sept cieux, et que le chandelier
d'un temple juif avait sept branches.   30

N'est-ce pas une loi fondamentale en France que le domaine du
roi est inaliénable? et cependant n'est-il presque pas tout aliéné?
Vous m'avouerez que tous ces fondements-là sont bâtis sur du
sable mouvant. Les lois qu'on appelle *lois fondamentales* ne sont
comme toutes les autres que des lois de convention, d'anciens   35
usages, d'anciens préjugés qui changent selon les temps. Demandez aux Romains d'aujourd'hui s'ils ont gardé les lois fondamentales de l'ancienne république romaine. Il était bon que les
domaines des rois d'Angleterre, de France et d'Espagne demeu-
rassent propres à la couronne quand les rois vivaient comme vous   40
et moi du produit de leurs terres. Mais aujourd'hui qu'ils ne vivent
que de taxes et d'impôts, qu'importe qu'ils aient des domaines ou
qu'ils n'en aient pas?[5] Quand François I manqua de parole à
Charles Quint son vainqueur, quand il viola fort à propos le
serment de lui rendre la Bourgogne, il se fit représenter par ses gens   45
de loi que les Bourguignons étaient inaliénables;[6] mais si Charles

---

[5] Voir l'article 'Inaliénation, inaliénable' des *Questions sur l'Encyclopédie*: 'Les rois
de France et d'Angleterre n'ont presque plus de domaine particulier; les contributions sont leur vrai domaine; mais avec des formes très différentes' (*M*, t.19, p.451).

[6] François Ier signa le traité de Madrid le 14 janvier 1526 après sa défaite à Pavie
l'année précédente. Mais 'ayant cédé la Bourgogne, il se trouve assez puissant pour la
garder' (*EM*, ch.124, t.2, p.188). Voir l'article 'Inaliénation, inaliénable' des
Questions sur l'Encyclopédie: 'François Ier, ayant racheté sa liberté par la concession
de la Bourgogne, ne trouve point d'autre expédient que de faire déclarer cette
Bourgogne incapable d'être aliénée; et il fut assez heureux pour violer son traité et sa
parole d'honneur impunément' (*M*, t.19, p.451).

Quint était venu lui faire des représentations contraires à la tête d'une grande armée, les Bourguignons auraient été très aliénés.

La Franche-Comté dont la loi fondamentale était d'être libre sous la maison d'Autriche, tient aujourd'hui d'une manière intime 50
et essentielle à la couronne de France. [7] Les Suisses ont tenu essentiellement à l'Empire, et tiennent aujourd'hui essentiellement à la liberté.

C'est cette liberté qui est la loi fondamentale de toutes les nations, c'est la seule loi contre laquelle rien ne peut prescrire, 55
parce que c'est celle de la nature. [8] Les Romains peuvent dire au pape: 'Notre loi fondamentale fut d'abord d'avoir un roi qui régnait sur une lieue de pays; ensuite elle fut d'élire deux consuls, puis des tribuns; puis notre loi fondamentale fut d'être mangés par un empereur; puis d'être mangés par des gens venus du nord; puis 60
d'être dans l'anarchie, puis de mourir de faim sous le gouvernement d'un prêtre. Nous revenons enfin à la véritable loi fondamentale qui est d'être libres; allez-vous-en donner ailleurs des indulgences *in articulo mortis*, et sortez du Capitole qui n'était pas bâti pour vous'. 65

B

Amen!

C

Il faut bien espérer que la chose arrivera quelque jour. Ce sera un beau spectacle pour nos petits-enfants.

58-59   k84, k85: puis deux tribuns
64   w68: *in articulos mortis*

[7] La conquête de la Franche-Comté par Louis XIV est relatée dans le chapitre 9 du *Siècle de Louis XIV* (*OH*, p.700-705).
[8] La liberté étant le plus fondamental des droits naturels, l'esclavage ne peut jamais être une 'loi de nature' mais tout au plus une loi de convention. Voir le huitième entretien ci-dessus, p.276-77.

A

Plût à Dieu que les grands-pères en eussent la joie! c'est de toutes les révolutions la plus aisée à faire, et cependant personne n'y pense. 70

B

C'est que, comme vous l'avez dit, le caractère principal des hommes est d'être sots et poltrons.[9] Les rats romains n'en savent pas encore assez pour attacher le grelot au cou du chat.[10]

C

N'admettrons-nous point encore quelque loi fondamentale? 75

A

La liberté les comprend toutes.[11] Que l'agriculteur ne soit point vexé par un tyran subalterne; qu'on ne puisse emprisonner un citoyen sans lui faire incontinent son procès devant ses juges naturels qui décident entre lui et son persécuteur; qu'on ne prenne à personne son pré et sa vigne sous prétexte du bien public, sans le 80 dédommager amplement; que les prêtres enseignent la morale et ne la corrompent point; qu'ils édifient les peuples au lieu de vouloir dominer sur eux en s'engraissant de leur substance. Que la loi règne, et non le caprice.

C

Le genre humain est prêt à signer tout cela. 85

---

75 κ84, κ85: N'admettons-nous
83 β: en l'engraissant de

[9] Voir la fin du neuvième entretien, p.285 ci-dessus.
[10] Réminiscence de la fable de La Fontaine, 'Conseil tenu par les rats' (II.2).
[11] Passage caractéristique du libéralisme de *L'A, B, C*: toutes les lois positives doivent être ordonnées à la liberté naturelle de l'homme.

QUATORZIÈME ENTRETIEN

Que tout Etat doit être indépendant[1]

B

Après avoir parlé du droit de tuer et d'empoisonner en temps de guerre, voyons un peu ce que nous ferons en temps de paix.

Premièrement, comment les Etats soit républicains, soit monarchiques se gouverneront-ils?

A

Par eux-mêmes apparemment, sans dépendre en rien d'aucune   5
puissance étrangère, à moins que ces Etats ne soient composés
d'imbéciles et de lâches.

C

Il était donc bien honteux que l'Angleterre fût vassale d'un légat *a latere*, d'un légat du côté.[2] Vous vous souvenez d'un certain drôle nommé Pandolphe, qui fit mettre votre roi Jean à genoux devant   10 lui; et qui en reçut foi et hommage-lige au nom de l'évêque de Rome Innocent III, Vice-Dieu, serviteur des serviteurs de Dieu le 15 mai, veille de l'Ascension 1213?[3]

---

[1] Le lecteur ne doit pas se méprendre sur le sens de cet entretien. L'indépendance dont Voltaire affirme l'impérieuse nécessité pour tout Etat n'est pas tant sa souveraineté à l'égard des autres Etats que son indépendance à l'égard de l'Eglise. Ce chapitre réalise donc pleinement l'objet de *L'A, B, C* qui est de désolidariser le pouvoir temporel du pouvoir spirituel.

[2] Légat que le pape institue 'à côté' de lui (*latus*) et qui est par conséquent un de ses proches. Voltaire dénonce fréquemment l'institution des légats *a latere*, qui 'exerçaient et étendaient le pouvoir pontifical autant que les conjonctures et les intérêts des rois le permettaient' (*Essai sur les mœurs, OCV*, t.23, p.44).

[3] Faits relatés dans le chapitre 50 de l'*Essai sur les mœurs* (*OCV*, t.23, p.222-23) et sur lesquels Voltaire reviendra dans le chapitre 38 de l'*Examen important de Milord Bolingbroke*: 'notre île vit le misérable roi Jean sans terre, se déclarer à genoux vassal

A

Oui, oui, nous nous en souvenons, pour traiter ce serviteur insolent comme il le mérite.   15

B

Eh mon Dieu, Monsieur C, ne faisons pas tant les fiers. Il n'y a point de royaume en Europe que l'évêque de Rome n'ait donné en vertu de son humble et sainte puissance. Le Vice-Dieu Stéphanus ôta le royaume de France à Chilpericus pour le donner à son principal domestique Pipinus, [4] comme le dit votre Eginard lui-même, si les   20 écrits de cet Eginard n'ont pas été falsifiés par les moines comme tant d'autres écrits, et comme je le soupçonne.

Le Vice-Dieu Sylvestre donna la Hongrie au duc Etienne, en l'an 1001, pour faire plaisir à sa femme Gizele qui avait beaucoup de visions. [5]   25

Le Vice-Dieu Innocent IV, en 1247, donna le royaume de Norvège à un bâtard nommé Haquin, que ledit pape de plein droit fit légitime, moyennant quinze mille marcs d'argent. Et ces quinze mille marcs d'argent n'existant pas alors en Norvège, il fallut emprunter pour payer. [6]   30

Pendant deux siècles entiers, les rois de Castille, d'Arragon et

---

du pape, faire serment de fidélité aux pieds du légat Pandolphe, s'obliger lui et ses successeurs à payer aux évêques de Rome un tribut annuel de mille marcs; ce qui faisait presque le revenu de la Couronne' (*OCV*, t.62, p.340).

[4] Pépin le Bref, activement soutenu par le pape Etienne II, déposa le dernier des Mérovingiens, Childéric III, en 751. Voltaire relate les faits dans un de ses *Carnets*: 'L'usurpateur Pépin consulta le pape pour savoir s'il pouvait en conscience détrôner le roi Childéric, le pape Zacharie délia ses sujets du serment de fidélité. Beau secret!' (*OCV*, t.81, p.402).

[5] Saint Etienne Ier devint le premier roi de Hongrie, grâce au soutien du pape Sylvestre II. Il était marié à Gisèle, princesse bavaroise.

[6] Voltaire modifie quelque peu la version donnée dans l'*Essai sur les mœurs*: 'Un légat du pape couronna ce roi Haquin [Haakon IV], et reçut de lui un tribut de quinze mille marcs d'argent, et cinq cents marcs (ou marques) des églises de Norvège; ce qui est peut-être la moitié de l'argent comptant qui roulait dans un pays si peu riche' (*OCV*, t.23, p.266).

de Portugal, ne furent-ils pas tenus de payer annuellement un tribut de deux livres d'or au Vice-Dieu? On sait combien d'empereurs ont été déposés, ou forcés de demander pardon, ou assassinés, ou empoisonnés en vertu d'une bulle: non seulement, vous dis-je, le serviteur de Dieu a donné tous les royaumes de la communion romaine sans exception; mais il en a retenu le domaine suprême, et le domaine utile; il n'en est aucun sur lequel il n'ait levé des décimes, des tributs de toute espèce.

Il est encore aujourd'hui suzerain du royaume de Naples: on lui en fait un hommage-lige depuis sept cents ans. Le roi de Naples, ce descendant de tant de souverains, [7] lui paie encore un tribut. Le roi de Naples est aujourd'hui en Europe le seul roi vassal; et de qui! [8] juste ciel!

A

Je lui conseille de ne l'être pas longtemps.

C

Je demeure toujours confondu quand je vois les traces de l'antique superstition qui subsistent encore. Par quelle étrange fatalité presque tous les princes coururent-ils ainsi pendant tant de siècles au-devant du joug qu'on leur présentait?

B

La raison en est fort naturelle. Les rois et les barons ne savaient ni

---

36   K84, K85: serviteur des serviteurs de Dieu

---

[7] 'Ferdinand IV, descendant de saint Louis par Philippe V et par Louis XIV' (note de Beuchot, *M*, t.27, p.383).

[8] Du pape Clément XIII. Le chapitre 40 de l'*Essai sur les mœurs* explique les raisons pour lesquelles le royaume de Naples est devenu 'un fief de l'évêché de Rome' (*OCV*, t.23, p.33). L'article 'Donations' des *Questions sur l'Encyclopédie* comporte une section intitulée 'Donation de la suzeraineté de Naples aux papes', où Voltaire se targue d'être le seul à être remonté 'à la source' de cette vassalisation prétendue.

lire ni écrire, et la cour romaine le savait: cela seul lui donna cette prodigieuse supériorité dont elle retient encore de beaux restes.

C

Et comment des princes et des barons qui étaient libres, ont-ils pu se soumettre si lâchement à quelques jongleurs? [9]

A

Je vois clairement ce que c'est. Les brutaux savaient se battre, et les jongleurs savaient gouverner. Mais lorsqu'enfin les barons ont appris à lire et à écrire, lorsque la lèpre de l'ignorance a diminué chez les magistrats et chez les principaux citoyens, on a regardé en face l'idole devant laquelle on avait léché la poussière; la moitié de l'Europe a rendu outrage pour outrage au serviteur des serviteurs, au lieu d'hommage; l'autre moitié qui lui baise encore les pieds, lui lie les mains; du moins c'est ainsi que je l'ai lu dans une histoire qui quoique contemporaine est vraie et philosophique. [10] Je suis sûr que si demain le roi de Naples et de Sicile veut renoncer à cette unique prérogative qu'il possède d'être l'homme-lige du pape, d'être le serviteur du serviteur des serviteurs de Dieu, et de lui donner tous les ans un petit cheval avec deux mille écus d'or pendus au cou, toute l'Europe lui applaudira. [11]

55

60

65

65   k84, k85: d'être homme-lige
66   w75G: le serviteur des serviteurs

[9] 'Ce mot signifiait autrefois une espèce de ménétrier qui allait dans les cours des princes et dans les maisons des grands seigneurs, chantant des chansons. Présentement il signifie, joueur de tours de passe-passe, bateleur. *C'est un jongleur, un vendeur de mithridate*' (*Dictionnaire de l'Académie*, 1762).

[10] *Le Siècle de Louis XIV* qui décrit l'avènement de la raison dans l'Europe moderne. Voir en particulier la section 'De Rome' du chapitre 2: 'La maxime de la France est de le regarder [le pape] comme une personne sacrée, mais entreprenante, à laquelle il faut baiser les pieds, et lier quelquefois les mains' (*OH*, p.626).

[11] Voltaire concevait de grands espoirs pour le marquis Bernardo Tannuci – 'ce brave jurisconsulte qui est devenu à peu près premier ministre à Naples, et qui soutient si bien les droits de la couronne [du roi de Naples Ferdinand IV] contre le

B

Il en est en droit; car ce n'est pas le pape qui lui a donné le royaume de Naples. Si des meurtriers normands pour colorer leurs usurpa- 70 tions, et pour être indépendants des empereurs auxquels ils avaient fait hommage, se firent oblats de la sainte Eglise, le roi des Deux-Siciles, qui descend de Hugues Capet en ligne droite, et non de ces Normands, n'est nullement tenu d'être oblat. [12] Il n'a qu'à vouloir.

Le roi de France n'a qu'à dire un mot, et le pape n'aura pas plus 75 de crédit en France qu'en Russie. On ne paiera plus d'annates [13] à Rome, on n'y achètera plus la permission d'épouser sa cousine ou sa nièce; je vous réponds que les tribunaux de France appelés parlements, enregistreront cet édit sans remontrances.

On ne connaît pas ses forces. Qui aurait proposé il y a cinquante 80 ans, de chasser les jésuites de tant d'Etats catholiques, aurait passé pour le plus visionnaire des hommes. [14] Ce colosse avait un pied à Rome, et l'autre au Paraguay: il couvrait de ses bras mille provinces, et portait sa tête dans le ciel. J'ai passé, et il n'était plus. [15]

---

cher Rezzonico [le pape Clément III]' (D15222 du 25 septembre 1768). Il exprime sa déception quelques mois plus tard: 'Je suis [...] fâché que ce Tanucci soit une poule mouillée. Que peut-il craindre? Est-ce qu'il n'entend pas les cris de l'Europe? est-ce qu'il ne sait pas que cent millions de voix s'élèveront en sa faveur?' (D15379). Un chapitre ajouté au *Précis du siècle de Louis XV* en 1769 mentionne que 'dans le temps même que la cour de Naples prenait Bénévent qui appartient aux papes depuis environ sept cent trente années, elle lui payait le tribut de vassal, qui consiste en sept mille écus pendus au cou d'une haquenée. On n'osa pas s'affranchir de cette servitude, les hommes font rarement tout ce qu'ils peuvent [...] Le ministre du roi de Naples, le marquis [Bernardo] Tanucci, l'homme le mieux instruit de cette jurisprudence épineuse, ne crut pas que le temps fût encore venu de secouer un joug honteux aux têtes couronnées, mais imposé par la religion' (*OH*, p.1540-41). Selon Clogenson, Tanucci abrogea cet usage en 1769 (*M*, t.27, p.384).

[12] Voir le chapitre 40 de l'*Essai sur les mœurs* (*OCV*, t.23, p.37-38).

[13] Selon l'entrée 'Annate' du *Dictionnaire de l'Académie* (1762), ce mot désigne le 'droit que l'on paye au Pape pour les bulles des évêchés et des abbayes, et qui consiste dans le revenu d'une année'.

[14] Allusion à 'l'abolissement des jésuites' (*Histoire du parlement de Paris*, *OCV*, t.68, p.547-54) au Portugal, en Espagne puis en France (1764).

[15] Psaume 36:38.

Il n'y a qu'à souffler sur tous les autres moines, ils disparaîtront   85
sur la face de la terre. [16]

A

Ce n'est pas notre intérêt [17] que la France ait moins de moines et
plus d'hommes; mais j'ai tant d'aversion pour le froc, que j'aimerais
encore mieux voir en France des revues que des processions. En un
mot, en qualité de citoyen je n'aime point à voir des citoyens qui   90
cessent de l'être, des sujets qui se font sujets d'un étranger, des
patriotes qui n'ont plus de patrie. Je veux que chaque Etat soit
parfaitement indépendant.

Vous avez dit que les hommes ont été longtemps aveugles,
ensuite borgnes, et qu'ils commencent à jouir de deux yeux. [18] A   95
qui en a-t-on l'obligation? A cinq ou six oculistes qui ont paru en
divers temps.

B

Oui; mais le mal est qu'il y a des aveugles qui veulent battre les
chirurgiens empressés à les guérir.

A

Eh bien, ne rendons la lumière qu'à ceux qui nous prieront   100
d'enlever leurs cataractes.

85-86   K84, K85: disparaîtront de la surface de la terre.

[16] Voltaire vise sans doute les ordres monacaux mais aussi les jansénistes, sortis
renforcés de l'abolition des jésuites.

[17] Comprendre: ce n'est pas l'intérêt des Anglais.

[18] Cette image revient fréquemment dans la correspondance. Voir ci-dessus,
p.264. On est aveugle en monarchie ou sous le pouvoir du pape, borgne dans un
régime aristocratique et clairvoyant en république.

QUINZIÈME ENTRETIEN

De la meilleure législation[1]

C

De tous les Etats quel est celui qui vous paraît d'avoir les meilleures lois,[2] la jurisprudence la plus conforme au bien général, et au bien des particuliers?

A

C'est mon pays sans contredit. La preuve en est que dans tous nos démêlés nous vantons toujours *notre heureuse constitution*,[3] et que 5 dans presque tous les autres royaumes on en souhaite une autre. Notre jurisprudence criminelle est équitable et n'est point barbare: nous avons aboli la torture, contre laquelle la voix de la nature s'élève en vain dans tant d'autres pays; ce moyen affreux de faire périr un innocent faible, et de sauver un coupable robuste,[4] a fini 10

---

1   62, K84, K85: paraît avoir

---

[1] Prétendant présenter la 'meilleure législation', cet entretien dresse un magnifique portrait des institutions anglaises qui n'est pas sans rappeler les deux chapitres de *L'Esprit des lois* (livre 11, ch.6, et livre 19, ch.27) louant les institutions qui ont fait de ce peuple un 'peuple libre'. Ce dialogue a pu inspirer la sixième section, 'Tableau du gouvernement anglais', de l'article 'Gouvernement' des *Questions sur l'Encyclopédie* (*M*, t.19, p.292-97).

[2] Vers le mois de mai 1769, Voltaire avait prié Cramer de corriger cette expression fautive, qui figure cependant dans maintes éditions: '*De tous les états quel est celui qui vous paraît d'avoir les meilleures lois*. Les gascons disent volontiers, *il me paraît d'avoir, je crois d'aller à Paris*; mais les Français disent, *il me paraît avoir, je crois aller à Paris*' (D15652).

[3] Cette traduction de l'expression anglaise 'our happy constitution' apparaît à deux reprises dans le présent entretien. Elle sera reprise dans le chapitre 43 de *Dieu et les hommes* (*OCV*, t.69, p.492), toujours pour désigner les institutions britanniques issues de la Révolution de 1688.

[4] Souvenir du célèbre argument du chapitre 16 du traité *Des délits et des peines* de

avec notre infâme chancelier Jeffreys,[5] qui employait avec joie cet usage infernal sous le roi Jacques II.

Chaque accusé est jugé par ses pairs; il n'est réputé coupable que quand ils sont d'accord sur le fait: c'est la loi seule qui le condamne sur le crime avéré et non sur la sentence arbitraire des juges. La peine capitale est la simple mort, et non une mort accompagnée de tourments recherchés. Etendre un homme sur une croix de Saint-André, lui casser les bras et les cuisses, et le mettre en cet état sur une roue de carrosse, nous paraît une barbarie qui offense trop la nature humaine.[6] Si, pour les crimes de haute trahison, on arrache encore le cœur du coupable après sa mort, c'est un ancien usage de cannibale, un appareil de terreur qui effraie le spectateur sans être douloureux pour l'exécuté. Nous n'ajoutons point de tourments à la mort: on ne refuse point comme ailleurs un conseil à l'accusé: on ne met point un témoin qui a porté trop légèrement son témoignage dans la nécessité de mentir en le punissant s'il se rétracte. On ne fait point déposer les témoins en secret, ce serait en faire des délateurs. La procédure est publique. Les procès secrets n'ont été inventés que par la tyrannie.

Nous n'avons point l'imbécile barbarie de punir des indécences du même supplice dont on punit les parricides.[7] Cette cruauté aussi sotte qu'abominable est indigne de nous.

Dans le civil c'est encore la seule loi qui juge; il n'est pas permis de l'interpréter; ce serait abandonner la fortune des citoyens au caprice, à la faveur, et à la haine.

Si la loi n'a pas pourvu au cas qui se présente alors, on se

15

20

25

30

35

Cesare Beccaria, que Voltaire emploie à plusieurs reprises dans son œuvre, par exemple dans l'article 'Question' des *Questions sur l'Encyclopédie*, dans le chapitre 4 du *Fragment des instructions pour le prince royal de* *** et dans l'article 24 du *Prix de la justice et de l'humanité*.

[5] Sir George Jeffries ou Jeffreys, que le chapitre 10 du *Commentaire sur le livre Des délits et des peines* cite comme un 'des juges qui aimaient à faire couler le sang' (*M*, t.25, p.556). Voltaire l'a évoqué au début du dixième entretien, p.286 ci-dessus.

[6] Allusion au supplice de Damiens: voir le quatrième entretien ci-dessus, p.251.

[7] Allusion à l'exécution du chevalier de La Barre pour de simples faits d'impiété.

pourvoit *à la Cour d'équité*[8] par-devant le chancelier et ses assesseurs; et s'il s'agit d'une chose importante on fait pour l'avenir une nouvelle loi en parlement, c'est-à-dire, dans les Etats de la nation assemblés.

Les plaideurs ne sollicitent jamais leurs juges; ce serait leur dire, je veux vous séduire. Un juge qui recevrait une visite d'un plaideur serait déshonoré; ils ne recherchent point cet honneur ridicule, qui flatte la vanité d'un bourgeois. Aussi n'ont-ils point acheté le droit de juger: on ne vend point chez nous une place de magistrat comme une métairie; si des membres du parlement vendent quelquefois leur voix à la cour, ils ressemblent à quelques belles qui vendent leurs faveurs et qui ne le disent pas. La loi ordonne chez nous qu'on ne vendra rien que des terres et les fruits de la terre; tandis qu'en France la loi elle-même fixe le prix d'une charge de conseiller au banc du roi qu'on nomme Parlement, et de Président qu'on nomme à mortier; presque toutes les places et les dignités se vendent en France, comme on vend des herbes au marché.[9] Le chancelier de France est tiré souvent du corps des conseillers d'Etat; mais pour être conseiller d'Etat, il faut avoir acheté une charge de maître des requêtes. Un régiment n'est point le prix des services, c'est le prix de la somme que les parents d'un jeune homme ont déposée pour qu'il aille trois mois de l'année tenir table ouverte dans une ville de province.

Vous voyez clairement combien nous sommes heureux d'avoir des lois qui nous mettent à l'abri de ces abus. Chez nous rien d'arbitraire sinon les grâces que le roi veut faire. Les bienfaits émanent de lui; la loi fait tout le reste.

Si l'autorité attente illégalement à la liberté du moindre citoyen, la loi le venge; le ministre est incontinent condamné à l'amende envers le citoyen, et il la paie.

---

[8] 'La cour d'équité ou la cour de chancellerie, qui juge non selon la loi écrite, mais selon l'équité, ou qui adoucit ou qui augmente la rigueur de la loi écrite' (A. Boyer, *Dictionnaire royal, français-anglais et anglais-français*, 2 vol., 1780, t.2, p.228).

[9] Voltaire n'a cessé de dénoncer la vénalité des offices qui ne sera abolie par Maupeou que le 23 février 1771.

Ajoutez à tous ces avantages le droit que tout homme a parmi nous de parler par sa plume à la nation entière. L'art admirable de l'imprimerie est dans notre île aussi libre que la parole. Comment ne pas aimer une telle législation?   70

Nous avons, il est vrai, toujours deux partis;[10] mais ils tiennent la nation en garde plutôt qu'ils ne la divisent: ces deux partis veillent l'un sur l'autre; et se disputent l'honneur d'être les gardiens de la liberté publique: nous avons des querelles; mais nous bénissons toujours cette heureuse constitution qui les fait naître.   75

C

Votre gouvernement est un bel ouvrage; mais il est fragile.

A

Nous lui donnons quelquefois de rudes coups; mais nous ne le cassons point.

B

Conservez ce précieux monument que l'intelligence et le courage ont élevé: il vous a trop coûté pour que vous le laissiez détruire.   80
L'homme est né libre: le meilleur gouvernement est celui qui conserve le plus qu'il est possible à chaque mortel ce don de la nature.

Mais croyez-moi; arrangez-vous avec vos colonies, et que la mère et les filles ne se battent pas![11]   85

---

[10] Les Whigs et les Tories.

[11] *L'A, B, C* anticipe ici la Révolution américaine de 1776. Dans son 'Supplément à l'errata général' de l'édition de Kehl, Decroix propose une note qui sera éditée par Beuchot comme étant l'œuvre des rédacteurs de Kehl: 'ce conseil était donné par Voltaire en 1768. Les Anglais, plusieurs années après, ont pu juger combien son conseil était sage' (BnF, n.a.fr.14301, f.75r-76r).

SEIZIÈME ENTRETIEN

Des abus[1]

C

On dit que le monde n'est gouverné que par des abus. Cela est-il vrai?

B

Je crois bien qu'il y a pour le moins moitié abus et moitié usages tolérables chez les nations policées, moitié malheur et moitié fortune, de même que sur la mer on trouve un partage assez égal 5
de tempêtes et de beau temps pendant l'année. C'est ce qui a fait imaginer les deux tonneaux de Jupiter,[2] et la secte des manichéens.

A

Pardieu si Jupiter a eu deux tonneaux, celui du mal était la tonne d'Heidelberg,[3] et celui du bien fut à peine un quartaut. Il y a tant d'abus dans ce monde que dans un voyage que je fis à Paris en 10

4-5   62, β: moitié malheur et infortune, de même

---

[1] Consacré à la notion d''abus', cet entretien tempère quelque peu l'enthousiasme de l'entretien précédent en rappelant le lecteur au réalisme politique: les hommes sont ainsi faits que nulle constitution, fût-ce la meilleure d'entre elles, n'exclut totalement les injustices. Mais ce constat pessimiste est aussitôt tempéré par l'affirmation du progrès et par l'idée que certaines institutions – à commencer par celles de l'Angleterre – sont moins propices que d'autres aux abus.

[2] Voir Homère, *Iliade*, chant 24, vers 527-33. Voltaire évoque ce célèbre mythe dans *Les Deux Tonneaux* (*OCV*, t.66, p.641-94) et la *Lettre au roi de Prusse* (*OCV*, t.32A, p.411-14).

[3] Les caves du château d'Heidelberg contiennent un énorme tonneau.

1751,[4] on appelait comme d'abus[5] six fois par semaine, pendant toute l'année, au banc du roi qu'ils nomment Parlement.

B

Oui, mais à qui appellerons-nous des abus qui règnent dans la constitution de ce monde?

N'est-ce pas un abus énorme que tous les animaux se tuent avec acharnement les uns les autres pour se nourrir, que les hommes se tuent beaucoup plus furieusement encore sans avoir seulement l'idée de manger?

C

Ah! pardonnez-moi, nous nous faisions autrefois la guerre pour nous manger. Mais à la longue toutes les bonnes institutions dégénèrent.

B

J'ai lu dans un livre[6] que nous n'avons l'un portant l'autre qu'environ vingt-deux ans à vivre; que de ces vingt-deux ans si vous retranchez le temps perdu du sommeil et le temps que nous perdons dans la veille, il reste à peine quinze ans clair et net; que sur ces quinze ans il ne faut pas compter l'enfance qui n'est qu'un passage du néant à l'existence, et que si vous retranchez encore les tourments du corps, et les chagrins de ce qu'on appelle âme, il ne reste pas trois ans franc et quitte pour les plus heureux, et pas six mois pour les autres. N'est-ce pas là un abus intolérable?

---

[4] A fera un autre voyage à Paris en 1757: voir le quatrième entretien (p.251 ci-dessus).

[5] Sur la procédure d''appel comme d'abus', voir l'article 'Abus' des *Questions sur l'Encyclopédie* (*OCV*, t.38, p.59-66 et n.5).

[6] *L'Homme aux quarante écus* (*OCV*, t.66, p.306-307), antérieur de quelques mois à *L'A, B, C*.

A

Eh que diable en conclurez-vous? ordonnerez-vous que la nature
soit autrement faite qu'elle ne l'est?

B

Je le désirerais du moins.

A

C'est un secret sûr pour abréger encore votre vie.

C

Laissons là les pas de clerc [7] qu'a faits la nature, les enfants formés   35
dans la matrice pour y périr souvent et pour donner la mort à leur
mère, la source de la vie empoisonnée par un venin [8] qui s'est glissé
de trou en cheville de l'Amérique en Europe, la vérole [9] qui décime
le genre humain, la peste toujours subsistante en Afrique, les
poisons dont la terre est couverte et qui viennent d'eux-mêmes si   40
aisément, tandis qu'on ne peut avoir du froment qu'avec des peines
incroyables. Ne parlons que des abus que nous avons introduits
nous-mêmes.

B

La liste serait longue dans la société perfectionnée. Car sans
compter l'art d'assassiner régulièrement le genre humain par la   45
guerre dont nous avons déjà parlé, [10] nous avons l'art d'arracher les

38   62: la variole qui
      K84, K85: la petite vérole qui

[7] Selon l'article 'Clerc' du *Dictionnaire de l'Académie* (1762), 'On dit proverbiale-
ment, *Un pas de clerc*, pour dire une faute commise par ignorance et manque
d'expérience'.
[8] La syphilis. Il en est également question dans *L'Homme aux quarante écus*.
[9] Comme l'indiquent les variantes, l'intention de Voltaire est de désigner ici la
'petite vérole', c'est-à-dire la variole, après avoir évoqué la 'grande vérole', la syphilis.
[10] Voir le onzième entretien, ci-dessus, p.296-305.

vêtements et le pain à ceux qui sèment le blé et qui préparent la laine, l'art d'accumuler tous les trésors d'une nation entière dans les coffres de cinq ou six cents personnes, l'art de faire tuer publiquement en cérémonie[11] avec une demi-feuille de papier ceux qui vous ont déplu, comme une maréchale d'Ancre, un maréchal de Marillac, un duc de Sommerset, une Marie Stuart;[12] l'usage de préparer un homme à la mort par des tortures pour connaître ses associés quand il ne peut avoir eu d'associés, les bûchers allumés, les poignards aiguisés, les échafauds dressés pour des arguments en baralipton;[13] la moitié d'une nation occupée sans cesse à vexer l'autre loyalement. Je parlerais plus longtemps qu'Esdras, si je voulais faire écrire nos abus sous ma dictée.[14]

A

Tout cela est vrai; mais convenez que la plupart de ces abus horribles sont abolis en Angleterre, et commencent à être fort mitigés chez les autres nations.

B

Je l'avoue; mais pourquoi les hommes sont-ils un peu meilleurs et un peu moins malheureux qu'ils ne l'étaient du temps d'Alexandre VI, de la Saint-Barthelemi et de Cromwell?

---

[11] Boileau: 'Ou qu'il voit la Justice en grosse compagnie / Mener tuer un homme avec cérémonie' (*Satire* 8, vers 295-96).

[12] Célèbres victimes de crimes judiciaires fréquemment dénoncés par Voltaire.

[13] 'Le syllogisme en baralipton a les deux premières propositions universelles affirmatives et la troisième particulière affirmative' (*Encyclopédie*, t.2, p.67).

[14] Voir la section 'Esdras' de *La Bible enfin expliquée*: 'Si nous en croyons toute l'Eglise grecque, mère, sans contredit, de la latine, Esdras a dicté tous les livres saints, pendant quarante jours et quarante nuits de suite, à cinq scribes qui écrivaient continuellement sous lui, comme il est dit dans le quatrième livre d'Esdras, adopté par l'Eglise grecque. S'il est vrai qu'Esdras ait en effet parlé pendant quarante fois vingt-quatre heures sans interruption, c'est un grand miracle; Esdras fut certainement inspiré' (*M*, t.30, p.254).

C

C'est qu'on commence à penser, à s'éclairer et à bien écrire.   65

A

J'en conviens; la superstition excita les orages, et la philosophie les apaise.

DIX-SEPTIÈME ENTRETIEN

Sur des choses curieuses[1]

B

A propos, Monsieur A, et croyez-vous le monde bien ancien?

A

Monsieur B, ma fantaisie est qu'il est éternel.[2]

B

Cela peut se soutenir par voie d'hypothèse. Tous les anciens philosophes ont cru la matière éternelle.[3] Or de la matière brute à la matière organisée il n'y a qu'un pas.[4]

5

C

Les hypothèses sont fort amusantes; elles sont sans conséquence.

---

[1] Le dernier entretien procède à une sorte de recentrage de *L'A, B, C*: après n'avoir cessé de ferrailler contre l'Infâme, Voltaire réfute ici le matérialisme athée. Le ton est cependant tout différent: loin d'une guerre sans merci, il prend à partie les philosophes athées sans concession mais sans méchanceté. Il confirme ainsi les positions du dixième entretien, condamnant la superstition mais respectant la 'religion naturelle'. Une part substantielle de cet entretien sera reprise dans l'article 'Athéisme' des *Questions sur l'Encyclopédie* (voir ci-dessous, n.14, 17 et 18).

[2] Si Voltaire doute du caractère infini de l'univers, il en affirme le caractère éternel. Voir l'article 'Eternité' des *Questions sur l'Encyclopédie* (*OCV*, t.41, p.265-76), les chapitres 14 et 20 du *Philosophe ignorant* (*OCV*, t.62, p.47-49 et p.52-53), les chapitres 7 et 8 des *Lettres de Memmius à Cicéron* (*M*, t.28, p.447-48) et les chapitres 4 et 5 d'*Il faut prendre un parti ou le principe d'action* (*OCV*, t.74B, p.17-20).

[3] Dans ses *Traités de l'existence et des attributs de Dieu* (3 vol., Paris, 1727-1728, BV789), Samuel Clarke remarquait que 'la plupart des anciens philosophes [...] croyaient bien l'éternité du monde' (t.1, p.55). Voltaire avait annoté ce passage (*CN*, t.2, p.640).

[4] C'est la thèse de Diderot, de d'Holbach et du matérialisme athée, contestée par Voltaire et qu'il réfutera plus loin: voir p.338-40.

Ce sont des songes que la Bible fait évanouir, car il en faut toujours revenir à la Bible.

A

Sans doute, et nous pensons tous trois dans le fond en l'an de grâce 1760, que depuis la création du monde qui fut faite de rien, jusqu'au 10 déluge universel fait avec de l'eau créée exprès, il se passa 1656 ans selon la Vulgate, 2309 ans selon le texte samaritain; et 2262 ans selon la traduction miraculeuse que nous appelons des Septante. [5] Mais j'ai toujours été étonné qu'Adam et Eve notre père et notre mère, Abel, Caïn, Seth, n'aient été connus de personne au monde 15 que de la petite horde juive, [6] qui tint le cas secret, jusqu'à ce que les Juifs d'Alexandrie s'avisassent sous le premier et le second des Ptolomées, de traduire fort mal en grec leurs rhapsodies absolument inconnues jusque-là au reste de la terre.

Il est plaisant que nos titres de famille ne soient demeurés en 20 dépôt que dans une seule branche de notre maison, et encore chez la plus méprisée; tandis que les Chinois, les Indiens, les Persans, les Egyptiens, les Grecs et les Romains n'avaient jamais entendu parler d'Adam ni d'Eve.

B

Il y a bien pis: c'est que Sanchoniaton qui vivait incontestablement 25 avant le temps où l'on place Moïse, et qui a fait une Genèse à sa façon, comme tant d'autres auteurs, ne parle ni de cet Adam, ni de cette Eve. [7] Il nous donne des parents tout différents.

---

[5] Cette différence de chronologie entre les trois versions de la Bible a souvent été remarquée par Voltaire: voir par exemple la deuxième des *Lettres d'Amabed* (*Romans et contes*, éd. Frédéric Deloffre et Jacques van den Heuvel, Paris, 1979, p.481, n.*).

[6] Affirmation classique chez Voltaire contre les prétentions de la Bible à représenter Adam comme l'ancêtre de tous les humains. Voir, par exemple, l'article 'Adam' des *Questions sur l'Encyclopédie* (*OCV*, t.38, p.82).

[7] Historien antique, Sancionathon est l'auteur d'une *Histoire phénicienne* dont ne subsistent que des fragments. Porphyre l'avait employé pour nier la véracité de l'histoire biblique. Eusèbe de Césarée réfute les allégations de Porphyre dans sa

C

Sur quoi jugez-vous, Monsieur B, que Sanchoniaton vivait avant l'époque de Moïse?   30

B

C'est que, s'il avait été du temps de Moïse, ou après lui, il en aurait fait mention. Il écrivait dans Tyr qui florissait très longtemps avant que la horde juive eût acquis un coin de terre vers la Phénicie. La langue phénicienne était la mère-langue du pays; les Phéniciens cultivaient les lettres depuis longtemps; les livres juifs l'avouent en   35 plusieurs endroits. Il est dit expressément que Caleb s'empara de la ville des lettres (*a*) [8] nommée Cariath-Sepher, c'est-à-dire, ville des livres, appelée depuis Dabir. Certainement Sanchoniaton aurait parlé de Moïse, s'il avait été son contemporain ou son puîné. Il n'est pas naturel qu'il eût omis dans son histoire les mirifiques aventures   40 de Mosé ou Moïse, comme les dix plaies d'Egypte et les eaux de la mer suspendues à droite et à gauche, pour laisser passer trois millions de voleurs fugitifs à pied sec, lesquelles eaux retombèrent ensuite sur quelques autres millions d'hommes qui poursuivaient les voleurs. Ce ne sont pas là de ces petits faits obscurs et journaliers 45 qu'un grave historien passe sous silence. Sanchoniaton ne dit mot de ces prodiges de Gargantua: donc il n'en savait rien; donc il était antérieur à Moïse, ainsi que Job qui n'en parle pas. [9] Eusèbe son

(*a*) Juges, chap. I, v. 11.

Préparation évangélique, qui cite des extraits de Sancionathon dans un passage sur lequel Voltaire a porté un signet: 'phenic sanconiat, Sanconia' (*CN*, t.3, p.449). Voltaire croyait, à tort, Sancionathon antérieur à 'Moïse' et même à 'Orphée', alors que cet auteur date tout au plus de 'la seconde moitié du deuxième siècle avant notre ère': voir l'*Examen important de Milord Bolingbroke* (*OCV*, t.62, p.178, n.25), et l'article 'Idole' de l'*Encyclopédie* (*OCV*, t.33, p.194-95).

[8] En réalité, c'est le frère cadet de Caleb, Otniel, qui s'empara de cette cité (Juges 1:13 et Josué 15:15-17). En un autre lieu, la Bible présente Josué comme l'auteur de cette conquête (Josué 10:38).

[9] Affirmation similaire dans l'*Examen important de Milord Bolingbroke* (*OCV*, t.62, p.178-79, n.*a*).

abréviateur qui entasse tant de fables, n'eût pas manqué de se
prévaloir d'un si éclatant témoignage.   50

A

Cette raison est sans réplique. Aucune nation n'a parlé ancienne-
ment des Juifs, ni parlé comme les Juifs; aucune n'eut une
cosmogonie qui eût le moindre rapport à celle des Juifs. Ces
malheureux Juifs sont si nouveaux qu'ils n'avaient pas même en
leur langue de nom pour signifier *Dieu*. Ils furent obligés   55
d'emprunter le nom d'*Adonaï* des Sidoniens, le nom de *Jehova*
ou *Hiao* des Syriens. Leur opiniâtreté, leurs superstitions nouvelles, leur usure consacrée, sont les seules choses qui leur
appartiennent en propre. Et il y a toute apparence que ces
polissons, chez qui les noms de géométrie et d'astronomie furent   60
toujours absolument inconnus, n'apprirent enfin à lire et à écrire
que quand ils furent esclaves à Babilone. On a déjà prouvé [10] que
c'est là qu'ils connurent les noms des anges, et même le nom
d'Israël, comme ce transfuge juif Flavien Joseph l'avoue lui-
même. [11]   65

C

Quoi! tous les anciens peuples ont eu une Genèse antérieure à celle
des Juifs, et toute différente?

A

Cela est incontestable. Voyez le Shasta et le Védam des Indiens, les
cinq Kings des Chinois, le Zend des premiers Persans, le Thaut ou

[10] Voir ci-dessus, p.241, ainsi que l'Introduction de *l'Essai sur les mœurs* (*EM*, t.1,
p.170-77).
[11] Voltaire commet ici une méprise: sa source est en fait la *Relation faite par Philon
[d'Alexandrie] de l'ambassade dont il était le chef envoyée par les Juifs d'Alexandrie vers
l'Empereur Caïus Caligula* dont l'avant-propos affirme des Juifs que 'les Chaldéens
leur donnent le nom d'Israël, c'est-à-dire qui voient Dieu' (trad. Arnauld d'Andilly
dans l'*Histoire des Juifs écrite par Flavius Joseph*, 5 vol., Paris, 1735-1736, t.5, p.474,
BV1743). La méprise de Voltaire s'explique par le fait qu'Arnauld d'Andilly avait
édité cette *Relation* dans sa traduction des *Antiquités judaïques* de Flavius Josèphe.

Mercure trismegiste des Egyptiens; Adam leur est aussi inconnu   70
que le sont les ancêtres de tant de marquis et de barons dont
l'Europe fourmille.

C

Point d'Adam! Cela est bien triste. Tous nos almanachs comptent
depuis Adam.

A

Ils compteront comme il leur plaira, les *Etrennes mignonnes*[12] ne   75
sont pas mes archives.

B

Si bien donc que Monsieur A est pré-adamite?[13]

A

Je suis pré-saturnien, pré-osirite, pré-bramite, pré-pandorite.

C

Et sur quoi fondez-vous votre belle hypothèse d'un monde éternel?

A

Pour vous le dire, il faut que vous écoutiez patiemment quelques   80
petits préliminaires.

Je ne sais si nous avons raisonné jusqu'ici bien ou mal; mais je

---

Elle est récurrente dans plusieurs de ses œuvres: *La Philosophie de l'histoire* (*OCV*,
t.59, p.260), l'*Examen important de Milord Bolingbroke* (*OCV*, t.62, p.194), ou *La
Bible enfin expliquée* (*M*, t.30, p.51). Il avait commis cette erreur dans les premières
éditions de l'article 'Abraham' du *Dictionnaire philosophique* avant de la rectifier en
1769 (voir *OCV*, t.35, p.296-97 et notes).

[12] Almanach populaire, publié depuis 1716, qu'on avait coutume d'offrir le Jour de
l'an. A partir de 1728, ce périodique prit le nom d'*Etrennes mignonnes, curieuses et
utiles*.

[13] Isaac de La Peyrère avait fait paraître en 1655 un *Traité sur les préadamites*
affirmant l'existence d'hommes avant Adam. Voir l'article 'Préadamite' du
Dictionnaire de la Bible de Dom Calmet.

sais que nous avons raisonné, et que nous sommes tous les trois des êtres intelligents. [14] Or des êtres intelligents ne peuvent avoir été formés par un être brut, aveugle, insensible: il y a certainement quelque différence entre les idées de Newton et des crottes de mulet. L'intelligence de Newton venait donc d'une autre intelligence.

Quand nous voyons une belle machine, nous disons qu'il y a un bon machiniste, et que ce machiniste a un excellent entendement. Le monde est assurément une machine admirable, donc il y a dans le monde une admirable intelligence quelque part où elle soit. Cet argument est vieux, et n'en est pas plus mauvais.

Tous les corps vivants sont composés de leviers, de poulies qui agissent suivant les lois de la mécanique, de liqueurs que les lois de l'hydrostatique font perpétuellement circuler; et quand on songe que tous ces êtres ont du sentiment qui n'a aucun rapport à leur organisation, on est accablé de surprise.

Le mouvement des astres, celui de notre petite terre autour du soleil, tout s'opère en vertu des lois de la mathématique la plus profonde. Comment Platon qui ne connaissait pas une de ces lois, le chimérique Platon qui disait que la terre était fondée sur un triangle équilatère, et l'eau sur un triangle rectangle, le ridicule Platon qui dit qu'il ne peut y avoir que cinq mondes, parce qu'il n'y a que cinq corps réguliers; comment, dis-je, l'ignorant Platon qui ne savait pas seulement la trigonométrie sphérique, a-t-il eu cependant un génie assez beau, un instinct assez heureux pour appeler Dieu l'éternel géomètre; pour sentir qu'il existe une intelligence formatrice?

B

Je me suis amusé autrefois à lire Platon. Il est clair que nous lui devons toute la métaphysique du christianisme; tous les Pères grecs

---

[14] A compter de ce mot, et jusqu'à 'intelligence formatrice' (ligne 109), ce paragraphe et les trois suivants seront repris dans l'article 'Athéisme' des *Questions sur l'Encyclopédie*. Pour l'annotation, voir *OCV*, t.39, p.158-59, n.29-32.

furent sans contredit platoniciens.[15] Mais quel rapport tout cela peut-il avoir à l'éternité du monde dont vous nous parlez?

A

Allons pied à pied, s'il vous plaît. Il y a une intelligence qui anime le monde: Spinosa lui-même l'avoue.[16] Il est impossible de se débattre contre cette vérité qui nous environne et qui nous presse de tous côtés.

C

J'ai cependant connu des mutins qui disent qu'il n'y a point d'intelligence formatrice, et que le mouvement seul a formé par lui-même tout ce que nous voyons et tout ce que nous sommes. Ils vous disent hardiment, la combinaison de cet univers était possible puisqu'elle existe; donc il était possible que le mouvement seul

[15] Le néoplatonisme a exercé une profonde influence sur la théologie du christianisme naissant; les trois hypostases des Néoplatoniciens ont conditionné la formation du dogme de la Trinité. Aussi Voltaire peut-il écrire que 'Platon fonda le christianisme' (*CN*, t.2, p.556): 'le platonisme [...] est le père du christianisme, et la religion juive est la mère' (*Dieu et les hommes*, *OCV*, t.69, p.504). Dans le chapitre 37 de *Dieu et les hommes*, Voltaire écrit ainsi: 'Le platonisme fut cette force étrangère qui, appliquée à la secte naissante, lui donna de la consistance et de l'activité. [...] C'est dans Alexandrie devenue le centre des sciences que les chrétiens devinrent des théologiens raisonneurs, et c'est ce qui releva la bassesse qu'on reprochait à leur origine; ils devinrent platoniciens dans l'école d'Alexandrie' (*OCV*, t.69, p.456).

[16] Voltaire ne possédait à Ferney aucune édition de Spinoza. Il a découvert tardivement son *Ethique*, notamment par la médiation de l'*Examen du fatalisme* de l'abbé Pluquet (3 vol., Paris, 1757, BV2769, *CN*, t.7, p.61-81): voir trois lettres de Voltaire à Damilaville de 1765 (D12352, D12400, D12411). On sait que Spinoza, fréquemment accusé d'athéisme, était favorablement considéré par les athées. Or son *Ethique* (1677) déduisait le réel de la définition de Dieu, identifié à la Nature. Voltaire perçut aussitôt le parti qu'il pouvait tirer de Spinoza dans sa lutte contre le matérialisme athée: il retourna contre les athées le philosophe dont ils faisaient leur étendard. Voir par exemple ce que Voltaire écrit de Spinoza dans une note des *Systèmes*: 'Spinoza, dans son fameux livre, si peu lu, ne parle que de Dieu; et on lui a reproché de ne point reconnaître de Dieu' (*OCV*, t.74B, p.234-35). Voir aussi *Les Cabales*: 'des preuves contre l'existence d'une intelligence suprême, on n'en a jamais apporté aucune. Spinoza lui-même est forcé de reconnaître cette intelligence' (*OCV*, t.74B, p.188).

l'arrangeât. Prenez quatre astres seulement, Mars, Vénus, Mercure et la Terre, ne songeons d'abord qu'à la place où ils sont, en faisant abstraction de tout le reste, et voyons combien nous avons de 125 probabilités pour que le seul mouvement les mette à ces places respectives. Nous n'avons que vingt-quatre hasards dans cette combinaison; c'est-à-dire, il n'y a que vingt-quatre contre un à parier, que ces astres se trouveront où ils sont, les uns par rapport aux autres. Ajoutons à ces quatre globes celui de Jupiter; il n'y aura 130 que cent vingt contre un à parier, que Jupiter, Mars, Vénus, Mercure et notre globe, seront placés où nous les voyons. [17]

Ajoutez-y enfin Saturne, il n'y aura que sept cent vingt hasards contre un, pour mettre ces six grosses planètes dans l'arrangement qu'elles gardent entre elles selon leurs distances données. Il est 135 donc démontré qu'en sept cent vingt jets, le seul mouvement a pu mettre ces six planètes principales dans leur ordre.

Prenez ensuite tous les astres secondaires, toutes leurs combinaisons, tous leurs mouvements, tous les êtres qui végètent, qui vivent, qui sentent, qui pensent, qui agissent dans tous les globes, 140 vous n'aurez qu'à augmenter le nombre des hasards; multipliez ce nombre dans toute l'éternité, jusqu'au nombre que notre faiblesse appelle infini, il y aura toujours une unité en faveur de la formation du monde, tel qu'il est par le seul mouvement; donc, il est possible que dans toute l'éternité le seul mouvement de la matière ait 145 produit l'univers entier tel qu'il existe. Voilà le raisonnement de ces messieurs.

A

Pardon, mon cher ami C; cette supposition me paraît prodigieuse-

---

136 62: qu'en huit cent quarante jets
    w75, k84: sept vingt jets
    k84 (errata), k85: sept cent vingt jets

[17] Ce paragraphe et les deux suivants, jusqu'à 'tel qu'il existe' (ligne 146), seront repris dans l'article 'Athéisme' des *Questions sur l'Encyclopédie*. Pour l'annotation, voir *OCV*, t.39, p.160-62, n.35-39.

ment ridicule[18] pour deux raisons; la première c'est que dans cet univers il y a des êtres intelligents, et que vous ne sauriez prouver 150 qu'il soit possible que le seul mouvement produise l'entendement. La seconde, c'est que de votre propre aveu il y a l'infini contre un à parier, qu'une cause intelligente formatrice anime l'univers. Quand on est tout seul vis-à-vis l'infini, on est bien pauvre.

Encore une fois, Spinosa lui-même, admet cette intelligence. 155 Pourquoi voulez-vous aller plus loin que lui, et plonger par un sot orgueil votre faible raison dans un abîme où Spinosa n'a pas osé descendre? sentez-vous bien l'extrême folie de dire que c'est une cause aveugle qui fait que le carré d'une révolution d'une planète est toujours au carré des révolutions des autres planètes, comme le 160 cube de sa distance est au cube des distances des autres au centre commun? Mes amis, ou les astres sont de grands géomètres, ou l'éternel géomètre a arrangé les astres.

C

Point d'injures, s'il vous plaît. Spinosa n'en disait point; il est plus aisé de dire des injures que des raisons. Je vous accorde une 165 intelligence formatrice répandue dans ce monde, je veux bien dire avec Virgile.

Mens agitat molem et magno se corpore miscet.[19]

Je ne suis pas de ces gens qui disent que les astres, les hommes, les animaux, les végétaux, la pensée, sont l'effet d'un coup de dés. 170

154 K84, K85: [*avec note, probablement de Condorcet*] Nous sommes encore trop peu au fait des choses de ce monde pour appliquer le calcul des probabilités à cette question, et l'application de ce calcul aurait des difficultés que ceux qui ont voulu la tenter n'ont pas soupçonnées.

160-61 W75G, K84, K85: planètes, comme la racine du cube de sa distance, est à la racine cube des

[18] A partir de ce mot, ce paragraphe et le suivant seront repris dans l'article 'Athéisme' des *Questions sur l'Encyclopédie*. Pour l'annotation, voir *OCV*, t.39, p.162-63, n.41-44.

[19] Virgile, *Enéide*, chant 6, vers 727. Voltaire traduit comme suit: 'L'esprit régit le monde; il s'y mêle, il l'anime' (article 'Causes finales' des *Questions sur l'Encyclopédie*, *OCV*, t.39, p.536).

A

Pardon de m'être mis en colère, j'avais le *spleen*;[20] mais en me
fâchant je n'en avais pas moins raison.

B

Allons au fait sans nous fâcher. Comment en admettant un Dieu,
pouvez-vous soutenir par hypothèse, que le monde est éternel?

A

Comme je soutiens par voie de thèse que les rayons du soleil sont   175
aussi anciens que cet astre.

C

Voilà une plaisante imagination! quoi! du fumier, des bacheliers en
théologie, des puces, des singes, et nous, nous serions des
émanations de la Divinité?

A

Il y a certainement du divin dans une puce; elle saute cinquante fois   180
sa hauteur. Elle ne s'est pas donné cet avantage.

B

Quoi! les puces existent de toute éternité?

A

Il le faut bien; puisqu'elles existent aujourd'hui, et qu'elles étaient
hier, et qu'il n'y a nulle raison pour qu'elles n'aient pas toujours
existé. Car si elles sont inutiles, elles ne doivent jamais être; et dès   185
qu'une espèce a l'existence, il est impossible de prouver qu'elle ne
l'ait pas toujours eue. Voudriez-vous que l'éternel géomètre eût été
engourdi une éternité entière? Ce ne serait pas la peine d'être
géomètre et architecte pour passer une éternité sans combiner et

---

[20] Voir l'article 'Caton' des *Questions sur l'Encyclopédie*: les Anglais du dix-
huitième siècle se suicident 'quand ils ont des vapeurs qu'ils appellent le *spleen*, et que
nous prononçons le *spline*' (*OCV*, t.39, p.522).

sans bâtir. Son essence est de produire, puisqu'il a produit; il existe   190
nécessairement: donc tout ce qui est en lui est essentiellement
nécessaire. On ne peut dépouiller un être de son essence: car alors il
cesserait d'être. Dieu est agissant, donc il a toujours agi; [21] donc le
monde est une émanation éternelle de lui-même. [22] Donc, quiconque admet un Dieu doit admettre le monde éternel. Les rayons de   195
lumière sont partis nécessairement de l'astre lumineux de toute
éternité; et toutes les combinaisons sont parties de l'être combinateur de toute éternité. L'homme, le serpent, l'araignée, l'huître, le
colimaçon, ont toujours existé, parce qu'ils étaient possibles.

B

Quoi! vous croyez que le Demiourgos, la puissance formatrice, le   200
grand Etre a fait tout ce qui était à faire?

A

Je l'imagine ainsi. Sans cela il n'eût point été l'être nécessairement
formateur; vous en feriez un ouvrier impuissant ou paresseux qui
n'aurait travaillé qu'à une très petite partie de son ouvrage.

C

Quoi! d'autres mondes seraient impossibles?   205

A

Cela pourrait bien être: autrement il y aurait une cause éternelle,
nécessaire, agissante par son essence, qui pouvant les faire ne les

---

[21] Voir l'article 'Eternité' des *Questions sur l'Encyclopédie* (*OCV*, t.41, p.265-76).
Voltaire emploie souvent cet argument, notamment dans le chapitre 4 d'*Il faut
prendre un parti ou le principe d'action* (*OCV*, t.74B, p.17-19), et dans les *Lettres de
Memmius à Cicéron*: 'Quoi! Dieu est nécessairement actif, et il aurait passé une
éternité sans agir! Il est le grand Etre nécessaire: comment aurait-il été pendant des
siècles éternels le grand Etre inutile?' (*M*, t.23, p.448; cf. p.521).

[22] Au créationnisme chrétien, Voltaire préfère le système de l'émanatisme. Dans
ses notes marginales sur les *Traités de l'existence et des attributs de Dieu* de Clarke, il
défendait la conception 'd'un univers nécessaire émanant nécessairem[en]t de
l'existence divine' (*CN*, t.2, p.641; cf. p.640).

aurait point faits. Or une telle cause qui n'a point d'effet, me semble aussi absurde qu'un effet sans cause.

C

Mais bien des gens pourtant, disent que cette cause éternelle a 210 choisi ce monde entre tous les mondes possibles.

A

Ils ne paraissent point possibles s'ils n'existent pas.[23] Ces messieurs-là auraient aussi bien fait de dire que Dieu a choisi entre les mondes impossibles. Certainement l'éternel artisan aurait arrangé ces possibles dans l'espace. Il y a de la place de reste. Pourquoi, par 215 exemple l'intelligence universelle, éternelle, nécessaire, qui préside à ce monde, aurait-elle rejeté dans son idée une terre sans végétaux empoisonnés, sans vérole, sans scorbut, sans peste, et sans inquisition? Il est très possible qu'une telle terre existe: elle devait paraître au grand Demiourgos meilleure que la nôtre: 220 cependant nous avons la pire. Dire que cette bonne terre est possible, et qu'il ne nous l'a pas donnée, c'est dire assurément qu'il n'a eu ni raison, ni bonté ni puissance. Or c'est ce qu'on ne peut dire; donc s'il n'a pas donné cette bonne terre, c'est apparemment qu'il était impossible de la former.[24] 225

B

Et qui vous a dit que cette terre n'existe pas? elle est probablement dans un des globes qui roulent autour de Sirius, ou du petit Chien, ou de l'œil du Taureau.

A

En ce cas, nous sommes d'accord; l'intelligence suprême a fait tout

[23] Dans la droite ligne du nécessitarisme de Hobbes ou de Spinoza, Voltaire identifie les notions de 'possible' et de 'réel': n'est possible que ce qui est réel.

[24] Voltaire prend ici le parti de Spinoza contre Leibniz. L'univers n'est pas le meilleur des mondes possibles mais le seul monde possible.

ce qui lui était possible de faire; et je persiste dans mon idée que tout   230
ce qui n'est pas, ne peut être.

C

Ainsi l'espace serait rempli de globes qui s'élèvent tous en
perfections les uns au-dessus des autres; et nous avons nécessairement un des plus méchants lots! Cette imagination est belle; mais
elle n'est pas consolante.   235

B

Enfin, vous pensez donc que de la puissance éternelle formatrice,
de l'intelligence universelle, du en un mot grand Etre, est sorti
nécessairement de toute éternité tout ce qui existe?

A

Il me paraît qu'il en est ainsi.

B

Mais en ce cas le grand Etre n'a donc pas été libre?   240

A

Etre libre, je vous l'ai dit cent fois dans d'autres entretiens,[25] c'est
pouvoir. Il a pu, et il a fait. Je ne conçois pas d'autre liberté. Vous
savez que la liberté d'indifférence est un mot vide de sens.[26]

---

[25] Voir l'article 'Franc arbitre' du fonds de Kehl (*M*, t.19, p.196-99).

[26] La liberté d'indifférence désigne la capacité qu'aurait la volonté de se
déterminer en l'absence de toute raison, ou même à l'encontre de la raison. Après
avoir admis ce concept dans les *Eléments de la philosophie de Newton* (*OCV*, t.15,
p.214-15), Voltaire le réfutera, notamment dans l'article 'Liberté (de la)' du
Dictionnaire philosophique (*OCV*, t.36, p.293) et dans le chapitre 14 d'*Il faut prendre
un parti ou le principe d'action* intitulé 'Ridicule de la prétendue liberté, nommée
liberté d'indifférence' (*OCV*, t.74B, p.36-37). Hormis quelques penseurs chrétiens,
rares étaient les philosophes des Lumières à défendre ce concept d'origine
scolastique.

B

En conscience, êtes-vous bien sûr de votre système?

A

Moi! je ne suis sûr de rien. Je crois qu'il y a un être intelligent, une 245
puissance formatrice, un Dieu. Je tâtonne dans l'obscurité sur tout
le reste.[27] J'affirme une idée aujourd'hui, j'en doute demain: après
demain je la nie: et je puis me tromper tous les jours. Tous les
philosophes de bonne foi que j'ai vus, m'ont avoué quand ils étaient
un peu en pointe de vin, que le grand Etre ne leur a pas donné une 250
portion d'évidence plus forte que la mienne.

Pensez-vous qu'Epicure vît toujours bien clairement sa déclinaison des atomes?[28] que Descartes fût persuadé de sa matière
striée?[29] croyez-moi, Leibnitz riait de ses monades et de son
harmonie préétablie. Téliamed[30] riait de ses montagnes formées 255
par la mer. L'auteur des molécules organiques est assez savant et
assez galant homme pour en rire.[31] Deux augures, comme vous

[27] Logique avec lui-même, Voltaire ne présente son système que comme une
hypothèse. Seule l'existence d'un Dieu intelligent lui paraît indiscutable.

[28] Evocation du *clinamen* ou déclinaison spontanée et imprévisible de l'atome par
rapport à la trajectoire verticale à laquelle l'assujettit sa pesanteur. Ce concept n'est
pas attesté dans l'œuvre d'Epicure mais dans le *De rerum natura* de son disciple
Lucrèce (livre 2, vers 216-20). Ce concept obéit à une finalité cosmologique (sans
cette déclinaison, les atomes engagés dans une chute parallèle ne pourraient se
rencontrer pour former un monde: voir *De rerum natura*, livre 2, vers 221-50) autant
qu'éthique (le *clinamen* fonde la possibilité de la liberté en inscrivant une part
d'indétermination dans la nature: *De natura rerum*, livre 2, vers 251-93). Déterministe
ou 'fataliste' comme on le disait alors, la philosophie des Lumières ne goûtait guère ce
concept épicurien.

[29] La 'matière striée' désigne le troisième élément de la physique de Descartes,
dont Voltaire se moque fréquemment. Voir notamment les articles 'Charlatan' et
'Des coquilles' des *Questions sur l'Encyclopédie* (*OCV*, t.40, p.40 et p.257) ou les
Dialogues d'Evhémère (*OCV*, t.80C, p.251).

[30] Anagramme de Benoît de Maillet, auteur d'*Entretiens d'un philosophe indien avec
un missionnaire français* (1748) où il formulait diverses hypothèses sur l'origine du
monde et de la vie (entre autres que l'homme fut d'abord poisson).

[31] Célèbre concept de Buffon, fréquemment réfuté par Voltaire. La matière

savez, rient comme des fous quand ils se rencontrent. [32] Il n'y a que le jésuite irlandais Needham qui ne rie point de ses anguilles. [33]

B

Il est vrai qu'en fait de systèmes, il faut toujours se réserver le droit 260
de rire le lendemain de ses idées de la veille.

C

Je suis très aise d'avoir trouvé un vieux philosophe anglais qui rit après s'être fâché, et qui croit sérieusement en Dieu. Cela est très édifiant.

A

Oui, têtebleu, je crois en Dieu, et je crois beaucoup plus que les 265
universités d'Oxford et de Cambridge, et que tous les prêtres de mon pays. Car tous ces gens-là sont assez serrés pour vouloir qu'on ne l'adore que depuis environ six mille ans: et moi je veux qu'on

---

vivante serait composée de 'molécules organiques' (voir par exemple l'*Histoire naturelle*, ch.4, t.2, p.58). Comme l'a montré G. Canguilhem, Buffon 'a cherché à être le Newton du monde organique' (*La Connaissance du vivant*, Paris, 1989, p.55). Comme l'attraction universelle avait unifié les mécaniques terrestre et céleste, les 'molécules organiques' devaient rendre compte de l'ensemble des phénomènes biologiques (génération, nutrition, croissance, etc.). A travers ce concept, Buffon cherchait ce que la biologie trouva au dix-neuvième siècle avec le concept de 'cellule'.

[32] Evocation du mot de Caton rapporté par Cicéron: Caton 's'étonnait qu'un haruspice qui rencontrait un autre haruspice ne se mit pas à rire: car de toutes les choses qu'ils ont prédites, combien peu sont arrivées? et lorsqu'il en est arrivé quelqu'une, que peut-on alléguer pour faire voir qu'elle n'est pas arrivée par hasard?' (Cicéron, *De la divination*, livre 2, ch.24, §51-52, trad. Desmarais, Amsterdam, 1751, p.169-70, BV772). Voltaire a collé sur cette page un signet annoté: 'Caton deux augures sans rire' (*CN*, t.2. p.626). La conclusion de l'article 'Théologie' des *Questions sur l'Encyclopédie* établit le même rapprochement: les théologiens 'sont comme les augures dont Cicéron dit qu'ils ne pouvaient s'aborder sans rire' (*M*, t.20, p.515).

[33] Le naturaliste John Tuberville Needham fut une des cibles favorites de l'ironie voltairienne. Voltaire lui tenait rigueur d'être allié à Buffon et à Maupertuis, ainsi que d'avoir répondu en 1765 à ses *Questions sur les miracles*.

346

l'ait adoré pendant l'éternité. Je ne connais point de maître sans
domestiques, de roi sans sujets, de père sans enfants, ni de cause   270
sans effet.

C

D'accord, nous en sommes convenus. Mais là, mettez la main sur la
conscience; croyez-vous un Dieu rémunérateur et punisseur qui
distribue des prix et des peines à des créatures qui sont émanées de
lui, et qui nécessairement sont dans ses mains comme l'argile sous   275
les mains du potier?

   Ne trouvez-vous pas Jupiter fort ridicule d'avoir jeté d'un coup
de pied Vulcain du ciel en terre, parce que Vulcain était boiteux des
deux jambes? Je ne sais rien de si injuste. Or l'éternelle et suprême
intelligence doit être juste; l'éternel amour doit chérir ses enfants,   280
leur épargner les coups de pieds et ne les pas chasser de la maison
pour les avoir fait naître lui-même nécessairement avec de vilaines
jambes.

A

Je sais tout ce qu'on a dit sur cette matière abstruse et je ne m'en
soucie guère. Je veux que mon procureur, mon tailleur, mes valets,   285
ma femme même, croient en Dieu; et je m'imagine que j'en serai
moins volé et moins cocu. [34]

C

Vous vous moquez du monde. J'ai connu vingt dévotes qui ont
donné à leurs maris des héritiers étrangers.

---

[34] La justification pragmatique et sociale de la religion ne concerne pas l'existence
d'un Dieu intelligent (voir plus haut), mais celle d'un Dieu *rémunérateur* et *punisseur*
(que Voltaire juge utile à la société, mais logiquement indéfendable). Voir le
chapitre 37 de *Dieu et les hommes*: 'Il est utile que les hommes croient un Dieu
rémunérateur et vengeur. Cette idée encourage la probité et ne choque point le sens
commun: mais la résurrection révolte tous les gens qui pensent, et encore plus ceux
qui calculent' (*OCV*, t.69, p.455).

A

Et moi j'en ai connu une que la crainte de Dieu a retenue, et cela me   290
suffit. Quoi donc à votre avis vos vingt dévergondées auraient-
elles été plus fidèles en étant athées? En un mot toutes les nations
policées ont admis des dieux récompenseurs et punisseurs, et je suis
citoyen du monde.

B

C'est fort bien fait; mais ne vaudrait-il pas mieux que l'intelligence   295
formatrice n'eût rien à punir? Et d'ailleurs quand, comment
punira-t-elle?

A

Je n'en sais rien par moi-même; mais encore une fois il ne faut
point ébranler une opinion si utile au genre humain. Je vous
abandonne tout le reste. Je vous abandonnerai même mon monde   300
éternel si vous le voulez absolument, quoique je tienne bien fort à
ce système. Que nous importe après tout que ce monde soit éternel
ou qu'il soit d'avant-hier? Vivons-y doucement, adorons Dieu,
soyons justes et bienfaisants, voilà l'essentiel; voilà la conclusion de
toute dispute. Que les barbares intolérants soient l'exécration du   305
genre humain, et que chacun pense comme il voudra.

C

Amen. Allons boire, nous réjouir et bénir le grand Etre.

FIN

ÉDITIONS COLLECTIVES DES ŒUVRES DE VOLTAIRE CITÉES DANS CE VOLUME

NM

Nouveaux Mélanges philosophiques, historiques, critiques, etc. [Genève, Cramer,] 1765-1776. 19 vol. 8°.

Cette édition fait suite à la *Collection complette des œuvres de Mr. de Voltaire* [Genève, Cramer,] 1756, et aux autres éditions de Cramer.

Bengesco 2212; BV3692; Trapnell NM; BnC 111-35.

Genève, ImV: BA 1765/1 (t.1-19). Oxford, VF (t.1-19). Paris, BnF: Z Bengesco 487 (t.1-19). Saint-Pétersbourg, GpbV: 11-74 (t.1-19).

w68

Collection complette des œuvres de M. de Voltaire. [Genève, Cramer; Paris, Panckoucke,] 1768-1777. 30 ou 45 vol. 4°.

Les tomes 1-24 furent publiés par Cramer, sous la surveillance de Voltaire. Les tomes 25-30 furent sans doute publiés en France pour Panckoucke. Les tomes 31-45 furent ajoutés en 1796 par Jean-François Bastien.

Bengesco 2137; BV3465; Trapnell 68; BnC 141-44.

Genève, ImV: A 1768/1 (t.1-30), A 1768/2 (t.1-45). Oxford, Taylor: VI 1768 (t.1-45); VF (t.1-45). Paris, BnF: Rés. m. Z 587 (t.1-45), Rés. Z Beuchot 1882 (t.1-30), Rés. Z 1246-74 (t.1-30). Saint-Pétersbourg, GpbV: 9-346 (t.1-7, 10, 11, 13, 15-30), 10-39 (t.1-24), 10-38 (t.1-17, 19-24).

EJ

L'Evangile du jour. Londres [Amsterdam, M.-M. Rey], 1769-1780. 18 vol. 8°.

Certains volumes furent publiés avec la participation de Voltaire.

Bengesco 1904; BV3593; Trapnell EJ; BnC 5234-81.

Genève, ImV: 1769/1 (t.1-2 (2ᵉ éd.), 3-10, 12-15). Oxford, Taylor: V8 E8

1769 (t.3-8). Paris, BnF: Z Beuchot 290 (t.1-18), D2-5300 (t.1-12), Z Bengesco 378 (t.1-2 (2ᵉ éd.), 4-15), Z Beuchot 291 (t.1-2 (2ᵉ éd.)), Z Bengesco 377 (t.5-10). Saint-Pétersbourg, GpbV: 9-144 (t.1-15).

W70L

Collection complette des œuvres de Mr. de Voltaire. Lausanne, Grasset, 1770-1781. 57 vol. 8°.

Voltaire se plaint de cette édition auprès de d'Argental (D18119) et d'Elie Bertrand (D18599), mais certains tomes furent publiés avec sa participation, surtout les pièces de théâtre.

Bengesco 2138; BV3466; Trapnell 70L; BnC 149.

Genève, ImV: A 1770/2 (t.1-48), A 1770/4 (t.48-57). Oxford, Taylor: V1 1770L (t.1-54). Paris, BnF: 16 Z 14521 (t.1-6, 25), Z Bengesco 124 (t.14-21). Saint-Pétersbourg, GpbV: 10-18 (t.1-48).

W71L

Collection complette des œuvres de Mr. de Voltaire. Genève [Liège, Plomteux], 1771-1777. 32 vol. 12°.

Edition faite vraisemblablement sans la collaboration de Voltaire.

Bengesco 2139; Trapnell 71; BnC 151.

Genève, ImV: A 1771/1 (t.1-10, 13-19, 21-31). Oxford, VF.

W75G

La Henriade, divers autres poèmes et toutes les pièces relatives à l'épopée. [Genève, Cramer et Bardin,] 1775. 37 vol. (40 vol. avec les *Pièces détachées*) 8°.

L'édition dite *encadrée* fut préparée avec la collaboration de Voltaire.

Bengesco 2141; BV3472; Trapnell 75G; BnC 158-61.

Genève, ImV: A 1775/1 (t.1-40). Oxford, Taylor: V1 1775 (t.1-31, 33-40); VF (t.1-40). Paris, BnF: Z 24839-78 (t.1-40), Z Beuchot 32 (t.1-40). Saint-Pétersbourg, GpbV: 11-2 (t.1-7, 9-30, 32-40), 10-16 (t.1-30, 33-40).

W75X

Œuvres de M. de Voltaire. [Lyon?,] 1775. 37 vol. (40 vol. avec les *Pièces détachées*, ou 41 vol.) 8°.

Imitation de w75G. Voir Jeroom Vercruysse, *Les Editions encadrées des œuvres de Voltaire de 1775*, *SVEC* 168 (1977), et Dominique Varry, 'L'édition encadrée des œuvres de Voltaire: une collaboration entre imprimeurs-libraires genevois et lyonnais?', *Voltaire et le livre*, éd. François Bessire et Françoise Tilkin (Ferney-Voltaire, 2009), p.107-16.

Bengesco 2141; BV3473; BnC 162-63.

Genève, ImV: A 1775/3 (t.1-11, 14-28, 31-40). Oxford, Taylor: V1 1775 (18B, 19B) (t.18-19); VF (t.1-9, 14-27, 29-40). Paris, BnF: Z 24880-919 (t.1-40).

K84

Œuvres complètes de Voltaire. [Kehl,] Société littéraire-typographique, 1784-1789. 70 vol. (seul le t.70 porte la date de 1789) 8°.

Bien que de nombreuses modifications dans l'édition de Kehl semblent être des corrections éditoriales, les éditeurs de Kehl ont parfois modifié le texte de Voltaire sur la base de sources dont nous ne disposons plus.

Bengesco 2142; Trapnell K; BnC 167-69, 175.

Genève, ImV: A 1784/1 (t.1-70). Oxford, VF (t.1-10, 12, 13, 15-17, 20-43, 46-70). Paris, BnF: Rés. p. Z 2209 (t.1-70).

K85

Œuvres complètes de Voltaire. [Kehl,] Société littéraire-typographique, 1785-1789. 70 vol. (seul le t.70 porte la date de 1789) 8°.

Voir la description de K84.

Bengesco 2142; Trapnell K; BnC 173-88.

Genève, ImV: A 1785/2 (t.1-70). Oxford, Taylor: V1 1785/2 (t.1-70); VF (t.1-70). Paris, BnF: Rés. Z 4450-519 (t.1-70), Rés. p. Z 609 (t.1-70).

K12

Œuvres complètes de Voltaire. [Kehl,] Société littéraire-typographique, 1785-1789. 92 vol. (seul le t.92 porte la date de 1789) 12°.

Voir la description de K84.

Bengesco 2142; Trapnell K; BnC 189-93.

Genève, ImV: A 1785/3 (t.1-92). Oxford, Taylor: V1 1785/1 (t.1-92); VF (t.1-92). Paris, BnF: Z 25117-205 (t.1-55, 59-92), Z 24990-5042 (t.1-9, 12-13, 15-18, 20, 25-30, 32-50, 52-57, 59-60, 65-67, 69), Z 25043-116 (t.1-9, 16-30, 34-38, 40-41, 43-45, 61-68, 80-91).

OUVRAGES CITÉS

Abercromby, David, *A discourse of wit* (Londres, John Weld, 1685).

Artigas-Menant, Geneviève, 'Voltaire et les trois Bastide', *RHLF* 83 (1983), p.29-44.

Avaux, Jean Antoine de Mesmes, comte d', *Négociations de Monsieur le comte d'Avaux en Hollande, depuis 1684 jusqu'en 1688*, 6 vol. (Paris, Durand, 1752-1753).

Azevou, Laurent, 'Autour du *Testament politique* de Richelieu. A la recherche de l'auteur perdu (1688-1778)', *Bibliothèque de l'Ecole des Chartes* 162 (2004), p.421-53.

Babel, Antony, *Les Métiers dans l'ancienne Genève. Histoire corporative de l'horlogerie, de l'orfèvrerie et des industries annexes* (Genève, 1916).

Bachaumont, Louis Petit de, *Mémoires secrets pour servir à l'histoire de la République des Lettres en France depuis 1762 jusqu'à nos jours*, 36 vol. (Londres, John Adamson, 1777-1789).

Bayle, Pierre, *Nouvelles de la République des Lettres*, January 1685, in *Œuvres diverses*, éd. E. Labrousse, 5 vol. (Hildesheim, 1964-1982).

Белявский, Михаил Тимофеевич, 'Новые документы об обсуждении крестьянского вопроса в 1766-1768 гг.', Археографический ежегодник [Mikhaïl Timofeevitch Beliavski, 'Nouveaux documents sur la discussion de la question paysanne en 1766-1768', *Annuaire archéographique*], 1958 (Moscou, 1960), p.387-430.

Bergier, Jean-François, 'Genève et la Suisse dans la vie économique de Lyon aux quinzième-seizième siècles', *Cahiers d'histoire* 5, 1 (1960), p.33-44.

Blondel, David, *Pseudo-Isidorus et Turrianus vapulantes* (Genève, 1628).

Bossuet, Jacques Bénigne, *Politique tirée des propres paroles de l'Ecriture Sainte* (Paris, 1710).

Boyer, Abel, *Dictionnaire royal, français-anglais et anglais-français* (1780).

Brown, Andrew, J. Patrick Lee, Nicholas Cronk et Ulla Kölving, *Livre dangereux. Voltaire's Dictionnaire philosophique. A Bibliography of the original editions and catalogue of an exhibition held in Worcester college library to celebrate the tercentenary of Voltaire's birth* (Oxford, 1994).

Burigny, Jean Lévesque de, *Vie de Grotius* (Paris, 1752).

Burnet, Gilbert, *Burnet's travels* (Londres, 1738).

Calmet, Augustin, *Commentaire littéral sur tous les livres de l'Ancien et du Nouveau testament* (Paris, 1707).

– *Dictionnaire de la Bible*, 4 vol. (Paris, 1730).

Canguilhem, Georges, *La Connaissance du vivant* (Paris, 1989).

Catalogue des ouvrages mis à l'Index (Paris, 1825).

353

Caussy, Fernand, *Voltaire, seigneur de village* (Paris, 1912).

Caveirac, Jean Novi de, *Apologie de Louis XIV et de son Conseil sur la révocation de l'Edit de Nantes* (1758).

Ceitac, Jane, *L'Affaire des natifs et Voltaire: un aspect de la carrière humanitaire du patriarche de Ferney* (Genève, 1956).

Chabanon, Michael Paul Guy de, *Eponine* (1762).

Chardin, Jean, *Voyages de Monsieur le chevalier Chardin, en Perse et autres lieux de l'Orient* (Amsterdam, 1711).

Chaudon, Louis Mayeul, *Dictionnaire anti-philosophique*, 2 vol. (Avignon, 1771).

Churchill, W. A., *Watermarks in paper in Holland, England, France etc in the seventeenth and eighteenth centuries and their interconnection* (Amsterdam, 1935).

Clarke, Samuel, *Traités de l'existence et des attributs de Dieu* (Paris, 1727-1728).

Cochaud, Jean-François, *La Ferme Générale des droits du roi et le pays de Gex (1753-1775)* (Université de Lyon, 1970).

Colbert, Jean-Baptiste, marquis de Torcy, *Mémoires de Monsieur de *** pour servir à l'histoire des négociations depuis le traité de Riswick jusqu'à la paix d'Utrecht*, 3 vol. (La Haye [Paris], 1756).

Cotelier, Jean Baptiste (éd.), *SS. Patrum Barnabae, Clementis, Hermae, Ignatii, Polycarpi opera*, 2 vol. (Amsterdam, 1724).

David ou l'histoire de l'homme selon le cœur de Dieu, trad. d'Holbach (Londres [Amsterdam, Marc Michel Rey], 1768).

de Groot, Hugo, *Le Droit de la guerre, et de la paix*, trad. Jean Barbeyrac, 2 vol. (Bâle, 1746).

– *Traité de la vérité de la religion chrétienne* (Amsterdam, 1728).

Desnoiresterres, Gustave, *Voltaire et la société française au dix-huitième siècle*, 8 vol. (Paris, 1867-1876).

Dorléans, Louis, *Réponse des vrais catholiques français à l'avertissement des catholiques anglais* (1588).

Dulac, Georges, 'La vie académique à Saint-Pétersbourg vers 1770 d'après la correspondance entre J. A. Euler et Formey', *Académies et sociétés savantes en Europe (1650-1800)*, éd. Daniel-Odon Hurel et Gérard Laudin (Paris, 2000).

Eudes de Mézeray, François, *Abrégé chronologique, ou extrait de l'histoire de France*, 8 vol. (Paris, 1676-1686).

Eutychius, *Annales*, éd. John Selden (Oxford, 1658).

Fabricius, Johann Albert, *Codex apocryphus Novi testamenti*, 2e éd., 3 vol. (Hamburg, 1719).

– *Codex pseudepigraphus veteris testamenti* (Hamburg et Leipzig, 1913).

Ferrier, Jean-Pierre, *Le Duc de Choiseul, Voltaire et la création de Versoix-la-ville, 1766-1777* (Genève, 1922).

– 'L'interdiction de commerce et l'expulsion de France des Genevois en 1766', *Etrennes genevoises pour 1926* (Genève, 1926).

Feugère, A., 'Un compte fantastique de Voltaire: 95 lettres anonymes attribuées à La Beaumelle', *Mélanges de littérature, d'histoire et de philologie offerts à Paul Laumonier* (Paris, 1935).

Flavius Josèphe, *Antiquités judaïques*,

trad. Arnauld d'Andilly (Amsterdam, 1700).

Fleury, Claude, *Discours sur les libertés de l'Eglise gallicane [...] avec un commentaire de M. l'abbé de C[hiniac] de L[a Bastide Du Claux]* (Au-delà des monts, 1765).

– *Histoire ecclésiastique*, 20 vol. (Paris, 1691).

Gildon, Charles, *Miscellany poems upon several occasions: consisting of original poems* (Londres, 1692).

Grabe, Johann Ernest, *Spicilegium SS. Patrum*, 2 vol. (Oxford, 1700).

Hardouin, Jean (éd.), *Acta conciliorum*, 11 vol. (Paris, 1715).

Havens, George R., *Voltaire's marginalia on the pages of Rousseau* (Columbus, 1933).

Heawood, Edward, *Watermarks mainly of the seventeenth and eighteenth centuries* (Hilversum, 1950).

Hénault, Charles Jean François, *Nouvel abrégé chronologique de l'histoire de France* (Paris, Prault, 1749).

Hérodote, *L'Enquête*, trad. A. Barguet (Paris, 1982).

– *Léviathan* (Londres, 1670).

Hunter, R. et I. Macalpine, 'Robert Boyle – poet', *Journal of the history of medicine* 12 (1957), p.390-92.

– 'Robert Boyle's poem: an addendum', *Journal of the history of medicine* 27 (1972), p.85-88.

Index librorum prohibitorum (Modoetia, 1850).

Kobeko, D. F., 'Еще заметка о Российском Меркурии', Библиограф ['Encore une note sur le *Mercure de Russie*', *Le Bibliographe*] (1885).

Kölving, Ulla, 'Les copistes de la *Correspondance littéraire*: une première présentation', *Editer Diderot*, éd. G. Dulac, *SVEC* 254 (1998).

La Beaumelle, Laurent Angliviel de, *Correspondance générale de La Beaumelle*, éd. Hubert Bost, Claude Lauriol et Hubert Angliviel de La Beaumelle (Oxford, 2005-).

– *Lettres de Monsieur de La Beaumelle à Monsieur de Voltaire* (Paris, 1763).

– *Mémoires pour servir à l'histoire de Madame de Maintenon* (Amsterdam, 1755-1756).

– *Mes pensées*, éd. C. Lauriol ([1752], Genève, 1997).

– *Réponse au Supplément au Siècle de Louis XIV* (1754).

La Jonchère, Etienne Lécuyer de, *Système d'un nouveau gouvernement en France*, 4 vol. (Amsterdam, Le Bon, 1720).

Labat, Jean-Baptiste, *Voyages en Espagne et en Italie*, 8 vol. (Paris, 1730).

Lauriol, Claude, 'Une "Honnêteté voltairienne" (1767): les Lavaysse, La Beaumelle et le défenseur des Calas', dans *Voltaire, la tolérance et la justice*, éd. John Renwick (Louvain, 2011).

Le Guay de Prémontval, André Pierre, *Mémoires d'André Pierre Leguai de Prémontval* (La Haye, 1749).

Lenel, S., 'Un ennemi de Voltaire: La Beaumelle', *Revue d'histoire littéraire de la France* (1916).

Les Institutions communales de Rome sous la papauté (Paris, 1901).

Linguet, Simon Nicolas Henri, *Théorie des lois civiles* (1770).

Longchamp, Sébastien et Jean-Louis Wagnière, *Mémoires sur Voltaire et sur ses ouvrages*, 2 vol. (Paris, 1826).

Lucrèce, *De rerum natura*, trad. J. Kany-Turpin (Paris, 1998).

Lyublinsky, V. S., *Novye teksty perepiski Voltera*, 2 vol. (Moscou et Leningrad, 1956-1970).

Maillet, Benoît de, *Entretiens d'un philosophe indien avec un missionnaire français* (1748).

Maimbourg, Louis, *Histoire du grand schisme d'Occident* (Paris, 1678).

Marmontel, Jean-François, *Mémoires*, éd. Maurice Tourneux, 3 vol. (Paris, 1891).

Marsigli, Luigi Ferdinando, *Stato militare dell'Imperio Ottomanno*, 2 vol. (La Haye et Amsterdam, 1732).

Marx, Karl, *Pour une critique de la philosophie du droit de Hegel, Œuvres*, 4 vol. (Paris, 1963-1994).

Maximilien Misson, François, *Nouveau Voyage d'Italie* (La Haye, 1691).

Mervaud, Christiane, 'Réemploi et réécriture dans les *Questions sur l'Encyclopédie*: l'exemple de l'article "Propriété" ', *SVEC* 2003:1.

Middleton, Conyers, *A Free Inquiry into the miraculous powers which are supposed to have subsisted in the Christian Church from the earliest ages through several successive centuries* (Londres, 1749).

– *Lettre écrite de Rome* (Amsterdam, 1744).

Migne, J.-P. (éd.), *Patrologia graeca*, 161 vol. (Paris, 1857-1866).

– *Patrologia latina*, 221 vol. (Paris, 1844-1865).

Montesquieu, *Considérations sur les causes de la grandeur des Romains et de leur décadence* (Paris, 1734).

– *De l'esprit des lois*, *Œuvres complètes de Montesquieu*, éd. André Masson, 3 vol. (Paris, 1950-1955).

– *Voyages*, *Œuvres complètes de Montesquieu*, éd. André Masson, 3 vol. (Paris, 1950-1955).

Montpensier, Anne Marie Louise d'Orléans de, *Mémoires de Mademoiselle de Montpensier, fille de M. Gaston d'Orléans, frère de Louis XIII, roi de France*, 6 vol. (Amsterdam, 1730).

Mortier, Roland, 'L'Idée de décadence au dix-huitième siècle', *SVEC* 57 (1967).

Naves, Raymond, *Dialogues et anecdotes philosophiques* (Paris, 1939).

New Catholic Encyclopedia, 17 vol. (New York, 1967-1979).

Nisard, Charles, *Les Ennemis de Voltaire* (Paris, 1853).

Nonnotte, Claude Adrien, *Erreurs de Monsieur de Voltaire* (Avignon, 1762).

Paillard, Christophe, ' "Les cailloux pétrifiés" de Voltaire. Corrections auctoriales ou modifications éditoriales? Le traitement de *L'A, B, C* dans les éditions de Kehl et de Beuchot', *Revue Voltaire* 11 (2011), p.373-85.

Passerat, François, *Sabinus* (1695).

Pastor, Ludwig, *The History of the popes*, trad. E. F. Peeler, 40 vol. (Londres, 1938-1968).

Pilati di Tassulo, C. A., *Projet d'une réforme à faire en Italie* (Amsterdam, 1769).

Piuz, Anne-Marie, *A Genève et autour de Genève aux dix-septième et dix-hui-*

tième siècles: études d'histoire économiques (Lausanne, 1985).

Pluquet, François André Adrien, *Examen du fatalisme* (Paris, 1757).

Pomeau, René, *Politique de Voltaire* (Paris, 1963).

Racine, Louis, *La Grâce* (1720).

Radicati di Passerano, Alberto, *Recueil de pièces curieuses sur les matières les plus intéressantes* (1736).

Réal de Curban, Gaspard de, *La Science du gouvernement, ouvrage de morale, de droit, et de politique, qui contient les principes du commandement et de l'obéissance*, 4 vol. (Aix-la-Chapelle [Paris, 1751-1761]).

Recueil des testaments politiques du cardinal de Richelieu, du duc de Lorraine, de M. Colbert et de M. de Louvois, 4 vol. (Amsterdam [Paris], 1749).

Renwick, John, 'Voltaire et les antécédents de la *Guerre civile de Genève*', *SVEC* 185 (1980), p.57-86.

Ribadeneyra, Pedro di, *Les Nouvelles Fleurs de la vie des saints* (1677).

Richer, Henri, *Sabinus et Eponine* (1734).

Rodocanachi, Emmanuel Pierre, *Le Château Saint-Ange* (Paris, 1909).

Rollin, Charles, *Histoire romaine* (Paris, 1742-1752).

Rota, Ettore, *Le Origini del Risorgimento, 1700-1800*, 2 vol. (Milan, 1938).

Rousseau, Jean-Jacques, *Discours sur l'origine et les fondements de l'inégalité*, *Œuvres complètes*, 5 vol. (Paris, 1959-1995).

– *Du contrat social*, *Œuvres complètes*, 5 vol. (Paris, 1959-1995).

– *Emile*, *Œuvres complètes*, 5 vol. (Paris, 1959-1995).

– *Lettre à Christophe de Beaumont*, *Œuvres complètes*, 5 vol. (Paris, 1959-1995).

– *Lettres écrites de la montagne*, *Œuvres complètes*, 5 vol. (Paris, 1959-1995).

Rycaut, Paul, *Histoire de l'état présent de l'Empire Ottoman* (Amsterdam, 1671).

Sale, George, *The Koran, commonly called the Alcoran of Mohammed* (Londres, 1734).

– *Observations historiques et critiques sur le mahométisme, ou traduction du discours préliminaire mis à la tête de la version anglaise de l'Alcoran* (Genève, 1751).

Semevski, V. I., Крестьянский вопрос в России в *XVIII* и первой половине *XIX* века [*La Question paysanne en Russie au dix-huitième siècle et dans la première moitié du dix-neuvième siècle*] 2 vol. (Saint-Pétersbourg, 1888).

– 'Крестьянский вопрос при Екатерине II', Отечественные Записки ['La question paysanne sous Catherine II', *Les Mémoires de la patrie*] 10, partie 1 (1879), p.349-400.

Sgard, J. (éd.), *Dictionnaire des journalistes*, 2 vol. (Oxford, 1999).

Smollett, Tobias, *L'Expédition de Humphry Clinker* (Londres, 1771).

Somov, Vladimir A., 'Два ответа Вольтера на петербургском кон урсе о крестьянской собственности', Европейское Просвещение и цивилизация России ['Deux réponses de Voltaire et le concours consacré à la propriété paysanne', *Les Lumières européennes et la civilisation de la Russie*], éd. S. Karp et S. Mezine (Moscou, 2004), p.150-66.

– 'Voltaire et le concours de la Société libre d'économie de Pétersbourg: deux dissertations sur le servage (1767)', *Les Archives de l'Est et la France des Lumières. Guide des archives et inédits*, 2 vol. (Ferney-Voltaire, 2007), t.2, p.494-517.

– 'Вольтер на конкурсе Вольного экономического общества (Две рукописи, присланные из Швейцарии в 1767 г.)', Русско-французские культурные связи в эпоху Просвещения ['Voltaire et le concours de la Société libre d'économie: deux manuscrits envoyés de Suisse en 1767', *Les Relations culturelles franco-russes à l'époque des Lumières*], éd. S. Karp (Moscou, 2001), p.37-99.

Spinoza, Baruch, *Ethique* (1677).

Taylor, Samuel, 'The definitive text of Voltaire's works: the Leningrad encadrée', *SVEC* 124 (1974).

Toland, John, *Letters to Serena* (Londres, Bernard Lintot, 1704).

Tourneux, Maurice (éd.), *Correspondance littéraire*, 16 vol. (1877-1882).

Trousson, Raymond et Jeroom Vercruysse (éd.), *Dictionnaire général de Voltaire* (Paris, 2003).

Valla, Lorenzo, *La Donation de Constantin* [...] *où il est prouvé que cette Donation n'a jamais existé* [...] *par Laurent Valla*, éd. et trad. Alcide Bonneau (Paris, 1879).

Valsecchi, Franco, *L'Italia nel Settecento, 1714-1788* (Milan, 1959).

Venturi, Franco, *Saggi sull'Europa illuminista*, t.1: *Alberto Radicati di Passerano* (Turin, 1954).

Vercruysse, Jeroom, *Voltaire et la Hollande*, *SVEC* 46 (1966).

Villars, Claude Louis Hector de, *Mémoires du duc de Villars, maréchal de France*, éd. Margon (La Haye, 1734).

Voltaire, *Annales de l'empire* (*M*, t.13 et 24).

– *Ariste et Acrotal* (*OCV*, t.49A).

– *La Bible enfin expliquée* (*M*, t.30).

– *Les Cabales* (*OCV*, t.74B).

– *Catéchisme de l'honnête homme* (*OCV*, t.24).

– *Collection d'anciens évangiles* (*OCV*, t.69).

– *Commentaire sur l'Esprit des lois* (*OCV*, t.80B).

– *Conseils à un journaliste* (*OCV*, t.20A).

– *Contes de Guillaume Vadé* (*M*, t.10).

– *Le Cri des nations* (*M*, t.27).

– *Les Deux Tonneaux* (*OCV*, t.66).

– *Dialogues d'Evhémère* (*OCV*, t.80B).

– *Diatribe à l'auteur des Ephémérides* (*M*, t.29).

– *Dictionnaire philosophique* (*OCV*, t.35-36).

– *Dieu et les hommes* (*OCV*, t.69).

– *Dîner du comte de Boulainvilliers* (*OCV*, t.63A).

– *Les Droits des hommes et les usurpations des autres* (*OCV*, t.67).

– *Eléments de la philosophie de Newton* (*OCV*, t.15).

– *Eloge de la raison* (*M*, t.21).

– *Epître à l'Impératrice de la Russie* (*OCV*, t.73).

– *Epître à Madame Denis sur l'agriculture* (*M*, t.10).

– *Epître au roi de Danemark, Christian VII* (*OCV*, t.73).

– *Essai sur les mœurs* (*OCV*, t.22-23).

– *L'Examen important de Milord Bolingbroke* (*OCV*, t.62).

– *Fragment sur l'histoire générale* (*M*, t.29).
– *La Guerre civile de Genève* (*OCV*, t.63A).
– *La Henriade* (*OCV*, t.2).
– *Histoire de Charles XII* (*OCV*, t.4).
– *Histoire de l'empire de Russie sous Pierre le Grand* (*OCV*, t.46-47).
– *Histoire de l'établissement du christianisme* (*M*, t.31).
– *Histoire du parlement de Paris* (*OCV*, t.68).
– *L'Homme aux quarante écus* (*OCV*, t.66).
– *Les Honnêtetés littéraires* (*OCV*, t.63B).
– *De l'horrible danger de la lecture* (*M*, t.25).
– *Il faut prendre un parti* (*OCV*, t.74B).
– *Lettre au roi de Prusse* (*OCV*, t.32A).
– *Lettre de Charles Gouju à son frère* (*M*, t.24).
– *Lettre de Memmius à Cicéron* (*M*, t.28).
– *Lettre sur les panégyriques* (*OCV*, 63B).
– *Lettres à son Altesse Monseigneur le prince de* *** (OCV, t.63B).
– *Lettres philosophiques* (*M*, t.22).
– *Les Lois de Minos* (*OCV*, t.73).
– *Mahomet* (*OCV*, t.20B).
– *Mérope* (*OCV*, t.17).

– *Le Monde comme il va* (*OCV*, t.30B).
– *Nouvelles considérations sur l'histoire* (*OCV*, t.28B).
– *Le Philosophe ignorant* (*OCV*, t.62).
– *La Philosophie de l'histoire* (*OCV*, t.59).
– *Plaidoyer de Ramponeau* (*M*, t.24).
– *Poème sur le désastre de Lisbonne* (*OCV*, t.45A).
– *La Pucelle* (*OCV*, t.7).
– *Questions sur l'Encyclopédie* (*OCV*, t.38-40).
– *Questions sur les miracles* (*M*, t.25).
– *Réflexions pour les sots* (*M*, t.24).
– *Remarques sur l'histoire de 1742* (*OCV*, t.28B).
– *Saül* (OCV, t.56A).
– *Sermon du rabin Akib* (*OCV*, t.52).
– *Siècle de Louis XIV* (*M*, t.18-19).
– *Les Souvenirs de Madame de Caylus* (*OCV*, t.71A).
– *Supplément au discours de Julien* (*OCV*, t.71B).
– *Supplément au Siècle de Louis XIV* (*OCV*, t.32C).
– *Tancrède* (*OCV*, t.49B).
– *Traité sur la tolérance* (*OCV*, t.56C).
– *Les Trois Empereurs en Sorbonne* (*OCV*, t.67).
– *Un chrétien contre six Juifs* (*M*, t.29).
Vossius, Isaac, *Variorum observationum liber* (Londres, 1685).

INDEX

Calvin, Jean, 246n
Capet, Hugues, 321
Caron, 149
Casa, Giovanni della, 239n
Castello Sant'Angelo, 124, 166
Castres, Sébastien de, 86
Catherine II, impératrice de Russie, 42-
  43n, 44, 46, 49, 180n, 181, 198, 218,
  279
Caton, 290, 346n
Cerbère, 149
Cérès, 140, 242
César, Jules, 165; *La Guerre des Gaules*,
  270n
Chabanon, Michel Paul Guy de, *Epo-
  nine*, 213n
Chamillard, Michel, 91, 92n, 100
Chardin, Jean, 210, 211
Charlemagne, 124, 165, 166, 219, 220
Charles de Habsbourg, 302n
Charles Edouard Stuart, 242-43
Charles I, roi d'Angleterre, 238, 252, 292
Charles II, roi d'Espagne, 96, 302n
Charles Quint, 314, 315
Charondas, 268n
Chaudon, Louis Mayeul, 181, 182
Childéric III, roi des Mérovingiens, 318
Choiseul, Louise Honorine Crozat de,
  176
Choiseul, Etienne François de, 7, 9-12,
  17, 18, 19n, 27, 28, 176n, 191
Choisi, abbé de, 90n, 91n
Chouin, Marie-Emilie Joly de, 107n
Christian II, roi de Danemark, 238, 270n
Christian VII, roi de Danemark, 270n
Cicéron, 205, 230, 269, 284, 311n, 346n
Clarke, Samuel, 332n; *Traités de l'exis-
  tence et des attributs de Dieu*, 342
Claude, empereur romain, 161
Clément I, pape, 159n
Clément III, pape, 321n
Clément XIII, pape, 117, 120, 143n, 319n
Clovis, roi de France, 257, 307, 308

Colbert, Jean-Baptiste, marquis de
  Torcy, 91, 96, 97, 110n, 292n
Colomb, Christophe, 178, 216
Colonna, famille, 142
Condé, Henri Jules de Bourbon, prince
  de, 100n
Confucius, 288, 289
Constantin, empereur, 138, 163; dona-
  tion de, 124, 163n
Constitutions apostoliques, 154, 155
Coran, 214, 215, 223, 224
Cotelier, Jean Baptiste, 124
Cramer, Gabriel, 194, 323n
Cromwell, Oliver, 113, 252, 284, 330
Crotone, 268n
Cyrus, 257

D'Alembert, Jean le Rond, 83, 173, 175
d'Andilly, Arnauld, 335n
d'Argental, Charles Augustin de Fer-
  riol, 350
Damasus I, pape, 139n
Damiens, Robert François, 251, 324n
Damilaville, Etienne Noël, 83, 186, 249n
Daphnéus, 213
Darius, roi de Perse, 267
David, 267, 307, 309
De Brosses, Charles, 33, 118
Décrétales, 164, 219
Decroix, Jacques Joseph Marie, 199
Démosthène, 215, 269
Denis, Marie Louise, 93n
Descartes, René, 345
Diane, 242
Diderot, Denis, 181, 186, 332n; *Encyclo-
  pédie*, 227n, 236n
Didon, 267
Diesbach, François Augustin de, 113
Diomède, 255n
Dori, Léonora, maréchale d'Ancre, 330
Dorléans, Louis, 312, 313
Du Claux, Pierre de Chiniac de La
  Bastide, 172